法学实践教材系列

模 拟 法 庭
（第二版）

主　编　刘晓霞
副主编　刘　琳

撰稿人（按姓氏笔画排序）：
王宏璎　刘晓霞
刘　琳　殷兴东

科学出版社
北　京

内 容 简 介

"模拟法庭"是法学专业实践教学的重要内容。本书涵盖了刑事、民事、行政三大诉讼的一审、二审、简易程序及刑事附带民事诉讼共九个综合性模拟法庭实验,是目前全国同类教材中庭审程序涵盖最完整的一本。本书所选案例真实,实验操作步骤明确,语言朴实、简洁,具有很强的应用性。

本书既可以作为各高等院校法学专业本科生的实践性教材,也可以作为司法实践部门的培训教材。

图书在版编目(CIP)数据

模拟法庭 / 刘晓霞主编. —2版. —北京:科学出版社,2013
法学实践教材系列
ISBN 978-7-03-037801-9

Ⅰ.①模… Ⅱ.①刘… Ⅲ.①审判-案例-中国-高等学校-教材
Ⅳ.①D925.05

中国版本图书馆 CIP 数据核字(2013)第 125406 号

责任编辑:王京苏 / 责任校对:范杰锋
责任印制:赵 博 / 封面设计:蓝正设计

科 学 出 版 社 出版
北京东黄城根北街 16 号
邮政编码:100717
http://www.sciencep.com
北京富资园科技发展有限公司印刷
科学出版社发行 各地新华书店经销

*

2013 年 6 月第 二 版 开本:787×1092 1/16
2024 年 7 月第八次印刷 印张:17 1/4
字数:408 000

定价:45.00 元
(如有印装质量问题,我社负责调换)

模拟法庭总论

第一章 模拟法庭概述 ········· 1
第一节 模拟法庭的概念和分类 ········· 1
第二节 模拟法庭的渊源和现状 ········· 4
第三节 模拟法庭教学的地位和作用 ········· 8
第四节 模拟法庭中的举证、质证和认证 ········· 13

第二章 模拟法庭组成 ········· 22
第一节 模拟法庭的主体及职责 ········· 22
第二节 模拟法庭的语言技巧 ········· 32
第三节 模拟法庭庭审的阶段和任务 ········· 40

第三章 模拟法庭的准备、组织和实施 ········· 48
第一节 模拟法庭的准备 ········· 48
第二节 模拟法庭的组织和实施 ········· 51

模拟法庭分论

第四章 民事第一审普通程序 ········· 57
第一节 普通程序的运作流程 ········· 57

第二节　实验案例 ··· 71
　　第三节　与本实验相关的法律文书写作 ····························· 81

第五章

民事简易程序 ··· 92
　　第一节　简易程序流程的特别规定 ····································· 92
　　第二节　实验案例 ··· 96
　　第三节　与本实验相关的法律文书写作 ····························· 102

第六章

民事第二审程序 ·· 106
　　第一节　第二审程序的启动与特别规定 ····························· 106
　　第二节　实验案例 ·· 110
　　第三节　与本实验相关的法律文书写作 ····························· 119

第七章

刑事一审普通程序 ·· 126
　　第一节　庭审程序 ·· 126
　　第二节　实验案例 ·· 136
　　第三节　与本实验相关的法律文书写作 ····························· 152

第八章

刑事简易程序 ·· 170
　　第一节　简易程序概述 ··· 170
　　第二节　适用简易程序审理的案件范围 ····························· 170
　　第三节　简易审判程序的特点 ·· 170

第九章

刑事二审程序 ·· 172
　　第一节　庭审程序 ·· 172
　　第二节　与本实验相关的法律文书写作 ····························· 179

第十章

刑事附带民事程序 ………………………………………………………… 184

第一节　庭审程序 …………………………………………………………… 184

第二节　与本实验相关的法律文书写作 …………………………………… 192

第十一章

行政诉讼一审程序 ………………………………………………………… 203

第一节　审判组织形式和审理方式 ………………………………………… 203

第二节　开庭审理 …………………………………………………………… 204

第三节　审理中的各项制度 ………………………………………………… 208

第四节　实验案例及点评 …………………………………………………… 214

第五节　与本实验相关的法律文书写作 …………………………………… 225

第十二章

行政诉讼二审程序和审判监督程序 ……………………………………… 240

第一节　第二审程序 ………………………………………………………… 240

第二节　审判监督程序 ……………………………………………………… 246

第三节　实验案例及点评 …………………………………………………… 250

第四节　与本实验相关的法律文书写作 …………………………………… 257

第一章 模拟法庭概述

第一节 模拟法庭的概念和分类

法学教育是培养法律人才的专门教育,是教育体系的重要组成部分。法学教育的目的是通过理论化、系统化的专门教育培养法律专业人才。大学本科和法律硕士的教育定位于应用型法律人才的培养,法学硕士和博士研究生的教育则以培养学术性人才为主,其中法学本科教育是法学的基础教育,是法学教育的核心和重点。但是,就我国现在的法学本科教育情况来看,大多数高校在教授法律专业本科学生时都存在着"重理论,轻实践"的情况。扎实的理论知识在法学学习中固然十分重要,但是只注重理论教育而忽视实践则会导致学生的实务能力较弱。随着近年来众多高校开设法学专业,模拟法庭这种集法学教育、普法宣传等功能于一身的教学活动越来越多地出现在广大高校师生的视野里。其所具备的生动的案件事实、控辩双方的激烈对抗等特点,大大提高了学生参与的热情,并且使学生巩固了原有的理论、学到了新的知识、锻炼了实践能力。随着法学教育改革的深入,模拟法庭教学必然成为法学本科教学活动必不可少的手段之一。

一、模拟法庭的概念

模拟法庭是法学教育中一种理论与实践相结合的教学方法或者教学模式,是指在法学教学活动中,在教师的指导下,由不同的学生扮演法官、检察官、当事人、律师以及其他诉讼参与人等不同诉讼角色,在模拟法官的主持下,由模拟法官按照严格的法定程序在虚拟法庭对真实或者虚拟的案件进行模拟审判的一种教学活动。从这一定义可以分析出模拟法庭具有下列基本含义:

(1) 模拟法庭的教学方法或者教学模式注重理论与实践相结合。在法学课程教学中,传统的教学方式比较注重理论的教学,不够重视实践的教学。而实践性是法学学科的一个非常重要的特点,只有将理论与实践相结合才能真正实现法学教育的目的。模拟法庭通过对真实的或者虚拟的案件进行模拟审判,可以将学生平时的理论知识运用到实际个案中去,这样就达到了理论与实践相结合的目的。因为模拟法庭教学活动,既需要学生掌握一定的基本理论知识,又必须懂得实际操作方法,只有两者有机结合,才能够保证模拟法庭活动的顺利进行。

(2) 模拟法庭是一种法学教学活动。在法学教学活动中,模拟法庭不仅仅是学生进行模拟审判的学习活动,而且也是教师进行实践性教学的一项重要教学活动,是典型的教与学的有机结合。学生在开展模拟法庭活动前需要教师的理论指导,在进行模拟法庭活动中需要教师的现场指导,在模拟法庭活动结束后需要教师的点评指导。反过来,学生模拟法庭活动的成功与否,也是对教师教学效果的一次检验。因此可以认为,模拟法庭活动不是一次演出,而是真正在教师指导下进行的一次理论和实践相结合的教学活动。

（3）模拟法庭是法学教学中的一个动态与静态的统一体。从静态的角度来看，模拟法庭可以指进行模拟审判活动的场所，也可以指一个模拟审判组织。要开展模拟法庭教学活动，首先必须有一个正规的模拟法庭，没有一个正规的模拟法庭是难以取得应有的教学效果的。同时，要进行模拟审判活动，必须组成一个符合规范的模拟法庭，这个模拟法庭就是进行模拟审判的组织。没有一个规范的模拟法庭审判组织，也就无法开展模拟审判活动。从动态的角度来看，模拟法庭是在教师的指导下，由不同的学生扮演法官、检察官、当事人、律师以及其他诉讼参与人等不同诉讼角色，通过他们在模拟法庭上的各种活动来模拟刑事案件、民事案件或者行政案件的审判过程。这个过程不是一个静止不变的过程，而是一个随着程序的发展不断变化、发展的过程。

（4）模拟法庭是法学教学中一个不可缺少的重要环节。当今高校的法学教育普遍存在重理论轻实践的问题。学生在学习知识的时候大多靠死记硬背的方法，导致了实际动手能力差的问题。而一些教师为了效率采用灌输式的教学方式，这无形中使得学生对知识的接受处于十分被动的地位。模拟法庭教学是改变传统法学教育活动弊端的重要途径，也是与素质教育的目标相一致的。许多学校的法学专业还专门开设了模拟法庭课程，以改革教学手段，提高教学质量。而没有专门开设模拟法庭课程的学校，也一般都要组织学生进行模拟法庭活动或者进行模拟法庭比赛。无论是作为一门独立的课程，还是作为教学的一个环节，模拟法庭都是法学教学不可缺少的。当然，最好是能够专门开设模拟法庭课程，以提高模拟法庭在法学教学中应有的地位。

二、模拟法庭的特点

模拟法庭是法学专业进行实践性教学的一个重要部分，这种教学方式或者这一教学环节具有不同于其他教学方式的一些特点，具体表现在下列几个方面：

（1）教学活动的实践性。模拟法庭是理论与实践的结合，是学生在教师的指导下，将所学的理论知识具体运用到案件审理活动之中的教学活动，其实践性特点比较明显。所谓实践性就是指模拟法庭需要学生通过具体扮演各种诉讼角色，自己进行实际操作，按照法定程序和实体法律的相关规定模拟法庭审理的全过程。在模拟法庭中，学生要自己查找相关案例，编写与模拟审理有关的脚本，撰写相关诉讼法律文书，进行法庭诉讼活动，从而锻炼自己的实际操作能力，提高自己分析问题和解决问题的能力。

（2）审判目的的非诉讼性和参与主体身份的虚拟性。模拟法庭，主要是为了达到普法宣传、法律专业教学训练或者司法改革示范等目的而设置的。它与法院的真实审判最大之不同，就在于法院的真实审判是针对特定的诉讼案件而进行审理并作出判决的。真实审判中，当事人各方面具有真实利益上的冲突和纠纷，而且应当承担最后裁判所确定的法律责任。而模拟法庭则没有这种事实上的诉讼性，其中的角色，都是为了一定的学习和研究目的，由参与模拟法庭的人员临时充当的，具有演员的性质。也就是说在模拟法庭中，无论是刑事模拟法庭，还是民事和行政模拟法庭，诉讼角色都是虚拟的，在法庭上担任各种角色的学生，并不是真实的诉讼主体，他们只是扮演着案件中的不同角色。

（3）模拟法庭审判功能的多样性。模拟法庭中审判的功能是多样的，它不仅要解决已设案件的"依法"和"公正"①处理，而且还要发挥示范、练习和评价的功能。示范功能，就是要通过模拟法庭中案例的代表性、针对性以及审判活动运作的合理性向人们展现司法公正在法庭中怎样实现。模拟法庭活动中司法人员和当事人的地位、作用，以及模拟法庭各个阶段的具体流程，证据的出示和质证、认证的方法等，都是为了指引和示范法庭审理和判决应当如何进行，以及相关的注意事项。练习功能，就是指法律专业的学生或者社会中从事法律事务工作的人员，通过参与模拟法庭活动来提高自己对法律、法规和审判方式的认识程度，以及自己从事法律事务工作的能力。从某种意义上说，模拟法庭跟自然科学的实验室具有同样的功能——提高实践能力。通过对案例的搜集、分析，撰写相关诉讼法律文书并且在模拟法庭中进行实际的操作，使学生可以将书本上学到的法学知识掌握得更加牢固，同时又能够培养学生思考和创造性适用法律的能力，还可以发现自己在平时学习中存在的问题并加以解决，指导老师可以根据学生存在的这些问题有针对性地进行指导。评价的功能，就是通过模拟法庭来评价案件的审判结果是否公正、科学，审判过程是否民主、高效。练习是基础和关键，练习决定示范和评价功能的发挥，而示范和评价功能又为练习提供参考和标准。对于不同的模拟法庭主体而言，这三大功能的价值取向是不同的。对于学习、观摩和考评者而言，它突出示范和评价功能。对于实务工作者来说，尤其是对高校法科专业的学生和社会上的法律实务工作人员而言，它则突出练习功能②。当然，模拟法庭审理，其基本宗旨与法院真实审判活动是一致的，都是要实现案件的公正处理，只不过二者的侧重点和具体使命是不同的。

（4）法庭场景的模仿性。模拟法庭的场所、情景和人员的分工安排，都是仿照真实审判法庭的基本架构进行设计和加工的。这里的模拟，有两层含义：一是模仿；二是加工和设计。也就是说，它与现实中的审判设施、程序和方法，基本相同但又不完全相同，它不仅仅是对法院真实审判的简单的模仿，其中也有创新的内容。模拟法庭、模拟案例、模拟程序和模拟文书，不仅具有很强的真实性，在有些方面甚至超越真实的审判活动。模型法庭，在英文中表述为"moot court"。现在国内许多大学的法学院系都设有这种模拟法庭。其场景全面模仿人民法院审理案件的法庭，室内各种布置都与人民法院正规的法庭一样。在模拟法庭，无论是合议庭背后墙上的国徽、审判区内的审判台，还是双方当事人的席位、刑事被告的栅栏以及旁听席位，都与真正的法庭没有区别。人们走进模拟法庭就像走进了真正的法庭一样，能够充分感受到法庭的庄严。法庭场景的模仿性是模拟法庭必须具备的特点，如果不能全面模仿真实的法庭，模拟法庭也就会显得不伦不类，达不到模拟法庭教学的目的。许多高校甚至将模拟法庭作为建设法学学科的标志性项目，成为集各种功能于一体的多功能模拟法庭，不仅用做模拟法庭实习的固定基地，而且还用做中小型法律学术沙龙、学术讲座、案例讨论的专门场所。

（5）模拟法庭案例和审判程序的假设性和验证性。模拟法庭中的案件事实，可以是现

---

① 廖永安、唐冬楚、陈文曲：《模拟法庭：原理、剧本与技巧》，北京大学出版社，2009年，第4页。这里的"依法"和"公正"，与法院真实审判中的"依法"和"公正"是有一定差异的。模拟法庭比较侧重于理想性和神圣性，法院真实审判则更具现实性和世俗性。模拟法庭中所依的法，并不一定是已经在现实生活中发生效力的即成法律法规，可能还处在创制或者酝酿准备出台的阶段；模拟法庭中的"公正"，也比法院真实审判更为绝对化和理想化。

② 唐东楚：《论模拟法庭教学的误区与校正》，《铁路高等教育研究》，1999年第3期，第48页。

实生活中发生的真实案件，也可以是为了对某一法律知识进行教育和对模拟法律制度的可行性进行验证而有针对性地设定的事实，或者是在现实生活中真实案件原型的基础上进行加工、改编而成的案例。模拟法庭中的程序，既可以是既成法律规定的程序，也可以是临时根据不同模拟法庭的目的而设定的程序。这种程序如果可行，就可以通过法定的程序转化为立法建议，最后又可能以立法的形式固定下来，成为日后正式的法律规范，如果不可行就应当对原来的程序进行改正，直到找出最能体现正义和效率要求的程序方案。模拟法庭中这种事实和程序的假设性与验证性，很容易成为法学研究特别是诉讼程序规则创新的突破口和常用手段。这里的验证性与自然科学实验的验证性具有一定的相似性，但又不能完全画等号。法律现象作为一种社会现象与自然现象是不同的，法律没有唯一标准答案。法律的运用不能抛开对法律的理解和解释，而不同的人对法律的理解和解释因其自身的社会地位、文化背景、个人人格的差异，是不可能完全相同的。我们应当肯定模拟法庭的验证性，认识到它与自然科学实验室的相似性，又不能不加区分地将其等同于自然科学实验室。法学不是完全的实证科学，它只有特定社会历史条件下的相对合理性，而不能像自然科学那样绝对化和普遍适用。这是所有社会科学的共通特点[①]。

第二节 模拟法庭的渊源和现状

一、模拟法庭的渊源

模拟法庭的教学模式不是我国首创，而是我国学者学习西方法学思想的产物，其最初的来源是美国的法学院中设置的"moot court"课程。从 20 世纪 30 年代起进入我国，一般译为"模拟法庭"。英文中与"模拟法庭"对应的常用词有三个："moot court"，"mock court"和"mock trial"，而尤以"moot court"最为常用，它是"模拟法庭"的首选词。一般认为，"mock court"是"moot court"的同义词，也为常用词。"mock trial"直译为"模拟法庭"，虽然和"moot court"属同义词，但它还主要指代理律师在实际审判之前为了确定诉讼的策略、评估诉讼价值和风险以及己方在该案件中所处地位的优劣势而举行的一次对实际庭审的预演，来自相关陪审员备选库的人被雇用为模拟陪审员坐庭，他们会在听讼后作出模拟裁决。然后，模拟陪审员会被询问关于辩论、开庭技巧以及其他的问题，因为这些人不知道是何方当事人要雇他们作陪审员，他们直率的观点对制定庭审策略很有用。作为一种教学法，"mock trial"不如"moot court"和"mock court"常用。

在权威词典 *Black's Law Dictionary* 中，"moot court"是指在法学院举办的讨论模拟或者假设案例的虚拟法庭，一般模拟上诉审。"mock trial"是指为训练学生（或者律师）的庭审代理技能而组织的虚拟审判。著名词典 *Merriam-Webster Dictionary of Law* 中，"moot court"是指法律学生为受训而辩论虚构案例的一种虚拟法庭。*Legal Studies Dictionary* 中，"mock court（trial）"是指通过虚拟的民事或者刑事诉讼案，来教授法庭程序、证据规则、法律辩论和具体审判制度的一种教学方法。因为它是虚拟的审理，所以模

[①] 唐东楚：《论模拟法庭教学的误区与校正》，《铁路高等教育研究》，1999 年第 3 期，第 48 页。

拟法庭的裁决不具有法律约束力。

　　法学是一门应用性很强的学科，社会对于法律人才的需求主要是在于其所具备的一定的实践工作能力。法律的实践性是每个国家教育必须承认和面对的现实。法学教育不只是知识的掌握，更在于知识的应用。接受法学教育的结果，不只是让学生可以拿到相应的学位和文凭，更重要的是让学生能够具备从事法律实务工作的能力。虽然法学教育同样可以培养学术型法律人才，但是从社会需要来看，学术型法律人才的需求量是远远不如实务型法律人才的。正是因为这样，许多国家十分重视学生实践能力的培养。例如，英国法学院的毕业生要经过律师组织进行的职业训练才能取得律师资格[①]。德国的法学教育分为两个阶段，第一阶段是大学课程学习阶段，是法律知识教育阶段，学生必须到各种法律机构实习，期限为两年半到三年半，期满后通过第二次国家统考，就可以申请从事任何一种法律职业。法国设有法官学院，受大学法学教育的毕业生欲从事法官、检察官的职业者必须考入法官学院接受职业训练，期限为两到三年，主要学习司法方法论、生理学、心理学、法医学等实际应用知识课程，而且要经过相当时间的实习。

　　正是由于法学的应用性以及社会对实践性法律人才的需要，西方国家都采取措施，在法学教育中应用新的方法，来实现对学生的实践能力的培养。

　　案例教学法，又称为判例教学法，是19世纪末美国哈佛大学法学院院长兰德尔首创的一种法学实践性教学方法。他主张用判例教材取代过去的理论教材，由教师在课前布置关于案件的讨论问题，学生根据判例索引摘录相关判例的内容，然后教师在课堂上引导学生进行分析和讨论，方法是苏格拉底式教学法，即由教师用提问的方式启发学生思考进而促进他们相互辩论的教学方法。尽管对这种教学方法的效果不乏批评之辞，但仍不妨碍它在20世纪初成为美国大多数法学院的普遍做法。我国为改变传统以讲授为主的教学方法，也采纳了案例教学法作为辅助手段，试图利用具体的案件和实例使学生通过归纳的方法掌握其中蕴涵的法理。作为一种源于英美法系法律传统的教学方法，与英美特有的法律文化背景和司法制度密切相关，在我国还需要一个漫长的本土化过程。美国法学院可以把判例作为法学教育的基础，是因为判例法是美国法的主要表现形式，判例本身就是一个涵盖各种社会信息和法律信息的载体，学生可以通过研读判例来学习法律推理以及分析和解决法律问题的能力。在我国，对个案的判决并无普遍适用的法律效力，客观上不存在类似美国的长期积累、兼容并包且标准相对统一的判例资源库，现有的教学中可利用的案例资源十分有限，学生可以接触到的多为法院判决书，只是案情介绍和判决结果，无法了解详细的诉讼过程和不同的观点论争。案例教学法的效果究竟如何还需要进一步论证，案例是对过往事实进行裁决后形成的书面法律文件，经过了当事人、律师、法官的几重筛选，可能使人们根本无法了解隐含其后的司法真相，而且很多美国学者也对案例教学法是否囊括职业训练的全部表示担心，对案例的分析和研究是否就是职业能力的全部内容表示疑问[②]。E. 阿伦·法恩兹沃思认为："苏格拉底式教学法仍忽略了法律实践中其他领域诸如接待、

[①] 付子堂：《法理学初阶》，法律出版社，2006年，第97页。
[②] 郑晓英：《模拟法庭教学法完善探析——兼论中国法学实践性教育》，《湖北经济学院学报》，2008年第2期，第57页。

咨询、谈判、起草文件等许多基本技能，而且也忽略了在判断力、职业责任心以及理解法律和律师的社会角色等方面对学生的培养。"①

起源于美国的法律诊所教育就是以培养学生的实践能力为主要目的。这是一种借鉴医院培养实习医生的方式，通过相关的法律活动来提高学生实践能力的法学教育方法。在教师的指导下，学生在法律诊所可以接待相关当事人，为其提供法律咨询服务，也可以实际办案，作为律师出庭，还为处于不利境地的委托人提供法律服务。19世纪60年代，美国法律职业责任教育委员会与福特基金会共同向法学院提供了大量捐助，以帮助他们建立法律诊所。英国、澳大利亚等国的诊所法律教育始于19世纪70年代，是以美国的法律诊所教育经验为基础发展起来的。传统法律教育是建立在拟制案件或虚拟想象的基础之上，"法律诊所教育"则以真实案件和当事人为背景，学生通过办理真实案件和对案件全过程的实际参与，训练解决问题的方法和技巧，能培养法律判断能力和职业责任心，深刻领会和理解法律、律师的社会作用。法律诊所不仅为学生提供了技能方面的训练，而且也培养了学生的职业道德。

同诊所式教学一样，模拟法庭的出现，也正是由于其在培养学生实践能力方面的重要作用。一般认为，最早采用模拟法庭教学法的是14世纪英国著名的四大律师学院：林肯学院、格雷学院、内殿学院、中殿学院，通过组织模拟法庭的方式来决定哪些学徒可以成为英国律师协会的正式成员，由此获得出席正规法庭辩护的资格。模拟法庭教学是由任课教师或辅导教师结合课程内容，选出学员，并通过案情分析、角色划分、法律文书准备、预演、正式开庭等环节模拟刑事、民事、行政审判及仲裁的过程。作为一种更加直观、生动的法律职业训练手段，模拟法庭教学法一直为各高校法学院系广泛采用。模拟法庭既提高了学生的综合素质，又促进了法学教育与社会发展的结合，现已成为影响当今世界法学教育模式改革的一种趋势。

二、模拟法庭的现状及其存在的问题

随着我国法学教育的复兴与发展，模拟法庭作为培养学生熟练掌握理论知识和将理论与实践相联系的一种重要的教学方法被广大高校的法学院系所采用。中国的法学教育近似于大陆法系，和其他大陆法系国家一样也存在着理论与实践相脱离的问题。一般说来，模拟法庭的作用是在课堂教学的基础上对学生进行实践性教育，目的在于检验课堂教学的效果，培养学生的实际操作能力，进一步培养和提高学生的法学专业知识和专业能力。学生们通过模拟法庭可以了解诉讼过程，熟悉审判程序，锻炼自己思考和解决问题的能力，以及辩论和表达的技巧。模拟法庭兼具法律上两方面的任务：其一，对于程序法的了解和应用；其二，对于实体法的理解和适用。另外，它还承担着培养和锻炼学生思维表达能力的使命。在中国，除了以上的任务以外，模拟法庭还担负着普法教育的任务。然而，当今在各高校法学院系的模拟法庭教学中普遍存在着一些问题，对其功能的发挥产生了不利的影响，也严重影响了法律人才的培养质量。

（1）模拟法庭过于倾向表演性质，脱离了实际。许多学校并没有真正认识到这种以能

---

① 〔美〕E. 阿伦·法恩兹沃思：《美国法律制度概论》，马清文译，群众出版社，第26、27页。

力、素质和专业技巧训练为主的教学方法的深远意义,往往只看到模拟法庭的表演性和渲染力,甚至许多学校将它当成是表演、作秀,失去了模拟法庭应有的意义,严重脱离了其法学教育功能的实际。

(2) 模拟法庭教学不够规范。模拟法庭教学的规范与否主要取决于模拟法庭教学制度是否健全。模拟法庭教学制度的健全和完善要求模拟法庭教学应当具有严密的教学大纲、教学计划、操作步骤等。教学大纲是各高校的法学院系根据法学教学实践的需要制订的;教学计划或方案应当由负责模拟法庭教学的指导教师根据教学大纲的要求进一步制订;而模拟法庭的操作步骤是学生在指导老师的帮助下在从事模拟法庭活动时制订的详细实施步骤。其中教学大纲包括教学基本目的和基本要求、教学内容及成绩的考核与评价等。教学目的决定着教学内容的安排,因此,教学目的是教学内容的前提和基础。而教学的基本要求决定着教师如何具体安排教学活动,是教师进行模拟法庭教学和组织学生参加模拟法庭活动必须遵循的准则。当前,模拟法庭教学存在着教学大纲内部不协调、教学大纲与教学实施计划不配套或是缺少学生进行模拟法庭活动的详细步骤等问题,这些都是模拟法庭教学不够规范的重要表现。

(3) 教学环节缺乏完整性。司法实务中诉讼程序包括起诉与受理环节、以证据交换为主的庭前准备环节、开庭审理环节、司法文书的送达环节以及生效法律文书的执行等环节。而教师与学生大多只注重开庭审理阶段,很容易忽视其他环节。模拟法庭教学应当全面注重诉讼程序的各个环节,全方位地提高学生的法律应用能力。

(4) 指导教师的配备不尽合理。依据我国法律规定的诉讼程序的不同,模拟法庭教学的类型可分为民事诉讼模拟法庭、刑事诉讼模拟法庭和行政诉讼模拟法庭。无论是哪种模拟法庭都可能既涉及程序法知识,又涉及实体法知识,甚至还有可能涉及国际法知识。而法学理论的教学和研究通常按照部门法划分,因此,模拟法庭教学指导教师的配备原则一般是民事诉讼模拟法庭由民事诉讼法教师来担任,刑事诉讼模拟法庭由刑事诉讼法教师来担任。如果按此原则配备教师,其结果可能是一个某学科的教师指导了他可能难以胜任的其他学科的指导工作。这将极大影响模拟法庭的教学效果。

(5) 模拟法庭教学的演练性不能满足当今社会实践中法律职业的需要。现实生活中案件的类型复杂多样,只有具备较高法律素养的人才能够适应这种激烈的竞争和挑战。法律从业人员不但要有扎实的理论知识,还应当具备全方位的法律实务能力。当前许多高校模拟法庭的表演性过强,不仅法官、当事人、其他诉讼参与人的角色事先已经定位,甚至各方在法庭上的言论都是事先反复演练的。通过模拟法庭的演练,学生只是了解和熟悉了诉讼程序,而他们的口头辩论能力、应变协调能力根本无法得到培养,加上他们不是真正的诉讼主体,就难免使模拟法庭教学过于形式化,其在培养未来法律工作者应用能力的过程中所起的作用也大大减弱。

三、模拟法庭的改革与完善

模拟法庭教育方法在现实中的确存在着一些问题,一定程度上制约了其功能的发挥,也不利于法学教育改革的进行。但是模拟法庭教育作为一种实践性很强的法学教育方法,从长远上看是顺应法学教育改革方向的,对于其存在的问题,我们应当采取措施加以完善，以使其真正发挥功效。

（1）增强对模拟法庭教学的重视，加强模拟法庭建设。将模拟法庭建设成为专门的实习基地具有一定的可行性。法学院系应当大力加强对模拟法庭的投入和建设，制订完善的模拟法庭开庭规则和使用办法。除正常学时进行模拟法庭教学外，可以将模拟法庭实验室交由学生管理和使用，学生可以利用假日自行组织，使模拟法庭活动可以持续不断地开展，每次活动全程录像，供老师分析指导和其他学生观摩。

（2）模拟法庭教学进行规范化管理。作为法学实践教学模式的重要组成部分，模拟法庭教学应当包括操作程序、监控程序、教学质量评价程序的具体内容等。模拟法庭教学的规范化管理就是要制订相应的教学管理规范，以便于参加模拟法庭的教师和学生共同遵守，这样就能有效地提高模拟法庭教学的质量。

（3）重视模拟法庭教学的各个环节，在培养学生基础理论的同时注重学生实务能力的训练。全方位的法律实务能力的获得必须借助完整的模拟法庭教学环节。完整的模拟法庭教学环节同诉讼程序的各环节是一致的。模拟法庭的各个教学环节分别承担着不同的教学任务，培养和训练学生不同方面的能力。因此，应当全面地重视模拟法庭的各教学环节，才能全方位地提高学生的法律素质。

（4）优化教师资源的配备。如上所述，模拟法庭教学不仅涉及程序法知识，还会涉及实体法知识。因此，在配备模拟法庭教学的指导教师时，要注意程序法教师与实体法教师的合理搭配。除此之外，还要注重师资队伍的建设。

（5）提高模拟法庭教学的实用性。现在的模拟法庭教学多偏重于表演性，为了真正实现模拟法庭教育的教学目的，必须提高模拟法庭教学的实用性。具体来讲，在模拟法庭开庭之前，仅确定该庭将要争议的案件目标以及各方诉讼参与人的名单，而其他陈述意见、答辩意见以及最终裁决结果等都处于不确定状态。学生在开庭之前可以寻求教师的指导，与其他同学相互讨论，认真地分析案件，自行全面收集案件材料，充分准备己方论点、论据并充分考虑对方可能提出的论点、论据，设身处地考虑自己的角色，全力以赴地争取己方的胜诉。在模拟法庭教学活动中，学生不仅要明确地表达自己的观点，还要应对诉讼过程随时出现的新情况。

第三节 模拟法庭教学的地位和作用

模拟法庭教学就是以模仿法院开庭审理的方式，通过学生亲身参与，将课堂中所学到的法学理论知识、基本法律技能等综合运用于实践当中，活学活用，以达到理论和实践相统一的教育目的的教学模式。除了人民法院内部司法改革和对外教育学习的模拟法庭外，现实的社会生活中最常见的模拟法庭，还是高等院校法学院系内用于法律人士、行业训练和法律专业教学的模拟法庭。随着中国的法学教育由注重理论教育向注重实践教育的转变，模拟法庭教学模式作为一种实践性教学方式，被广泛应用于现代法学教学中。作为现代法学教育的一种全新形式，模拟法庭教育较好地解决了传统法学教育中各方面的不足。在法学教学中，模拟法庭教学应该具有十分重要的地位。模拟法庭确实是一个重要的实践性教学环节，但仅仅将其确定为实践性教学环节，是与模拟法庭教学的地位不相称的。模拟法庭教学应该成为高校法学专业的一门独立课程。

一、模拟法庭在法学教育中的地位

模拟法庭在法学教育中的重要地位可以从以下几方面来分析。

1. 模拟法庭是重要的实践性课程

模拟法庭教学是法学教学中为数不多的锻炼学生实践能力的课程。法学教学必须既重视理论知识的传授又注重实践能力的培养。模拟法庭教学是能够将理论与实践紧密结合的一种很好的教学方式。要提高学生的实际操作能力和将理论运用于实践的能力，将模拟法庭教学开设为一门独立课程是十分必要的。由于没有被列为独立课程，而只是被作为实践性环节之一，其重要性就没有得到充分体现。而实践性教学除了模拟法庭教学以外，还包括法律实习、法律咨询、社会调查、专题辩论、疑案辩论等多种途径。只有将模拟法庭教学列为独立课程，学校才会重视，学生和教师才会高度重视。

法学专业课程分为必修课和选修课两大类，必修课是每一个学生都必须修学分的课程，选修课是由学生根据爱好自己选择修学分的课程。模拟法庭教学作为一门独立的课程，应该成为必修课。该门课程可以设置一定的学分，若干个课时。成为必修课的模拟法庭教学，必然会引起学生的高度重视，通过对课程的学习，培养学生的实际操作能力。

2. 各法学院校非常重视模拟法庭

随着法学教育改革的深入，法学教育也逐渐从传统的只重视理论知识的传授向理论和实践并重发展。作为实践性教育重要手段之一的模拟法庭，其重要性也越来越被各法学院校所认识。目前几乎所有开设法学专业的高校都会开展模拟法庭这项教学活动。许多从事法学教育多年的教育界人士对模拟法庭也十分推崇。著名的法学教育家孙晓楼先生提出："在研究自然科学的课程像物理、化学、生物等，因为要重视实验，所以不可无实验室之设置。研究法律的当然也应当注意法律的实验，所以学校的设备方面，所谓法律的实验室，即是模型法庭（模拟法庭），也不可不加以相当的注意。"[①] 各法学院校以及众多法学教育界人士的重视和推崇，必然成为模拟法庭在法学教育活动中发挥重要作用的动力，进一步推动法学实践教育的发展，推动法学教育改革工作的进行。

3. 教育部非常重视模拟法庭在各法学院校的推行

随着社会对法律人才的要求不断提高以及对法律人才培养认识的不断深化，教育部也越来越认识到法学实践教育的重要性，法学教育的改革也更多注意到学生实践能力的培养。这个趋势在2007年下发的一些重要文件中都有体现，如《教育部关于进一步加强高等学校本科教学工作的若干意见》指出："大力加强实践教学，切实提高大学生的实践能力。高等学校要强化实践育人的意识，区别不同学科对实践教学的要求，合理制订实践教学方案，完善实践教学体系。要切实加强实验、实习、社会实践（设计）、论文等实践教学环节，保障各环节的实践和效果，不得降低要求。……要不断改革实践教学内容，改进实践教学方法，通过政策引导，吸引高水平教师从事实践环节教学工作。""……要重点建设500个左右实验教学示范中心，推进高校实验教学内容、方法、手段、队伍、管理及实

---

① 孙晓楼：《法律教育》，中国政法大学出版社，1997年，第92页。

验教学模式的改革与创新。……择优选择 500 个左右人才培养模式创新实验区，推进高等学校在教学内容、课程体系、实践环节等方面进行人才培养模式的综合改革，以倡导启发式教学和研究性学习为核心，探索教学理念、培养模式和管理机制的全方位创新。"

《教育部关于进一步深化本科教学改革全面提高教学质量的若干意见》指出："高度重视实践环节，提高学生实践能力。要大力加强实验、实习、实践和毕业设计（论文）等实践教学环节，特别要加强专业实习和毕业实习等重要环节。列入教学计划的各实践教学环节累计学分（学时），人文社会科学类专业一般不应少于总学分（学时）的 15%，理工农医类专业一般不应少于总学分（学时）的 25%。推进实验内容和实践模式改革和创新，培养学生的实践动手能力、分析问题和解决问题能力。"而模拟法庭正是实践性教学的重要环节之一，例如，教育部高等教育司 1998 年颁布的《普通高等学校本科专业目录和专业介绍》就将模拟法庭作为"实践性教学环节"进行了列举式规定。该《目录和介绍》规定："主要实践性教学环节，包括见习、法律咨询、社会调查、专题辩论、模拟法庭、疑案辩论、实习等，一般不少于 20 周。"

二、模拟法庭在法律教学中的作用

"模拟法庭教学是具有政法院系特色和我国法学教育特色的新型教学活动，是法学教育的第二课堂，是对学生学习法学各科知识时加强实践应用的一种非常重要的形式，是体现深化理论教育，增强实务教学的重要渠道，当然更是教学上理论与实践相结合的最佳途径。"[1] 随着法学教育实践性改革的深入，模拟法庭也必然在法律教学中发挥越来越大的作用，这些作用可以从以下几个方面来概括。

1. 模拟法庭对于审判程序操作和实体法律知识运用的示范作用

实体法律知识和程序法律知识等各种法律知识是法学专业的学生在日常的课堂学习中所必须首先掌握的。但是法学是一门实务性很强的社会科学，学生学习法律，其最大目的就是能运用法律知识来对相应的法律事实进行评价以实现社会正义。但法律知识的运用需要同法律实践活动相结合，有学者提出："我们长见识，不是靠直接而简单的想象，也不是看一眼就行，而实际上是靠日积月累，靠一个心理过程，靠围绕一个目标孜孜以求，靠对许多不完整的意念的比较、综合、互相关联及不断调整，靠对大脑的许多机能及活动的运用、集中及共同作用。智力的这种联合与协作，这种扩增与发展，这种综合性，势必是一个训练的问题。"[2] 模拟法庭恰好就能提供这样一种实践性训练的平台。学生通过参与模拟法庭活动，在老师的指导下，学习运用实体法律知识分析案情，学习运用程序法律知识操作审判程序，这些都能够使学生更加熟练掌握程序操作和实体法律知识的运用。但是，并不是所有法学知识的传授都能够通过一般的课堂教学活动来进行，美国大法官霍姆斯曾说，"法律的生命不在于逻辑而在于经验"，在法律知识的传授过程中，有很多知识是以个人经验的形式存在的，是无法用语言来进行传授的，这时就需要借助一种"学徒式"的教学方法。模拟法庭就是这样一种"学徒式"方法：就像是传统的手工工场中师父和学

---

[1] 郭连恒：《论模拟法庭教学》，《内蒙古财经学院学报（综合版）》，2004 年第 3 期，第 84 页。
[2] 〔美〕约翰·亨利·纽曼：《大学的理想》，徐辉等译，浙江教育出版社，2001 年，第 71 页。

徒的关系一样，老师手把手地教，学生亲身体验，老师的一些关于法学精神的领悟及教学实践的经验将通过这种过程来传授给学生。

2. 模拟法庭能够对学生所学到的程序和实体法律知识进行检验

在课堂教育中，学生学到了一些法律知识，但是学生对于所学的程序和实体法律知识是否领会和掌握，就要通过对这些知识的运用来加以检验，而模拟法庭就是一种最佳的检验方法。在模拟法庭审判过程中，学生要运用所学的程序法和实体法知识来对案情进行分析，要会运用证据法的知识来调查证据，要适用法律，要按照程序法的要求开庭审理等。在学生运用所学的程序法和实体法知识来解决个案的时候，教师能够很清楚地指出错误并予以改正。通过模拟法庭，学生就能够检验并认识到自己对于在课堂上学到的程序法和实体法知识是否领会和掌握，并对未领会和掌握的知识点和技能进行进一步学习。

3. 模拟法庭能够锻炼学生关于法律实践的一些基本技巧和创造性思维

美国律师协会、法学教育与律师资格部下设关于法学院与法律职业特别工作组的报告《缩短脱节》概括归纳了法律职业的七种基本技能，即解决问题的技能、法律分析和推理的技能、法学研究的技能、事实调查的技能、交流的技能、咨询的技能、确认并解决道德困境的技能[①]。这些技能无疑是十分重要的，但仍需要认真培养并在实践中得到提高。

在模拟法庭中，起诉状或起诉书、答辩状、代理词、判决书等法律文书的撰写是必不可少的，学生的写作技能在撰写这些诉讼文书的过程自然就会得到提高。模拟法庭的开庭审理是最重要的一个环节，在这个环节中，法官整理争议焦点、律师陈述代理意见等，都涉及语言的运用，这个环节可以锻炼并提高语言技能。语言技能是模拟法庭所展示的一种最直观的技能，是模拟法庭能否成功的关键，也是旁听者最容易直接感受到的技能，直接影响到对模拟法庭的评价。实际上这也反映了语言技能在法律职业上的重要性，有学者曾说道："要想在与法律有关的职业中获得成功，你必须尽力培养自己掌握语言的能力。语言是律师的职业工具。当人家求你给法官写信时，最要紧的就是你的语言。你希望使法官相信你的理由正确，所依靠的也是你的语言。当你必须解释制定法的某一款或规章的某一节时，你必须研究的还是语言。"[②] 模拟法庭需要调查证据和事实，需要阅览案卷材料以了解相关观点，而这就能掌握并提高调查和阅卷的技能。

通过模拟法庭的实践活动，能够让学生全面介入模拟诉讼活动，扮演各种诉讼角色，能够让学生真正锻炼自己的动手能力。我国传统的法律教学模式是以听教师在课堂上讲授书本知识为主，学生的学习活动很大程度上依赖检测、考试。而模拟法庭则会给学生提供一个模拟的场所，学生在模拟法庭中体验法官、检察官、律师、原告、被告等角色的活动过程。更重要的是，学生在模拟法庭中必须从提供的零散案件材料入手，进行分析、归纳、筛选，从而形成向法庭陈述的事实，找出有关的法律要点、寻找适用的法律规范、形成自己的辩护或代理意见、案件审理等全部环节。在此过程中，学生不仅能将书本上所学的知识运用到庭审中，还能够进一步加深对书本知识的理解。同时，学生熟悉了法庭审判

---

① 杨欣欣：《法学教育与诊所式教学方法》，法律出版社，2002年，第6~8页。
② 〔英〕丹宁勋爵：《法律的训诫》，刘庸安、丁健译，群众出版社，1985年，第2页。

的程序，掌握了举证、质证、辩论的技巧，其动手能力也能大大增强。

通过模拟法庭的实践活动，有助于培养学生的创造性思维，进一步培养学生的综合能力。模拟法庭教学法将静态的、枯燥的法律条文通过动态的、形象的方式展现给学生，促使他们仔细鉴别，去粗取精、去伪存真，学会如何在庭前形成法律意见和开庭时进行法庭陈述和辩论，并找出法律要素之间的冲突，从而启发学生的创造意识，促使他们进行创造性思考，帮助学生在意志层面冲破常规思维的阻碍，顶住习惯势力的压力，坚持正确见解。

4. 模拟法庭活动可以培养学生成为法律共同体一员所应具备的法律职业道德和职业素养、人文精神

法律职业道德对一个法律人来说是非常重要的。"只有法律知识，断不能算做法律人才；一定要于法律学问之外，再备有高尚的法律道德"[①]。作为法律人才"一定要有法律的道德，才有资格来执行法律"[②]。"因为一个人的人格或道德若是不好，那么他的学问或技术愈高，愈会损害社会。学法律的人若是没有人格或道德，那么他的法学愈精，愈会玩弄法律，作奸犯科"[③]。法律职业道德的培养，除了开设专门的有关法律职业道德课程供学习之外，从已有的经验来看，更重要的还是通过角色扮演的方式来养成。"法律职业道德教育的独特性决定了法学教育必须寻求一种不同角色交往的教学方法，为学生提供情感体验的情感场，才能使学生将道德认知内化为道德判断和推理能力，并最终促进学生道德人格的养成"[④]。"通过不同角色的扮演，使学生亲身体验到了法律职业中不同角色的道德要求，有利于其道德认知的内化即法律职业道德情感和态度的养成"[⑤]。模拟法庭就是一种角色扮演的方式，让学生分别扮演法官、检察官、律师等角色，站在法官、检察官、律师等的立场来跟他人打交道，并必须清楚是非黑白，通过对不同事实的辨别分析就比较容易体验、领悟和养成法律职业道德。

模拟法庭不是独角戏，而是众多参与人员合作的成果。模拟法庭中一个人即使再出色，如果他不与其他人进行有效合作，模拟法庭也不会举办成功。通过模拟法庭的举办有助于合作精神的培养。实际上，在模拟法庭的举办过程中，考虑到班级人数较多而模拟法庭的角色不可能太多，因而为了尽量调动更多的人的积极性有必要将班级人数按模拟法庭角色需要分成审判组、原告及其代理律师组、被告及其代理律师组等，各个小组都需要经过充分协商、辩驳才能达成一致意见，在每个小组达成一致意见后，需要与其他小组协调进程和基本的准备情况等。合作精神在这样的过程中也会明显得到培养。

模拟法庭如果选择的是弱势群体的案件，那这样的模拟法庭还能培养学生的人文精神。我们所说的法律面前人人平等是在假设每个人具有同等条件的前提下才能够成立的，而现实中，每个人的社会地位、经济条件、文化水平等处处存在着不平等。因此，社会上就会出现这样那样的弱势群体。这个时候若对所有对象都无差别的对待，必然不符合法律

---

① 孙晓楼：《法律教育》，中国政法大学出版社，1997年，第2页。
② 孙晓楼：《法律教育》，中国政法大学出版社，1997年，第13页。
③ 杨兆龙：《中国法律教育之弱点及其补救之方略》，中国政法大学出版社，1997年，第164页。
④ 房文翠：《法学教育价值研究——兼论我国法学教育改革的走向》，北京大学出版社，2005年，第113页。
⑤ 房文翠：《法学教育价值研究——兼论我国法学教育改革的走向》，北京大学出版社，2005年，第115页。

的平等价值的初衷,而只能是形式上的平等。法律所追求的平等并非仅仅是形式上的平等,而应当是实质上的平等。对弱势群体的关怀正是体现了法律所追求的平等价值的真正含义。实际上,从我们所了解的情况看,许多高校的模拟法庭选择的案件大部分都是这类案件。在为弱势群体维护合法权益的过程中,切身体验弱势群体的艰难,学生就很容易受到感染,其人文关怀精神也就在不知不觉中得到激发和培养。

第四节 模拟法庭中的举证、质证和认证

证据是诉讼的核心问题,是用来证明案件真实情况的事实根据,是法院判明案情的依据,证据的确实、充分是案件得以正确裁决的基础和前提。而举证、质证和认证就是在诉讼过程中围绕证据展开的各个环节。举证是客观事实再现的过程;质证是对客观事实检验、质疑、辩驳的过程;认证是对客观事实固定的过程。三者共同的指向都是客观事实。由于模拟法庭应当尽可能追求真实性,因此其运行应当遵循正常的诉讼程序。明确举证、质证和认证这三个环节彼此间的关系对于模拟法庭的顺利进行、教学目的的实现有着重大意义。

一、举证、质证和认证的内涵及相互关系

(1) 举证是法律关系产生、变更、终止及其引起的争议事实在诉讼中的一种再现。第一,当事人所举诉讼证据有其存在的客观形式,这种形式应当是人的意识所能够感知到的。如物证、书证、证人证言、鉴定结论、视听资料等。若在现有条件下其不能够为人的意识所感知,那么它就不能被人们所掌握并作为证据来证明案情的真实与否。第二,所举诉讼证据所反映的内容必须具有客观性,不以当事人和审判人员主观意志的改变而改变。第三,所举诉讼证据和待证的案件事实存在客观的联系。鉴于证据的客观性及法律关系发生、变更、终止的事实状态,强化当事人举证责任是十分必要的。当事人是案件事实的当事者,其参与了整个案件事实的发展,一般也最了解案情,最容易找到证据,对于证明自己的请求和主张的积极性也最高;对于对方的主张和证据进行反驳和提供相反的证据材料的积极性也最高。这两种积极性,正是发挥当事人举证作用和揭露双方证据矛盾的客观条件。在司法实践中,应当将庭前指导和庭上指导、强化当事人举证责任置于十分重要的地位。在庭审过程中,注重强调当事人的举证责任,并明确举证所应承担的诉讼风险。

(2) 质证以举证为前提和基础,是指当事人之间,对对方所举证据是否真实存在,用以证明的事实是否符合客观事实,互相进行辩论。不经过法庭调查质证的证据,不能作为定案的依据。不论是当事人所举之证,还是法院调取之证,都必须在法庭上进行质证。质证既是法庭对证据进行审查核实的一种手段,也是当事人的一种重要的诉讼权利。掌握庭审质证规则,以质证结果确认证据效力是非常重要的,审判人员要把握当事人的当庭质证规则。质证辩论的过程有的可能简单到无异议,有的也可能复杂到与质证过的其他证据有关联来加以表述,并可能引出新的证据,有的甚至还要进行2~3轮。进行质证、辩证的目的是为认证奠定基础,也是为认定案件的某一事实进行的小规模辩论。审判人员必须认真地听取,并保证当事人举证、质证权利的实现。在质证过程中,质证方否认或怀疑的,

应要求质证方运用相关的法律规范,逻辑推理或事实证据来对抗对方所举证据,达到说明或基本说明其无效的,该轮质证才算结束。经过双方当事人对证据材料逐一质证,如因一方或双方当事人提出新的证人不能到庭或新的证据不能当庭举出影响案件事实的,可待其他问题查清后,宣布休庭延期审理,待继续开庭后继续举证、质证,并确定举证的时限。如一方对另一方证据材料表示承认、确认或默认的,经过当庭质证的证据材料则具有证明效力,案件事实已经调查清楚,"当庭质证"结束。经当庭质证,在双方当事人举证、质证、辩证的基础上,应对所有的证据效力予以认定。所以说,质证是举证和认证的关键环节。

(3) 认证是庭审程序中不可缺少的必经程序,是举证、质证的必然结果,举证和质证的目的就是实现审判人员对证据的认证,只有经过法庭的认证,才能使举证和质证具有最终的法律意义,才能成为断案的依据。案件的事实是否清楚是靠认证予以确认的。没有认证这一环节,当事人的举证、质证的目的都无法实现,庭审功能就体现不出来。认证是对某一证据经质证后的确认、解决某一证据是否真实、是否能够证明客观事实。认证是举证、质证的归宿和结果,只有经过认证,才能使举证和质证具有最终的法律上的作用和意义。认证是处理案件的前提和基础,案件的事实是靠认定予以确认的,事实清楚才能依法作出公正的裁决,对证据认定正确,裁决才不会出现错误。否则认证错误,势必导致对案件处理的错误。认证必须对证据从合法性、关联性、真实性的角度进行综合考察,并应向当事人明确证据有效还是无效,以及是否具有可采性。

总之,举证是质证与认证的前提和基础,质证则是举证和认证的关键,认证是举证和质证的结果。三者相互联系,相互作用,但共同的指向均为案件的客观事实,只有将三个环节把握准确,运用适当,才能保证案件裁决的准确性。

二、模拟法庭中的举证

在模拟法庭中,所有的证据都应当当庭出示,负有举证责任的当事人如果不能提供证据证明自己的诉讼主张,就有可能承担败诉的风险。

在民事诉讼中,承担举证责任的主体是当事人及其诉讼代理人,民事诉讼中的绝大部分证据都应由当事人及其诉讼代理人负责收集和提供。根据现行民事诉讼法和有关司法解释,人民法院只能在特定情形下依当事人的申请或者依职权调查收集证据。当事人向人民法院提供证据的,应当提供原件或原物。如需自己保存证据原件、原物或者提供原件、原物确有困难的,可以提供经人民法院核对无异的复制件或者复制品。当事人向人民法院提供的证据系在中华人民共和国领域外形成的,该证据应当经所在国的公证机关予以认证或者履行中华人民共和国与该国有关条约中规定的证明手续。当事人向人民法院提供的证据是在香港、澳门、台湾地区形成时,也应当履行相关手续。

行政诉讼证据的收集提供,大部分原理与民事诉讼证据收集基本相同,只是在个别程序上有自己的特点。在行政诉讼中作为被告的行政机关承担着主要的举证责任,应当向法院提供证据证明自己所实施的被诉具体行政行为的合法性。由于行政诉讼的原告负举证责任,所以一般情况下原告是"可以"提供证据的。原告只在两种情形下"应当"提供证据:一是在起诉被告不作为的行政案件中,除非"被告依职权应当主动履行法定职责"或

"原告因被告受理申请的登记制度不完善等正当事由不能提供相关的证据材料并能够作出合理说明",原告应当提供其在行政程序中曾经提出申请的证据材料。二是在行政赔偿诉讼中,原告应当对被诉的具体行政行为造成损害的事实提供证据。值得注意的是,根据行政诉讼的基本原理,一般情况下,法院只能根据原告或者第三人的申请调取证据,应当仅限于行政机关在行政程序中已经取得复印件、复制件而无法收集证据原件或者原物等情形。即法院调取的证据,只限于证明行政机关原有证据的真实性[①]。

刑事诉讼举证责任的承担者,主要是公安机关、检察机关、人民法院和自诉案件中的自诉人。犯罪嫌疑人、被告人及其辩护人,不承担证明其无罪的责任,但是有提供证据的权利。根据《中华人民共和国刑事诉讼法》(以下简称《刑事诉讼法》)第43条的规定:"审判人员、检察人员、侦查人员必须依照法定程序,收集能够证明犯罪嫌疑人、被告人有罪、犯罪情节轻重的各种证据。"事实上,刑事诉讼的绝大多数证据都是公安机关、检察机关进行收集,人民法院只有在被告及其辩护人、自诉人或者受害者因客观原因不能进行收集提供证据等少数情形下,才依申请而进行证据的调取和收集。犯罪嫌疑人、被告人及其辩护人可以向公安司法机关提供证据证明其无罪、罪轻或者减轻、免除刑事处罚。辩护律师经证人或其他有关单位和个人同意,可以向他们收集与本案有关的证据材料,也可以申请人民检察院、人民法院收集、调取证据,或者申请人民法院通知证人出庭作证。辩护律师经人民检察院或人民法院许可,并且经被害人或者其近亲属、被害人同意,可以向他们收集与本案有关的证据材料。

三、模拟法庭中的质证

模拟法庭中的质证,是指在审判人员的主持下,当事人双方就法庭审理中提出的证据材料,围绕其真实性、关联性、合法性以及证明力等问题进行辨认和质证的诉讼活动。质证的程序主要涉及证据出示,发问或讯问的顺序、方式和内容等。质证的方法主要围绕证据的客观真实性、程序合法性、与案件的关联性及与其他证据的关系等方面进行。

民事案件模拟法庭中的质证按下列顺序进行:①原告出示证据,被告、第三人与原告进行质证;②被告出示证据,原告、第三人与被告进行质证;③当事人出示证据,原告、被告与第三人进行质证。行政案件模拟法庭中的质证,可以参照前述民事诉讼的质证顺序进行。民事、行政诉讼的质证顺序应该注意:①人民法院依照当事人申请调查收集的证据,作为提出申请的一方当事人提供的证据,由该方当事人在庭审中出示,并由双方当事人质证;②人民法院依职权调查收集的证据应当在庭审时出示,听取当事人意见,并可就调查收集该证据的情况予以说明;③案件有两个以上独立的诉讼请求的,当事人可以逐个出示证据进行质证。刑事诉讼中的质证,国家现行《刑事诉讼法》和有关司法解释规定,一般按以下顺序进行:控方出示证据——辩控双方质证——辩护方出示证据——控辩方质证[②]。下面介绍几种主要证据的质证方法和程序。

---

① 李光国:《最高人民法院〈关于行政诉讼证据若干问题的规定〉释义与适用》,人民法院出版社,2002年,第257页。

② 廖永安、唐东楚、陈文曲:《模拟法庭:原理、剧本与技巧》,北京大学出版社,2009年,第39页。

1. 对书证、物证和视听资料的质证

(1) 质证的原物、原件优先规则。对物证、书证、视听资料进行质证时,当事人应当出示证据的原物或原件,而且有权要求对方当事人出示原件或原物。视听资料应当当庭播放或者显示,并由当事人进行质证。但在下列两种情况中,可以出示复制件或复制品:①出示原件或原物确有困难并经法庭准许;②原件或原物已不存在,但可以出示其他证据证明复制件、复制品与原物或原件一致。

(2) 质证的具体内容和范围。对书证、物证、视听资料的质证,当事人双方或控辩双方应当围绕下列问题进行:①真伪、来源及是否是原件,视听资料形成时间、地点和周围环境。②与本案的联系及与其他证据的联系。③物证的属性或书证、视听资料的内容以及所要证明的问题。④取得证据的程序是否合法。⑤播放视听资料的设备是否可靠,视听资料是否被伪造、变造。⑥在民事、行政诉讼中出示的,是否在举证期限内提出,是否按照法律规定和法院的指定进行了证据交换。如果超过举证期限提出,就不能进行质证。如果在庭前的证据交换中,双方没有争议的书证、物证、视听资料,经审判人员在庭审中说明后,就没有必要进行质证。⑦在刑事诉讼中出示的,是否属于公诉方出示的证据目录范围,如果是出具目录以外的书证、物证、视听资料,辩护方有权建议法庭不予采信或者要求延期审理。

2. 对证人和证人证言的质证

(1) 证人的条件和范围。凡是知道案件情况的人,都可以作为证人。但不能正确表达意志的人,不能作为证人。无民事行为能力人和限制民事行为能力人对其年龄、智力状况或者精神健康状况相适应的待证事实,可以作为证人。

(2) 证人有出庭作证的义务和可以不出庭作证的情况。我国法律规定证人都有出庭作证的义务,只有在"不能出庭"或者"不必出庭"的例外情况才不出庭作证。民事、行政诉讼中的证人在下列不能出庭的特殊情况,经人民法院许可,可以提交书面证言,而不出庭作证:①年迈体弱或者行动不便无法出庭;②特殊岗位确实无法离开;③路途特别遥远,交通不便难以出庭;④因自然灾害等不可抗力或其他意外事件无法出庭;⑤其他无法出庭的特殊情况。民事诉讼中的上述情形,除了可以提交书面证言外,证人还可以通过提交视听资料或者通过视听传输技术手段作证。下列两种例外情况,证人不必出庭作证:①民事诉讼中的证人在人民法院组织的双方当事人交换证据时出席并陈述证言,可视为出庭作证,因而不必再出庭作证;②行政诉讼中的当事人在行政程序或者庭前证据交换中,对证言无异议,经法庭许可,庭审时当事人也可以提交书面证言,因而也不必再出庭作证。刑事诉讼中,证人符合下列情形时,经法院许可,可以不出庭作证:①未成年人;②庭审期间患严重疾病或者行动极为不便;③其证言对案件的审判不起直接决定作用;④其他原因。

(3) 申请和通知证人出庭作证的程序和条件。民事诉讼中,当事人申请证人出庭作证的,应当在举证期限届满 10 日前提出,并经人民法院许可。人民法院对当事人的申请予以准许的,应当在开庭审理前通知证人出庭作证,并告知其应如实作证的义务及作伪证的法律后果;行政诉讼中,当事人申请证人出庭作证的,应当在举证期限届满前提出,并经人民法院许可。人民法院许可证人出庭作证的,应当在开庭审理前通知证人出庭作证。当事人在庭审中要求证人出庭作证的，法庭可以根据审理案件的具体情况，决定是否准许以及是否延期审理。

有下列情形之一的，原告或者第三人可以要求相关行政执法人员作为证人出庭作证：①对现场笔录的合法性或者真实性有异议的；②对扣押财产的种类或者数量有异议的；③对检验物品的取样或者保管有异议的；④对行政执法人员的身份有异议的；⑤需要出庭作证的其他情形。刑事庭审过程中，控辩双方都可以申请审判长传唤证人出庭作证。

（4）证人出庭作证的要求。证人出庭作证，应当出示证明其身份的证件。出庭作证的证人不得旁听案件的审理。法庭询问证人时，其他证人不得在场，但组织证人对质的除外。证人出庭作证，应当客观陈述其亲身感知的事实，不得使用猜测、推断或者评论性语言，证人是聋哑人的，可以使用其他表达方式作证。

（5）对出庭的证人以及不出庭证人的"书面证言"的质证范围和方法。审判人员以及经过人民法院许可的当事人，都可以对出庭的证人进行询问。询问证人时，不得使用威胁、侮辱及不适当引导证人的语言和方式，发问的内容应当与案件的事实相关。对出庭证人进行质证时，可以从以下几个方面进行：①证人本身的健康状况、心智水平以及案发时的外界环境和条件，是否影响对案件的真实感知和陈述；②证人与本案或者本案的当事人是否有利害关系；③证人作证是否受到外界的干扰或影响；④证人对案件的了解是否原始和直接；⑤证人的证言是否前后矛盾；⑥证人的证言能否被其他证据推翻。对于为出庭证人提供的书面证言，除了可以从以上几个方面进行质证外，还可以从以下方面质证：①证人不能出庭作证的原因及对本案的影响；②证人证言的形式和来源是否合法，内容是否完整、准确。

3. 对鉴定人和鉴定结论的质证

当事人要求鉴定人出庭接受询问的，鉴定人应当出庭。鉴定人因正当事由不能出庭的，经法庭准许，可以不出庭，由当事人对其书面鉴定结论进行质证。鉴定人不能出庭的正当事由与证人不出庭的情形相同。当事人对鉴定人的询问方式与询问证人的相同。

对出庭的鉴定人和其出具的鉴定结论的质证，可以从以下几方面进行：①鉴定人是否具有鉴定资格；②鉴定人与案件本身或者案件的当事人是否具有利害关系；③鉴定的设备是否先进、方法是否科学以及得出结论的推理过程是否符合逻辑；④鉴定结论能否被其他证据推翻，等等。对于未出庭的鉴定人出具的鉴定结论，除了从上述方面进行质证外，还可以参照未出庭证人的书面证言的质证方式进行质证。

4. 对被告人的供述和辩解的质证

刑事诉讼中，对被告人供述和辩解的质证，先由控诉方对被告人进行讯问或者询问，再由辩护人对被告人进行发问。被害人及其诉讼代理人、附带民事诉讼的原告人、辩护人发问，必须经审判长的同意。对于控辩双方认为对方讯问或者发问不当或者内容与本案无关并提出异议的，审判长应判明情况予以驳回或支持。公诉人向被告人提出威逼性、诱导性或者与本案无关的问题的，辩护律师有权提出反对意见。审判长对使用不正当的方式或者内容与案件无关的讯问、发问，应当制止。审判人员认为有必要时，也可以向被告人进行讯问。对被告人供述和辩解的质证，可以从以下几个方面进行：①进行供述和辩解的心理动机，是否有避重就轻或者包庇、隐瞒等情况；②对被告人供述和辩解的收集程序是否合法，是否有刑讯逼供或诱供、骗供等情况；③供述和辩解的内容本身是否矛盾；④被告人的供述和辩解与其他证据的关系，是否有串供的可能。

四、模拟法庭中的认证

模拟法庭中的认证，是指审判人员对于当事人或者控辩双方经过举证和质证的证据材料进行分析、研究和鉴别，决定证据的取舍和证明力的大小，并对案件事实作出认定的诉讼活动。它既包括对当庭证据材料的个别认证，也包括对全案证据的综合审查判断和对案件事实的认定。根据案件的性质不同，模拟法庭中的具体认定规则各有不同。

1. 民事案件模拟法庭认证的具体规则

根据民事诉讼法和有关的司法解释，尤其是《最高人民法院关于民事诉讼证据的若干规定》（以下简称《民事证据规定》）的内容和精神，民事案件审判认证的具体规则包括：

（1）证据排除规则。根据《民事证据规定》第 68 条，以侵害他人合法利益或者违反法律禁止性规定的方法取得的证据，不能作为认定案件事实的依据。

（2）补强证据规则。根据《民事证据规定》第 69 条，以下证据不能单独作为认定案件事实的依据：①未成年人所作的与其年龄和智力状况不相符的证言；②与一方当事人或者其代理人有利害关系的证人出具的证言；③存有疑点的视听资料；④无法与原件、原物核对的复印件、复制品；⑤无正当理由未出庭作证的证人证言。根据《民事证据规定》第 76 条，当事人对于自己的主张，只有本人陈述而不能提出其他相关证据的，其主张不予支持。但对方当事人认可的除外。

（3）适格证据的确认规则。关于书证、物证、视听资料和勘验笔录，根据《民事证据规定》第 70 条，一方当事人提出的下列证据，对方当事人提出异议但没有足以反驳的相反证据的，人民法院应当确认其证明力：①书证原件或者与书证原件核对无误的复印件、照片、副本、节录本；②物证原物或者与物证原物核对无误的复制件、照片、录像资料等；③有其他证据佐证并以合法手段取得的、无疑点的视听资料或者与视听资料核对无误的复制件；④一方当事人申请人民法院依照法定程序制作的对物证或者现场的勘验笔录。关于鉴定结论，根据《民事证据规定》第 71 条，人民法院委托鉴定部门作出的鉴定结论，当事人没有足以反驳的相反证据和理由的，可以认定其证明力。关于证人证言，根据《民事证据规定》第 78 条，人民法院认定证人证言，可以通过对证人的智力状况、品德、知识、经验、法律意识和专业技能等的综合分析作出判断。关于公证法律行为、事实和文书，根据《中华人民共和国民事诉讼法》（以下简称《民事诉讼法》）第 67 条的规定，经过法定程序公证证明的法律行为、法律事实和文书，人民法院应当作为认定事实的根据，但有相反证据足以推翻公证证明的除外。

（4）自认及排除自认的规则。根据《民事证据规定》第 72 条、第 74 条，当事人认可的证据证明力的认定，按照下列方式进行：①一方当事人提出的证据，另一方当事人认可或者提出的相反证据不足以反驳的，人民法院可以确认其证明力；②一方当事人提出的证据，另一方当事人有异议并提出反驳证据，对方当事人对反驳证据认可的，人民法院可以确认反驳证据的证明力；③诉讼过程中，当事人在起诉状、答辩状、陈述及其委托代理人的代理词中承认的对己方不利的事实和证据，人民法院应当予以确认，但当事人反悔并有相反证据足以推翻的除外。根据《民事诉讼法》第 67 条,在诉讼中,当事人为达成调解协议或者和解目的做出妥协所涉及的对案件事实的认可,不得在其后的诉讼中作为对其不利的证据。

(5) 当事人拒不提供证据时的推定规则。根据《民事证据规定》第 75 条,有证据证明一方当事人持有证据无正当理由拒不提供,如果对方当事人主张该证据的内容不利于证据持有人,可以推定该主张成立。

(6) 最佳证据规则。根据《民事证据规定》第 77 条,人民法院就数个证据对同一事实的证明力,可以依照下列原则认定:①国家机关、社会团体依职权制作的公文书证的证明力一般大于其他书证;②物证、鉴定结论、勘验笔录或者经过公证、登记的书证,其证明力一般大于其他书证、视听资料和证人证言;③原始证据的证明力一般大于传来证据;④直接证据的证明力一般大于间接证据;⑤证人提供的对于与其亲属或者其他密切关系的当事人有利的证言,其证明力一般小于其他证人证言。

(7) 证据采纳理由的说明规则。根据《民事证据规定》第 79 条和第 81 条,人民法院应当在裁判文书中阐明证据是否采纳的理由。对当事人无争议的证据,是否采纳的理由可以不在裁判文书中表述。但适用简易程序审理的案件,不受此规定的限制。

(8) 证明标准规则。根据《民事证据规定》第 73 条,双方当事人对同一事实分别举出相反的证据,但都没有足够的依据否定对方证据的,人民法院应当结合案件情况,判断一方提供证据的证明力是否明显大于另一方提供证据的证明力,并对证明力较大的证据予以确认。因证据的证明力无法判断而导致争议事实难以认定的,人民法院应当依据举证责任分配的规则作出裁判。

2. 行政案件模拟法庭认证的具体规则

根据《中华人民共和国行政诉讼法》(以下简称《行政诉讼法》)和有关的司法解释,尤其是《最高人民法院关于行政诉讼证据若干问题的规定》(以下简称《行政证据规定》)的内容和精神,行政案件审判认证的具体规则包括:

(1) 证据排除规则。根据《行政证据规定》第 57 条、第 58 条、第 59 条,下列证据材料不能作为定案依据:①严重违反法定程序收集的证据材料;②以偷拍、偷录、窃听等手段获取侵害他人合法权益的证据材料;③以利诱、欺诈、胁迫、暴力等不正当手段获取的证据材料;④当事人无正当事由超出举证期限提供的证据材料;⑤在中华人民共和国领域外或者在中华人民共和国香港特别行政区、澳门特别行政区和台湾地区形成的未办理法定证明手续的证据材料;⑥当事人无正当理由拒不提供原件、原物,又无其他证据印证,且对方当事人不予认可的证据的复制件或者复制品;⑦被当事人或者他人进行技术处理而无法辨明真伪的证据材料;⑧不能正确表达意志的证人提供的证言;⑨以违反法律禁止性规定或者侵犯他人合法权益的方法取得的证据;⑩被告在行政程序中依照法定程序要求原告提供证据,原告依法应当提供而拒不提供,在诉讼程序中提供的证据;⑪不具备合法性和真实性的其他证据材料。

(2) 被诉具体行政行为合法性证据排除规则。根据《行政证据规定》第 60 条、第 61 条、第 62 条,下列证据不能认定被诉具体行政行为合法的依据:①被告及其诉讼代理人在作出具体行政行为后或者在诉讼程序中自行收集的证据;②被告在行政程序中非法剥公民、法人或者其他组织依法享有的陈述、申辩或者听证权利所采用的证据;③原告或者第三人在诉讼程序中提供的、被告在行政程序中未作为具体行政行为依据的证据;④复议机关在复议程序中收集和补充的证据,或者作出原具体行政行为的行政机关在复议程序中未向复议机关提交的证据,不能作为人民法院认定原具体行政行为合法的依据;⑤对被告在行政程序中采纳的鉴定结论,原告或者第三人提出证据证明有下列情形之一的,人民法院不予采纳。其一,鉴定人不具备鉴定资格;其二,鉴定程序严重违法;其三,鉴定结论错误、不明确或者内容不完整。

(3) 补强证据规则。根据《行政证据规定》第71条,下列证据不能单独作为定案依据:①未成年人所作的与其年龄和智力状况不相适应的证言;②与一方当事人有亲属关系或者其他密切关系的证人所作的对该当事人有利的证言,或者与一方当事人有不利关系的证人所作的对该当事人不利的证言;③应当出庭作证而无正当理由不出庭作证的证人证言;④难以识别是否经过修改的视听资料;⑤无法与原件、原物核对的复制件或者复制品;⑥经一方当事人或者他人改动,对方当事人不予认可的证据材料;⑦其他不能单独作为定案依据的证据材料。

(4) 最佳证据规则。根据《行政证据规定》第63条,证明同一事实的数个证据,其证明效力一般可以按照下列情形分别认定:①国家机关以及其他职能部门依职权制作的公文文书优于其他书证;②鉴定结论、现场笔录、勘验笔录、档案材料以及经过公证或者登记的书证优于其他书证、视听资料和证人证言;③原件、原物优于复制件、复制品;④法定鉴定部门的鉴定结论优于其他鉴定部门的鉴定结论;⑤法庭主持勘验所制作的勘验笔录优于其他部门主持勘验所制作的勘验笔录;⑥原始证据优于传来证据;⑦其他证人证言优于当事人有亲属关系或者其他密切关系的证人提供的对该当事人有利的证言;⑧出庭作证的证人证言优于未出庭作证的证人证言;⑨数个种类不同、内容一致的证据优于一个孤立的证据。

(5) 自认及排除自认的规则。根据《行政证据规定》第65条,庭审中一方当事人或者其代理人在代理权限范围内对另一方当事人陈述的案件事实明确表示认可的,人民法院可以对该事实予以认定。但有相反证据足以推翻的除外。根据《行政证据规定》第66条,在行政赔偿诉讼中,人民法院主持调解时当事人为达成调解协议而对案件事实的认可,不得在其后的诉讼中作为对其不利的证据。

(6) 电子证据规则。根据《行政证据规定》第64条,以有形载体固定或者显示的电子数据交换、电子邮件以及其他数据资料,其制作情况和真实性经过对方当事人确认,或者以公证等其他有效方式予以证明的,与原件具有同等的证明效力。

(7) 被告拒不提供证据时的推定规则。根据《行政证据规定》第69条,原告确有证据证明被告持有的证据对原告有利,被告无正当事由拒不提供的,可以推定原告的主张成立。

3. 刑事案件模拟法庭认证的具体规则

现行的《刑事诉讼法》和有关的司法解释,对刑事案件审判认证的具体规则所作的规定较少。目前主要有以下几项:

(1) 非法证据排除规则。根据《刑事诉讼法》第43条和最高人民法院《关于执行

《中华人民共和国刑事诉讼法》若干问题的解释》（以下简称《法院解释》）第 61 条的规定，严禁刑讯逼供和以威胁、引诱、欺骗以及其他非法的方法收集证据。凡经查证确属上述非法方法取得的证人证言、被害人陈述、被告人供述，不能作为定案的根据。

（2）不轻信口供的原则。根据《刑事诉讼法》第 46 条的规定："对一切案件的判处都要重证据，重调查研究，不轻信口供。只有被告人供述，没有其他证据的，不能认定被告人有罪和处以刑罚。没有被告人供述，证据充分确实的，可以认定被告人有罪和处以刑罚。"

（3）原始证据优先原则。根据最高人民法院《法院解释》第 53 条的规定："收集、调取的书证应当是原件。只有在取得原件确有困难时，才可以是副本或者复制件。收集、调取的物证应当是原物。只有在原物不便搬运、不易保管或者依法应当返还被害人时，才可以拍摄足以反映原物外形或者内容的照片、录像。"

（4）定案证据必须当庭出示、辨认和质证的规则。根据《刑事诉讼法》第 47 条和《法院解释》第 58 条的规定，证据必须经过当庭出示、辨认、质证等法庭调查程序查证属实，否则不能作为定案的根据；对于出庭作证的证人，必须在法庭上经过公诉人、被害人和被告人、辩护人等双方询问、质证，其证言经过审查确实的，才能作为定案的根据；未出庭证人的证言宣读后经当庭查证属实的，可以作为定案的根据。

课后思考

1. 简述模拟法庭的概念和分类。
2. 简述模拟法庭的渊源。
3. 论述模拟法庭在法学教育中的地位和作用。
4. 论述模拟法庭教学的问题及完善。

第二章 模拟法庭组成

第一节 模拟法庭的主体及职责

一、人民法院

我国的审判机关是人民法院。《中华人民共和国宪法》(以下简称《宪法》)第123条规定:"中华人民共和国人民法院是国家的审判机关。"根据《宪法》和《中华人民共和国人民法院组织法》(以下简称《人民法院组织法》)的规定,我国人民法院的组织体系,由最高人民法院、地方人民法院和军事法院等专门人民法院构成。最高人民法院是最高审判机关,最高人民法院监督地方各级人民法院和专门人民法院的审判工作。地方各级人民法院分为基层人民法院、中级人民法院和高级人民法院,实行四级两审终审制,基层人民法院设立若干人民法庭,上级人民法院监督下级人民法院的审判工作。

最高人民法院是国家的最高审判机关。根据《宪法》、《人民法院组织法》和三大诉讼法(《民事诉讼法》、《刑事诉讼法》、《行政诉讼法》)的规定,最高人民法院行使下列职权[①]:

(1)监督地方各级人民法院和专门人民法院的工作。对地方各级人民法院和专门人民法院已经发生法律效力的判决和裁定,如果发现确有错误,有权提审或者指令下级人民法院再审。

(2)审判下列案件:①法律规定由它指定的和它认为应当由自己审判的第一审案件。《刑事诉讼法》规定,它管辖的第一审刑事案件是全国性的重大刑事案件,《民事诉讼法》规定,它管辖的第一审民事案件和经济纠纷案件是全国范围内有重大影响的案件,《行政诉讼法》规定,它管辖的第一审行政案件是全国范围内重大、复杂的案件;②对高级人民法院、专门人民法院判决和裁定的上诉案件和抗诉案件以及最高人民检察院按照审判监督程序提出的抗诉案件;③核准判处死刑的案件[②]。

(3)进行司法解释。即对于人民法院在审判过程中如何具体应用法律、法令的问题进行解释。

(4)领导和管理全国各级人民法院的司法行政工作事宜。

地方各级人民法院包括基层人民法院、中级人民法院、高级人民法院。

---

① 廖永安、唐东楚、陈文曲:《模拟法庭:原理、剧本与技巧》,北京大学出版社,2009年,第13页。
② 《关于复核死刑案件若干问题的规定》明确规定,最高人民法院自2007年1月1日起统一行使死刑案件核准权。最高人民法院复核死刑案件,应当作出核准的裁定、判决,或者作出不予核准的裁定。

1. 基层人民法院

基层人民法院设在县级，包括县、自治县（旗）、不设区的市、市辖区，完全按行政区划设置。根据《人民法院组织法》的规定，基层人民法院的职权是：①审判刑事、民事和行政案件的第一审案件，但是法律、法规另有规定的案件除外。对所受理的案件，认为案情重大应当由上级人民法院审判的，可以请求移送上级人民法院审判。②处理不需要开庭审判的民事纠纷和轻微的刑事案件。③指导人民调解委员会的工作。

基层人民法院由院长一人、副院长和审判员若干人组成。设刑事审判庭、民事审判庭和行政审判庭。各庭设庭长、副庭长。《人民法院组织法》规定：基层人民法院根据地区、人口和案件情况可以设立若干人民法庭。人民法庭是基层人民法院的组成部分，它的判决和裁定就是基层人民法院的判决和裁定。人民法庭作为基层人民法院的派出机构，在基层人民法院的领导下进行审判活动。基层人民法院设立人民法庭，是从便利群众的原则出发的，是总结了多年的经验而作出的选择，是中国审判制度的一个显著特点。

2. 中级人民法院

中级人民法院设立在省、自治区所辖的地级市，或者直辖市、省、自治区所辖市、自治州。

根据《人民法院组织法》的规定，中级人民法院审判下列案件：①法律规定由它管辖的第一审案件；②基层人民法院移送审判的第一审案件；③对基层人民法院判决和裁定提起上诉或者抗诉的案件；④人民检察院按照审判监督程序提出的抗诉案件。

中级人民法院对它所受理的刑事、民事和行政案件，认为案情重大应该由上级人民法院审判的，可以请求移送上级人民法院审判。中级人民法院由院长一人，副院长、庭长、副庭长和审判员若干人组成。设刑事审判庭、民事审判庭、行政审判庭，根据需要可以设其他审判庭。

3. 高级人民法院

高级人民法院设立在省、自治区和直辖市。高级人民法院由院长一人，副院长、庭长、副庭长和审判员若干人组成，设刑事审判庭、民事审判庭、行政审判庭。根据需要可以设其他审判庭。

根据《人民法院组织法》第25条和有关的法律规定，高级人民法院的职权是：

（1）审判下列案件：①法律规定由它管辖的第一审案件；②下级人民法院移送审判的第一审案件；③对下级人民法院判决和裁定的上诉案件和抗诉案件；④人民检察院按照审判监督程序提出的抗诉案件。

（2）根据《刑事诉讼法》第200条第一款的规定，复核中级人民法院判处死刑的、被告人不上诉的第一审刑事案件，其中同意判处死刑的，报请最高人民法院核准，不同意判处死刑的，可以提审或者发回重新审判。

（3）根据《刑事诉讼法》第201条的规定，核准中级人民法院判处死刑缓期二年执行的案件①。

（4）监督辖区下级人民法院的审判工作。对下级人民法院已经发生法律效力的判决和裁定，如果发现确有错误，有权提审或者指令下级人民法院再审。

4. 专门人民法院

专门人民法院是我国人民法院组织体系的组成部分。它和地方各级人民法院共同行使国家的审判权。但是，它是我国审判体系中特定的、具有专门性质的审判机关，有其特殊性。专门人民法院的设置按照特定的组织系统或特定案件（如海事案件）设立，而不是按照行政区划设立。《人民法院组织法》规定，专门人民法院包括军事法院、海事法院、铁路运输法院等。

5. 人民法院的审判组织

审判组织是指法院审判案件的组织形式。根据《人民法院组织法》、《刑事诉讼法》、《民事诉讼法》以及《行政诉讼法》的有关规定，人民法院的审判组织有独任庭、合议庭和审判委员会三种组织形式。

二、人民检察院

根据《宪法》和《中华人民共和国人民检察院组织法》（以下简称《人民检察院组织法》）的规定，人民检察院是法律的专门监督机关。国家设立最高人民检察院、地方各级人民检察院和军事检察院等专门人民检察院。

（1）地方各级人民检察院。地方各级人民检察院分为：①省、自治区、直辖市人民检察院；②省、自治区、直辖市人民检察院分院，自治州和省辖市人民检察院；③县、市、自治县和市区人民检察院。省一级人民检察院和县一级人民检察院，可以根据工作需要，提请本级人民代表大会常务委员会批准，在工矿区、农垦区、林区设置人民检察院，作为派出机构。

（2）专门人民检察院。根据《人民检察院组织法》第2条规定，设专门人民检察院。专门人民检察院的设置，组织和职权由全国人民代表大会常务委员会另行规定。在实践中，凡是设置专门人民法院的地区就相应地设置专门人民检察院或分院，如各级军事检察院、铁路运输检察院和水上运输检察院等。

（3）最高人民检察院。根据《宪法》和《人民检察院组织法》的规定，最高人民检察院是国家的最高检察机关，领导地方各级人民检察院和专门人民检察院的工作，对全国人民代表大会及其常委会负责。最高人民检察院领导地方各级人民检察院工作。上级人民检察院领导下级人民检察院工作，这表明上下级属领导与被领导的关系。

根据《人民检察院组织法》第5条的规定，各级人民检察院行使下列职权：①对于叛

---

① 最高人民法院《关于统一行使死刑案件核准权有关问题的决定》于2007年1月1日起实行后，死刑核准权一律全部收归于最高人民法院行使，高级人民法院不再具有核准死刑的正当性。但根据现行《刑法》第48条第二款以及《刑事诉讼法》第201条的规定，高级人民法院仍然具有核准中级人民法院判处的死刑缓期二年执行案件的核准权。

国案、分裂国家案以及严重破坏国家的政策、法律、法令、政令统一实施的重大案件,行使检察权;②对于直接受理的刑事案件进行侦查;③对于公安机关侦查的案件进行审查,决定是否批捕、起诉或者不起诉,并对公安机关的侦查活动是否合法实行监督;④对刑事案件提起公诉,支持公诉,并对人民法院的审判活动是否合法实行监督;⑤对刑事案件判决或裁定的执行以及监狱、看守所、劳动教养机关的活动是否合法实行监督。

综上所述,人民检察院对法律的执行和遵守情况实行监督。其监督对象包括国家机关、国家机关工作人员和公民[1]。

根据《中华人民共和国检察官法》(以下简称《检察官法》)及其他相关法律的规定,检察官的职责可以分为三部分。第一,代表国家进行公诉。即检察院对所有侦查终结的刑事犯罪案件进行审查,认为应当向法院提起公诉的,在依法提起公诉时检察官要以公诉人的身份出庭支持公诉,代表国家对犯罪提出指控,证实其犯罪事实,要求依法对其进行惩处。法院进行审判后,检察院认为判决或者裁定确有错误提出抗诉的,检察官也要出庭予以支持。第二,对法律规定由人民检察院直接受理的犯罪案件进行侦查。即代表检察机关直接行使对贪污贿赂犯罪、渎职犯罪及滥用职权侵犯公民人身权利、民主权利的犯罪进行立案侦查的权力,履行纠举贪渎的职责。第三,依法进行诉讼监督工作。即依照法律规定行使检察机关的其他监督权力,包括侦查监督权、审判监督权、执行监督权、受理申诉控告权及民事行政诉讼监督权等,在行使这些监督权力的过程中,严格履行监督国家法律统一、正确实施的神圣职责。

关于检察官必须承担的义务,《检察官法》规定,检察官应当严格遵守《宪法》和法律;履行职责必须以事实为根据,以法律为准绳,秉公执法,不得徇私枉法;维护国家利益,维护公民、法人和其他组织的合法权益;清正廉明,忠于职守,遵守纪律;保守国家秘密和检察工作秘密;接受法律监督和人民群众监督。检察官的义务体现了《检察官法》对检察官履行其法定职责的纪律要求,是检察官必须遵守的行为规范,也是检察官履行其法定职责的必要保证[2]。

三、律师

1. 对律师执业条件限制

《中华人民共和国律师法》(以下简称《律师法》)第36条规定,曾担任法官、检察官的律师,从人民法院、人民检察院离任后两年内,不得担任诉讼代理人或者辩护人[3]。

《律师法》第13条规定,国家机关的现职工作人员不得兼任执业律师。律师担任各级人民代表大会常务委员会组成人员期间,不得执业。

---

[1] 廖永安、唐东楚、陈文曲:《模拟法庭:原理、剧本与技巧》,北京大学出版社,2009年,第20页。
[2] 《中华人民共和国检察官法》第6条:"检察官的职责:①依法进行法律监督工作;②代表国家进行公诉;③对法律规定由人民检察院直接受理的犯罪案件进行侦查;④法律规定的其他职责。"
[3] 这一规定是针对曾任法官、检察官的律师,由于以往的工作岗位往往与有关法院、检察院有着特定的联系,为了避免关系案、人情案的发生,为了维护律师队伍的声誉,因而《律师法》作出了这样的规定。

根据 1985 年 5 月 3 日司法部《关于全国人大代表和地方各级人大代表能否担任兼职律师的批复》的精神，律师是各级人大代表，但不担任各级人大常委会委员的，可以执行律师的业务[①]。

2. 律师对委托人的义务

律师法在律师应对委托人承担的义务问题上，作了如下规定：

(1) 律师接受委托后，无正当理由的，不得拒绝辩护或代理。但委托事项违法，委托人利用律师提供的服务从事违法活动或委托人隐瞒事实的，律师有权拒绝辩护或代理。理由：①律师与委托人的关系是一种合同关系，律师作为合同当事人一方，除非有法定事由的发生，否则，律师不得随意解除委托合同。②随意拒绝辩护直接损害被告人及委托人的权益。一般情况下，委托人或其亲属受到司法机关的刑事指控后，需要律师提供辩护，律师接受委托后要做很多事情，而且须在法定期限内完成，从时间上讲不是很宽裕。如果律师随意拒绝辩护，迫使委托人更换辩护人，就会损失律师开庭前的工作时间，直接损害被告人及委托人的权益。③律师可拒绝辩护或代理的情形有，委托事项违法，委托人利用律师提供的服务从事违法活动或者委托人隐瞒事实的。

(2) 律师不得在同一案件中，为双方当事人担任代理人。理由：①同一案件中的双方当事人，正是由于利益相对不能调和才发生争讼的，律师接受互有利害关系的双方当事人的委托，就很难保证公道的从事代理事务。②作为代理人的律师，应当忠实于委托人，不能作出有损于或者可能有损于委托人权益的事情。③需要特别强调的是，律师在同一案件中，不论是一审还是在二审中均不得同时或先后为双方担任代理人。而且同一律师事务所的不同律师，也不得在同一案件中，为双方当事人担任代理人[②]。

(3) 律师不得利用提供法律服务的便利牟取当事人争议的权益，不得接受对方当事人的财物。理由：①律师是为了解决当事人争议而执行职务的，律师不应当介入当事人争议的权益之中，更不能将牟取当事人争议的权益作为从事代理活动的目的。②律师应当恪尽职守，忠实的为委托人服务。如接受与委托人有利益冲突的对方当事人的财物，往往会导致律师背弃委托人的利益而行为。

(4) 律师应当保守在执业活动中知悉的国家秘密、当事人的商业秘密、不得泄露当事人的隐私。应注意：①国家秘密是指关系到国家安全利益，在一定的时间和一定的范围内不能公开的事项。②商业秘密是指不为他人所知悉的能为权利人带来经济效益的技术信息和经营信息。③个人隐私是指与公民个人声誉有关的，本人不愿公开的个人生活事件。④需要强调的是，律师在委托代理关系结束后仍有保密的义务。

3. 律师对法院、仲裁机构的义务

一是不得提供虚假证据、隐瞒事实或者威胁、利诱他人提供虚假证据、隐瞒事实以及妨碍对方当事人合法取得证据。二是律师不得扰乱法庭、仲裁庭秩序，干扰诉讼、仲裁活

---

① 这条规定主要是维护当事人合法权益。国际上许多国家对此也有类似规定。

② 2002 年 2 月 26 日，中华全国律师协会修订，并经司法部批转的《律师职业道德和执业纪律规范》第 5 章第 28 条规定，律师不得在同一案件中为双方当事人担任代理。同一律师事务所不得代理诉讼案件的双方当事人，偏远地区只有一个律师事务所的除外。

动的正常进行。

依照《律师法》的规定，律师的辩论和辩护的权利应当依法保障，同时律师也应当遵守法庭、仲裁庭秩序，按照相关诉讼法、仲裁法的规定进行诉讼、仲裁活动。

律师担任刑事辩护人的，应当根据事实和法律，提出证明犯罪嫌疑人、被告人无罪、罪轻或者减轻、免除其刑事责任的材料和意见，维护犯罪嫌疑人、被告人的合法权益。法庭辩论阶段，辩护意见应针对控诉方的指控，从事实是否清楚、证据是否确实充分、适用法律是否准确无误、诉讼程序是否合法等不同方面进行分析论证，并提出关于案件定罪量刑的意见和理由。《刑事诉讼法》第35条规定，辩护人的责任是根据事实和法律，提出证明犯罪嫌疑人、被告人无罪、罪轻或者减轻、免除其刑事责任的材料和意见，维护犯罪嫌疑人、被告人的合法权益。

四、模拟法庭中当事人的职责

根据我国《民事诉讼法》、《刑事诉讼法》和《行政诉讼法》的规定，当事人是指与案件结局有着直接利害关系，对诉讼进程有着较大影响的诉讼参与人。当事人与自己的律师商讨诉讼对策，在法庭上有效地配合律师的辩护或者代理。

民事诉讼中的当事人，是指因民事上的权利义务关系发生争议，以自己的名义进行诉讼，并受人民法院裁判约束的人。民事诉讼的目的在于以法院裁判的方式解决当事人之间的民事争议。当事人的诉讼行为对民事诉讼的发生、进行和终结具有重要的作用[①]。

当事人有广义和狭义之分，广义当事人包括原告、被告、共同诉讼人和第三人。狭义的当事人仅指原告和被告。民事诉讼中的原告是指认为自己的民事权益受到侵犯或与他人发生争议，以自己的名义向人民法院提起诉讼，从而引起诉讼程序发生的人。被告是指被提起诉讼，经人民法院通知应诉的人。不论是原告、被告或是共同诉讼人、第三人，都必须以自己的名义进行诉讼。在一般情况下，民法上的法律关系主体在以该法律关系为诉讼标的的诉讼中，为当事人。

当事人的称谓，在不同的诉讼程序中有所不同，在第一审程序中称为原告和被告；在第二审程序中称为上诉人或被上诉人；在再审程序中称为原审原告和原审被告，或原上诉人和原被上诉人；在执行程序中称为申请人和被申请人，或债权人和债务人。

当事人的诉讼权利和诉讼义务，是保障当事人依法进行诉讼的前提。民事诉讼当事人享有广泛的诉讼权利，同时也必须履行一定的诉讼义务。人民法院应当依法保障当事人平等地行使诉讼权利，督促当事人履行诉讼义务。

1. 当事人的诉讼权利

根据《民事诉讼法》的规定，当事人的诉讼权利主要有：①保障当事人进行诉讼的权利，包括请求司法保护、申请回避、委托代理人、使用本民族语言文字进行诉讼等权利；②维护当事人民事权益的权利，包括提供证据、申请保全、进行辩论、查阅、复制与本案有关材料和法律文书的权利；③处分实体权利的权利，包括请求调解、提起上诉、自行和

---

① 齐树洁：《民事程序法》，厦门大学出版社，2002年，第107页。

解、放弃或者变更诉讼请求、承认对方诉讼请求、申请执行等权利。

2. 当事人的诉讼义务

当事人在享有诉讼权利的同时,也必须承担相应的诉讼义务。当事人的诉讼义务有:①依法行使诉讼权利。诉讼权利是法律赋予当事人保护自己民事权益的手段,当事人应依法行使,不得滥用。②遵守诉讼秩序。在民事诉讼中,当事人应服从法院的指挥,遵守法庭秩序,保障诉讼正常进行。③自觉履行生效的裁判书和调解书。法院的裁判书及调解书对当事人具有法律的拘束力,负有义务的当事人应自觉履行法律文书所确定的义务,否则,法院可以依法强制执行。④按照规定交纳一定的诉讼费。

3. 第三人的诉讼权利义务

有独立请求权的第三人一般不具有实体上的处分权,只有在人民法院判决承担民事责任时,才具有当事人的诉讼权利义务,才是当事人。因此其诉讼过程中诉讼权利相对于原告、被告而言是有限的。

行政诉讼当事人是指因具体行政行为发生争议,以自己的名义到法院涉诉、应诉和参加诉讼,并受人民法院裁判约束的公民、法人、其他组织以及行政机关。行政诉讼的当事人有广义和狭义之分。广义的当事人包括原告、被告、共同诉讼人和诉讼中第三人。狭义的当事人,仅指原告和被告。

(1) 行政诉讼当事人具有以下特征:①以自己的名义进行诉讼;②与行政案件有直接或间接的利害关系;③受人民法院裁判的约束。

(2) 行政诉讼当事人在行政诉讼中享有广泛的权利,主要有:①当事人有使用本民族语言文字进行诉讼的权利;②当事人在诉讼中有进行辩论的权利;③当事人可以委托代理人进行诉讼的权利;④经人民法院许可,当事人可以查阅本案的庭审材料,但涉及国家秘密和个人隐私的材料除外;⑤当事人在证据可能灭失或以后难以取得的情况下,可以向人民法院申请证据保全;⑥当事人有权申请财产保全;⑦当事人有申请回避权,对人民法院作出回避决定不服时,可以申请复议;⑧经审判长许可,当事人有向证人、鉴定人和勘验人员发问的权利;⑨当事人有查阅并申请补正庭审笔录的权利;⑩当事人不服人民法院第一审裁判时,可以在法定期限内提起上诉;⑪当事人对已生效的人民法院裁判,认为有错误的,有提出申诉的权利;⑫对人民法院已生效的裁判,如果败诉的一方当事人在法定期限内拒绝履行义务的,胜诉的一方当事人可以申请法院强制执行;⑬公民、法人或者其他组织有向人民法院提起行政诉讼的权利;⑭原告有权申请人民法院裁定停止被诉具体行政行为的执行;⑮原告有放弃、变更、增加诉讼请求的权利;⑯原告有权申请先予支付;⑰被告有应诉和答辩的权利;⑱被告在第一审程序中有改变被诉具体行政行为的权利。

(3) 行政诉讼当事人在享受权利的同时,须履行下列义务:①当事人必须依法正确行使权利,不得滥用诉讼权利;②当事人必须遵守诉讼秩序,服从法庭指挥,不得实施妨害诉讼秩序的行为;③当事人应当自觉履行人民法院已经生效的裁判;④被告行政机关在行政诉讼中负有举证责任;⑤被告行政机关在诉讼过程中,不得自行向原告和证人收集证据。

我国刑事诉讼中的当事人，是在诉讼中处于追诉（原告）或被追诉（被告）的地位，执行控诉（起诉）或辩护（答辩）职能，并同案件事实和案件处理结果具有切身利害关系的诉讼参与人。《刑事诉讼法》第82条第二项规定，刑事诉讼当事人是指被告人、被害人、自诉人、附带民事诉讼的原告人和被告人。

1. 被告人

被告人是指对涉嫌犯罪而受到正式刑事控诉的人。控诉是指依法拥有起诉权的部门或个人向法院提出正式控告，要求追究某人刑事责任的法律行为，它是刑事审判程序的启动器。在正式控诉之前涉嫌犯罪之人称为犯罪嫌疑人。

刑事诉讼中，被告人享有以下主要诉讼权利：①运用本民族的语言文字进行诉讼的权利。②有获得辩护的权利。③申请回避的权利。④对于司法工作人员侵犯其合法的诉讼权利和有人身侮辱的行为，有权提出控告。⑤未经人民法院依法判决，任何人不得被确定为有罪。这就是无罪推定原则[1]。也就是说，任何人未经人民法院判决，不能被确认为有罪和处以刑罚。公民无须证明自己的无罪和清白，指控方若不能提出有罪证据，被告人就是无罪的，举证责任应当由指控方承担。⑥有权参与法庭审理，有权了解被指控的犯罪事实和证据；有权辨认物证、书证，有权申请审判长对证人、鉴定人发问，或者经审判长许可直接发问；有权了解未到庭的证人证言、鉴定人及鉴定结论、勘验笔录的内容，并提出意见；有权通知新的证人到庭，调取新的物证、书证，申请重新鉴定或者勘验；有权阅读法庭庭审笔录并请求补正和更正；有权拒绝回答与本案案情无关的问题等。⑦有进行最后陈述的权利。⑧有权参加法庭辩论，有权对一审判决、裁定提起上诉，对于已经发生法律效力的判决、裁定有权提出申诉。在享有诉讼权利的同时，犯罪嫌疑人或被告人也负有相应的诉讼义务。如应当如实陈述案情，回答法庭的提问，不得伪造证据、隐匿证据，对司法工作人员依法进行的诉讼活动应当给予配合，遵守法庭规则等。

2. 被害人

被害人是指在刑事案件中其人身、财产及其他权益遭受犯罪行为侵害的人。广义上的被害人，既包括刑事自诉案件的被害人，也包括刑事公诉案件的被害人。狭义上的被害人，仅指公诉案件中的被害人。在刑事诉讼中，被害人属于当事人[2]。

被害人的诉讼权利主要有：请求立案；申请回避；委托诉讼代理人；要求赔偿损失；对不立案和不起诉的决定向检察机关提出申诉或依法向法院提起自诉；出席法庭并陈述案情，发问被告人，参加证据调查与质证，申请通知新的证人到庭，调取新的物证，重新鉴定或勘验，参加法庭辩论；对一审判决在法定期限内请求抗诉；对生效判决或裁定提出申诉，要求重新审判等[3]。

被害人承担的义务主要有：如实向公安司法机关陈述案件事实的义务；接受公安司法机关对其进行人身检查的义务；接受公安司法机关传唤的义务；在法庭上接受询问和回答

---

[1] 《中华人民共和国刑事诉讼法》第12条规定，未经人民法院依法判决，对任何人都不得确定有罪。
[2] 陈卫东：《中国刑事诉讼法》，法律出版社，1998年，第28页。
[3] 樊崇义：《刑事诉讼法学》，法律出版社，1996年，第60页。

问题的义务;遵守法庭秩序的义务等①。

3. 自诉人

在刑事自诉案件中,以自己的名义直接向人民法院提起诉讼,要求追究某人刑事责任的当事人,称为自诉人。通常情况下,自诉人往往就是被害人。对于自诉案件,没有公诉机关的公诉活动,自诉人的告诉会直接引起刑事自诉程序的启动。从这个意义上说,自诉人的地位类似于民事诉讼中的原告,当然也就有其原告的诉讼权利和义务。

自诉人的诉讼权利有下列几项:①直接向人民法院提起诉讼;②可以随时委托诉讼代理人;③在告诉才处理的案件和被害人有证据证明的轻微刑事案件中,人民法院宣判前,自诉人有权同被告人自行和解或撤回自诉;④在上述轻微刑事案件中,自诉人有权在人民法院的主持下与被告人达成调解协议;⑤有参加法庭调查和法庭辩论权;⑥有权申请回避;⑦人民法院受理案件后,对于因为客观原因而不能取得有关证据的,自诉人有权申请人民法院调查取证;⑧对第一审人民法院还没有发生法律效力的判决、裁定提出上诉;⑨对人民法院已经发生法律效力的判决、裁定提出申诉。

自诉人的诉讼义务有:①对自己的主张和请求应当提供证据证明;②不得捏造事实诬告诬陷他人或者伪造证据,否则将承担相应的法律责任;③按时出庭;④遵守法庭纪律,听从审判人员的指挥。附带民事诉讼的原告与被告的权利义务与民事诉讼的一样,对此不再赘述。

五、证人和鉴定人

1. 证人

所谓证人,是指通过自身直接了解案件情况并接受法院传唤到庭作证的人。此处所称证人是指狭义的证人,即通过其亲身感受而知悉案件事实的诉讼外的第三人,不包括广义上的证人,如两大法系有关国家将鉴定人、专家证人、当事人视为广义上的证人。证人作证应有相应的资格,证人资格是由以下特征所决定的:

(1) 证人应当是了解案件事实的自然人,这是因为只有自然人才能凭借感官感知案件事实。

(2) 证人是就自己所了解情况向法院进行相关陈述的人,因此,这就要求证人须具备一定的语言表达能力,以便真实、清楚地表达自己所感知的案件事实。

(3) 证人在一般情况下应当是诉讼当事人以外的第三人。证人在诉讼中享有一定的权利并承担相应的义务。证人的权利有:①用本民族语言文字提供证言、证词的权利。②刑事诉讼中的证人在侦查期间可要求对其姓名保守秘密的权利。③客观充分地提供证据的权利。

2. 鉴定人

鉴定人的义务主要有:①在规定或约定的期限内客观、科学、公正地作出鉴定结论;②依法主动回避;③鉴定人按时出庭接受询问;④保守在执业活动中知悉的国家秘密、商业秘密和个人隐私;⑤合理使用并妥善保管鉴定的材料;⑥遵守职业道德和执业纪律。

---

① 樊崇义:《刑事诉讼法学》,法律出版社,1996年,第90页。

六、书记员

书记员在审判时作记录,审判活动结束后整理材料,配合法官工作,相当于法官的秘书、书记员协助和配合审判员的工作,在审判员的指导下进行一些辅助性的工作,主要是开庭记录,另外还有一些像整理卷宗,保持审判庭整洁,开庭记录前阅读卷宗,了解案情等辅助工作。

根据《人民法院组织法》和刑事、民事、行政三大诉讼法的有关规定及审判实践中的要求,书记员的工作职责主要包括以下几个方面。

1. 记录工作

记录工作就是对审判庭审理案件活动的全过程进行笔录。笔录是人民法院在按照法定程序办理刑事、民事、经济和行政诉讼案件的过程中,以文字形式记载的如实反映诉讼活动的法律文书。制作好笔录是书记员基本的工作职责。根据笔录的适用范围可分为三大部分:一是各类案件通用的笔录,如调查笔录、勘验笔录、法庭审理笔录、合议庭评议笔录、审判委员会讨论案件笔录、宣判笔录;二是部分案件中使用的笔录,如适用于刑事自诉、民事、经济纠纷和行政赔偿案件的调解笔录,适用于刑事案件和各种执行案件的搜查笔录,适用于强制执行财产案件的执行笔录和查封、扣押财产笔录;三是仅适用于特定案件的笔录,如刑事案件的送达起诉书副本笔录、死刑案件的验明正身笔录和执行死刑笔录。书记员应当系统地了解笔录的性质、作用、特点和要求,熟悉制作各种笔录的具体方法。

2. 有关审判的其他工作

在实践当中,书记员应当办理的有关审判的其他工作体现在以下几个方面:①文书、材料的收发工作;②司法统计工作;③法律文书的打印、校对工作;④信访接待工作;⑤协助法官起草司法文书;⑥在法官指导下调处轻微的刑事纠纷和简易的民事纠纷、调查案件事实工作;⑦有关领导或法官交办的其他工作。

3. 书记员工作标准

这些标准包括:①制作笔录应格式规范、内容完整、字迹清楚、文理通顺、段落分明、核对准确无误;②整理、装订案卷应材料齐全、顺序规范、装订牢固、干净整齐;③保持审判庭环境清洁,做到无灰尘、纸屑、烟蒂及其他杂物;④庭审前阅读案卷,了解案情,布置好法庭,宣布法庭纪律,核对当事人信息并向审判长报告;⑤办理的其他有关事项符合要求。

七、法警

法警参与保障民事审判活动应以法律的规定为依据,体现在民事审判活动的全过程。

庭审前,法警必须依据法律规定,认真履行下列职责:①独立完成有关诉讼文书、法律文书的送达工作;②要积极参与对财产的查封、扣押、冻结活动,全力协助法官、书记员的诉讼保全工作;③要全力为法官、书记员进行调查取证工作做好安全警卫;④要依法拘传必须到庭的被告人到庭参加诉讼;⑤减轻法官、书记员的工作量,制止在庭审时的一切妨碍诉讼乃至违法犯罪行为,保障法官、书记员的人身安全,保证民事审判活动能够按时、有效进行。

第二节　模拟法庭的语言技巧

一、法官的语言技巧

法官是依法行使审判权的审判人员，包括最高人民法院、地方各级人民法院和军事法院等专门人民法院的院长、副院长、审判委员会委员、庭长、副庭长、审判员和助理审判员。法官是行使审判权的法定主体，是最权威的裁判者。人民法院是我们国家的审判机关，承担着解决纠纷的重要职能。在民众眼里，法官是国家法律的执行者，是国家法律的化身，是社会正义的守护神和社会良知的象征。法官所从事的审判活动常常被视为主持公道、伸张正义，抑浊扬清，带有强烈的"正义"和"善行"色彩。我国是大陆法系国家，一个重要特点是一般采用审理方式，以法官为中心，法官在审判中具有至关重要的作用，因此在审判活动中法官应当注意自己的语言，在审判过程中应当运用一定的技巧。在审判过程中，法官主要是通过庭审来查清事实，辨明是非，这一过程离不开法官语言技巧的运用。运用语言是否得当，不仅关系到当事人对法官的信任程度，也关系到法院的整体形象和司法的公信力[①]。

法官的庭审语言要求具有一定的语言技巧，合乎一定的语言规范，总的来说，主要包括以下几个方面。

1. 保持中立

正如孟德斯鸠所说："一个民族的法官，只不过是宣布法律之词语的喉舌，是无生命的人，他们既不能变动法律的效率也不能修正其严格性。"试想，一个不能完整、不能准确或不能正确表达自己意思的法官如何在法庭上和当事人交流，如何能取得当事人的信任、公正裁判案件？法律、法院的标志和象征是天平，天平代表着公正、不偏不倚。这个标志物不能只挂在法院的墙上，而应该铭刻在法官的内心[②]。法庭审判是确定当事人之间权利义务的关键时刻，法官的言语直接影响当事人的情绪，同时也必然会使他们对法官是否公正无私、执法如山产生感性认识。基于此，法官在庭审活动中的用语更应慎重。表达意见切忌带感情色彩，而应当做到举止得当、语言严谨，无论何时都不应该让当事人从法官的言行中感觉出法官对该案已经有了结论性的意见或看法。现代司法的一个重要特征是法官审判的中立性。整个审判活动都应当体现这一现代理念，法庭语言更是首当其冲。法官在语言上不能偏袒任何一方，应当处于中立，不偏不倚。当事人最直接的感受往往来自于法官对他所说的语言，同样的内容，用不同的方式表达往往使当事人对法官产生不同的心理评判，对司法公正问题产生截然不同的认识。特别是法官在法庭上语言表达时出现的一系列问题，直接产生了这一不良影响。法官可以说是整个审判过程中的灵魂人物。但由于我国当事人个体之间的法律知识和素养存在差别，因此，法官不能超然中立，必须灵活

[①] 杨俊：《民事案件中法官的语言运用技巧》，法律教育网，www. China law edu. com/news/20800/213/2005/9/1；60601620441229500230654_174689. htm. 2005-9-22，2013 年 3 月 27 日访问。

[②] 陈因、骆巧梅、金洪卫：《失言的法官和慎言的法官》，《法院文化》，2006 年第 1 期，第 37 页。

运用语言，对庭审的进程进行有效的掌控和适度的释法，这在群体性诉讼和矛盾激化案件中尤其必要。每一次诉讼过程都是一种生动的法律教育，法官就是这种法律教育的主讲①。

2. 法官庭审语言要合法

这是法官语言要遵循的核心，法官的语言，不是无缰的野马，必须在法律规定的赛道上奔驰；法官的语言，必须是精确的制导系统，保证审判的飞船沿着正义的轨道飞行①。法官是代表人民法院审判刑事、民事、行政案件的工作人员，他们的言辞就是代表人民法院所讲，是国家法律的体现，法官的身份要求其庭审语言要合法。

(1) 使用言辞的顺序，要符合法律规定的诉讼程序，要注意在哪个诉讼阶段，就使用哪个诉讼阶段的言辞②。而不能在开庭审理阶段，就使用审理完毕时的言辞；也不能在法庭调查阶段，就让诉讼双方去辩论；更不能在案件审理阶段，就告诉当事人案件处理的结果。

(2) 法官的言辞不能违背法律。在法庭开庭审理案件时，法官就不能说"把律师押下去"、"传律师"或"把证人押上来"之类的话。

(3) 有法言法语可用的，则不能用普通言辞。例如，到法院去起诉，通常人们会说去打官司。但法官在进行审判活动时，只能说"原告向人民法院起诉是正当的"，而不能说"原告向人民法院提出打官司是正当的"。不能说"原告所讲的是胡说八道"，而应当说"原告的诉讼请求没有证据支持"。

3. 善言与慎言相结合

法官既要"慎言"，同时也要"善言"。"慎言"是指在法官审理过程中，在法庭上不能随意发表对于该案的意见和观点，因为这会直接影响到当事人的情绪，很有可能会影响审判的公正。"善言"是指法官要善于运用口头语言迅速审清案件事实、运用正确的法律、准确地处理案件。在一些案件中调解是不可缺少的程序，在这时就要求法官在审理案件过程中在本着当事人自愿原则的前提下，抱着对当事人负责的态度，充分运用语言，争取做好当事人的调解工作③。在中国司法界最近这些年的改革中，一个最主要的趋势是主张实体正义和程序正义并举。法官的角色转变之后，在实体性话语和程序性话语之间，法官应该多说程序话语。因为程序话语的目的是保证当事人的程序权利，是能直接感受和意识到的，多说程序话语，会让当事人感到法官对其权利的重视。在这种情况下，法官应当"善言"。对实体调查问题，法官应该采取消极的态度，应该鼓励控辩（诉辩，原被告）双方多说，说透彻，这是法官少说和不说的前提。因为实体性问话涉及当事人实体权利的实现，是诉讼的真正目的，当事人对这方面尤其敏感，不能轻易多言、表态，否则会影响当事人的评判。

---

① 石丽君、石生林：《浅谈和谐司法观下的法官庭审语言》，山西法院网，www.sxfyw.gov.cn/funonews.asp?；d=9237，2008年3月21日。

② 王作斌：《审判人员语言技巧之研究》，法律图书馆网，www.law-lib.com/lw/lw _ view.asp? no=4212&page=2，2004年11月29日。

③ 骆玉生：《法官既要"慎言"又要"善言"》，法律图书馆网，www.law-lib.com/lw/lw-view.asp? no=3250，2005年9月21日。

4. 庭审语言朴素化

中国特殊的社会背景要求中国的法官既要通晓法律规则，又要熟悉社区民情，还要能够运用娴熟的语言和灵活的技巧将固定的法律规则运用到各种各样的案件中去。

法官应按当事人的年龄、职业、文化程度、社会地位等诸方面因素，把格式化的、抽象化的法言法语转化成通俗易懂的大众化语言，要因人而异，使当事人感到自然贴切，通过运用对方能够接受的浅显明白的语言来缩短当事人与法官之间的心理距离，建立起信任感，从而调动当事人的积极因素，使之自愿配合，拿出合情合理又合法的调解意见，尽快解决纠纷①。司法实践中，尽管当事人不满意的案件绝大多数法律文书根本没有差错，也尽管因当事人信访而改判的案件少之又少，但是以拉横幅、打标语、自残、自杀相威胁的缠访、闹访仍然屡见不鲜。最高人民法院在总结司法经验教训的基础上明确提出要和谐司法，这就对法官具体审理案件提出了新的要求。

5. 语言的策略性

法官要对每个纠纷的不同情况提前制定相应的策略，他有千条妙计，我有一定之规，说话要留有余地，讲究分寸，不能信口开河，要言之有据。法官如果言之有误，将会给调解工作造成被动，甚至给法院造成不良影响。任何一个案件的处理结果都直接关系到当事人的切身利益，因为在诉讼过程中，一方面，当事人的一言一行往往都是从有利于自己的角度出发；另一方面，审判人员对于客观证据的取得也必然要受到极为复杂的各种因素的影响，所以就不能不讲求一定的策略和方法②。

6. 语言的逻辑性

法官在语言表达时要树立个人的威信，逻辑思维能力要体现出来。作为一名法官，要学习和掌握必要的逻辑知识，它是增强语言论说力和说服力的基础和前提条件。语言要有说服力，这是做审判工作的基础，即使是已判决的案件，只要说服了当事人，也可能达到双方满意的结果。必须以理服人，以法服人③。法官应时时责问自己为何不能将当事人说服，原因究竟在哪里？梁慧星先生认为："法官裁判案件的过程，是一个严格的逻辑三段论公式，即法律规则是大前提，通过审理认定的案件事实是小前提，而裁判内容则为得出的推论。"可见，法官断案就是一个逻辑推论的过程。法官的语言在这个过程中也应完全由逻辑规则支配，根据法律和经验进行选择，最终还是需要视具体情况而定。在司法实践中，我们要充分重视发挥资深法官作为法学知识生产者的作用和角色，尤其是注重收集总结其控制庭审语言方面的经验并加以传授推广，通过法官的法庭语言、法庭形象来树立法院的形象、司法的权威④。

---

① 陶文花、万晓萍：《民事调解中法官的语言技巧》，《江苏经济报》，2009 年 5 月 20 日，第 B03 版。
② 张洪军：《试谈民事审判语言特色》，中国法院网，www.China court.org/artide/detail/2003/11/id/92305.shtml，2003 年 11 月 19 日。
③ 黄学武：《试论提高法官语言能力的途径和方法——从培养法官法庭语言技巧和规范的角度出发》，中国法院网，www.China court.org/art/de/deta;l/2006/oq/id/219551.shtml，2006 年 9 月 27 日。
④ 石丽君、石生林：《浅谈和谐司法观下的法官庭审语言》，山西法院网，www.sxfyw.gov.cn/fouonews.asp?id=9213，2008 年 3 月 21 日。

二、检察官的语言技巧

检察官的语言和语言技巧首先取决于检察官的角色。按照《刑事诉讼法》的精神，法官淡出了实体调查的职能，注重裁判的中立角色，由于控辩对抗功能的加强，因此，公诉人不能依赖法官，不能把注意力放在"监督"审判上了。具体地说，公诉人在举证、证明犯罪方面压力比以前大多，应该说的话和需要说的话比以前更多了，公诉人与律师代表个人不一样，公诉人在法庭上代表的是国家，而且现代法治国家特别强调检察官的客观真实义务，因此作为起诉方的检察官应当是象征正义的政府官员的化身……必须不徇私情地控告被告人。因此，其语言及其技巧也就显得更重要了。

1. 要以理服人，不能以势压人

公诉人与律师不一样。律师代表的是个人，而公诉人代表的是国家，因此，公诉人在法庭上的言行也代表国家的形象。这一点对检察官的语言和形象提出了远比律师更高的要求。现实地说，检察官出庭也是为了"赢"——让对犯罪的指控成立并为法庭采纳。但是要赢得服人。检察官代表国家履行公诉职能，有国家做后盾。因此个别素质不高的公诉人又是会底气十足，以势压人。尼·谢·阿列克谢耶夫和季·瓦·马卡罗娃在《法庭演讲艺术》一书中说，"对人的个性的尊重，是科尼所有演讲的根本特色。'作为一个揭露被告的公诉人，科尼在猛烈地抨击时，并不施加侮辱；在无情地批判时，并不进行折磨。'科尼对被告的人道主义态度，从未使控告变得软弱无力"。检察官的刚性，人道精神，科学态度都要通过语言体现，或者说要借助语言表现自己的这些品质。因此，语言和语言技巧对检察官来说同样是至关重要的。

2. 讯问被告人的方法

公诉人在法庭上讯问被告人，是法定的不可缺少的环节。为了达到较好的法庭讯问效果，公诉人应当在开庭前做好充分的准备，熟悉案情和被告人的个人情况，并针对不同的案情采取不同的讯问方法。

（1）直接讯问。在案件事实清楚，证据确实充分，被告人认罪伏法，且真诚悔改，不狡辩、不抵赖的情况下，公诉人可采取直接讯问的方法，迅速地侦破案件，达到很好的法庭举证效果[1]。

（2）间接讯问。在一些疑难、复杂案件或共同犯罪案件中部分被告人为推卸责任，在审查起诉以及法庭审判时可能会推翻侦查阶段的供述。对付这样的被告人，公诉人在法庭上直接讯问往往会吃闭门羹，有经验的公诉人在庭审讯问时并不直接抛出需查证的材料，而是从侧面发问，先从外围和一些表面上看上去并不重要的次要问题，甚至无关紧要的问题入手，以此消除被告人的对立情绪和戒备心理，然后逐步深入，堵死被告人的退路，使其不能自圆其说，并适时向法庭出示有关证据，让其虚假口供在法庭上暴露无遗，迫使被告人最终如实供述[2]。

（3）循序发问。循序发问就是侦查人员对已确定追讯的某个犯罪事实，利用事物的普

---

[1] 胡海娟：《法庭话语研究综论》，《广东外语外贸大学学报》，2004年第1期，第8~11页。
[2] 陈学权：《模拟法庭实验教程》，高等教育出版社，2009年，第34页。

遍联系、互为因果的客观规律，按事件发展顺序，设计出一组分段进逼、循序推进的连贯性问话，以此来控制犯罪嫌疑人交代的顺序和方向，最终达到从外围进入核心，使犯罪嫌疑人无法否认犯罪事实的讯问目的。这种发问方法的特点是：一环紧扣一环，整个发问仿佛一根不可断开的链条。

（4）迂回发问。迂回发问就是依照先易后难，先次后主，先一般问题后核心问题的顺序，对犯罪嫌疑人进行讯问。运用此法之前要周密考虑，精心设计。而发问之时，则要隐藏发问意图，不让犯罪嫌疑人察觉；同时还要使前后所提的每个细节和问题都要有内在的逻辑联系并与核心问题存在着必然的因果关系——以此来麻痹犯罪嫌疑人，解除其警觉，从而先获取关于核心问题和主要罪行之外的问题的真实口供。这样可以堵死犯罪嫌疑人对核心问题和主要罪行躲避交代的退路，最终使其不得不如实供述核心问题和主要罪行[①]。对付一些不愿意认罪的被告人，讯问时先不触及犯罪的任何实质问题，而是有策略地将火力点集中在外围，由远而近，由表及里，层层突破，一步一步地向纵深发展，环环相扣地接连讯问，并与后面公诉人的举证结合在一起，形成对被告人指控的合力。

（5）借题发问。借题发问就是"以子之矛，陷子之盾"——在讯问中借用犯罪嫌疑人在答话中编造的谎言作为问话的引子。借以问出与之所讲谎言相矛盾的事实。从而使犯罪嫌疑人不能自圆其说，最终如实交代所犯罪行。

任何形式案件的被告人，只要他不如实供述与辩解，其口供就必然与客观存在的案件事实发生矛盾。这种矛盾主要表现在以下两个方面：一是多次供述中出现矛盾；二是供述、辩解与其他证据材料存在矛盾[②]。一旦发现矛盾，公诉人应紧紧抓住，出其不意，不断进攻。同时充分运用逻辑推理，依据事实进行反驳。其中"两难讯问"是较常用也是较为有反驳力的重要方法之一。所谓"两难讯问"，就是根据已被证实的情况，针对被告人的虚假口供，提出一个让被告人有两种选择的问句。然而，无论被告人选择哪种回答，其结果都是不利的，从而使被告人陷入两难境地，然后公诉人再抓住矛盾，以其之矛，攻其之盾，揭穿假供，从而印证公诉证据的真实性。

（6）启发调动。在被告人拒绝认罪以及被告人翻供时，公诉人要积极启发调动被告人多说、重复说，让其在多说、重复说的过程中，不断暴露弱点，产生失误，再给其致命一击。

（7）对质讯问法。在共同犯罪案件中，由于各被告人之间存在利害关系，尤其是在各自罪行轻重的问题上矛盾非常突出。而公诉人要善于利用他们陈述中的矛盾，仔细分析各个被告人在案件中所处的地位和作用，分化瓦解，各个击破。在采用此种方法时，一般是先选择共同犯罪案件中认罪态度较好的被告人进行直接讯问，然后用其口供来佐证不如实供述的被告人，反驳其企图推卸责任的辩解[③]。

三、律师的语言技巧

法庭辩论过程中律师的论辩语言主要指律师参加法庭审判活动所使用的语言。具体是

[①] 廖美珍：《法庭语言技巧》，法律出版社，2003年，第63页。
[②] 杜金榜：《法律语言学》，上海外语教育出版社，2004年，第92页。
[③] 陈学权：《模拟法庭实验教程》，高等教育出版社，2009年，第37页。

指律师接受当事人的委托或法院的指定,在法庭上,为维护当事人的合法权益进行辩护或代理活动,从而开展的在思想交锋过程中所使用的语言[①]。俗话说:"兼听则明,偏听则暗。"律师的论辩有助于人民法院全面听取双方当事人的不同意见进而作出正确的分析、判断和处理,以维护当事人的合法权益,保障法律的正确实施。而论辩的媒介就是语言。语言是一种社会现象,每个行业都有自己的特点。律师的论辩语言可以说既具有社会性的特点,又表现出鲜明的专业性。律师要同社会上形形色色的人打交道,其语言如果丧失了社会性,过于专业,就无法与人正常沟通,维护当事人的合法权益就无从谈起。而要在法庭上对抗公诉人(刑事诉讼中)或者对方当事人及其律师(民事诉讼中)的攻防,律师的语言自然也不能等同于一般的闲谈[②]。语言作为论辩的载体具有不可替代性。语言运用是否恰当、得体、灵活,直接影响到论辩的效果。英国著名法学家丹宁勋爵说过:"要想在与法律有关的职务中取得成功,就必须尽力培养自己掌握语言的能力。"因此有人说,一名优秀的律师不仅要精通法学理论、法律条文,拥有灵巧的智慧,敏捷的思维,灵活的应变能力外,还必须是语言运用的高手。由此可见,律师在法庭论辩中要取得成功,应具备两个条件,一要理正,二要技巧。理正,就是言之有理,论之有据。技巧,就是语言表达既要合乎律师论辩的语言特点,也要讲究语言运用的奥妙。律师论辩在理正的基础上,再辅以语言技巧的恰当运用,就会使律师的论辩如虎添翼,水到渠成。法庭论辩活动在某种意义上可以说是一种语言技巧的竞赛。语言表达技巧掌握娴熟,运用恰当,就能做到守则固若金汤,攻则出奇制胜。缺乏语言表达能力,只能是肚里有话说不出,肚里有理无人知,论辩观点要想得到法庭的支持,就是痴人说梦话了。然而,律师论辩不同于一般的辩论,它必须遵守法律程序,围绕着本案事实展开,目的是维护当事人的合法权益。因此,律师论辩包括两个阶段:其一,法庭调查阶段的交叉发问,律师通过交叉发问,为进一步巩固自己的论辩观点,打下牢固的基石。其二,法庭辩论阶段,律师在法庭辩论阶段全面论证自己的诉讼观点,驳斥对方的诉讼观点。这两个阶段的论辩,作用不同,技巧各异,但核心目的一致。如果律师衔接巧妙,论辩就会胜券在握。

1. 交叉询问的语言技巧

交叉询问制度是英美法系国家保障程序公正的重要制度之一。其有两个目的:①暴露对方证人证言的不可靠。②使对方证人承认某些有利于本方的事实[③]。交叉询问制度已被世界上大多数国家普遍接受。法庭盘询的过程是不断探索的过程,它是出庭辩护最重要的部分,所有其他特征——如即席演讲、奔放的热情、丰富的想象、巧妙的措辞、灵巧的表情,所有这些都是卫星,它们围绕着同一个太阳旋转,这就是法庭盘询[④]。

交叉询问乃西文汉化语,《新华词典》将交叉解释为"相错连接"的意思,将询问解释为"征求意见或打听"的意思[⑤]。

《牛津法律大辞典》对交叉询问作了解释:由一方当事人向另一方当事人所提供的证

[①] 玉梅:《律师论辩语言的运用技巧》,《广西政法管理干部学院学报》,2004年第6期,第11页。
[②] 冯莉莉、王志忠:《律师口头论辩的语言技巧》,《法制与社会》,2008年第24期,第45页。
[③] 〔英〕理查德:《律师的辩护艺术》,陈泉生译,群众出版社,1989年,第78页。
[④] 〔美〕弗朗西斯·韦尔曼:《舌战羊皮卷》,林正译,新华出版社,2002年,第17页。
[⑤] 《新华词典》,商务印书馆,2001年,第413、959页。

人提出的询问,一般是在提供证人的一方首先向自己的证人提问后进行的,交叉询问是意图使证人改变、限定、修正或撤回提出的证据。使其证据失信,并从证人口中得到对询问方有利的证据。在交叉询问中允许进行诱导性提问,询问证人的当事人通常比对方当事人有更大的自由。在任何情节上不对证人进行询问,一般就暗示接受证人对该情节的举证。一项证据已经或将要被给予的效力不同于证人所陈述的效力,那么在交叉询问中必须就此证据的效力同证人见面,以使他能够作出承认、否认或解释[①]。我国虽然未从法律上明文规定交叉询问的制度,但在《刑事诉讼法》第150条、第155条及《法院解释》中,对谁是询问人,谁是被询问人,及如何询问的顺序和询问的具体规则都作了规定。可以说,这些规定也是我国审判程序中采用交叉询问的法律依据。事实上,在我国审判实践中,采用交叉询问的方法已不在少数。由于我国交叉询问是发生在法庭调查阶段,依据我国审判制度,法庭调查重在查清案件事实。因此,当事人双方论辩并不是直接的交锋,而是通过对有关人员的询问,暗藏机关,为后面的法庭辩论向对方发起进攻作铺垫,建立牢固基础。交叉询问的目的,一方面是为本方已建立的观点,找到更加可信、更容易被理解、被采纳的牢不可破的证词;另一方面是为破坏、推翻对方观点,寻找证人证言的破绽及虚假成分,以降低证人证词的可信度,或使证人证言无效,或促使法官对该证人证言持怀疑态度,从而达到推翻对方诉讼主张的目的。可见交叉询问可以起到釜底抽薪的作用。此外,由于我国法庭调查阶段的询问顺序,必须按照法律规定进行,这就决定了我国审判庭上的交叉询问与英美法系交叉询问的制度是不同的。我国交叉询问具有自身的特点,其技巧主要表现在如下几个方面:

(1) 语言简洁具体,切中要害。律师当庭发问最忌"大而无当",问得空泛,让被问者摸不着头脑,不知从何说起,或答非所问,使发问的目的大打折扣。因此,律师在法庭上,应注意根据庭审情况,准确地抓住机会,敏捷地找到突破口,用简洁明确的语言,向问话对象发问。这种询问方法适用于事实不清,关键情节不明,证人证言起着"一言九鼎"的重要作用的案件。

(2) 巧妙遣词,揭露虚假。汉语言表达方式不同,背景环境不同,其表情达意所产生的作用、所显示的能力也是不同的。有些词表面意义并不含有多义,但如果将其置于特殊语言环境,或故意作出特殊解释,也可以分析出其他意义,或是利用模糊词语边界不明的特点,将对方言辞进行咬文嚼字地剖析,或找出其漏洞,或把对方模糊的意思分析出确切含义。律师在询问中,如能熟练地掌握汉语言的特殊功能,灵活巧妙地遣词、造句,可以达到"此处无声胜有声"的境界,大大增强本方攻击的力度[②]。在法庭上,辩护律师巧妙地利用语言的功能,以不同的方式,将语言表达技巧的无穷魅力体现其中。

2. 法庭辩论语言的表达技巧

法庭辩论语言是指律师在刑事审判庭上的辩护语言,律师在民事、行政审判庭上的代理语言,它是在法庭辩论阶段,以口头形式表现的。律师辩论语言是面对面的交锋,锋芒

[①] 〔英〕戴维·沃克:《牛津法律大辞典》,北京社会与科技发展研究所译,光明日报出版社,1988年,第230页。

[②] 〔英〕理查德:《律师的辩护艺术》,陈泉生译,群众出版社,1989年,第56页。

更露，攻守性更强，语言展现的方式更加灵活多样，它不仅是以词语来表情达意，还可以用体态语言、情感语言来作辅助，增强辩论语言的攻击力、辩驳力和说服力。依据律师辩论语言的特点，辩论的目的，在法庭辩论阶段，律师辩论语言运用的技巧主要是：

(1) 通俗语言与规范语言相结合，增强语言的表现力。律师辩论语言，属于法律语言范畴，其语言环境是一个非常特殊的法庭辩论阶段，受到法律的约束。律师辩论语言的运用，既要符合法律语言的语体特征及自身特征，又要易于法庭审判人员、诉讼参与人的理解、接受。因此律师辩论语言，首先以通俗语言作为主要表达形式，并恰当得体地使用规范性语言。通俗语言与规范性语言交相辉映，更能增强语言的表现力。通俗语言主要指口语化语言，具有随意性的特点；规范性语言，一般指符合一定规则、特征明显的语言，具有严肃性，包括书面语言和法律术语①。律师辩论使用通俗语言，便于对本案案情的阐述，法律适用的论证，以及法律意见的提出，也易于审判人员、法庭参与人员听得明白，记得清楚，有利于辩论者与各方人员的沟通，达成共识。另外，从律师自身来说，便于律师在辩论中语气语速的掌握运用，使辩论语言更加流畅清晰，意思表现更明白。然而，由于通俗语言本身的缺陷，随意性较大，有些概念意义不明，缺乏严肃性，对于有关法律内容及概念，通俗语言是无法准确表达出来的。律师辩论属于法律活动，辩论目的性强，不仅需要准确地阐述法律规定，充分反映案件的法律事实、客观事实，还要把律师依据本案的事实、情节及有关法律规定所得出的法律意见、立场和观点，准确地传递给法官和其他诉讼参与人及旁听者。这些内容必须依靠规范性语言才能完整、准确地承载。规范性语言具有科学、准确地传达信息和说明问题的功能。

(2) 借助语言的修辞功能，提高辩论的说服力。语言的修辞功能在于使语言所要表达的意思更准确、更贴切、更具魅力、更易使人接受②。律师辩论的目的在于维护当事人的合法权益，辩论的过程要求观点鲜明，意义明确，层次清楚，体现内在的逻辑关系。对这些内容含义的表述，一般宜用叙述性的语言。但因律师辩论是在特定的环境中，并以口头表述为表现形式，如果只是平铺直叙，就会给人一种感情冷漠呆板的感觉。要征服听众的心，应具有饱满的激情。而语言的修辞功能可以使平淡的语言变得丰富，单薄变得浑厚磅礴。律师如能巧妙、恰当地借用语言的修辞功能，辩论的目的则更易达到。由于律师辩论有其自身的语体风格，如果对语言的修辞功能都照单全收，则会适得其反，不仅破坏辩论语言自身的语体风格，还会降低辩论语言的可信程度，削弱辩论语言的防守力和进攻力。另外，律师辩论的基础，是以案件的事实及相关的法律适用为出发点的，在此基础上借助语言修辞的特有功能，才更具有说服力和攻守力。所以律师辩论，对语言修辞手段的运用必须有所选择③。律师辩论最常用的修辞手段有比喻、排比、反问等。

(3) 比喻在律师辩论中的使用。比喻就是人们通常说的打比方。其功能就在于以具体、形象、生动、通俗浅显的事物或道理来说明比较复杂抽象的事物。比喻运用得恰当，

---

① 玉梅：《律师论辩语言的运用技巧》，《广西政法管理干部学院学报》，2004 年第 6 期，第 31 页。
② 司莉：《律师法庭论辩艺术的七要素》，《中国律师》，2001 年第 8 期，第 63 页。
③ 何秋英：《你是一名优秀的律师吗？》，《中国律师》，2000 年第 11 期，第 36 页。

可以使语言表达更生动、更形象、更具有说服力①。

（4）排比在律师辩论中的使用。排比的修辞功能在于能表达强烈的思想感情，突出所描写和论述的对象，增强语言的气势，理在其中②。在辩论中，恰当使用排比的修辞手段，使辩论者的立场、观点不言自明，语言的辩驳性更强，更易与法官及诉讼参加人产生共鸣，给人一种声去理不散的魅力，更易博得听众的理解、支持。

（5）反问在律师辩论中的使用。反问的修辞功能在于能狠狠抓住论敌要害的观点，运用疑问的语气来表示肯定或否定意思及强烈的思想感情，答案往往就包含在问话当中。律师辩论犹如战场，你守我则攻，你攻我则守。善于运用反问的修辞手段，不仅能置对方于不利之地，而使自己能控制"制高点"，增强本方取胜的砝码③。反问的修辞手段，必须是建立在扎实的事实，充分的证据的基础之上，如没有前面的铺垫，就会给人一种空而无料的感觉。反问若使用不当，反而会削弱本方的立场。

3. 善用情感化的语言，增加辩论的战斗力

所谓情感化的语言，是指以语言的情感化为基础，根据语言传递的时间、场合、对象，而进行加工过的入情、合情、通情的语言④。律师辩论在于以理服人，论理手段阳春白雪，其中以情论理，也是常用的手段⑤。此"情"不在于令人感动，而是令人折服。辩论中如能恰当巧妙地运用情感化的语言，其能量也是非常大的。

综上所述，律师论辩是综合性的知识运用，只拥有正当的理由还是不够的，还必须掌握语言运用的技巧，论辩的作用才能充分发挥出来，论辩的效果才能达到最大化，论辩的目的才能得以实现。

第三节 模拟法庭庭审的阶段和任务

模拟法庭开庭审理的功能在于练习、示范和评价，其开庭审理的阶段和任务，与真实审判在大体一致的前提下，又具自身的教学特色。根据教学实践中的摸索，一审案件普通程序的开庭审理，大致可以按照以下顺序进行：模拟法庭开庭的准备——开庭——法庭调查——法庭辩论——法庭调解——休庭评议——宣判——签署庭审笔录和闭庭——即兴问答——统计模拟庭审现场评分和指导教师点评。

一、模拟法庭开庭前的准备

参加模拟法庭的学生进行分组和诉讼角色分工之后，就应当根据各自的角色准备相应的材料。

---

① 王建平：《最新法庭辩论丛书》，北京警官教育出版社，1998年，第133页。
② 王建平：《最新法庭辩论丛书》，北京警官教育出版社，1998年，第132页。
③ 田旷代：《最新法庭辩论丛书》，北京警官教育出版社，1998年，第72页。
④ 尚爱雪：《语言的情感化和情感化的语言》，《南都学坛》，2002年第1期，第31页。
⑤ 沈涓同：《著名律师辩护词赏析》，湖南出版社，1995年，第257页。

1. 送达的诉讼文书①

开庭前送达的诉讼文书主要有：

人民法院决定受理案件后，应分别向原告和被告、第三人送达《受理案件通知书》（附预交案件受理费通知单）和《应诉通知书》（附起诉状副本）、《参加诉讼通知书》（附起诉状副本）。同时向各方当事人送达《举证通知书》、《诉讼风险提示书》、《当事人诉讼权利和义务告知书》等诉讼材料。

开庭日期确定后，人民法院应于开庭3日前向当事人以及其他诉讼参与人送达开庭传票及通知书，并予以公告（不公开开庭的除外）。需要组织当事人当面交换证据和召开预备庭的，应在3日前通知诉讼参与人。

合议庭组成人员确定后，应在3日内通知当事人。在开庭前3日内决定调整合议庭组成人员的，原定的开庭日期应予顺延。如征询各方当事人意见后，当事人未提出异议和回避申请的，人民法院可以按原定时间开庭。

人民法院收到的答辩状副本以及证据材料，依规定的期限和方式送达各方当事人。

2. 当事人举证

关于举证的形式。当事人应当对其提交的证据材料逐一分类编号，签名盖章，注明提交日期，并依照对方当事人人数提交副本。

关于举证的方式。依证据的不同类型，举证方式可分为以下三种：

（1）当事人陈述，以诉状的方式向法庭提出或者当庭陈述。其具体内容可不列入《证据材料清单》。

（2）书证、物证、视听资料、证人书面证言、鉴定结论、勘验笔录和检查笔录等，应当提供原物、原件、原始载体。不能提供原物、原件、原始载体的，应当注明理由，并提交复印件、抄录件、照片等复制品。

（3）有证人、鉴定人、勘验人、检查人和具有专门知识的人员出庭作证的，应提供其名单、基本情况以及说明其证明的对象，并提出传唤申请。

应严格执行签收制度。人民法院负责接收证据材料的工作人员经核对证据材料后，出具《证据材料清单》，签名确认。《证据材料清单》一式两份，一份存卷，一份交给当事人存执。当事人提交其他诉讼材料的，也应向当事人出具签收单。

3. 证据原件的处置规则

对当事人提供的书证、书面证言、鉴定结论、勘验和检查笔录的原件、物证的原物和视听资料的原始载体，应当依照以下规则处置：

（1）除了专为人民法院提供的证据和人民法院调取的证据外，证据的原件、原物和原始载体一律由当事人存执。

（2）原件、原物和原始载体可以在起诉时和交换证据时出示。在正式开庭时应当向法庭出示。经核对和辨认后，原件、原物和原始载体应立即退还当事人。

---

① 案件决定受理后，立案部门或者人民法庭在向当事人发送《受理案件通知书》和《应诉通知书》、《参加诉讼通知书》并通知原告缴纳诉讼费的同时，也一并发送《举证通知书》、《诉讼风险提示书》、《当事人诉讼权利和义务告知书》及其他诉讼材料。

(3) 因鉴定或者检验、检查需要而留置原件、原物和原始载体的,应当向当事人说明并出具收据。不开具收据的,当事人有权拒绝提交,并向监督部门反映。

(4) 如原件、原物和原始载体不便或者不能当庭出示的,可以提供勘验或者检查笔录、照片、复印件、抄录件、复制品等;或者申请法院勘验、调查或检查。

4. 证据交换

交换证据的方式:以送达的方式相互交换和组织当事人当面相互交换①。

交换证据的一般程序:

(1) 举证期限届满,以送达的方式或者组织当事人当面进行。

(2) 当事人收到交换的证据后提出反驳并提出新证据的,人民法院应再行确定举证期限,以组织当面进行交换或以送达的方式交换。

组织交换证据一般不超过两次。其中组织当事人当面交换证据一般只进行一次。

5. 人民法院调查收集证据

人民法院调查收集证据(包括勘验、调查、鉴定)的情形:

(1) 主动调查收集证据。根据《民事证据规定》第15条的规定,人民法院主动调查取证的范围:①涉及可能有损国家利益、社会公共利益或者他人合法权益的事实;②涉及依职权追加当事人、中止诉讼、终结诉讼、回避等与实体争议无关的程序事项。

(2) 应请求调查收集证据。根据《民事证据规定》第16条的规定,当事人可以申请人民法院调查取证的范围:①属于国家有关部门保存并须由人民法院依职权调取的档案材料;②涉及国家秘密、商业秘密、个人隐私的材料;③当事人及其诉讼代理人确因客观原因不能自行收集的其他材料。

申请人民法院调查收集证据的,应在规定的期限内提交书面申请。是否准许,由合议庭审查决定。

6. 阅卷审查

开庭前,合议庭成员应当通过阅卷,审查有关诉讼材料,了解双方当事人争议的焦点和应当适用的有关法律以及有关专业知识。

承办法官应当制作阅卷笔录。阅卷笔录的内容应当包括:①本案的诉讼请求。②初步确认当事人无争议事实。③初步确认诉讼争议的焦点。④拟订法庭调查的范围或者重点。⑤其他内容。案件特别重大、复杂或者疑难的,审判长可以组织合议庭先行研究案情。

7. 程序性工作的处理

开庭前,合议庭根据案件的实际情况,就程序性问题及时依法作出处理,具体情形包括:①当事人申请回避的;②有诉讼中止或者诉讼终结情形的;③当事人申请财产保全的;④当事人申请证据保全、申请延长举证期限、申请法院调取证据、申请补充证据的;⑤当事人提出管辖异议的;⑥被告提出反诉,或者原告申请变更诉讼请求的;⑦当事人申

---

① 关于庭前交换证据的条件。根据《民事证据规定》第37条的规定,经当事人提出,人民法院可以组织交换证据;对于证据较多或者复杂疑难的案件,人民法院应当组织交换证据。鉴于直接决定适用普通程序审理的一审案件一般都是重大或者复杂的案件,除一方当事人下落不明等不具备证据交换条件的案件外,均应当在开庭前组织当事人当面交换证据;而且原则上应召开预备庭审,在预备庭审中组织证据交换。

请撤诉，或者出现按撤诉处理的情形的；⑧法庭认为应当主动进行勘验、鉴定、检查或者调查的；⑨决定追加当事人参加诉讼的；⑩当事人庭前达成和解协议或者调解协议的；⑪其他庭前程序性工作。

二、开庭

书记员宣布当事人及其诉讼代理人入庭，然后宣布法庭纪律。书记员宣布全体起立，请审判长、审判员、陪审员入庭。书记员向审判长报告当事人及其诉讼代理人的出庭情况。审判长核对当事人及其诉讼代理人的身份，并询问各方当事人对于对方出庭人员有无异议。

在刑事案件模拟法庭中，审判长宣布开庭，传被告人到庭后，应当查明被告人的下列情况：①姓名、出生年月、民族、出生地、文化程度、职业、住址或单位名称、住所地、辩护人或诉讼代理人的姓名、职务；②是否曾受过法律处分及处分的种类、时间；③是否被采取强制措施及强制措施的种类、时间；④收到人民检察院起诉书副本的日期，附带民事诉讼被告人收到民事诉讼状的日期。

然后，审判长宣布案由，不公开审理的应当说明理由。民事诉讼中的被告经人民法院传票传唤，无正当理由拒不到庭的，审判长可以宣布缺席审理，并说明传票传送合法和缺席审理的依据。无独立请求权的第三人经人民法院传票传唤，无正当理由拒不到庭的，不影响案件的审理。

刑事公诉案件中的被害人、诉讼代理人、证人、鉴定人，经人民法院传唤或者通知未到庭，不影响开庭审理的，人民法院可以开庭审理。刑事自诉案件中的自诉人经两次依法传唤无正当理由拒不到庭的，或者未经法庭许可中途退庭的，按撤诉处理。

审判长宣布合议庭组成人员、书记员、公诉人、辩护人、鉴定人和翻译人员的名单。

审判长应当告知当事人、法定代理人在法庭审理过程中依法享有下列权利：①可以申请合议庭组成人员、书记员、公诉人、鉴定人和翻译人员回避；②可以提出证据，申请通知新的证人到庭，调取新的证据，重新鉴定或者勘验、检察；③被告人可以自行辩护；④被告人可以在法庭辩论终结后作最后的陈述。

审判长应当分别询问当事人、法定代理人是否申请回避、申请何人回避以及申请回避的理由。如果当事人、法定代理人申请审判人员、出庭支持公诉的检察人员回避，合议庭认为符合法定情形的，应当宣布休庭。认为不符合法定情形的，应当当庭驳回，继续法庭审理。如果申请回避人当庭申请复议，合议庭应当宣布休庭，待作出复议决定后，决定是否继续法庭审理。同意或者驳回回避申请的决定及复议决定，由审判长宣布，并说明理由。必要时，也可以由院长到庭宣布。

三、法庭调查

法庭调查的任务，主要是通过宣读起诉书和当事人陈述，证人作证、出示书证、物证和视听资料，宣读鉴定结论和勘验、检查笔录等举证和质证活动，查明案件事实、审查核实证据。

民事案件的法庭调查，按照下列顺序进行：①当事人陈述。陈述的顺序按"原告——

被告——第三人"进行。陈述后由对方当事人提出承认、异议或者反驳的意见。②疑点归纳或法庭调查重点提示。审判长或独任审判员归纳案件争议焦点或者法庭调查重点,并征求当事人的意见。原告增加诉讼要求,被告提出反驳,第三人提出与本案有关的诉讼请求,可以合并审理的,人民法院应当合并审理。③证据出示和质证。原告出示证据,被告质证;被告出示证据,原告质证。审判人员出示法庭收集的证据,原告、被告和第三人质证。经审判长许可,当事人可以向证人发问,当事人也可以相互发问。证据出示的顺序,按照"证人出庭作证或者宣读未到庭证人的证言——出示书证、物证和视听资料——宣读鉴定结论——宣读勘验笔录"依次进行。④证据的认定。经过庭审质证的证据能够当即认定的,应当当即认定;不能当即认定的,可以休庭合议后再予以认定;合议后认为需要继续举证或者进行鉴定、勘验的,可以在下次开庭质证后认定。⑤法庭调查结束前的归纳和总结。法庭调查结束前或者决定再次开庭的休庭前,审判长或者独任审判员应当就法庭调查认定的事实和当事人争议的问题进行归纳和总结。

　　刑事案件的法庭调查,应当先由公诉人宣读起诉书;有附带民事诉讼的,再由附带民事诉讼的原告人或其诉讼代理人宣读附带民事诉状。起诉书指控当事人的犯罪事实为两起以上的,法庭调查时,一般应当就每一起犯罪事实分别进行调查。被害人、附带民事诉讼的原告人和辩护人、诉讼代理人,经审判长许可,可以向被告人发问。审判人员可以讯问被告人;证人作证,审判人员应当告知其有如实作证的义务,以及有意作伪证或者隐藏罪证的法律责任。公诉人、当事人和辩护人、诉讼代理人经审判长许可,可以对证人、鉴定人发问。审判长认为发问的内容与案件无关的时候,应当制止。审判人员可以询问证人、鉴定人;公诉人、辩护人应当向法庭出示物证,并让当事人辨认,对未到庭证人的证言笔录、鉴定结论、勘验笔录和其他作为证据的文书,应当当庭宣读。审判人员应当听取公诉人、当事人和辩护人、诉讼代理人的意见;法庭审理过程中,合议庭对证据有疑问的,可以宣布休庭,对证据进行调查核实。当事人和辩护人、诉讼代理人,有权申请通知新的证人到庭,调取新的物证,申请重新鉴定或者勘验。法庭对于上述申请,应当作出是否同意的决定[①]。

四、法庭辩论

　　法庭辩论,是指在审判人员的主持下,各方当事人或者控辩双方在法庭调查举证、质证的基础上,对案件事实和证据以及法律适用问题阐明自己的观点,相互之间进行言辞辩论的诉讼活动。法庭辩论的主要任务是通过当事人及其诉讼代理人、辩护人围绕争议焦点进行口头辩论,进一步查明案件事实、分清是非、明确责任。

　　民事、行政案件审判中的法庭辩论,按照下列顺序进行:①原告及其诉讼代理人发言;②被告及其诉讼代理人答辩;③第三人及其诉讼代理人发言或者答辩;④互相辩论。辩论应当以理服人。必要时,审判长可以根据案情,限定当事人及其诉讼代理人每次发表意见的时间。第一轮辩论结束,审判长应当询问当事人是否还有补充意见。当事人要求继续发言的,应当允许,但要提醒其意见不可重复。当事人没有补充意见的,审判长宣布法

[①] 廖永安、唐东楚、陈文曲:《模拟法庭:原理、剧本与技巧》,北京大学出版社,2009年,第34页。

庭辩论结束。法庭辩论终结前，审判长按照原告、被告、第三人的先后顺序征询各方最后意见。

刑事案件审判中的法庭辩论，按照以下顺序进行：①公诉人发言；②被害人及其诉讼代理人发言；③被告人自行辩护；④辩护人辩护；⑤控辩双方进行辩护。附带民事诉讼部分的辩论，应当在刑事诉讼部分的辩论结束后进行。先由附带民事诉讼原告人及其诉讼代理人发言，然后由被告人及其诉讼代理人答辩。如果被告人当庭拒绝辩护人为其辩护，或者辩护人依照有关规定当庭拒绝继续为被告人进行辩护的，合议庭应当准许，并宣布延期审理，由被告人另行委托或者由人民法院为其另行指定辩护律师。如果再次开庭后，被告人再次当庭拒绝重新委托的辩护人或者人民法院指定的辩护律师为其辩护的，合议庭应当分情形作出处理：如果被告人是成年人的，合议庭可以准许，但被告人不得再另行委托辩护人，人民法院也不再另行指定辩护律师，被告人可以自行辩护；如果被告人是盲、聋、哑人或者限制行为能力的人，或者开庭审理时不满18周岁的未成年人，或者可能被判处死刑的人，合议庭不予准许。上述另行委托或指定辩护人的准备时间从案件宣布延期审理之日起至第10日止，准备辩护时间不计入审限①。

在法庭辩论活动中，还应该注意以下几个问题：①审判人员应当引导当事人围绕争议的事实和法律焦点问题进行辩论，对于当事人或控辩双方与案件无关、重复或者互相指责的发言应当制止；②各方当事人在法庭辩论中依次发言，一轮辩论结束后当事人要求继续辩论的，可以进行下一轮辩论，但下一轮辩论不得重复上一轮的内容；③法庭辩论时，审判人员不得对案件性质、是非责任发表意见，不得与当事人辩论；④在法庭辩论过程中，如果合议庭发现新的事实，认为有必要进行调查时，审判长可以宣布暂停辩论，恢复法庭调查，待事实查清后再继续法庭辩论。

五、法庭调解

对于民事诉讼和刑事诉讼附带民事诉讼的民事部分，或者原告告诉才处理和被害人有证据证明的轻微刑事自诉案件，人民法院可以进行调解。行政诉讼案件、刑事公诉案件以及被害人有证据证明对被告人侵害自己人身、财产权利的行为应当依法追究刑事责任，而公安机关或者人民检察院不予追究被告人刑事责任的刑事自诉案件，不适用调解。法庭调解的具体程序和方法如下：①调解所处的阶段和场合。法庭辩论终结至判决以前可以进行调解，可以当庭调解，也可以休庭后进行调解。②调解所需的前提保证。应当在自愿、合法、不损害国家、集体和其他公民利益的前提下进行。③调解方案的提出。调解时，可以先由各方当事人提出调解方案，必要时，合议庭可以根据各方当事人的请求提出调解方案，仅供各方当事人参考，也可以先分别征询各方当事人意见，而后进行调解。④调解结果的准许与生效。经过调解达成协议的，合议庭应当宣布调解结果。各方当事人应当在调

---

① 《中华人民共和国刑事诉讼法》第34条规定，公诉人出庭公诉的案件，被告人因经济困难或者其他原因没有委托辩护人的，人民法院可以指定承担法律援助义务的律师为其提供辩护。被告人是盲、聋哑或者未成年人而没有委托辩护人的，人民法院应当指定承担法律援助义务的律师为其提供辩护。被告人可能被判处死刑而没有辩护的，人民法院应当指定承担法律援助的律师为其提供辩护。

解协议上签字盖调解协议章，人民法院据此制作调解书送达当事人，并经各方当事人签字后即发生法律效力。如果调解协议当即履行完毕的，可以记入笔录而不制作调解书，各方当事人、合议庭成员、书记员签字盖章后即发生法律效力。调解没有达成协议或调解书签收前当事人反悔的，人民法院应当进行判决。刑事自诉案件中，人民法院裁定准许自诉人撤诉或者当事人自行和解的案件，被告人已被采取强制措施的，应当立即予以解除。

六、休庭评议

1. 宣布休庭

审判长先宣布：现在休庭。（然后敲击法槌）

宣布休庭后应告知当事人复庭的时间；如果决定不当庭宣判的，应当告知宣判的时间或者交代宣判时间另行通知。

2. 法官退庭和评议

决定当庭宣判的，应于休庭后立即进行评议；择期宣判的，应在庭审结束后5个工作日内进行评议。

合议庭评议案件时，先由承办法官对认定案件事实、证据是否确实充分以及适用法律是否正确等发表意见，审判长最后发表意见；审判长作为承办法官的，由审判长最后发表意见。对案件的裁判结果进行评议时，由审判长最后发表意见。审判长应当根据评议情况总结合议庭评议的结论性意见。合议庭成员应当认真负责，充分地陈述意见，独立行使表决权，不得拒绝陈述意见或者仅作同意与否的简单表态。同意他人意见的，也应当提出事实根据和法律依据，进行分析论证。

评议后，合议庭应当依照规定的权限，及时对已经评议形成一致或者多数意见的案件直接作出判决或者裁定。

3. 宣布评议结果

原定当庭宣判的，但经合议庭评议后未能作出裁判或评议决定不作当庭宣判的，审判长应予说明后再宣布休庭。

经合议庭评议，能够当庭宣判的，审判长应宣告：经过合议庭评议，评议结论已经作出。现予宣布……

宣判的内容包括：①认证结论（先前已宣布的认证结论除外）；②裁判理由；③裁判结果以及诉讼费的负担。关于当事人的基本情况、案由、当事人陈述等部分内容，在当庭宣判时无须宣读。

在审判长宣告裁判结果前，由书记员宣布：全体人员起立。合议庭成员和书记员，以及诉讼参加人、旁听人员均应起立。

宣读完毕，审判长敲击法槌；然后书记员宣布：请坐下。

4. 征询意见

宣判后，审判长依次询问当事人：对本判决（裁定）有何意见？

当事人陈述意见后，审判长不必与当事人纠缠，指示书记员：请将当事人的意见记录在案。

5. 交代诉权和说明文书的送达方式

当庭宣判的，审判长宣布：如不服本判决（裁定），可在判决（裁定）书送达之日起×日内，向本院递交上诉状，并按对方当事人的人数提出副本，上诉于××××法院。

书面文本的……说明：除判决（裁定）结果外，本判决（裁定）的其他具体内容以书面文本为准。

文书送达的说明。经询问确认当事人或者其诉讼代理人、代收人同意在指定的期间内到人民法院接受文书送达的，审判长应宣告：请当事人于……（时间）到……（地点）领取判决书（裁定书）。无正当理由逾期不来领取的，即视为送达。当事人要求邮寄送达的，审判长宣告：法庭将根据当事人确认的地址邮寄送达。邮件回执上注明的收到或者退回之日即为送达之日。

6. 宣布闭庭

审判长宣布：庭审结束。现在宣布——闭庭！（然后敲击法槌）

书记员宣布：全体起立！

待合议庭成员退庭后，宣布：散庭！诉讼参与人和旁听人员方可退庭。

7. 审阅笔录的说明

散庭后，书记员向诉讼参与人交代阅读法庭笔录的时间和地点。能够当庭阅读庭审笔录的，请诉讼参与人阅读并签名。

诉讼参与人认为笔录有误的，可以要求书记员更改；书记员不同意更改的，诉讼参与人应予以注明或者提交书面说明附卷。

课后思考

1. 简述模拟法庭的主体。
2. 论述模拟法庭的各个阶段及其相应的任务。
3. 论述模拟法庭不同主体语言运用上的注意事项。

第三章 模拟法庭的准备、组织和实施

第一节 模拟法庭的准备

为了实现模拟法庭的教学目的，相应的场所建设是必需的。模拟法庭庭正是进行法学实践能力教育的场所。许多开设法学专业的学校，大都是将模拟法庭庭作为实验室建设和管理的一部分。模拟法庭的建设应当从以下几个方面进行。

一、模拟法庭硬件建设

模拟法庭的顺利进行需要一定的硬件基础，正所谓"工欲善其事，必先利其器"。没有相应的场所、道具、服装，模拟法庭首先就在形式上不能给人一种庄重、严肃的感觉，这也将影响模拟法庭教学活动的顺利进行。正规的硬件设施基础是进行模拟法庭教育所必不可少的。组建模拟法庭的第一要务首推恰当选址。模拟法庭应当成为法学学生运学于用的最亲切的学习课堂、最熟悉的工作环境，进而成为最具价值的教学实践场所。因此，模拟法庭应当定址在学生比较熟悉的且教室比较集中的地方。

模拟法庭的硬件设施从其形式上大体分为两类：模拟法庭的场所和模拟法庭的配套设施及道具。一般说来模拟法庭应符合以下一些条件。

首先，模拟法庭作为全面仿真的实战场所，必须具备庄重、肃穆的环境特征。因此，选作模拟法庭的教室（房间）应当尽量宽敞，门窗的位置应当符合各人民法院审判法庭的一般位置要求。一般来说，场所的面积应当至少为150～180平方米，并且场所中除了能保证模拟法庭活动的正常进行外还应当能够容纳至少200～300人旁听。其次，模拟法庭的布置和装修可以完全参照人民法院的真实法庭进行，如在法庭中央悬挂国徽，以及审判员，原、被告座位的摆放等。也可以考虑在法庭的正面标明"模拟法庭"的字样。

模拟法庭的硬件设施建设还包括模拟法庭配套设施及道具的建设。这些配套设施和道具主要是指，模拟法庭参与成员的服装以及审判活动进行所必需的一些道具等。在服装方面，模拟法庭除了配备正规法庭的法官袍、法警服外，还应当配备公诉人、律师的服饰。在道具方面，为了增加模拟法庭活动的真实性，以便于教学活动取得更好的效果，模拟法庭配套设施和道具的建设主要包括以下方面：

（1）国徽是中华人民共和国权威的体现，同时也是法庭公正、公平的象征，因此国徽是模拟法庭必不可少的部分。制作国徽应将图案与配色准确、尺寸与规格恰当、位置与高度适中作为注重焦点，至于材料与造价则可次要考虑。无可争议的是，失去了国徽的光彩，法庭将黯然失色。

（2）桌椅的配备集中于审判区，包括合议庭成员的审判用桌、书记员的记录用桌、证人的作证用桌、当事人及代理人的出庭用桌。其中审判用桌要同时配置审判人员出庭地位标牌。记录用桌要同时配置电脑（可根据实际条件调整），并且所有桌位都要配置话筒。

实际配置时还要注意不同用桌对高度、宽度以及工作台面的不同需求，有针对性地进行采购。椅子的配备则要遍及法庭所有区域，包括审判人员坐椅、书记员坐椅、证人坐椅、当事人坐椅、法警坐椅、旁听人员坐椅等。其中审判人员坐椅的式样、颜色、高度等规格、表面材料等应与司法实务中所使用的达到一致。旁听人员可以考虑尽量使用配有便利记录台（折叠式、能节省空间为宜）的坐椅，以便于学生根据各自需要充分利用。另外，不排除指导教师指导处的单独设置，有此需要时可酌情选择空间与桌椅配置，这样更加体现校园模拟法庭的特色。

（3）着装。司法实务中对法官、检察官、律师的着装基本已经规范为袍服上庭，这种要求无疑也要落实到模拟法庭上来。实践证明，这种建设所达到的绝不仅仅是仿真程度更高的单一效果，同时对增强学生的竞争意识、提高对拟开庭案件的深度理论开掘、锻炼超凡脱俗的表达能力，尤其是强化职业神圣感具有无与伦比的促进作用。

（4）法槌。法槌作为庭审改革和与国际化接轨的重要标志，其魅力尽显无遗。校园模拟法庭当然不能置若罔闻，法槌配置也即成为必需。袍服和法槌的配备一般应当经相应主管部门同意并在其帮助下进行更为适宜。

二、模拟法庭的机构、制度建设

模拟法庭需要完善机构设置，例如，审判委员会、秘书处、学习部、信息部、取材部、外联部、合议庭、理论研究部、档案室等。各学校可根据自身的需要进行具体的设置。

模拟法庭的制度和规则的建设相对于硬件设施的建设来说，属于"软件"方面的建设。规则、制度的拟定是作为法学实践教育活动的模拟法庭得以顺利开展所必不可少的，虽然这些规则和制度的拟定并不是每一个案件都必须进行的。建立规章制度的主要目的是为了使参与模拟法庭活动的同学更好地了解模拟法庭进行的基本知识和必要的注意事项。这些规则和制度主要包括模拟法庭介绍、法庭纪律、举证和质证规则、模拟法庭的操作规则和模拟法庭的考评规则等方面的内容，以下就对这些内容予以介绍。

（1）模拟法庭的介绍。这一部分的内容主要是从模拟法庭的历史沿革、实习接待能力、模拟法庭的规格、法庭的财产、法庭的指导老师、模拟法庭的其他社会资源，以及模拟法庭的教学宗旨和特色等方面予以介绍。着重于模拟法庭功能的研究开发和实施。传统高校的模拟法庭都或多或少存在着"重形式轻内容、重表演轻联系、重模仿轻创新"的弊端。由于学校条件的局限，大多数学校的法学实践教育的作用难以发挥。而法学实践教育本身也存在着耗时、面窄的缺点。新时期的模拟法庭应当摒弃原有的弊端，真正发挥集示范、练习、评价和创新于一体的功能，将理论付诸实践之中，在一定程度上突破模拟法学实践教育活动的局限，增强学生对法律知识的综合运用能力。

（2）法庭纪律。诉讼参与人应当遵守法庭纪律，不得喧哗、吵闹；发言、陈述和辩论，须经审判长许可。公开审理的案件，允许公民旁听。但下列人员不准参加旁听：①不满18周岁的未成年人；②精神病人和醉酒的人；③被剥夺政治权利、正在监外服刑的人和被监视居住的人；④携带武器、凶器和其他危险物品的人；⑤其他有可能妨碍法庭秩序的人。

旁听人员必须遵守下列纪律：①不准录音、录像和摄影；②不准进入审判区；③不准鼓掌、喧哗、吵闹和进行其他妨碍审判活动的行为；④不准发言、提问；⑤不准吸烟和随地吐痰。对违反法庭纪律的人，人民法院可以予以训诫、责令退出法庭或者予以罚款、拘留。对严重扰乱法庭秩序的，可以依法追究刑事责任。

（3）举证和质证规则。由于模拟法庭不同于真实法院的审判活动，在模拟法庭活动中所有证据都必须当庭出示，负有举证责任的当事人有义务提出证据证明自己的诉讼主张，否则就可能承担败诉的风险。①举证规则，当事人或者律师举证时，应当向法庭说明证据的形式、内容、来源以及所要证明的问题，并特别注意根据案件的性质突出证据来源与取得证据程序的合法性、证据内容的真实性、证据与案件以及证据与证据之间的关联性。对于本方举证，如果对方提出异议的。应当有针对性地进行辩论，维护本方证据的可信性。②质证规则，对于当事人具有争议的任何证据必须经过当庭质证，否则不予认证。法庭调查应根据案件的性质和不同证据形式的特点，注意从证据的真实性、关联性和合法性进行质证。③模拟法庭的主要证据形式包括，其一，是刑事诉讼证据（《刑事诉讼法》第42条），如物证、书证；证人证言；被害人陈述；犯罪嫌疑人、被告人的供述和辩解；鉴定结论；勘验、检查笔录；视听资料。其二，是民事和行政诉讼证据（《民事诉讼法》第63条、《行政诉讼法》第31条），如书证；物证；视听资料；证人证言；当事人的陈述；鉴定结论；勘验笔录、现场笔录。

（4）模拟法庭考评规则。①考评内容。包括模拟法庭现场表现情况、模拟法庭小组相关法律文书的制作情况、模拟法庭活动的心得和总结情况。②考评重点。庭审阶段是模拟法庭活动的中心环节，因此在庭审阶段参与学生的表现、庭审的进行、案情的分析、相关法律的适用应当是考评的重点。学校可以根据具体情况制定一套考评标准。关于这一内容，中南大学法学院制定了一套具体、详细评分方法[①]。③考评分数。具体的考评办法可用百分制或者等级制进行。

此外，还应建立模拟法庭管理制度、模拟法庭例会制度、模拟法庭开庭制度、模拟法

---

① 中南大学法学院根据多年的实践经验，采用了一套具体的评分办法。即将同学均分为若干审判小组，每组大约11～15人；各组推选1名组长，由各组组长（被考评组的组长除外）与老师或校外兼任指导老师的法官、检察官或者律师组成评委。按照标准分项积分，然后在评分中去掉最高分和最低分，最后平均即为每人的模拟法庭现场成绩分数。模拟法庭现场评分标准：满100分为满分计，分为7个评分板块，每个板块又分为优、良、中、差四个等级。a. 实体法板块共20分，主要考察实体法基本知识点的掌握情况，有无常识性错误，是否能将部门法知识融会贯通。优良中差的分数等级分别是20、16、12、8分。b. 仪表板块共10分，主要考察个人的仪表是否端庄、严肃，是否与本人所扮演角色的精神气质相符。优良中差的分数等级分别是10、8、6、4分。c. 表达板块共10分，主要考察是否使用普通话，声音洪亮，语速掌握恰当，表述准确等。优良中差的分数等级分别为10、8、6、4分。d. 庭审技巧板块共20分，主要考察语言是否具有说服力、艺术性、理论性，能否把握举证、质证以及认证、论辩等庭审技巧。优良中差的分数等级分别为20、16、12、8分。e. 本审判小组的整体表现板块共20分，主要考察本组的审判人员、公诉方、当事人及辩护代理方、证人、鉴定人、书记员、法警等角色的分工合作是否协调，庭审气氛是否到位，程序、手续、方法是否得当，精神面貌如何，裁判结果是否体现程序和实体公正等。优良中差的分数等级分别为20、16、12、8分。f. 现场回答问题板块共10分，主要考察相关知识的掌握以及临机应变能力，老师、同学均可在庭审结束讨论点评阶段对被考核小组任何成员进行随机提问，回答较好的为优或良，错误为差，没有被同学提问的为中。优良中差的分数等级分别为10、8、6、4分。g. 小组选题板块共10分，主要考察本组所选案例的典型性、难易度、新颖性以及与社会现实联系的紧密程度等。优良中差的分数等级分别为10、8、6、4分。

庭成员奖惩制度等，分别规范模拟法庭成员的集体主义精神和工作纪律、定期例会（包括临时会议的组织召开）、开庭时对成员的具体要求、对表现突出和表现不佳的成员进行奖励或惩罚等事项。建立这些制度应遵循科学合理、具体确定、切合实际、便利工作的教学要求。

三、实习基地建设

从我国现今法学教育的状况来看，大多数学生对于实际的法律工作不太熟悉。因此，组织学生进行系统的实习和观摩庭审是十分有必要的，通过实习和观摩过程中的学习，来保证模拟法庭的顺利进行。故而，建设稳定的实习、观摩基地是进行模拟法庭的前提条件和必要环节。各个高校应当根据自身的实际情况，至少应当同当地基层和中级人民法庭达成协议建立实习基地，以保证学生有机会对真实法院的一审和二审活动进行旁听。使学生对于法庭审判的知识不仅仅停留在书本上，而更应该了解到庭审活动的实际操作和运行情况。有条件的学校可以同人民法院进行更进一步的合作与沟通，包括邀请人民法院到学校审理实际案件，或者邀请人民法院相关人员对学生进行法学实践教育。

四、案例的收集和归类

在进行模拟法庭时，使用较为典型的案例可以更好地起到对学生的教育作用。因此，案例的选择是进行模拟法庭之前的一项十分重要地活动，选取案例的质量直接关系到模拟法庭的效果。典型案例的收集和选择主要依靠相关老师、同学通过各种途径经过长期的积累收集国内外的具有代表性的案例，在进行模拟法庭时还可以根据具体的需要对这些案例进行部分的修改以达到使用的要求。案例的归类是案例收集后的一项重要工作。模拟法庭案例的归类主要是将这些案例让学生按照真实法院的要求进行归类、建档，这样可以练习学生案例归类建档能力，同时也便于以后的学生在进行模拟法庭时进行借阅、学习、参考。案例的选取和归类不仅是模拟法庭建设的需要，同时也是案例教学的基本条件。

第二节 模拟法庭的组织和实施

一、组织旁听

旁听是指组织学生到真实的人民法院审判现场对法院审理案件的过程和方法进行观摩学习。在实际的教育活动中，由于对旁听的作用认识不足，这一环节本来是模拟法庭所必不可少的却往往被老师和学生忽略。许多学校的学生在进行模拟法庭时仅仅是依靠自己在书本上对庭审活动的了解进行的，而不是根据自己对人民法院庭审活动进行系统的旁听后所形成的认识。这样一来，就难免会出现"纸上谈兵"的情况，使得模拟法庭不能达到最好的效果。法院旁听对模拟法庭的作用主要有以下两方面：①组织学生对真实的庭审活动进行旁听有利于学生了解法院在真实的审判活动中的步骤、操作程序、规则和注意事项，这样一来学生就对庭审活动有了非常直观的认识。②学生进行旁听形成对实际审判活动的认识之后，会主动地把自己在课堂和书本上学到的知识同庭审的实际操作进行比较。这样形成一些疑问，通过对这些疑问进行思考能够促使学生深化自己的法学知识和提高对司法实践活动的认识，有利于学生知识上的提高和创新。

二、案例的选取

模拟法庭的案例选取应当根据本次模拟法庭活动的目标和任务有针对性地进行。可以是国内外已经公布的成案，也可以是在实际生活中的一些疑案或者新案。主要考虑以下几项因素：

（1）案例应当有时效性。当前的法制建设发展十分迅速，新的法律法规层出不穷的同时，原有的传统法律制度也常常发生修正、调整、废止。出现了许多新的法律关系，而一些原有的法律关系也产生了重大的变化。这些变化带来的影响就是一些原有的可能是经典的案例由于其所使用的法律的变更和废止已经不再符合时代潮流，这样一来，如果我们不及时地更新自己的知识选取合适的案例，那么非但不能起到模拟法庭的教育作用，反而可能产生相反的效果。对于这些"过时"案例，应当及时地剔除、更新。这就要求我们及时地将一些发生时间比较接近现代生活的案例补充进来。

（2）案例应当有针对性。模拟法庭案例的选取应当注意到几个因素：首先，应当考虑到参与同学的学习阶段、课程的开设、课程的进程；其次，对于各个学科中一些新兴的、有争议或者有待讨论部分的相关案例应当优先选取；最后，可以针对教学工作或者考试中总结出的同学普遍掌握不准或者有误的知识，通过模拟法庭的开庭活动对这些问题进行研究，以提高和促进教学工作。

（3）案例应当有新颖性。新颖性方面既要考虑当前阶段的新型法律关系，如网络侵权等。更要尽量从新的视角找寻可能面对的诉讼类型，如公益诉讼等。由于学生思维的活跃性和开放性，传统的案例往往不易提起他们的兴趣，从这一方面来说案件的新颖性对于教育活动的开展有很重要的作用。

（4）案例应当有启发性。一次成功的模拟，至少应当使学生能够在一些平时存在疑问的问题上有所突破，在模拟的过程中很好地解决这些问题，更好地掌握原有的知识甚至发现新的知识。这就是模拟法庭的启发性作用。在这个从疑问—掌握—创新的过程中，学生才能够真正了解到自己的不足，了解什么是自己所需要的，将平时掌握的书本知识在实践的过程中予以升华。

三、模拟法庭人员分工

在模拟法庭进行之前，应该根据小组成员的特点进行角色的分工，并针对该角色进行深入学习，包括角色的职业道德、行业规范，以保证尽快地进入到自己饰演角色的状态。根据角色的不同，人员分工主要包括以下几方面：①审判人员。担任审判人员的同学应当清楚模拟法庭整个过程中自己的职责，根据模拟法庭具体情况的不同决定是否确立主审法官，以及其他审判人员中人民陪审员和审判员的角色的具体分配。担任合议庭成员的同学对于在庭审的过程中，各个阶段的指挥提问任务的分配应提前有明确的分工。合议庭成员对于法官职业道德、法袍的穿着方式、法槌的使用等问题都应当认真学习。②检察人员。在审判活动中，检察人员承担着公诉和法律监督的双重任务。担任检察人员角色的同学应当做好分工与合作，认真学习检察官职业道德和《检察官法》的相关规定，注意检察官的着装仪表等。③辩护人和代理人。担任这两个角色的同学应当明确辩护与代理的区别，认真学习律师的职业道德规范以及律师的权利和义务。④当事人。担任当事人的同学，应当深入的了解案情以及相关的利害关系，充分将自己融入到案件中去，站在当事人的立场上思考和处理问题。⑤鉴定人、证人。同样，鉴定人员和证人也应当注意自己的诉讼权利和义务，在作证和鉴定的过程中务求客观真实，避免主观臆断和先入为主。为了使同学更好地体验到审判活动中各个角色的不同分工与权利义务，在每次模拟法庭中，应当尽量安排参与的同学去担任不同的角色，以保证同学们在模拟法庭活动中得到全面的锻炼。

四、人员的培训

由于参加模拟法庭的学生知识水平的不同，以及对审判工作的不熟悉，在将模拟法庭人员进行分工后，对参与成员进行有针对性的培训是必不可少的重要工作。

（1）政治思想和业务素质的培训。思想政治教育对于法学教育工作者来说，是一项长期的、必要的、重要的教学任务。既要教育同学爱国、爱党、爱人民，又要教育同学树立坚定的马克思主义信仰和高尚的法治精神，不怕困难，迎难而上。提高社会主义法治建设的主体、主力军的责任感和自豪感。

（2）实体法知识培训。实体法是在实际的法律工作中解决问题的基本工具，学生对实体法知识的掌握直接关系到我国未来法律共同体之建设，在通过日常授课活动培养同学这方面素质的同时，通过模拟法庭的有针对性培训拓宽同学知识面、深化理论知识的研究程度、提高知识应用能力对于法律工作者队伍的素质建设和我国法治建设具有不可估量的深远意义。分析案例所涉法律关系、确定各法律关系对案件的实体影响、剖析各法律关系的构成要素、使用相关的法律规定对案件作出裁定，进而维护社会正义。通过培训可以使理论知识完全融于实务操作过程中，真正达到理论与实践相结合的目标。

（3）程序法知识培训。中国社会存在明显的"重实体、轻程序"问题。在任何一种司法裁判过程中，无论是法官、控辩双方还是普通公众，所关注的往往是裁判的结果，而不太重视司法裁判的过程、步骤和方式。甚至在一些情况下，司法官员出于效率、便利实用的考虑，还会故意地通过牺牲程序来保证某种预期的结果。然而"正义不仅应得到实现，而且要以人们看得见的方式加以实现"，无瑕疵的程序是实现实体公正的重要保证，如果忽视程序，实体的正义最终也荡然无存。

五、模拟法庭庭前准备

（1）庭审材料的准备。参加模拟法庭的小组在确定好各个角色的分工之后，相关角色的承担者应当准备相应的材料。在刑事案件中，公诉人应当准备起诉书，辩护人应当准备辩护词，被告人应当准备法庭上的发言，被害人应当准备法庭上的陈述内容，附带民事诉讼当事人应当准备起诉状和答辩词；在民事案件和行政案件中，原告应当准备起诉状，被告应当准备答辩状，双方代理人应当准备代理词；在各类案件中担任合议庭组成人员的学生应当准备庭审提纲；证人、鉴定人都应当准备好证人证言和鉴定结论等。

（2）相关文书的送达。在实际的诉讼活动中，相关文书的送达程序是保证诉讼参与人员按时到庭参加诉讼活动的前提。在模拟法庭活动中对于这一程序进行模仿能够保证模拟法庭活动的真实性和程序上的完整性。在模拟法庭的案例确定后，原告方按照法定程序提交起诉状。承担合议庭成员和书记员的同学应当将起诉状副本和举证通知书送达对方当事人。在这一活动中，参加模拟法庭的同学应当注意送达的程序以及一些送达的方法。举证通知书要载明举证责任的分担、举证的事项和逾期举证的法律后果等。

（3）庭前证据交换。为了使当事人能够彼此了解对方持有的证据，防止证据突袭，应当尽快确定双方争议的焦点，为庭审活动的顺利进行做准备。在民事、行政案件开庭审理之前，可以由审判人员主持，诉讼双方当事人彼此交换己方持有的证据。庭前证据交换可以依当事人的申请进行。对于证据较多或者复杂疑难的案件，合议庭应当组织当事人在答辩期届满后、开庭审理前交换证据。证据交换的具体时间，可以由当事人协商一致并经合议庭认可，也可以由合议庭确定；合议庭组织当事人交换证据的，交换证据之日举证期限届满。当事人申请延期举证经合议庭准许的，证据交换日期相应顺延；当事人收到对方交换的证据后提出反驳并提出新证据的，合议庭应当通知当事人在确定时间进行交换。在证据交换的过程中，审判人员对当事人无异议的事实、证据，应当记录在卷；对有异议的证据，按照需要证明的事实分类记录在卷，并记载异议的理由。证据交换一般不超过两次。但重大、疑难和案情特别复杂的案件，合议庭认为确有必要再次进行证据交换的除外。

（4）公告开庭的时间、地点和案由。这种公告可以用海报形式在学校内张贴，法学专业以及其他专业的学生均可参加旁听，尽量使模拟法庭活动的气氛和真实审判活动的一样。

六、模拟法庭的排练、演出

模拟法庭的排练是学生自我熟悉案件和审判程序的重要环节。在排练的过程中，同学们会发现很多问题，通过解决这些问题能更加丰富自己的知识，也可以保证正式的模拟法庭活动顺利进行。

学生拿到案例之后，首先应当根据各自的特点、知识量来进行分工，尽快地进入到角色中去，在课余时间自行排练。但即使是排练，不管是在教室、模拟法庭或者其他地点，都应当按照正式的场景进行，排练就是正式开庭的预演，在排练的过程中发现问题，加深理解各种庭审程序和角色。在排练过程中，应当尽量请指导老师现场指导，及时发现问题予以纠正。排练可多次进行，直到合格为止。

演出是在正式的模拟法庭公开汇演，就像人民法院真实审理案件一样，要营造出一种庄严肃穆的气氛。使在场的人可以感受到真实开庭的气氛。

七、开庭审理

开庭审理是模拟法庭实验的重要环节。在整个开庭审理过程中，指导教师和参与的同学应该注意以下几个方面：

（1）庭审时以法官为中心。在模拟法庭开庭审理时，指导教师只是旁听者，扮演法官的学生才是庭审的真正指挥者。因此，为了保证审判工作的连续性和完整模拟法庭实验课程建设基本问题的研究性，整个开庭审理的全过程都要放手由学生去完成，教师只负责旁听和记录学生的表现。即使学生在开庭审理过程中遇到了突发问题或有明显违反程序法规定的行为，也应由扮演庭审角色的学生自己处理，任何情况下指导教师都不应打断庭审程序。

（2）庭审中可能会出现的一些突发性问题或者学生容易犯错误的一些问题，指导教师应该有充分的估计，并在开庭前的准备工作中做好指导。例如，在开庭审理时，学生常常不能很好地区分法庭调查和法庭辩论两个阶段；或者在模拟法庭审判实验中，还可能会出现一些特殊情况，如有的当事人会申请回避。对于这样的一些申请，法庭实践中经常会出现。但如果在模拟法庭实验中出现，若不做特殊处理，则可能会使得模拟法庭活动无法继续进行。因此，为了保证模拟法庭程序的完整性，对程序上的个别问题，如申请回避，可在开庭前就要求学生设计为当事人不申请，或设计为申请理由不充分当庭驳回，以保证庭审的顺利进行①。

八、模拟法庭的评价

对整个模拟法庭的过程和结果进行点评，可以由指导老师组织学生在模拟法庭的现场进行。也可以在模拟法庭活动结束后，指导老师根据学生提交的作业和心得，加上各组的临场表现进行集中点评。关于点评的标准，主要包括以下几个方面：

（1）知识的积累方面。通过模拟法庭的运行来考察参与的同学在知识储备方面是否有所跟进或提高是评价的主要方面。不能以相同的时间量简单比较模拟法庭和课堂教学使学生机械掌握的知识量。对模拟法庭进行评价时，其运行中所体现的知识综合程度、深度和广度、融会贯通的程度，社会知识与邻近、边缘学科知识的有效介入等均应核算成相应数据以达到客观公正。而各种教学方式对学生的启发程度也应成为评价的重要标准之一，模拟法庭多领域、多角度、多层面的启发效果也只有在这种情况下才能得到真正意义上的认可。

（2）能力方面。能力方面的评价起码应考虑的因素包括：对知识的理解能力、辨析能力；解析案例的出发角度和思维能力；理论与实践相结合能力；综合素质建设能力等。

（3）职业技能方面。法律职业所要求的执业主体必须具备的技能包括：坚定的政治信仰、健全的法律人格、良好的道德素养、严肃的纪律意识、完善的知识结构；正确的法律思维、流畅的语言表达、敏捷的反应应变、稳定的心理素质等诸多方面。对于任何一种教育教学方式或模式来说，都能够对职业技能产生积极影响，其影响深度越深、广度越广，得到的成果评价就越高②。

九、模拟法庭的总结

模拟法庭作为高校法学教育教学和实践能力培养的途径，从教育教学规律上讲，每个课题、每种制度、每部分知识的及时总结都是不可或缺的。传统的课堂教学，内容相对单一和集中，总结比较容易，要求也比较简单。但模拟法庭虽然历时较短，但其同时容纳了不同领域和多个学科的理论知识，庭审过程中学生的表现更能够将学习中遇到的各种问

---

① 陈学权：《模拟法庭实验课程建设基本问题研究》，《黑龙江高教研究》，2007年第11期，第149页。
② 姜仲波：《模拟法庭运行设计》，《黑龙江省政法管理干部学院学报》，2004年第5期，第2页。

题、知识掌握的不足或者对已掌握知识运用的不当等情况展现于老师面前，使老师能够根据学生的不足认真总结，并在以后的教学工作当中有针对性地对一些知识点和问题进行集中地讲解，使法学教育工作更有效率。在总结的过程中可以完成理论和实践、学校和社会、知识和生活的有机结合，在提升老师自身教学水平的同时，也使得学生的法律实践能力得以锻炼。总结最重要的作用不是给学生一个明确的个案答案或正确的裁判结果，而是要通过总结培养学生正确的法律思维和解析案件的思考路径，让学生们举一反三、触类旁通。

十、模拟法庭卷宗、文件的整理和归档

对每次模拟法庭后的案卷材料，以及相关的文件如指导老师所撰写的实训大纲、学生作业等进行整理和归档，可以方便老师今后的教学工作，为其提供借鉴。同时，也能够提高学生的总结和分析能力。一方面，卷宗归档是司法实务中的基本工作，无论是法官、检察官还是律师，在案件办理完毕后都必须进行卷宗归档。因此，在模拟法庭活动完毕后，要求学生进行卷宗归档，可以培养学生良好的司法工作习惯；另一方面，要求学生将零散的、杂乱无章的诉讼文书、庭审记录等收集起来，按照一定的规则和流程进行系统的整理归档，也有利于指导教师进行总结和为以后的教学积累资料。

课后思考

1. 简述模拟法庭场所的选取。
2. 简述模拟法庭机构和制度的建设。
3. 论述模拟法庭组织实施的各个阶段及其相应的作用。

第四章 民事第一审普通程序

第一节 普通程序的运作流程

模拟法庭所采用的民事审判程序,通常是针对民事权益争议案件,即争讼案件的审判程序。对争讼案件的审判程序包括通常诉讼程序中的第一审普通程序、简易程序、第二审程序和再审程序。由于第一审普通程序是所有民事审判程序的基本程序,这里首先介绍第一审普通程序。普通程序是指人民法院审理第一审民事权益争议案件时通常所适用的基本程序。从诉讼实务角度来看,当事人向有管辖权的人民法院提起诉讼后,法院经审查认为符合起诉条件的,将会立案受理,从而进入第一审程序,除简单民事案件由基层人民法院适用简易程序审理外,其他案件也适用普通程序审理。普通程序与简易程序相比,具有内容的系统性和完整性,下面将介绍普通程序的运作流程。

一、起诉

起诉是指公民、法人或者其他组织认为自己所享有的或者依法由其支配、管理的民事权益受到侵害,或者与他人发生民事争议时,以自己的名义请求人民法院通过审判的方式予以司法保护的诉讼行为。简单地说,就是原告向法院提起诉讼的行为。

根据《民事诉讼法》第119条规定,当事人起诉必须具备以下条件:

(1) 原告是与本案有直接利害关系的公民、法人和其他组织。所谓原告,是指为保护自己的或依法由他管理、保护的他人的民事权益,以自己的名义向人民法院提起诉讼,从而引起民事诉讼程序发生的人。

(2) 有明确的被告。所谓被告,是指被原告诉称侵害原告自己的或依法由原告管理、保护的他人的民事权益,或者与原告发生了民事争议,而由人民法院通知应诉的,与原告利益相对立的另一方当事人。要求被告明确,目的是为了法院能够向其送达起诉状副本和通知其应诉。如果被告不明确,则诉讼无法进行。

(3) 有具体的诉讼请求和事实、理由。诉讼请求是指原告起诉时通过法院向对方当事人提出的实体权利请求。事实是指原告向法院提出诉讼请求所依据的案件事实和证据事实。理由是指原告意图证明该诉讼请求是合理、合法的,应得到法院支持的原因。

(4) 属于人民法院受理民事诉讼的范围和受诉人民法院管辖。

根据《民事诉讼法》第120条规定:"起诉应当向人民法院递交起诉状,并按照被告人数提出副本。书写起诉状确有困难的,可以口头起诉,由人民法院记入笔录,并告知对方当事人。"根据该条规定,起诉应以书面起诉为原则,以口头起诉为例外。

根据《民事诉讼法》第121条规定,起诉状应当记明下列事项:①原告的姓名、性别、年龄、民族、职业、工作单位、住所、联系方式,法人或者其他组织的名称、住所和法定代表人或者主要负责人的姓名、职务、联系方式;②被告的姓名、性别、工作单位、住所等信息，法人或者其他组织的名称、住所等信息；③诉讼请求和所根据的事实与理由；④证据和证据来源，证人姓名和住所。此外，起诉状还应写明受诉法院的名称、起诉的时间，并由原告签名或盖章。起诉状材料应符合诉讼材料的规格要求，诉讼材料的纸张大小为A4（210×297毫米），左侧应留边2.5厘米做装订线；证据材料应按照清单顺序装订成册；书写必须用黑色、蓝黑色墨水笔或打印而成。

从诉讼实务的角度来看，首先，对当事人的基本情况的了解要准确和具体，因为这对于当事人的认定、管辖法院的确定等具有重要的法律意义。除上述法律的规定事项外，法人应提供《企业法人营业执照》，个体工商户应提供《营业执照》，自然人应当提供其身份证明资料，如身份证或户口本等，法定代表人或主要负责人的通讯地址和联系方式，自然人的通信地址、联系方式等也是应当提供的信息，在诉讼中便于与当事人联系。另外，自然人的住所地与实际居住地不一致的，应当分别写明。其次，由于不同的纠纷有着不同的民事责任承担方式，相应的诉讼请求也有所不同。诉讼请求是整个诉讼过程中矛盾的焦点，事关法院审理裁判的范围，该提出的诉讼请求一定要明确提出，但应考虑到要有相应的证据来支持诉讼请求，否则会遭遇败诉的后果，还可能因此承担相应的诉讼费用。诉讼请求的提出应慎重、详尽而合理、没有遗漏，力求用最概括、凝练的语言简明扼要地表达当事人期望法院裁判对方当事人承担的各项民事责任，包括由对方承担诉讼费用的要求。最后，当事人向法院提交的证据如果有多项，应考虑制作证据目录。将收集到的证据进行编号，制作证据目录，说明其为原件或复印件，各项证据所能证明的事实。如果有证人需要其出庭作证，为便于法院传唤证人，应制作证人名单，说明该证人提供的证言拟证明的事实，每名证人应附有相关资料，如姓名、年龄、性别、文化程度、职业、工作单位、住址、证明事项、联系电话等。

原告或其诉讼代理人将制作好的民事起诉状和证据清单，依照被告的人数，制作数份副本，将正本和副本交与有管辖权的法院，通常应送交法院的立案庭。

二、对起诉的审查和受理

人民法院收到原告的起诉状或口头起诉后，应当对起诉进行审查，查明是否符合法律的规定，以便确定是否立案受理。

1. 审查起诉的内容和范围

首先，对起诉进行形式审查。主要审查起诉状是否具备了《民事诉讼法》第121条规定的事项，如有遗漏或失误的，应当通知原告补正。

其次，审查起诉是否具备《民事诉讼法》第119条规定的四个条件。经审查如果发现起诉不符合上述四个条件的，应当裁定不予受理。

2. 审查起诉的期限

根据《民事诉讼法》第123条的规定，人民法院收到起诉状或者口头起诉后，必须在7日内完成对起诉的审查。对符合第119条的起诉条件的，必须受理，将立案决定通知当事人；对不符合起诉条件的，应当作出裁定书，不予受理。

受理是指人民法院对原告的起诉进行审查后，认为符合法律规定的起诉条件，决定立案审理的职权行为。起诉是当事人的诉讼行为，受理是人民法院的审判行为，任何一个民事案件都必须有原告起诉和法院受理这两方面的结合，诉讼程序才能开始。

人民法院在收到原告的起诉状或口头起诉后，经审查认为符合起诉条件的，应当在7日内立案，并通知当事人；认为不符合起诉条件的，应当在7日内裁定不予受理；原告对不予受理裁定不服的，可以提起上诉。

根据最高人民法院《关于适用〈中华人民共和国民事诉讼法〉若干问题的意见》（以下简称《适用意见》）的相关规定，对下列几种特殊案件，人民法院应予受理：

（1）当事人依法自愿达成书面仲裁协议，但存在下列情况的，人民法院应当受理：①仲裁条款、仲裁协议无效、失效或者内容不明确无法执行，当事人一方向法院起诉的；②当事人在仲裁条款或协议中选择的仲裁机构不存在，或者选择裁决的事项超越仲裁机构权限，当事人一方起诉的；③当事人一方向人民法院起诉时未声明有仲裁协议，人民法院受理后，对方当事人又应诉答辩的，视为该人民法院有管辖权。

（2）裁定不予受理、驳回起诉的案件，原告再次起诉的，如果符合起诉条件，人民法院应予受理。

（3）病人及其亲属对医疗事故技术鉴定委员会作出的医疗事故结论没有意见，仅要求医疗单位就医疗事故赔偿经济损失向人民法院提起诉讼的，应予受理。

（4）判决不准离婚和调解和好的离婚案件，原告撤诉或者人民法院按撤诉处理的离婚案件，判决、调解维持收养关系的案件，在下列情况下，人民法院应当受理：①在6个月内，出现了新情况、新理由，原告在6个月内又起诉的；②原告在6个月后又起诉的；③被告起诉的。

（5）夫妻一方下落不明，另一方诉至人民法院，只要求离婚，不申请宣告下落不明人失踪或死亡的案件，人民法院应当受理，对下落不明人用公告送达诉讼文书。

（6）赡养费、扶养费、抚育费案件，裁判发生法律效力后，因新情况、新理由，一方当事人再行起诉要求增加或减少费用的，人民法院应当作为新案受理。

（7）当事人超过诉讼时效期间起诉的，人民法院应予受理。受理后查明无中止、中断、延长事由的，判决驳回其诉讼请求。

根据最高人民法院《关于人民法院立案工作的暂行规定》的相关要求，起诉经审查决定立案后，应当编写立案号，填写立案登记表，计算案件受理费，向原告发出案件受理通知书，并书面通知原告预交案件受理费。决定立案后，立案机构（即立案庭）应当在2日内将案件移交有关审判庭审理，并办理移交手续，注明移交日期。经审查决定受理或立案登记的日期为立案日期。

三、审理前的准备程序

审前准备程序，也称审理前的准备，是指人民法院受理案件后至开庭审理之前，人民法院、当事人及其诉讼代理人、其他诉讼参与人等为开庭审理所进行的一系列诉讼活动。审前准备程序在普通程序中，具有重要的作用。《民事诉讼法》第12章第2节"审理前的准备"专门规定了有关审理前的准备工作，但内容比较简单，2002年4月1日起施行的《民事证据规定》明确了人民法院调查收集证据的范围和条件，规范了举证时限问题，规定了证据交换，进一步完善了审理前的准备程序。

根据《民事诉讼法》和最高人民法院有关司法解释的规定，人民法院在审前准备程序中进行的工作主要包括以下几方面。

1. 在法定期间内及时送达诉讼文书

《民事诉讼法》第125条规定，人民法院应当在立案之日起5日内将起诉状副本发送被告，被告应当在收到之日起15日内提出答辩状。人民法院应当在收到答辩状之日起5日内将答辩状副本发送原告。被告不提出答辩状的，不影响人民法院审理。实际上，人民法院受理案件后，即应向原告发送案件受理通知书，并在立案之日起5日内将起诉状副本和应诉通知书送达被告。原告口头起诉的，人民法院应当将原告口述笔录内容告知被告。被告应当在收到起诉状副本之日起15日内提出书面答辩意见，被告放弃答辩，不影响人民法院对案件的审理。此外，依据《民事证据规定》，人民法院应当在送达案件受理通知书和应诉通知书的同时，向当事人送达举证通知书。举证通知书应当载明举证责任的分配原则与要求，可以向人民法院申请调查取证的情形，人民法院根据案件情况指定的举证期限以及逾期提供证据的法律后果。根据有关司法解释规定，向当事人送达的诉讼文书还增加了诉讼风险告知书。

2. 告知当事人的诉讼权利义务和合议庭的组成人员

根据《民事诉讼法》第126条规定，人民法院对决定受理的案件，应当在《受理案件通知书》和《应诉通知书》中或者以口头方式告知双方当事人有关的诉讼权利义务。合议庭组成人员确定后，应当在3日内告知当事人，便于当事人行使回避申请权。

3. 确定举证时限

所谓举证时限，是指当事人应当在规定的期限内提供证据，逾期提出证据将承担相应的法律后果。根据《民事诉讼法》第65条规定，当事人对自己提出的主张应当及时提供证据。人民法院根据当事人的主张和案件审理情况，确定当事人应当提供的证据及其期限。举证时限最迟应于什么时候终止，《民事诉讼法》没有规定，学者对这一问题存在不同的观点。考虑到开庭审理和当庭质证的需要，举证时限终止的时间，最好在开庭审理前3日。

当事人应当在举证期限内向人民法院提交证据材料，当事人逾期提供证据的，人民法院应当责令其说明理由；拒不说明理由或者理由不成立的，人民法院根据不同情形可以不予采纳该证据，或者采纳该证据但应对当事人予以训诫、罚款。当事人在举证期限内提供证据确有困难的，可以向人民法院申请延长期限，人民法院可根据当事人的申请作适当延长。

合议庭收到当事人提交的证据材料，应当出具证据收据，写明证据名称、页数、份数、原件或者复印件以及收到时间等，并由经办人员签名或者盖章。

4. 组织当事人交换证据

根据《民事诉讼法》第133条第四项规定，对于适用普通程序需要开庭审理的案件，通过要求当事人交换证据等方式，明确争议焦点。根据《民事证据规定》第38条规定，交换证据的时间可以由当事人协商一致并经人民法院认可,也可以由人民法院指定,但都必须在开庭审理之前完成。人民法院组织当事人交换证据的,交换证据之日举证期限届满,证据交换日相应顺延。证据交换应当在审判人员的主持下进行。人民法院应当通知当事人在指定的时间进行证据交换。为了防止当事人利用证据交换拖延诉讼,证据交换一般不超过两次,但重大、疑难和案情特别复杂的案件,人民法院认为确有必要再次进行证据交换的,可不受两次的次数限制。

5. 审核诉讼材料,调查收集必要的证据

合议庭组成后,合议庭的成员应当认真审核案件的诉讼材料,包括起诉状、答辩状和有关的证据材料。通过对诉讼材料的审核,了解双方当事人对案件的基本态度和主要分歧,对证据材料的真伪及其证明力作出初步的判断,初步整理双方当事人争执的焦点,确定是否需要由人民法院调查收集证据。

诉讼证据主要由当事人来提供,但在特定的情况下,有必要由人民法院调查收集证据。根据《民事诉讼法》第64条的规定,人民法院调查收集证据包括两种情形:一是当事人及其诉讼代理人因客观原因不能自行收集的证据,可以向人民法院申请调查收集;二是人民法院认为审理案件需要的证据,人民法院应当依职权主动调查收集。其中,当事人及其诉讼代理人可以申请人民法院调查收集的证据包括:①申请调查收集的证据属于国家有关部门保存并须人民法院依职权调取的档案材料;②涉及国家秘密、商业秘密、个人隐私的材料;③当事人及其诉讼代理人确因客观原因不能自行收集的其他材料。《民事证据规定》第15条将"人民法院认为审理案件需要的证据"解释为以下两种情形:其一是涉及可能有损国家利益、社会公共利益或者他人合法权益的事实;其二是涉及依职权追加当事人、中止诉讼、终结诉讼、回避等与实体争议无关的程序事项。

6. 追加当事人

开庭审理应当在诉讼当事人都参加的情况下进行,以便于人民法院全面、彻底地查明案情、解决纠纷,正确处理案件。人民法院在审查诉讼材料后,发现必须到庭参加诉讼的当事人没有参加诉讼的,应当通知其参加诉讼。当事人也可以向法院申请追加,当事人申请经过法院审查认为有理由的,法院书面通知被追加的当事人。人民法院追加共同诉讼的当事人时,应通知其他当事人。应当追加的原告明确表示放弃实体权利的,可不予追加;应当追加的原告既不愿意参加诉讼,又不放弃实体权利的,仍然追加为共同原告,其不参加诉讼不影响法院对案件的审理。如果应当追加的是必要共同诉讼的被告,其接到人民法院的通知后,必须参加诉讼。

如果案件涉及有独立请求权第三人的合法权益,该第三人可以主动提起诉讼,要求参加诉讼。如果他不知道本诉讼正在进行,而人民法院在案件审理中发现可能有第三人存在,则应通知其参加诉讼。如果法院通知该第三人参加诉讼,其拒绝参加的,人民法院不得强制其作为有独立请求权的第三人参加诉讼。无独立请求权的第三人为了维护自己的利益依法申请参加诉讼的,人民法院自然应当准许,但其应当在向法院提出的申请中写明参加诉讼的目的和理由。由于无独立请求权的第三人与案件处理结果之间的利害关系,人民法院也可以通知该第三人作为无独立请求权的第三人参加诉讼。

人民法院在审核诉讼材料时,如果发现当事人不适格的,也应当对不适格的当事人进行更换。通知更换后，不适格的原告不愿意退出诉讼的，以裁定驳回起诉，符合条件的原告全部不愿意参加诉讼的，可终结案件的审理，被告不符合条件，原告不同意更换的，裁定驳回起诉。

7. 实施调解，提前化解纠纷

根据《民事诉讼法》第133条第二项规定，开庭前可以调解的，采取调解方式及时解决纠纷。合议庭审查诉讼材料后，如果认为案件有可能调解解决，经当事人同意，可以在开庭审理前进行调解。经调解达成协议的，应制作调解书分别送达双方当事人，不能达成协议的，应立即研究确定开庭审理的日期和庭审提纲，并应明确合议庭成员在庭审中的分工。

根据《民事诉讼法》和有关司法解释的规定，原告作为提起诉讼、主张诉讼请求、希望获得法院胜诉裁判、与案件有直接利害关系的一方当事人，其在审理前的准备程序中应注意做好以下主要事项：

（1）按期预交诉讼费。原告在接到法院案件受理通知书的次日起7日内预交案件受理费，否则按自动撤诉处理。

（2）研究被告的答辩状。原告在接到法院送达的被告的答辩状副本之后，应当仔细研究被告的答辩意见，明了双方的分歧所在，关注对方就己方的诉讼请求的态度，是同意，还是反驳，被告所主张的于己不利的事实、法律依据是什么？证据资料方面的分歧何在？

（3）补充收集证据，或根据案情向法院提出调查证据的申请。在明确了解被告的态度后，原告应进一步考虑己方的请求是否有足够的证据支持，如有必要，应当收集更加充分的证据，因客观原因不便收集的，可以向法院提交调查收集证据的申请，但应当在举证期限届满前提出申请。

（4）在举证期限内提交证据；遇有特殊情况的，可以提出延期举证的申请。

（5）根据案情，在必要时提出证据交换申请，并按照法院通知参加法院组织的证据交换。

（6）根据案情，确认是否提出财产保全申请。在诉讼中，如果原告提出的诉讼请求具有给付内容，而且对方当事人有转移、毁损、隐匿财物的行为或可能采取这种行为的，或者客观上诉讼标的物是容易变质、腐烂的物品，如果不及时采取保全措施将会造成更大损失时，原告可以向法院申请诉讼中的财产保全。如果在起诉前，符合《民事诉讼法》第101条规定，利害关系人因情况紧急，不立即申请保全将会使其合法权益受到难以弥补的损害的，可以在起诉前向人民法院申请采取保全措施。当然，申请财产保全还要考虑到己方能否提供担保的情况。

（7）决定是否提出先予执行申请。根据《民事诉讼法》第106条的规定，人民法院对下列案件，可根据当事人的申请，裁定先予执行：①追索赡养费、扶养费、抚育费、抚恤金、医疗费用的；②追索劳动报酬的；③因情况紧急需要先予执行的。其中，针对第三种情况，《适用意见》第107条规定，因情况紧急需要先予执行的案件包括，第一，需要立即停止侵害、排除妨碍的；第二，需要立即制止某项行为的；第三，需要立即返还用于购置生产原料、生产工具货款的；第四，追索恢复生产、经营急需的保险理赔费的。但法院是否会裁定先予执行必须满足一定条件，如上述案件的诉讼请求具有给付内容，当事人之间事实基本清楚、权利义务关系明确,不先予执行将严重影响申请人的生活或生产经营的,而且被申请人有履行能力。

(8) 根据案情,确定是否申请证据保全。诉讼中,在证据有可能毁损、灭失或以后难以取得的情况下,当事人可以向法院申请证据保全。根据有关司法解释,当事人申请保全证据,不得迟于举证期限届满前7日。人民法院进行证据保全,可以要求当事人或者诉讼代理人到场。当事人或诉讼代理人没有到场的,不影响证据保全的进行。当事人或诉讼代理人应在证据保全笔录或者查封、扣押的清单上签名或者盖章。拒绝签名、盖章的,法院应在笔录或清单上注明。如果在起诉前有证据保全的必要,除向公证机关申请保全外,也可以向有管辖权的法院提出申请。

(9) 决定是否委托诉讼代理人。根据案件情况和己方的实际诉讼能力、经济负担能力等情况,可以委托1~2人作为诉讼代理人。

根据《民事诉讼法》和有关司法解释的规定,被告作为被原告诉称侵害原告自己的或依法由原告管理、保护的他人的民事权益,或者与原告发生了民事争议,而由人民法院通知应诉的,与原告利益相对立的另一方当事人,案件的处理结果与其也有着直接的利害关系,其在审理前的准备中应当做好以下主要事项:

(1) 被告在接到应诉通知书和起诉状副本后,在答辩期间内提交答辩状,并确认己方的受送达人和送达详细地址、联系电话、邮政编码。被告不答辩的,不影响案件的审理;被告不确认受送达人和送达地址的,须承担因送达不能而产生的法律后果。

(2) 被告应当对原告诉状中的诉讼请求、事实主张及相应证据加以了解,针对原告主张提出抗辩,并采取有效的方式维护自己的合法权益。

(3) 决定是否提出管辖权异议。提出管辖权异议,应提交相应的书面材料及相关事实和理由。

(4) 决定是否提出反诉请求。提出反诉请求的,应提交相应的书面材料及相关事实与理由。如果反诉请求具有财产给付内容,还可能考虑申请财产保全。

(5) 收集证据或者根据案情向法院提出调查证据的申请。在明确了解原告的诉讼请求后,被告应根据己方抗辩需要收集足够的证据,因客观原因不便收集的,可以向法院提交调查收集证据的申请,但应当在举证期限届满前提出申请。

(6) 决定是否委托诉讼代理人。

(7) 在举证期限内提交证据。

(8) 在法院的主持下参加证据交换。

四、开庭审理

开庭审理,是指人民法院在当事人和其他诉讼参与人的参加下,以开庭方式依照法定程序对案件进行全面审理,查明事实,适用法律,以作出裁判解决纠纷或调解结案的诉讼活动。开庭审理是民事诉讼程序中最基本和最主要的诉讼阶段,是当事人行使诉权进行诉讼活动和人民法院行使审判权进行审判活动最集中、最生动的体现。开庭审理的主要任务是,使当事人双方能够充分行使主张和抗辩的权利,通过法庭调查和法庭辩论,查明案件事实,明确权利义务关系,并最终作出裁判。模拟法庭审判其实就是指对诉讼程序中开庭审理环节的模拟演练。应注意开庭审理必须采用法庭审理的形式。开庭审理可以在受诉法院审判厅内进行，也可以根据客观需要和可能，到当事人所在地、案发地、标的物所在地进行。

根据《民事诉讼法》的相关规定，开庭审理分为开庭准备、法庭调查、法庭辩论、评议和宣判四个阶段。

从《民事诉讼法》的相关规定来看，开庭准备包括开庭3日前的准备工作和开庭当日由书记员完成的准备工作及审判长在法庭调查之前进行的诸项工作。

1. 开庭3日前的准备工作

根据《民事诉讼法》第136条规定，人民法院审理民事案件，应当在开庭3日前进行以下两项工作：①将传票送达当事人，将出庭通知书送达其他诉讼参与人，告知他们参加法庭审理的时间、地点，所以传票和出庭通知书应当写明案由、开庭的时间和地点。②对公开审理的案件，人民法院应当在开庭3日前公告当事人的姓名、案由和开庭的时间、地点。公告可以在法院的公告栏张贴，巡回审理的可以在案发地或其他相关的地点张贴。

2. 开庭期日由书记员完成的准备工作

开庭期日到来时，书记员应当于开庭审理前，先行到达法庭，首先检查庭审设施是否完备，标志牌是否齐全、摆放到位。当然主要应做好以下准备工作：

第一，查明当事人及其他诉讼参与人是否到庭。检查顺序是原告及其诉讼代理人、被告及其诉讼代理人、第三人及其诉讼代理人，以核对证件为准。

第二，书记员宣布："请肃静！请双方当事人及其诉讼代理人入庭。"原告及其诉讼代理人、被告及其诉讼代理人、第三人及其诉讼代理人入庭，按席位就座。

第三，书记员宣布："请大家肃静，现在宣布法庭纪律。"向全体诉讼参与人和旁听群众宣布法庭规则和法庭纪律。

当事人、其他诉讼参与人、旁听人员必须遵守以下纪律：①旁听人员必须保持肃静，不准鼓掌、喧哗、吵闹，不得有其他妨碍审判活动的行为；②旁听人员不得随便走动，不得进入审判区；③当事人和其他诉讼参与人不得中途退庭，未经审判长同意不得发言、提问，发言时应当起立，注意文明礼貌，不得攻击、辱骂他人；④未经法庭许可，任何人不得在法庭录音、录像、摄影；⑤不准吸烟和随地吐痰；⑥关闭寻呼机、移动电话和其他通信设备。对违反法庭纪律的，法庭将给予口头警告、训诫，不听劝告的，经审判长决定，可以没收录音、录像、摄影器材，责令退出法庭，或者经院长批准予以罚款、拘留。对于哄闹、冲击法庭等严重扰乱法庭秩序的人，依法追究刑事责任。

应注意的是，法庭纪律的具体内容各个法院都有所差别，但通常都包括以上内容。

第四，书记员宣布："全体起立，现在请合议庭成员入庭。"审判人员入庭就座，审判长让众人坐下后，书记员说："报告审判长，原告×××诉被告×××（案由）一案，原告×××，原告代理人×××，被告×××，被告代理人×××到庭。原告（被告）提供的证人×××，鉴定人×××庭外候传。庭前准备工作就绪，请开庭。"

3. 法庭调查前审判长进行的诸项工作

审判长在书记员报告后，依次进行下列工作：

第一，核对当事人及其诉讼代理人身份。核对顺序依次是原告及其诉讼代理人、被告及其诉讼代理人、第三人及其诉讼代理人，核对内容主要有当事人的姓名、性别、年龄、籍贯、职业、住所地（是诉讼代理人的陈述姓名、职业、住所地；是法定代表人的陈述姓名、职务、单位住所地），委托代理人向法庭陈述自己的身份及代理权限。接着，审判长依次询问当事人：①原告对对方出庭人员的身份有无异议？②被告对对方出庭人员的身份有无异议？③第三人对原告、被告出庭人员的身份有无异议？当事人均表示无异议后，审判长宣布："各方当事人（及其诉讼代理人）符合法律规定，准予参加本案的庭审活动。"如果被告、第三人经传票传唤，无正当理由拒不到庭的，审判长应宣布："被告×××、第三人×××经本院××××年×月×日送达开庭传票，无正当理由拒不到庭，依照《中华人民共和国民事诉讼法》的规定，本庭依法决定缺席审理。"

第二，宣布开庭。审判长先敲击法槌，然后庄严宣布："×××人民法院民事审判庭，依照《中华人民共和国民事诉讼法》第134条的规定，今天公开（不公开）审理原告×××与被告×××（案由）纠纷一案，现在开庭。"通常宣布开庭时即说明案由。如果是不公开开庭审理的，应说明理由，不允许任何公民包括与审理该案无关的法院工作人员旁听。

第三，宣布合议庭组成人员及书记员名单。审判长宣布："依照《中华人民共和国民事诉讼法》第39条第一款的规定，本案依法组成合议庭审理，由审判员（或代理审判员）×××担任审判长，审判员（或代理审判员或人民陪审员）×××、×××参加合议，适用普通程序进行审理，书记员×××担任记录。会计师（工程师、翻译）×××接受本院委托担任本案的鉴定人（勘验人或翻译）。"

第四，告知当事人有关的诉讼权利义务，询问当事人是否提出回避申请。当事人在法庭上享有以下诉讼权利：①申请回避的权利。根据《民事诉讼法》第44条、第45条之规定，当事人如认为合议庭组成人员、书记员、鉴定人、勘验人、翻译人是本案当事人或者当事人、诉讼代理人的近亲属的，或者与本案有利害关系，或者与本案当事人有其他关系，可能影响对案件公正审理的，有权申请回避。②提出新的证据的权利。根据《民事诉讼法》第49条、第139条之规定，当事人有权提供证据证明自己陈述的事实和主张，经审判长许可，可以提供新的证据。③经法庭许可，当事人可以向证人、鉴定人、勘验人发问，可以申请重新调查、勘验和鉴定。④进行辩论和请求法庭予以调解的权利。根据《民事诉讼法》第49条、第141条之规定，当事人有权对对方的主张提出自己的看法，阐述自己的观点，论述自己的主张，以及对如何认定案件事实和适用法律进行辩论。在案件审理直至宣判前，当事人都可以根据自愿的原则，请求人民法院依法调解。⑤原告有放弃、变更、增加诉讼请求的权利，被告有反诉的权利。原告增加、变更诉讼请求，被告反诉，应在法庭辩论结束前提出。⑥陈述最后意见的权利。根据《民事诉讼法》第141条的规定，法庭辩论结束后，当事人可以向法庭陈述对案件处理的最后意见。

当事人在法庭上必须自觉履行下列诉讼义务：①依法正确行使诉讼权利；②遵守法庭纪律和诉讼秩序，听从审判长指挥；③对自己提出的主张有责任提供证据；④如实陈述案件事实，不得歪曲事实、提供虚假证据，不得伪造证据。

审判长可在法庭上宣读上述当事人的诉讼权利和义务，并依次询问当事人："原告、被告、第三人是否听清当事人在法庭上的诉讼权利和诉讼义务？是否申请合议庭组成人员及书记员、鉴定人（或勘验人、翻译人）回避？"如果庭前已以书面形式将有关当事人诉讼权利与义务告知各方当事人的，审判长应逐一询问原告、被告、第三人对诉讼权利、义务是否清楚？在当事人明确表示知悉诉讼权利义务后，审判长逐一询问各方当事人："是否申请合议庭组成人员及书记员、鉴定人（或勘验人、翻译人）回避？"当事人提出回避申请，审判长应要求当事人陈述申请回避的理由，然后宣布："由于本案当事人×××对合议庭成员×××或书记员（鉴定人、勘验人、翻译）×××提出回避申请，现在休庭，待作出是否回避的决定后继续开庭。"如果当事人确认不提出回避申请的，庭审活动应继续进行。

法庭调查是民事审判的中心环节，其主要任务是，在合议庭的主持下，围绕双方当事人争执的案件事实，听取当事人对案情的陈述，听取证人提供的证言，出示各种物证、书证、视听资料，宣读鉴定结论和勘验笔录，在法庭上全面调查案件事实，审查和核实各种证据，为下一步的法庭辩论奠定基础，以便作出公正的裁判。

法庭调查的进行首先由审判长宣布：现在进行法庭调查，法庭调查是通过双方当事人及其诉讼代理人的陈述、举证、质证，查明案件事实，重点是当事人争议的事实以及本合议庭认为应当调查的事实。依照《民事诉讼法》第64条的规定，当事人对自己提出的主张有责任提供证据，反驳对方的主张也应当提供证据或说明理由。

根据《民事诉讼法》第138条规定，法庭调查应当按照下列顺序进行。

1. 当事人陈述

当事人陈述是法庭调查的第一步骤。当事人陈述的内容主要是诉讼请求或者反驳对方当事人诉讼请求及所依据的事实和理由。依照《民事诉讼法》的相关规定，当事人陈述的顺序依次是先原告、再被告、最后为第三人。原告陈述时，应当简要叙述其起诉的请求和理由，或者宣读起诉状；被告陈述时，应当针对原告起诉的请求和理由作出承认或者否定的答辩。当事人有诉讼代理人的，可以由诉讼代理人陈述或答辩，也可以在当事人陈述或答辩完后，再由诉讼代理人补充。对于双方当事人均确认的事实，应当记入笔录，法庭对此无须再做调查。有第三人参加诉讼的，先由有独立请求权的第三人陈述其诉讼请求及事实和理由，再由无独立请求权的第三人针对原、被告的陈述提出承认或否定的意见。案件中有多个诉讼请求或多个独立存在的事实的，可按每个诉讼请求、每段事实争议的问题由当事人依次陈述。审判人员在听取各方当事人陈述时，不得随意打断，但有权在适当时机就案件事实向当事人进行询问，要求当事人作补充陈述，同时应注意引导当事人各方围绕案件所涉及的争议事实进行陈述。当事人陈述或答辩后，审判长归纳本案争议焦点或者法庭调查重点，并征求当事人的意见。

法庭调查的重点确定后，审判长要告知当事人举证程序和要求，并归纳举证范围。对一审案件审判长应告知原告按诉讼请求的各项内容分别举证。

当事人举证和质证必须按照下列程序和要求进行：①当事人所举的证据必须符合《民事诉讼法》第63条规定的8种证据形式，即书证、物证、视听资料、证人证言、当事人的陈述、电子数据、鉴定意见、勘验笔录。②举证时应向法庭及对方当事人提交自己一方的证据复印件，书证应同时提供原件，以备当庭核对，物证要提供原物，原物确实无法提供的，要说明原物存放的地点。③出示和宣读证据时，应向法庭陈述证据的名称、证据的来源和证据的基本内容，说明提供该份或该组证据的目的，要证明什么问题。④对对方提供的证据进行质证，要对该证据的真实性进行确认，对该证据的取得是否合法提出意见，同时，应明确指出对方当事人提出该证据是否能够证明对方的主张。反驳对方的意见应说明理由或提供相关证据。⑤对对方提供的证据不作肯定或否定的表态，视为对该证据无异议。对质证意见的辩解也要求明确作出同意或者反对的表态，否则视为无异议。⑥对一方当事人提供的证据，另一方质证时可以就相关问题提问，但提问须经审判长许可。

当事人举证和质证的顺序是，首先由原告就自己提出的主张向法庭提交证据，由被告进行质证；其次是被告提交反驳原告诉讼请求的证据，由原告进行质证；最后第三人举证，由权利义务相关联的当事人质证。

2. 告知证人的权利义务，证人作证，或宣读未到庭证人的证言

证人经当事人申请，经人民法院许可的，应当出庭作证。作证前，审判人员应当对证人的身份进行确认，并告知证人的权利义务。出庭作证的证人应当客观陈述其所了解的案件事实并接受当事人的质询。审判人员和当事人可以对证人进行询问。确有困难不能出庭的证人经人民法院许可，可以提交书面证言或者视听资料或者通过双向视听传输技术手段作证。"证人确有困难不能出庭"，是指有下列情形：①因健康原因不能出庭的；②因路途遥远，交通不便不能出庭的；③因自然灾害等不可抗力不能出庭的；④其他有正当理由不能出庭的。

3. 出示书证、物证、视听资料和电子数据

在法庭上出示的书证、物证、视听资料和电子数据，包括当事人提供的证据，也包括人民法院调查收集的证据。人民法院依照当事人申请调查收集的证据，作为提出申请的一方当事人提供的证据。对书证、物证、视听资料和电子数据进行质证时，当事人有权要求出示证据的原件或者原物，但是出示原件或者原物确有困难并经人民法院准许出示复制件或者复制品的，或者原件、原物已不存在，但有证据证明复制件、复制品与原件或原物一致的，可以出示复制件、复制品。

4. 宣读鉴定意见

鉴定人出庭时，由鉴定人当庭宣读鉴定意见，并接受当事人质询。鉴定人确因特殊原因无法出庭的，由审判人员宣读鉴定意见，经人民法院准许，鉴定人可以书面答复当事人的质询。经法庭许可，当事人可以向出庭鉴定人进行发问。当事人对鉴定意见不服的，可以申请重新鉴定，是否准许，由法庭决定。

5. 宣读勘验笔录

勘验笔录由勘验人或审判人员当庭宣读。经法庭许可，当事人可以向勘验人发问。当事人可以申请重新勘验，是否准许，由法庭决定。

当事人陈述结束后，必须将案件的有关证据在法庭上出示，并由对方当事人进行质证。但是，当事人在证据交换过程中认可并记录在卷的证据，经审判人员在庭审中说明后，可以作为认定案件事实的依据，不必在法庭上质证。

质证是我国民事诉讼证据制度的重要内容，也是民事诉讼开庭审理阶段的重要环节，它是指在法庭审理活动中，双方当事人在审判人员的组织下，围绕证据的真实性、关联性、合法性，针对证据证明有无以及证明力大小，进行质疑、说明与辩驳的活动。《民事诉讼法》第68条规定："证据应当在法庭上出示，并由当事人互相质证。"《民事证据规定》第47条规定，证据应当在法庭上出示，由当事人质证；未经质证的证据，不能作为认定案件事实的依据；但是涉及国家秘密、商业秘密和个人隐私或者法律规定的其他应当保密的证据不得在开庭时公开质证。质证按下列顺序进行：①原告出示证据，被告、第三人与原告进行质证；②被告出示证据，原告、第三人与被告进行质证；③第三人出示证据，原告、被告与第三人进行质证。

经过庭审质证的证据，由合议庭对其进行评议后进行认证。对证据的审核和认定，首先应遵循以下一般规则：①未成年人所作的与其年龄和智力状况不相当的证言、与一方当事人或者其代理人有利害关系的证人出具的证言、没有其他证据印证存有疑点的视听资料、无正当理由未出庭作证的证人证言以及无法与原件、原物核对的复印件、复制品，不能单独作为认定案件事实的依据；②一方当事人提出的证据，对方当事人提出异议但没有足以反驳的相反证据的，可以确认其证明力；③一方当事人提出的证据，另一方当事人认可或者提出的相反证据不足以反驳的，可以确认其证明力；④双方当事人对同一事实分别举出相反证据，但都没有足够的依据否定对方证据的，应当结合案件情况，判断一方提供证据的证明力是否明显大于另一方提供证据的证明力，并对证明力较大的证据予以确认。

其次，人民法院就数个证据对同一事实的证明力，可以依据下列原则认定：①国家机关、社会团体依职权制作的公文书证的证明力一般大于其他书证；②物证、历史档案、鉴定结论、勘验笔录或者经过公证、登记的书证，其证明力一般大于其他书证、视听资料和证人证言；③原始证据的证明力一般大于传来证据；④直接证据的证明力一般大于间接证据；⑤证人提供的对与其有亲属关系或者其他密切关系的一方当事人有利的证言，其证明力一般小于其他证人证言。总之，当事人对自己的主张，只有本人陈述而不能提出其他相关证据的，除对方当事人认可外，其主张不会得到法庭支持。

认证是对证据的真实性、合法性和关联性进行确认。能当庭确认的，应当庭确认。合议庭评议后认为不能当庭确认的，告知当事人待合议庭进一步核实后在下次开庭时确认。一般情况下，如果当事人一方对对方出示的证据的真实性、合法性没有异议，合议庭经过评议后可以当庭认证。如案件疑难复杂，或对有些证据的审核判断分歧较大，无法当庭认证的，可以直接进入法庭辩论程序，待法庭辩论结束后休庭，合议庭评议后再开庭认证并宣判。恢复庭审后，由审判长根据当事人举证、质证和合议庭调查核实情况，分别对当事人出示的证据进行确认。

法庭调查结束前，审判长应当就法庭调查认定的事实和当事人争议的问题进行归纳总结，并询问当事人的意见。其后，审判长宣布法庭调查结束。

法庭辩论是当事人及其诉讼代理人在合议庭的主持下，围绕案件双方当事人争议的焦点问题及法庭确认的事实和证据，提出维护自己诉讼请求和反对对方主张的意见，相互进行言词辩驳的诉讼活动。在法庭辩论中，当事人及其诉讼代理人应实事求是，举出法律依据，讲明道理，不得进行人身攻击。法庭辩论是辩论原则最生动和最集中的体现。

根据《民事诉讼法》第141条的规定，法庭辩论应按照下列顺序进行：

（1）原告及其诉讼代理人发言。原告和诉讼代理人都出庭的情况下，一般先由原告发言，然后由诉讼代理人补充。

（2）被告及其诉讼代理人答辩。被告及其诉讼代理人的答辩是针对原告及其诉讼代理人的发言发表意见和辩解，以证明原告的诉讼请求是不合法的，不应得到法庭支持。

（3）第三人及其诉讼代理人发言或者答辩。有独立请求权的第三人发言或答辩是对原告和被告所主张的事实、理由和请求进行辩驳，从而证明自己的合法权益应受到保护。无独立请求权的第三人，是参加到本诉讼中与之有法律关系的一方当事人中来，他与该方当事人的关系既是对立的又是统一的。在针对对方当事人的时候，他们之间是统一的，无独立请求权的第三人辅助该方当事人针对对方当事人主张的事实和请求进行回答和辩驳。当涉及参加之诉中权利的享有或责任的承担时，他们之间的关系是对立的，此时，无独立请求权的第三人可能针对与之有法律关系的当事人提出的事实、理由和请求进行回答和辩驳。

（4）互相辩论。审判人员应当引导双方当事人围绕争议焦点进行辩论。审判人员不得对案件性质、是非责任发表意见，不得与当事人辩论。根据案件需要，审判长可宣布进行第二轮辩论，但应强调不得重复上一轮意见，并可限定当事人及其诉讼代理人每次发表意见的时间。在法庭辩论过程中，如果当事人及其诉讼代理人提出新的事实和证据，合议庭可以决定停止辩论，恢复法庭调查，待查清后再继续法庭辩论，如当庭难以查清，且对案件的裁判有重大影响的，可以延期审理。法庭辩论终结后，由审判长按照原告、被告、第三人的先后顺序征询各方最后意见。

法庭辩论结束后，当事人愿意调解的，可以进行调解。审判长分别征询当事人是否愿意在合议庭的主持下进行调解，当事人均同意调解时，应分别由各方当事人提出调解方案。合议庭也可以根据当事人的请求提出调解方案，供当事人参考。也可以根据当事人的请求和时间安排，休庭后再继续调解。调解不成的，应当及时作出判决。

案件评议是在法庭辩论结束后，合议庭成员以法庭调查和法庭辩论的内容为基础，确定案件的性质，认定案件的事实，分清是非责任，正确适用法律，对案件作出最后处理的活动。合议庭评议案件，由审判长主持，秘密进行，合议庭有不同意见时，实行少数服从多数的原则，但少数意见要如实记入笔录。评议笔录由书记员制作，由合议庭成员签名。

在合议庭评议后，由审判长宣布继续开庭并宣读裁判。当庭宣判后，10日内向有关人员发送判决书。不能当庭宣判的，另定日期宣判。定期宣判后，应立即发送判决书。宣告判决的内容包括：认定的事实、适用的法律、判决的结果和理由、诉讼费用的负担、当事人的上诉权利、上诉期限和上诉法院。宣告判决一律公开。宣告离婚判决时，应告知当事人在判决未生效前，不得另行结婚。

在案件审理过程中，往往会发生一些特殊情况影响诉讼的正常进行，因此，普通程序就几种特殊情况的处理作了详尽规定。

1. 撤诉

狭义的撤诉，是指在人民法院受理案件后到判决宣告前，原告撤回起诉的行为。《民事诉讼法》规定的撤诉包括两种情形：申请撤诉和按撤诉处理。

申请撤诉是指在案件受理后一审判决宣告前，原告向人民法院申请撤回其起诉的一种诉讼行为。《民事诉讼法》第145条第一款规定："宣判前，原告申请撤诉的，是否准许，由人民法院裁定。"原告提出撤诉申请后，受诉人民法院应当及时进行审查。经审查，认为原告的撤诉申请符合条件的，裁定准予撤回起诉；反之，裁定不准许撤回起诉。

按撤诉处理是指人民法院依照法律的明确规定，对于原告的某些行为裁定按照申请撤诉处理。《民事诉讼法》第143条规定："原告经传票传唤，无正当理由拒不到庭的，或者未经法庭许可中途退庭的，可以按撤诉处理。"此外，原告应当预交而未预交案件受理费，人民法院应当通知其预交，通知后仍不预交或者申请减、缓、免未获人民法院批准而仍不预交的，按自动撤诉处理。

人民法院裁定撤诉后，诉讼程序即告终结。撤诉也是人民法院结案的方式之一。当事人可以在诉讼时效内再行起诉。

2. 延期审理

延期审理是指人民法院确定了案件的审理日期后或者在开庭审理过程中，由于出现了法律规定的某些情形，导致不能按期开庭或无法继续开庭，而将开庭审理日期推延的制度。

根据《民事诉讼法》第146条的规定，有下列情形之一的，可以延期审理：①必须到庭的当事人和其他诉讼参与人有正当理由没有到庭的；②当事人临时提出回避申请的；③需要通知新的证人到庭，调取新的证据，重新鉴定、勘验，或者需要补充调查的；④其他应当延期审理的情形。

延期审理只能发生在开庭审理阶段，延期审理前进行的诉讼行为，对延期后的审理仍然有效。

3. 缺席判决

缺席判决是指人民法院在一方当事人无正当理由拒不到庭或者未经法庭许可中途退庭的情况下依法审理后所作出的判决。根据《民事诉讼法》的相关规定，有下列情形之一的，可以缺席判决：①被告经人民法院传票传唤，无正当事由拒不到庭，或者未经法庭许可中途退庭的；②被告提起反诉经法院与本诉合并审理，原告经法院传票传唤，无正当事由拒不到庭，或者未经法庭许可中途退庭的；③无诉讼行为能力的被告的法定代理人经法院传票传唤，无正当理由拒不到庭的；④人民法院裁定不准许原告撤诉的，原告经法院传票传唤，无正当理由拒不到庭的；⑤无独立请求权的第三人经法院传票传唤，无正当理由拒不到庭，或者未经法庭许可中途退庭的。

4. 诉讼中止

诉讼中止，是指在诉讼过程中，因出现法定事由而使本案诉讼活动难以继续进行，受诉法院裁定暂时停止本案诉讼程序。

《民事诉讼法》第150条对中止诉讼的原因作了规定，即有下列情形之一的，人民法院裁定中止诉讼：①一方当事人死亡，需要等待继承人表明是否参加诉讼的；②一方当事人丧失诉讼行为能力，尚未确定法定代理人的；③作为一方当事人的法人或者其他组织终止，尚未确定权利义务承受人的；④一方当事人因不可抗拒的事由，不能参加诉讼的；⑤本案必须以另一案的审理结果为依据，而另一案尚未审结的；⑥其他应当中止诉讼的情形。

5. 诉讼终结

诉讼终结，是指在诉讼过程中，由于法定的原因使诉讼无法继续进行或者没有必要进行下去，从而结束诉讼程序。

《民事诉讼法》第151条对诉讼终结的原因作了规定，即有下列情形之一的，人民法院裁定终结诉讼：①原告死亡，没有继承人，或者继承人放弃诉讼权利的；②被告死亡，没有遗产，也没有应当承担义务的人的；③离婚案件一方当事人死亡的；④追索赡养费、扶养费、抚育费以及解除收养关系案件的一方当事人死亡的。

第二节 实 验 案 例

京华顺达商贸有限公司诉海洋财产保险有限公司京华分公司
保险合同纠纷一案模拟法庭审判脚本

本模拟法庭审判角色如下：①审判人员3人，其中陪审员1人；②书记员1人；③原告京华顺达商贸有限公司；④原告的委托诉讼代理人2人；⑤被告海洋财产保险有限公司京华分公司；⑥被告的委托诉讼代理人1人。

模拟法庭审判道具：①法官袍2件；②书记员服1套；③律师袍1件；④法槌1个；⑤书证若干份。

【案情简介】

原告京华顺达商贸有限公司诉称，2008年12月18日原告方司机姚利峰驾驶京G69142货车在大兴区廊坊动车组工地行驶时，由于当时司机正操作货车卸车上的沙石将翻斗升至空中，距离高压线有1米左右，被高压电电击，造成车辆部分损毁，更换轮胎与相关配件总共花费32 425元。事发当天，原告与被告海洋财产保险有限公司京华分公司联系，说明事故情况，但被告出险后经过调查，认为原告的事故车辆遭受的损失是因货车翻斗升至空中车辆受到高压电电击所造成，不属于双方保险合同约定的保险事故范围，故拒绝赔偿。原告因此诉至法院，请求判令被告赔偿原告车辆损失并承担本案诉讼费用。

【模拟法庭】
审理前及开庭3日前的准备

（1）送达诉讼文书。

（2）组成合议庭。

（3）调查收集必要的证据。

（4）组织庭前证据交换。

(5) 准备庭审提纲。合议庭成员在明确分工的前提下，对开庭审理分别进行有针对性的准备。

(6) 在开庭 3 日前给当事人送达传票，向其他诉讼参与人送达出庭通知书。公开审理的，公告当事人姓名、案由和开庭的时间、地点。

开庭期日到来

法庭内。审判庭庄严整洁。审判台背面中央上方悬挂国徽。审判台台面高于诉讼当事人台面。审判台中央审判长的法椅比两旁审判人员的法椅略高。书记员席位在审判台的正下方。原告、被告及其诉讼代理人的席位分列审判台两侧相面对而设。被告席位一侧是第三人及其诉讼代理人的席位。与审判台相对而设的是其他诉讼参与人的席位。旁听人员席位距审判台较远，正对审判台。

书记员查明当事人及其诉讼代理人到庭后，引领原告及其诉讼代理人、被告及其诉讼代理人进入法庭，他们在各自的席位就座。书记员入座。（本案原告法定代表人、被告主要负责人在各方委托了诉讼代理人后未出庭参加开庭审理）

书记员（面向旁听席站立）：请大家肃静，现在宣布法庭纪律。

诉讼参与人应当遵守法庭规则，维护法庭秩序，不得喧哗、吵闹；发言、陈述和辩论须经审判长许可。

旁听人员应当遵守下列纪律：

（1）不得录音、录像和摄影；

（2）不得随意走动和进入审判区；

（3）不得发言、提问和记录；

（4）不得鼓掌、喧哗、哄闹和实施其他妨害审判活动的行为；

（5）新闻记者未经审判长许可，不得在庭审过程中录音、录像和摄影；

（6）庭审时，请将手机等无线通信工具关闭。

对于违反法庭纪律且经法庭劝止不从者，经审判长决定可以没收录音、录像磁带，胶卷，责令退出法庭，或者经院长批准予以罚款、拘留。对于哄闹、冲击法庭等严重扰乱法庭秩序的人，依法追究刑事责任。

书记员：请全体人员起立，请审判长、审判员、人民陪审员入庭。

（起立完毕，合议庭组成人员入庭，就座）

书记员：请全体坐下。

书记员（转身面向审判长）：报告审判长，原告京华顺达商贸有限公司诉被告海洋财产保险有限公司京华分公司保险合同纠纷一案，原告、被告委托诉讼代理人均已到庭，庭前准备工作就绪，可以开庭。

审判长：现在首先核对双方当事人及其诉讼代理人的基本情况。

原告京华顺达商贸有限公司，住所地武州市西秀区××路×号；法定代表人李权林，职务总经理；委托代理人祁杰，男，1980 年×月×日出生，京华顺达商贸有限公司职员，住武州市武安区范阳中路××小区×号楼×室；委托代理人王斌，武州市明诚律师事务所律师。

被告海洋财产保险有限公司京华分公司，住所地武州市南武区××路×号××大厦；

负责人樊康亮，职务总经理；委托代理人秦岭，男，1977年×月×日出生，海洋财产保险有限公司京华分公司职员，住武州市大良区××小区×栋×单元×室。

审判长：原告，以上当事人基本情况是否属实？

原告诉讼代理人祁杰：属实。

审判长：被告，以上当事人基本情况是否属实？

被告诉讼代理人秦岭：属实。

审判长：原告，你方对被告出庭人员是否有异议？

原告诉讼代理人祁杰：没有异议。

审判长：被告，你方对原告出庭人员是否有异议？

被告诉讼代理人秦岭：没有异议。

审判长：依据《中华人民共和国民事诉讼法》的规定，经本院审查，原、被告及其诉讼代理人符合法律规定，准许原告委托代理人祁杰、王斌，被告委托代理人秦岭，代理原、被告参加本案诉讼。

审判长：（敲法槌）现在开庭。武州市南武区人民法院民事审判庭，今天在此公开开庭审理原告京华顺达商贸有限公司与被告海洋财产保险有限公司京华分公司保险合同纠纷一案，本案依法适用普通程序进行审理，由本院审判员黄学斌、代理审判员王栋、人民陪审员董志华依法组成合议庭，由黄学斌担任审判长，本院书记员牛晓妮担任法庭记录。

审判长：现在宣布当事人在法庭享有的权利。

（1）当事人有就本案事实进行陈述和答辩的权利，原告有放弃、变更诉讼请求的权利，被告有承认、反驳原告诉讼请求和反诉的权利。变更诉讼请求、反诉应于法庭辩论终结前提出，并应缴纳反诉案件受理费，逾期不交视为放弃反诉请求。

（2）当事人有向证人、鉴定人提问、要求对证据予以说明的权利。经法庭许可，有查阅，复制庭审材料，认为庭审记录有误，有权申请补正。

（3）当事人有请求和解的权利。

（4）当事人有申请审判人员及有关人员回避的权利，即认为本法庭审判人员、鉴定人、书记员与本案有直接利害关系，可能影响到本案公正审判的，可以提出事实和理由申请回避。

当事人除享有以上诉讼权利，还应承担以下诉讼义务：

遵守法庭秩序，听从法庭指挥，发言应经法庭许可。庭审过程中，原告未经法庭许可，中途退庭的，按自动撤诉处理，被告未经法庭许可中途退庭的按缺席审判处理。

审判长：原告，对以上当事人的诉讼权利和义务是否听清？

原告诉讼代理人祁杰：听清了。

审判长：是否对合议庭组成人员及书记员申请回避？

原告诉讼代理人祁杰：不申请回避。

审判长：被告，对以上当事人的诉讼权利和义务是否听清？

被告诉讼代理人：听清了。

审判长：对合议庭组成人员及书记员是否申请回避？

被告诉讼代理人：不申请。

审判长：下面开始进行法庭调查。首先由原告明确诉讼请求，陈述事实经过。法庭调查的重点是双方争议的事实，当事人对自己提出的主张，应当提供证据，反驳对方主张的，也应提供相应的证据。

审判长：原告，首先发表你方的诉讼请求，并陈述事实和理由。

原告诉讼代理人祁杰：我方的诉讼请求有两项，第一，判令被告赔偿原告车辆损失32 425元；第二，判令被告承担本案诉讼费用。事实与理由是，2008年12月18日原告方司机驾驶京G69142货车在大兴区廊坊动车组工地行驶时与高压线接触，被高压电电击，造成车辆部分损毁，更换轮胎与相关配件总共花费32 425元。事发后，原告及时与被告联系，阐明事故情况，但被告拒绝依据事实和法律以及保险合同赔偿，致使原告方利益受损，原告方因此诉至法院，请求维护原告方合法权益。

审判长：原告，你所要求的赔偿32 425元是车辆损失保险金还是第三方责任保险？

原告诉讼代理人王斌：车辆损失保险金。

审判长：被告对原告的陈述及诉讼理由是否听清？

被告诉讼代理人：听清了。

审判长：是否有要向原告询问的问题？

被告代理人：有。请原告说明原告车辆被电击，是否与高压线发生了接触？

原告代理人王斌：没有接触。

审判长：下面由被告就原告诉讼请求发表答辩意见。

被告代理人：我方作为保险公司不同意原告的诉讼请求，因为原告的车辆没有与高压线发生碰撞，所以不同意赔偿。

审判长：理由是什么？

被告代理人：没有发生保险合同约定的事故，就是说车辆没有与外界物体碰撞。

审判长：原告你描述一下事故发生的具体情况。

原告代理人王斌：2008年12月18日中午，原告方司机姚利峰在大兴区廊坊动车组工地上操作京G69142货车时将翻斗升至空中，离工地临时搭设的高压线目测距离大概有1米左右，发生触电，造成车辆轮胎等部件受损。2008年9月22日原告与被告签订了保险合同。事故发生当天，原告就向被告报案了。

审判长：事故的描述是，发生事故当时，你方车辆与工地临时搭设的高压线没有接触，但被电击了。

原告代理人王斌：对。

审判长：原告对保险合同的订立和生效是否有异议？

原告代理人王斌：对保险合同的订立没有异议。

审判长：被告对保险合同的订立和生效是否有异议？

被告代理人：没有异议。

审判长：原告你方要求被告依据保险合同规定，承担保险责任的合同依据是什么？

原告代理人王斌：依据的是保险合同第4条第一项。保险合同第4条第一项属于保险责任范围里的对碰撞、倾覆、坠落的规定，我们认为这属于碰撞行为。

审判长：被告同意原告的主张吗？

被告代理人：不同意。因为原告车辆没有与外界任何物体发生直接碰撞。
审判长：被告你方认为原告车辆出现的情况不属于碰撞？
被告代理人：是的，不属于碰撞。
审判长：根据双方诉辩，本合议庭总结归纳本案的争议焦点为，本案发生的交通事故是否属于保险合同的理赔范围。原告对合议庭总结的双方争议焦点是否有异议？
原告代理人王斌：没有。
审判长：被告对合议庭总结的双方争议焦点是否有异议？
被告代理人：没有。
审判长：下面由原告围绕本合议庭总结的争议焦点，出示支持你方主张的相应证据，出示证据时须说明证据来源、名称、内容以及所要证明的事项。
原告代理人王斌：我方的第1份证据是机动车行驶证，主要证明事故车辆为原告所有。此处只能提交复印件，因为该车辆现在在运营，行驶证要使用。

第2份证据是交通事故认定书，证明原告车辆在工地操作时与高压电线发生了碰撞遭到电击并被损坏。另外也证明事故发生后原告履行了报案义务，请求理赔程序也符合法律规定。

第3份证据是车辆保险单，证明原告与被告签订了保险合同。事故发生在被告承诺期间和承诺范围之内。

第4份证据是拒赔案件通知书，证明被告拒绝依据事实与法律以及保险合同对原告进行理赔。

第5份证据是营业用汽车损失保险条款，证明被告拒绝对原告履行保险合同的约定义务。

第6份证据是车辆维修结算单，证明该事故车辆的维修费用共计32 425元。
审判长：原告，详细说明一下公安交通管理局出具的交通事故认定书所载明的交通事故发生的情况。
原告代理人王斌：交通事故责任认定书载明事故车辆由东向西行驶时，受到工地内高压电线电击，造成该车车轮、轮胎及电路系统受损。
审判长：出具认定书的机关是哪里？
原告代理人王斌：武州市公安局大兴分局交警大队。
审判员：请法警将原告出示的证据交被告质证。
（法警将原告出示的6份证据递送给被告诉讼代理人）
审判长：被告根据原告出示的证据发表你方的质证意见。质证时应当围绕证据的真实性、合法性、关联性，针对证据证明力有无以及证明力大小，进行质疑、说明和辩驳。
被告代理人：对原告的第1份证据即机动车行驶证的真实性、关联性没有异议。

对第2份证据交通事故认定书的真实性没有异议。我方想在此说明一下，交警队出具交通事故认定书实际上证明了原告车辆行驶时是受到工地内高压线电击而不是与高压线接触。

对第3份证据车辆保险单，没有异议。保险单是我方与原告订立的，原告投保了商业险和交强险，投保期限为2008年9月22日至2009年9月22日。

对第 4 份证据拒赔案件通知书的真实性没有异议。确属我公司下发的拒赔通知书。原告的车辆事故不属于保险责任事故范围，因此我公司拒赔。

对第 5 份证据营业用汽车损失保险条款所证明的问题有异议。原告认为被保险车辆遭到电击属于碰撞范围，其请求赔偿所依据的是第 4 条第一项，但保险合同中对撞击的解释是，被保险车辆碰撞是与外部物体发生直接接触并发生意外撞击产生撞击痕迹的现象，包括被保险车辆载运货物时所载货物与外界物体发生撞击。所以保险合同条款中对碰撞写得非常明确，原告诉讼的事故是不属于碰撞造成的。

审判长：原告对被告的质证意见是否有补充？

原告代理人王斌：没有。

审判长：被告针对你方的答辩意见出示有关证据。

被告代理人：第 1 份证据是被告保险公司对原告方司机姚利峰的调查笔录。笔录的内容很明确地证实被保险车辆的翻斗并没有接触高压线。

审判长：把笔录的相关内容宣读一下。

被告代理人：相关内容就是，姓名姚利峰，单位京华顺达商贸有限公司。

问：京 G69142 货车在发生事故时是你在使用本车吗？

答：对。

问：京 G69142 货车平时都是你一人开吗？

答：对。

问：请你描述一下当时发生事故的经过。

答：2008 年 12 月 18 日上午，我在木樨地工地拉了沙子和土送到大兴区廊坊动车组工地，卸完货以后，大约中午，我向前停车时，当时翻斗还没有完全落下，在一边向前停车一边落斗时，由于车斗与工地高压线的距离太近，高压线放电致使本车过电后轮胎爆胎及电路受损。

问：当时是否发现高压线受损？需要赔付吗？

答：当时发现车斗没有接触到高压线，高压线也没有受损，不用赔付。

问：发生事故后你是怎么处理的？

答：我在向前停车，落斗时听到爆胎声，我停下车，发现轮胎爆胎还在冒烟。我就向单位车队队长通知了，队长又向单位相关部门通报了情况，后来又向保险公司报了案。

问：交警大约多久到现场？到现场后怎么处理的？

答：交警大约 10 分钟到了现场，先看了现场，又询问了事情经过，当时给我出了事故认定书，说我负全责。

问：后来又怎么处理了？

答：我们单位向保险公司报了案，保险公司来人看了。我在工地上换上轮胎又开出去修理。

问：以上记录你看了是否属实？

答：属实。

最后是姚利峰的签字。

这是我们对原告方司机姚利峰的调查笔录，笔录里说的很明确，被保险车辆翻斗并没有接触到高压线。高压线无损失，不用赔偿。

被告代理人：第 2 份证据是出险通知书，证明原告方司机姚利峰在大兴区廊坊动车组工地上操作京 G69142 货车时将翻斗升至空中，因高压线放电，发生触电，造成车辆轮胎等部件受损。经交警处理，认定该车负全责。

审判员：请法警将被告出示的证据提交法庭。

（法警将被告出示的证据交给审判长）

审判长：原告就被告出示的证据发表质证意见。质证时应当围绕证据的真实性、合法性、关联性，发表意见。

原告代理人王斌：对证据 1、证据 2 的真实性没有异议。对被告证据证明的目的我方与对方存在分歧，对此我们将在法庭辩论时进行阐述。

（合议庭成员在法庭上低声进行了简短的评议）

审判长：合议庭对原告、被告出示的证据的真实性、关联性予以认定。

审判长：原告对事实是否还有补充？

原告代理人王斌：没有。

审判长：被告对事实是否还有补充？

被告代理人：没有。

审判长：现在法庭询问几个问题。

审判长：原告，被保险机动车在发生事故时车辆翻斗是否接触了高压线？

原告代理人王斌：没有。

审判长：你们认为没有接触怎么能够和保险合同约定的碰撞有关联？

原告代理人王斌：我们认为电是现有知识能够理解的一种物，对高压电而言是没有绝缘材料的，一般情况下只存在一个安全距离。一般在 0.7 米以外的距离是安全的，当然安全距离与电压相关，电压越高要求的安全距离越大。既然有安全距离，在不发生与电接触的情况下，是不会产生车辆损失的。这里，我们认为车辆是与无形的物体发生了接触。在保险合同关于碰撞的解释里也并没有明确排除与无形物体的接触。在保险合同中，将碰撞解释为，被保险车辆与外界物品发生接触产生撞击痕迹的现象，整个事故调查和双方都明确确认，确实发生了电击。

审判长：是否有撞击痕迹？

原告代理人王斌：高压线发生放电，造成了轮胎爆胎。

陪审员：被告，保险责任里是否明确有关于电击的约定？

被告代理人：保险合同中没有关于电击的规定。

陪审员：被告，保险责任里是否有关于雷击的约定？

被告代理人：雷击属于保险责任。

陪审员：被告，再明确一下保险合同中关于碰撞的解释。

被告代理人：被保险物品与外部其他物品直接接触并发生意外撞击。也就是说两件物品必须接触到，发生碰撞痕迹，才是碰撞，如果只是单纯的发生电击是不属于碰撞的。

审判长：被告，你们认为电是否属于物体？

被告代理人：不属于。

审判员：被告，解释一下雷击与电击的区别？

被告代理人：雷击是不可预见的，是自然现象产生电造成物体损坏。高压线电击是指电线放电。

陪审员：被告，雷击事故和电击事故在你们保险条款里是否有共同的解释？是否符合最初设定保险条款的约定？雷击与电击是否有共同点？

被告代理人：雷击和电击不可能存在共同点，雷击是自然灾害，属于保险责任范围。

审判长：原告对被告的解释是否有异议？

原告代理人王斌：有异议。首先，在保险合同里面关于电击没有明确的规定。在整个条款里也并没有排除与无形的东西发生碰撞，既然没有排除，就应该包括。其次，我们不同意被告所称的电不属于物体，因为人们通常所说的都是触电，证明电应该是有形的物体，应该纳入保险条款。

审判员：车辆在卸土的时候翻斗完全落下了吗？

原告代理人王斌：没有。

审判员：这是否符合工地安全生产的相关规定？

原告代理人王斌：不清楚。

审判长：工地是否有明确的规定，距离高压线多少米的时候卸货？

原告代理人王斌：不可能随时随地都有。但是工地关于电压、电流等都有规定。

审判长：被告，保险条款里是否明确规定了车辆与有形物体发生接触才属于保险责任？

被告代理人：保险条款里约定两种物体必须有实际撞击。

审判长：你方认为原告车辆没有发生撞击的理由是什么？

被告代理人：因为车辆的翻斗没有实际落下。原告方司机在卸完货后没有将翻斗落下，而是继续行驶，我们理解原告车辆没有与高压线发生实际接触。

审判长：被告，你们给原告车辆定损的价格是多少？

被告代理人：29 525 元。

审判长：原告对事实是否还有补充？

原告代理人王斌：我们有车辆修理费的发票，向法庭提交一下，其他没有补充了。

审判长：被告对事实是否还有补充？

被告代理人：没有。

审判长：法庭调查结束，现在进行法庭辩论。本案的争议焦点仍为，被保险机动车的损失是否属于保险责任范围。

审判长：原告发表辩论意见。

原告代理人王斌：我们认为电是现在人们所掌握的知识当中能理解的一种物体。高压线是有安全距离的，在这种情况下，电实际上是一种物体，也只有与高压电产生接触的时候才会对人身以及财产造成损失，因此我们认为在此次事故中受损车辆是与高压电接触才发生了损失。因为如果没有接触不会产生车辆的爆胎。这恰好符合保险条款里关于碰撞的解释。原告车辆发生损失正是因为与高压电发生碰撞的结果。另外，在保险合同中关于碰撞的解释也没有明确地将无形物体排除在外。

审判长：被告发表辩论意见。

被告代理人：电是无形物体。在调查笔录中很明确地显示，车辆是在翻斗没有完全放下来的情况下与高压电线距离过近发生电击。距离过近导致电击，这种行为我们可以理解为过错行为，明知有危险而继续行驶而造成的车辆损坏。我们认为在没有直接接触到高压电线而受到电击，这不属于碰撞事故。

审判长：原告有新的辩论意见吗？

原告代理人王斌：没有。

审判员：被告有新的辩论意见吗？

被告代理人：没有。

审判长：法庭辩论结束。根据法律规定，当事人有进行最后陈述的权利，请双方发表最后陈述意见。

原告代理人王斌：坚持诉讼请求。

被告代理人：坚持答辩意见。

审判长：双方当事人是否同意调解？

原告代理人王斌：不同意。

被告代理人：不同意。

审判长：由于双方分歧较大，法庭不再做调解工作，法庭将另行通知宣判时间。

审判长：现在休庭。（敲法槌）

书记员：请全体起立，请审判长、审判员、人民陪审员退庭。

余后工作

休庭后，审判人员和书记员应该在庭审笔录上签名。当事人和其他诉讼参与人在庭审后5日内可以到法院阅读庭审笔录，认为对自己的陈述记录有遗漏或者差错的，有权申请补正。法庭笔录由当事人和其他诉讼参与人签名或盖章。拒绝签名或盖章的，记明情况附卷。

【本实验案例后续实验方案】

第一，假如本案经过合议庭评议，认为该案在适用法律上存在重大分歧，故将其提交审判委员会讨论。请同学们自行模拟审判委员会讨论案件的场景。

第二，本案判决要进行定期宣判，请同学们自行模拟定期宣判的程序。

第三，本案模拟法庭所需起诉状、答辩状、判决书由同学们自行撰写。

【实验案例点评要点】

一、关于本案实体问题的思考[①]

本案争议的焦点是，原告认为，其在被告处投保，在保险合同期间发生了保险事故，且此次事故属于车辆损失险保险责任中的"碰撞"，被告应当赔偿原告损失。而被告则认为原告所诉事实与保险合同约定的保险责任不符。

保险公司是否赔偿，需要看保险合同中相关的保险条款确定。由于保险人无法在格式

---

① 本章案例审判脚本，系根据北京法院直播网2009年11月13日直播的"车辆遭高压电击，保险公司该不该赔"案的庭审视频编写的。编写时对庭审情况有适当整理和变动。

合同中列明所有风险类型，因此保险条款一般有两种方式确定保险事故类型：①责任列明式。即保险人列明保险人负责的风险和部分不负责的风险，然后以一条"其他不属于保险责任范围内的事故、损失和费用"，将未列明的保险责任予以除外。②除外责任列明式。即保险人列明保险人不负责的风险和部分负责的风险，然后以一条"其他不属于除外责任范围内的事故、损失和费用"，将未列明的责任予以扩展。这两种方式在实务中都在广泛使用，除外责任列明方式的主要代表是，财产一切险条款、建筑/安装工程一切险条款、机器损坏险条款，其他的都是列明责任式保险合同。机动车辆保险一直以来在我国都是属于责任列明式保险合同，如果保险合同未列入电击责任，则保险人不负责电击责任。此外，从以下几个方面考虑可以减轻保险人的责任：①碰撞指的是被保险车辆及其符合装载规定的货物与外界固态物体发生的、产生撞击痕迹的意外撞击。从本案看，电非固态物体，不符合碰撞定义所规定的含义。②本案发生的事故所造成的损失，并非与电线的直接接触所造成，而是因为电流穿过车辆造成，属于间接损失，而非直接损失。③被保险人违反安全保证义务。保险条款一般约定，被保险人应将车辆保持在适合安全行驶技术状态，而本案被保险人司机在卸下所载货物后，没有将翻斗收回而继续行驶，明显不是安全行驶的技术状态，被保险人违反安全保证义务。④被保险人有过错。根据相关管理规定，工地内的设施、设置等情况应在施工前有设计图纸、规范等予以明确，高压线距离地面有多高都清楚标明，被保险人司机作为驾驶人员，应非常清楚不放下翻斗的可能后果，然而其并未按照技术规范执行，而是放任自己的行为，以致出现不良后果。基于上述分析，保险公司是否负赔偿责任可以得到一个相对明确的判断。

另外，本案在事故发生后的处理上存在一个失误。本案中，当事人在出示证据时出示了由当地交警部门出具的事故责任认定书。一般情况下，交警仅负责道路交通事故，对于非道路交通事故，只能由有管理权的单位进行处理。事故发生地在工地，对于工地的事故一般由施工监理进行处理。监理即甲方代表，也就是接受业主委托，对乙方即施工单位施工过程予以监督和管理，有义务处理此类事故，在施工现场常驻，对工程质量和工地安全负责；如果发生超过施工范围的事故，应交由有关单位来处理，此处可以是安监部门，而非交管部门。

二、关于本案审理程序的思考

本案整个庭审过程包括开庭准备、法庭调查、法庭辩论三个主要阶段，法庭并未进行当庭宣判，而是要定期宣判。不论是当庭宣判还是定期宣判，同为法律规定的合法的宣判方式。但许多案件的定期宣判可能存在着诸多潜在问题，如审判公开没有得到贯彻，存在暗箱操作、案件审批等问题。对于诸如此类的问题如何借助制度的完善予以克服也是值得进一步探究的。

本案合议庭成员吸收了人民陪审员。在民事诉讼中，陪审制的适用具有随意性。由于法律规定模糊，一般学界认为当涉及专业性较强的案件可以吸收有相关专业背景的人士作为人民陪审员参加合议庭对案件进行审理。以本案为例，如果人民陪审员是某保险公司的资深保险专业人士，有无可能因其自身长期从事的保险工作而与本案中的被告有着情感上的共鸣，基于保险公司常常被判决败诉的现象而影响其作出客观公正的判断。如何保证具有专业背景的人民陪审员在作为合议庭组成人员进行评议发表意见时的公正显然是一个理论与实务上的难题。

如果这一案件进入审委会讨论,审委会和合议庭之间的关系问题也值得研究。如何加强合议庭的职能,强化庭审功能,避免庭审走过场,同样是长久以来诉讼理论与实务没有解决的问题。

第三节 与本实验相关的法律文书写作

一、民事起诉状

【格式一】

民事起诉状
(公民提起民事诉讼用)

原告:×××
被告:×××

诉讼请求

事实与理由

证据和证据来源,证人姓名和住址

此致
××人民法院

起诉人:×××
××××年×月×日

注:(1)本诉状供公民提起民事、行政诉讼用,用蓝黑或黑色钢笔、签字笔书写或印制。

(2)原告、被告栏,均应写明姓名、性别、出生年月日(对民事被告的出生年月日确实不知的,可写其年龄)、民族、籍贯、职业或工作单位和职务、住址等。被告是法人、其他组织或行政机关的,应写明其名称和所在地址。

(3)起诉状副本份数,应按被告的人数提交。

【格式二】

民事起诉状
(法人或其他组织提起民事诉讼用)

原告:×××
住所地:×××

法定代表人（或主要负责人）姓名：×××　职务：×××　电话：×××
企业性质：×××　工商登记核准号：×××
经营范围和方式：×××
开户银行：×××　账号：×××
被告：×××
住所地：×××
法定代表人（或主要负责人）姓名：×××　职务：×××　电话：×××

诉讼请求

事实与理由

证据和证据来源，证人姓名和住址

此致
××人民法院

起诉人：×××
××××年×月×日

注：（1）本诉状供法人或其他组织提起民事、行政诉讼用，用蓝黑或黑色钢笔、签字笔书写或印制。

（2）被告是法人、其他组织或行政机关的，应写明其名称和所在地址；民事诉讼的被告是公民的，应写明其姓名、性别、出生年月日（或年龄）、民族、籍贯、职业或工作单位和职务、住址等。

（3）起诉人署名处应写明法人或其他组织全称，加盖单位公章。

【起诉状范文】[①]

民事起诉状

原告：何××，男，27岁，住武州市富阳区××小区×栋×号房。
被告：武州市扬帆出租汽车公司，地址：武州市朝阳区福州路×号。
法定代表人：贾××，该公司经理。
被告：包××，男，武州市扬帆出租汽车公司驾驶员。

---

① 本节法律文书写作资料源自"北大法宝——最高人民法院公报案例库"中的判决书，作者根据判决书"模拟"编写了民事起诉状和答辩状。

诉讼请求

1. 判令二被告公开向原告赔礼道歉，赔偿原告丢失的财物和精神损失 9 800 元；
2. 判令二被告承担本案的全部诉讼费用。

事实与理由

2000 年 8 月 21 日晚 11 时许，原告在本市朝阳区东环广场处，乘坐上由被告包××驾驶的被告扬帆公司的出租汽车后，明确告诉其原告要求去双井。当车行至东便门桥北 50 米时，原告的癫痫病突然发作，被告包××见状未予理睬；又行至广武门桥东 100 米左右时，自行停车，将癫痫病发作后处于昏迷状态的原告拖下车弃于路旁后，驾车离去，致使原告的手机、钱包在原告昏睡时丢失。被告包××作为一名出租车驾驶员，理应将原告安全运达目的地，当原告病情发作时，应当尽力救助，然而被告包××在履行运输职责时，对突发癫痫病的原告不仅不尽救助的法定义务，反而中途停车，将昏睡中的原告弃于路旁，使原告处于危险状态下，其行为应受到社会的遣责，其本人也应承担相应的法律责任。原告本身是病人，平时生活中经常感受到被他人歧视，这一次又像物品一样被人扔下了出租车，使原告的精神遭受很大的刺激。被告武州市扬帆出租汽车公司作为被告包××的管理者，对被告包××在履行运输职责时所发生的行为负有不可推卸的责任。由于二被告没有履行基于旅客运输合同对原告应尽的保护义务，不仅给原告造成了财产损失，更使原告遭受精神和心灵创伤。为保护原告的合法权益不受侵犯，根据《中华人民共和国合同法》和《中华人民共和国民法通则》的有关规定，特向贵院提起诉讼，请予依法受理并裁决！

证据和证据来源，证人姓名和住址

1. 京华天坛医院的诊断证明，证明何××患有原发性癫痫病，会全身大发作。
2. 原告代理律师夏××对胡××的调查笔录，证明何××在承租胡××的房屋时，胡××曾见到何××的癫痫病发作，发病持续时间长，病人无知觉，症状为口吐白沫、四肢抽搐。
3. 原告代理律师夏××对何××的朋友刘××的调查笔录，除证明所见何××的症状与胡××叙述的相似外，还证明 2000 年 8 月 21 日晚她与何××分手时，何××带着一个黑色背包，内有手机和钱包；8 月 23 日晚，她和何××在东环广场又找到包××。
4. 原告代理律师夏××对徐××的调查笔录，证明 2000 年 8 月 22 日凌晨 1 时左右，徐××在朝阳区垂杨柳市场门口（位于广武门立交桥东）捡到何××的背包，包内没有手机和钱包，他根据包内的电话本与何××的家属取得联系。
5. 武州市公安局朝阳分局双井派出所接到何××报案后，于 2000 年 8 月 25 日分别对何××和包××进行询问所做的笔录。在包××的询问笔录中，包××承认 2000 年 8 月 21 日晚 11 时从东环广场载客去双井；当车行至东便门桥北 50 米左右时，客人突然浑身哆嗦、口吐白沫、满头大汗，问他话也不回答；当行至广武门桥东 100 米时，包××停车。包××称，何××是自己下车的。

此致
武州市朝阳区人民法院

起诉人：何××
2001 年 5 月 10 日

二、民事答辩状

【格式一】

民事答辩状
（公民对民事起诉提出答辩用）

　　答辩人：×××
　　因×××一案，提出答辩如下：×××

　　此致
××人民法院

答辩人：×××
××××年×月×日

　　注：（1）本答辩状供公民对民事起诉提出答辩用，用蓝黑或黑色钢笔、签字笔书写或印制。
　　（2）答辩人处，应当写明姓名、性别、出生年月日、民族、籍贯、职业或工作单位和职务、住址等。
　　（3）答辩中有关举证事项，应具体写明证据和证据来源、证人姓名及其住址。
　　（4）答辩状副本份数，应按原告的人数提交。

【格式二】

民事答辩状
（法人或其他组织对民事起诉提出答辩用）

　　答辩人：×××
　　住所地：×××
　　法定代表人（或主要负责人）姓名：×××　职务：×××　电话：×××
　　企业性质：×××　工商登记核准号：×××
　　经营范围和方式：×××
　　开户银行：×××　账号：×××
　　因×××一案，提出答辩如下：×××

　　此致
××人民法院

答辩人：×××
××××年×月×日

注：（1）本答辩状供法人或其他组织对民事起诉提出答辩用，用蓝黑或黑色钢笔、签字笔书写或印制。

（2）答辩中有关举证事项，应具体写明证据和证据来源、证人姓名及其住址。

（3）答辩人署名处应写明法人或其他组织全称，加盖单位公章。

（4）答辩状副本的份数，应按原告的人数提交。

【民事答辩状范文】

民事答辩状

被告：武州市扬帆出租汽车公司，地址：武州市朝阳区福州路×号。

法定代表人：贾××，该公司经理。

企业性质：有限责任　工商登记核准号：×××

经营范围和方式：旅客出租营运

开户银行：×××　账号：×××

因何××诉我公司客运合同纠纷一案，提出答辩如下：

一、原告何××是自行下车的，答辩人驾驶员包××并未将其拖下车弃之路旁。

2000年8月21日晚11时许，原告何××在本市朝阳区东环广场处，乘坐答辩人的出租汽车后，说要去双井。当车行至东便门桥北时，原告口吐白沫、四肢抽搐，答辩人驾驶员包××认为是拉了一位毒瘾发作的吸毒人员，未敢吱声；继续前行至广武门桥东附近时，停车询问原告是否到站，此时原告的神志已经恢复，但未作回答便携其物品下车。包××见状害怕，未敢向其索要车费。因此，不存在答辩人驾驶员包××将原告拖下车弃之路旁的事实。

二、答辩人按原告的要求将其运送到了指定地点，已经完成了自己在旅客运输合同中应尽的义务。

原告乘坐答辩人驾驶员包××驾驶的出租车后，只声称要去朝阳区双井，未讲明要去的具体地点。当车行至广武门桥东附近时，答辩人驾驶员包××认为已到达原告要去的双井，于是停车询问原告是否到站下车。此时原告的神志已经恢复，但未作回答便携其物品下车。所以答辩人认为自己已按原告的要求将其运送到了指定地点，完成了自己在旅客运输合同中应尽的义务。

三、答辩人不知道原告身患何病，在未得到原告任何明示的情况下，未将其送至医院，不为过错，不能因此承担责任。

答辩人在承运原告的过程中，原告突然口吐白沫、四肢抽搐，答辩人驾驶员包××不知道这是癫痫病症状，认为是拉了一位毒瘾发作的吸毒人员，未敢吱声；后来在原告神志恢复的情况下，经询问，原告未作回答携其物品自行下车后才驾车离去。作为出租车司机，包××对原告所犯的疾病无法得知，也没有义务必须了解，不存在过错，不能因此承担责任。

综上所述，答辩人已按原告的要求将其运送到指定地点，已经完成了自己在旅客运输合同中应尽的义务；同时答辩人在不知原告身患何病又未得到原告任何明示的情况下，未将其送至医院，不为过错，不能因此承担责任，故请法院依法裁决，驳回原告的诉讼请求!

此致
武州市朝阳区人民法院

答辩人:武州市扬帆出租汽车公司
2001年5月20日

附:本答辩状副本1份

三、判决书

【格式】

××××人民法院
民事判决书
(一审民事案件用)

(××××)×民初字第××号

原告……(写明姓名或名称等基本情况)。
法定代表人(或代表人)……(写明姓名和职务)。
法定代理人(或指定代理人)……(写明姓名等基本情况)。
委托代理人……(写明姓名等基本情况)。
被告……(写明姓名或名称等基本情况)。
法定代表人(或代表人)……(写明姓名和职务)。
法定代理人(或指定代理人)……(写明姓名等基本情况)。
委托代理人……(写明姓名等基本情况)。
第三人……(写明姓名或名称等基本情况)。
法定代表人(或代表人)……(写明姓名和职务)。
法定代理人(或指定代理人)……(写明姓名等基本情况)。
委托代理人……(写明姓名等基本情况)。

……(写明当事人的姓名或名称和案由)一案,本院受理后,依法组成合议庭(或依法由审判员×××独任审判),公开(或不公开)开庭进行了审理。……(写明本案当事人及其诉讼代理人等)到庭参加诉讼。本案现已审理终结。

原告×××诉称,……(概述原告提出的具体诉讼请求和所根据的事实与理由)。
被告×××辩称,……(概述被告答辩的主要内容)。
第三人×××述称,……(概述第三人的主要意见)。
经审理查明,……(写明法院认定的事实和证据)。
本院认为,……(写明判决的理由)。依照……(写明判决所依据的法律条款项)的规定,判决如下:
……(写明判决结果)。
……(写明诉讼费用的负担)。

如不服本判决,可在判决书送达之日起十五日内,向本院递交上诉状,并按对方当事人的人数提出副本，上诉于××××人民法院。

审判长　×××
审判员　×××
审判员　×××

××××年××月××日
（院印）

本件与原本核对无异

书记员　×××

【判决书范文】

武州市朝阳区人民法院
民事判决书

（2002）朝民一初字第 26 号

原告：何××，男，27 岁，住武州市富阳区××小区×栋×号房。

委托代理人：何×，原告何××之父，男，58 岁，住武州市富阳区××小区×栋×号房。

委托代理人：夏××，安阳市涉外经济律师事务所京华分所律师。

被告：武州市扬帆出租汽车公司。

法定代表人：贾××，该公司经理。

被告：包××，男，武州市扬帆出租汽车公司驾驶员。

委托代理人：李××，武州市长荣律师事务所律师。

原告何××诉被告武州市扬帆出租汽车公司（以下简称扬帆公司）、包××损害赔偿纠纷一案，本院与 2001 年 5 月 14 日受理后，依法组成合议庭，公开开庭进行了审理。原告何××及其诉讼代理人何××、夏××，被告武州市扬帆出租车汽车公司的法定代表人贾××，被告包××及其诉讼代理人李××等到庭参加了诉讼。本案现已审理终结。

原告何××诉称：2000 年 8 月 21 日晚，原告在乘坐被告包××驾驶的被告扬帆公司出租车时，癫痫病突然发作。包××把原告拖下车弃于路旁后开车离去，使原告的手机、钱包在原告昏睡时丢失。原告本身是病人，平时生活中经常感受到被他人歧视，这一次又像物品一样被人扔下了出租车，使原告的精神遭受很大的刺激。二被告没有履行基于旅客运输合同对原告应尽的保护义务，不仅给原告造成了财产损失，更给原告造成精神和心灵创伤。请求判令二被告公开向原告赔礼道歉，赔偿原告的财物和精神损失 9 800 元。

原告何××委托的律师夏××向法庭提交的证据有：

1. 京华天坛医院的诊断证明，证明何××患有原发性癫痫病，会全身大发作。
2. 原告代理律师夏××对胡××的调查笔录，证明何××在承租胡××的房屋时，胡××曾见到何××的癫痫病发作,发病持续时间长,病人无知觉,症状为口吐白沫、四肢抽搐。

3. 原告代理律师夏××对何××的朋友刘××的调查笔录,除证明所见何××的症状与胡××叙述的相似外,还证明2000年8月21日晚她与何××分手时,何××带着一个黑色背包,内有手机和钱包;8月23日晚,她和何××在东环广场又找到包××。

4. 原告代理律师夏××对徐××的调查笔录,证明2000年8月22日凌晨1时左右,徐××在朝阳区垂杨柳市场门口(位于广武门立交桥东)捡到何××的背包,包内没有手机和钱包,他根据包内的电话本与何××的家属取得联系。

5. 武州市公安局朝阳分局双井派出所接到何××报案后,于2000年8月25日分别对何××和包××进行询问所做的笔录。在包××的询问笔录中,包××承认2000年8月21日晚11时从东环广场载客去双井;当车行至东便门桥北50米左右时,客人突然浑身哆嗦、口吐白沫、满头大汗,问他话也不回答;当行至广武门桥东100米时,包××停车。包××称,何××是自己下车的。

二被告辩称:原告乘坐上被告包××驾驶的出租车后,只声称要去朝阳区双井,未讲明要去的具体地点。行车时,原告确有不正常反应,但包××不知道这是癫痫病症状,把原告误当做毒瘾发作的吸毒人员。当车行至广武门桥东100米时,包××认为已到达原告要去的双井,于是停车询问原告是否下车。此时原告的神志已有所恢复,未作回答便携其物品自行下车。包××见状害怕,未敢向其索要车费。二被告认为,作为出租车司机,包××对原告所犯的疾病无法得知,也没有义务必须了解。包××按原告的要求将其运送到指定地点,已经完成了在旅客运输合同中己方应尽的义务。包××在不知原告身患何病又未得到原告任何明示的情况下,未将其送至医院,不为过错,不能因此承担责任,故不同意原告的诉讼请求。

二被告没有举证,庭审中除认为证明何××带有手机、钱包的证人是何××的朋友,该证言真实性不强以外,对原告方的其他证据无异议,但指出这些证据均不能证明何××是被包××从车内拖出弃置路旁。

法院依职权对何××的主治医生、京华天坛医院医生齐某进行调查。齐某就何××的病情作证称:何××的癫痫病大发作时,首先表现为强直阵挛,持续大约2分钟后,一般会进入睡眠状态。

法庭经质证后,认证如下:

双方当事人对法院依职权进行的调查结果均无异议,应作为本案证据。

对何××所患的是癫痫病,被告方没有异议。主治医生齐某证明,何××的癫痫病大发作后,一般会(不是必然会)进入睡眠状态。被告方既没有证明此次何××发病后未进入睡眠状态,也没有以相反证据反驳"一般会进入睡眠状态"的证明。根据证据高度盖然性的原则,可以推定何××此次癫痫病大发作后进入了睡眠状态。

对有关丢失手机、钱包的证据,除因证人与何××是朋友关系不能轻信外,还因该证据没有证明丢失手机的型号、号码、价值,以及丢失钱包内的钱款数量,不能认证。

原告方举出武州市公安局朝阳分局双井派出所对包××所作的询问笔录,包××没有异议。该询问笔录能证明:1. 何××要求去的目的地是双井;2. 当车行至东便门桥北50

米左右时，何××发病；何××发病后，包××在广武门桥东 100 米处停车。此地地名是马圈，并非何××要去的双井。

经过当事人举证、法庭质证、认证，本院经审理认定：

2000 年 8 月 21 日晚 11 时许，原告何××在本市朝阳区东环广场处，乘坐上由被告包××驾驶的被告扬帆公司的出租汽车后，要求去双井。当车行至东便门桥北 50 米时，何××的癫痫病发作；又行至广武门桥东 100 米左右时，包××自行停车。此时何××已进入癫痫病大发作后的睡眠状态，无神智，已无自行开门下车的能力。包××遂将何××置于车下后，驾车离去。

本院认为：

《中华人民共和国民法通则》第五条规定："公民、法人的合法的民事权益受法律保护，任何组织和个人不得侵犯。"原告何××乘坐被告扬帆公司的出租车，即与扬帆公司建立了客运合同关系。何××是旅客，享有安全抵达目的地的权利；扬帆公司是承运人，被告包××是扬帆公司的工作人员，他们承担着安全运输旅客抵达目的地的职责。《中华人民共和国合同法》第三百零一条规定："承运人在运输过程中，应当尽力救助患有急病、分娩、遇险的旅客。"包××在履行运输职责时，对突发癫痫病的何××不仅不尽救助的法定义务，反而中途停车，将昏睡中的何××弃于路旁，使何××处于危险状态下。包××的行为虽未危及何××的生命、健康，但对何××的精神造成了一定刺激，侵犯了何××作为旅客应当享有的合法权利。

《中华人民共和国民法通则》第一百零六条第一款规定："公民、法人违反合同或者不履行其他义务的，应当承担民事责任。"被告包××不救助正在发病的原告何××，应当承担相应的民事责任。最高人民法院在《关于贯彻执行〈中华人民共和国民法通则〉若干问题的意见（试行）》第 58 条规定："企业法人的法定代表人和其他工作人员，以法人名义从事的经营活动，给他人造成经济损失的，企业法人应当承担民事责任。"包××是被告扬帆公司的工作人员，其在执行扬帆公司运输任务中给他人造成的损失，应当由扬帆公司承担民事责任。原告何××要求被告扬帆公司赔礼道歉，请求合理，应当支持；要求扬帆公司赔偿其精神损失，请求虽然合理，但请求数额过高，不能全额支持；要求扬帆公司赔偿其丢失的财物，因证据不足，不予支持。

综上，判决如下：

一、被告扬帆公司于判决生效后 10 日内，向原告何××口头赔礼道歉；

二、被告扬帆公司于判决生效后 10 日内，给原告何××赔偿精神抚慰金 3 000 元；

三、驳回原告何××的其他诉讼请求。

案件受理费 50 元、其他诉讼费用 790 元，合计 840 元，由被告承担。

如不服本判决，可在判决书送达之日起十五日内，向本院递交上诉状，并按对方当事人的人数提出副本，上诉于武州市中级人民法院。

审判长　杨××

审判员　常××

审判员　丁××

二〇〇二年九月二十日

(院印)

本件与原本核对无异

书记员 赵××

本章讨论案例

家住A市B区的林某，于2004年1月11日斥资9 800元，在位于A市C区中原路的靓影SPA女子会馆办了一张白金会员美容卡。这张金卡的服务内容表明，林某可以在此享受终身面部护理（但仅限本人），每月四次，每次消费价值为300～400元。并且店方还声称靓影SPA女子会馆是全国连锁店，只要持此金卡就可以在全国各地的靓影SPA女子会馆享受终身免费金卡服务。随后的两年里，林某一有空就光顾这家美容院，并且对她们的服务态度和服务质量相当满意。然而，2006年4月份以后，林某觉得美容院的服务大不如从前，从2007年3月中旬开始，林某的美容师就在不停地更换，并且服务态度相当恶劣。到了2007年8月，林某被告知她的终身免费面部护理被终止了，以后如果要进行消费必须重新办卡。经过了解，林某得知在2006年4月12号，靓影SPA女子会馆的老板梁某由于经营不善便将自己的美容院转让给了韩某。林某曾多次找美容院协商，要求兑现金卡的服务项目，但是都以失败而告终。林某认为在自己毫不知情的情况下，靓影SPA女子会馆的原法定代表人梁某进行了美容院的转让，致使自己办理的美容金卡服务无法兑现，遂将梁某和靓影SPA女子会馆诉至A市C区人民法院，诉请依法判令二被告返还9 800元，解除其与靓影SPA女子会馆的合同，并由被告承担本案全部诉讼费用。诉讼中，原告林某向法庭提交了被告梁某经营的靓影SPA女子会馆开具的9 800元收据一份，靓影SPA女子会馆的营业执照调查表一份，靓影SPA女子会馆顾客档案表一份，用于证明原告确实在被告经营的美容院花费了9 800办了一张白金会员卡，以及该美容院对其提供终身面部护理服务的承诺。诉讼中被告梁某对原告林某提供的以上证据均没有提出异议。另外，原告还提交了证人何某的证词，证明在2007年8月份，原告到靓影SPA女子会馆请求提供美容服务，靓影SPA女子会馆以种种理由予以推托，不予提供相应的服务，美容院的一位美容师说"店已经转给他们了"，"以前办的那个白金卡不能用了"。因何某是原告的同事，被告对证人证言真实性有异议，认为证人的证言不能证明被告靓影SPA女子会馆存在违约或者是过错行为。被告梁某和靓影SPA女子会馆认为被告没有存在任何过错，也没有违约事实，并向法庭提交了两组证据，第一组证据有三项，第一项是靓影SPA女子会馆顾客档案表一份，第二项是靓影SPA女子会馆顾客消费一览表7份，第三项是靓影SPA女子会馆美容价格单共2份。第二组证据是2006年4月12日被告梁某与韩某签订的转让协议一份，该份证据主要证明梁某与韩某于2006年4月12日就位于中原路103号靓影SPA女子会馆经营资产转让的事实。依据第一组证据，被告认为已向原告提供了价值20 580元的美容套餐项目，对原告的美容项目和产品基本上履行完毕。但原告声称，第一，梁某并没有将转让美容院的事情告知自己，第二，美容院顾客档案表上面注有"只限个人终身面部、每月4次、价值300至400元/次"字样，所以被告给予原告的服务承诺并未履行完毕。被告称，免费只是针对美容师的这个手工服务费免费，对会员所享用的美容产品是不免费的。

根据上述案情,请讨论以下问题:

1. 本案中,梁某在转让美容院时对原告是否有义务进行告知?
2. 请分析被告在本案中是否应当承担民事责任?
3. 原告的诉讼请求能否得到人民法院的支持?

训练目的

通过训练,使同学们熟知民事第一审普通程序的运作流程,自行确定管辖法院、撰写诉状,然后模拟到法院立案,进行审理前的各项准备工作,编写庭审脚本,实施开庭活动。

第五章 民事简易程序

第一节 简易程序流程的特别规定

我国民事诉讼中的简易程序，是指基层人民法院和它的派出法庭审理事实清楚、权利义务关系明确、争议不大的简单民事案件所适用的审判程序。在我国民事审判程序体系中，简易程序与普通程序并列，独立存在，在审级上属于第一审程序，是我国民事诉讼程序的一个重要组成部分。

一、简易程序的适用范围

根据《民事诉讼法》第157条的规定，简易程序只适用于审理事实清楚、权利义务关系明确、争议不大的简单的民事案件。只有基层人民法院及其派出的法庭在审理第一审简单民事案件时，才能适用简易程序。

2003年9月10日最高人民法院颁布了《关于适用简易程序审理民事案件的若干规定》（以下简称《简易程序若干规定》），其中第2条规定，基层人民法院适用第一审普通程序审理的民事案件，当事人各方自愿选择适用简易程序，经人民法院审查同意的，可以适用简易程序进行审理；人民法院不得违反当事人自愿原则，将普通程序转为简易程序。但以下五类案件被明确排除在简易程序适用范围之外：①起诉时被告下落不明的案件。②发回重审的案件。③共同诉讼中一方或者双方当事人人数众多的案件。④法律规定应当适用特别程序、审判监督程序、督促程序、公示催告程序和企业法人破产还债程序的案件。⑤人民法院认为不宜适用简易程序进行审理的案件。

二、简易程序流程的特别规定

一般认为，根据我国《民事诉讼法》规定，与普通程序相比，简易程序具有以下几个方面的特点：①起诉方式简便；②答辩方式简便；③传唤当事人和通知其他诉讼参与人的方式简便；④实行独任制审判；⑤开庭审理的程序简便；⑥举证期限和审结案件的期限较短。

根据《简易程序若干规定》，简易程序由以下几个环节组成。

1. 起诉和受理

依据民事诉讼法律规范的相关规定，对简单的民事案件，原告本人不能书写起诉状，委托他人代写起诉状确有困难的，可以口头起诉。原告口头起诉的，人民法院应当将当事人的基本情况、联系方式、诉讼请求、事实及理由予以准确记录，将相关证据予以登记。人民法院应当将上述记录和登记的内容向原告当面宣读，原告认为无误后应当签名或者捺印。当然，原告也可以向法院提交起诉状。

依据法律规定，适用简易程序审理的案件，当事人双方可以同时到基层人民法院或者派出法庭请求解决纠纷。基层人民法院和它的派出法庭可以当即审理，也可以另定日期审理。当即审理，实际是将起诉、审查起诉、受理和审理案件一并进行。

2. 答辩

在简易程序中，被告可以选择以口头或者书面的方式进行答辩。双方当事人到庭后，被告同意口头答辩的，人民法院可以当即开庭审理；被告要求书面答辩的，人民法院应当将提交答辩状的期限和开庭的具体日期告知各方当事人，并向当事人说明逾期举证以及拒不到庭的法律后果，由各方当事人在笔录和开庭传票的送达回证上签名或者捺印。

3. 关于简易程序送达的特别规定

当事人应当在起诉时向人民法院提供自己准确的送达地址、收件人、电话号码等其他联系方式，并签名或者捺印确认；送达地址应当写明受送达人住所地的邮政编码和详细地址；受送达人是有固定职业的自然人的，其从业的场所可以视为送达地址。

人民法院按照原告提供的被告的送达地址或者其他联系方式无法通知被告应诉的，应当按以下情况分别处理：①原告提供了被告准确的送达地址，但人民法院无法向被告直接送达或者留置送达应诉通知书的，应当将案件转入普通程序审理；②原告不能提供被告准确的送达地址，人民法院经查证后仍不能确定被告送达地址的，可以以被告不明确为由裁定驳回原告起诉。

被告到庭后拒绝提供自己的送达地址和联系方式的，人民法院应当告知其拒不提供送达地址的后果；经人民法院告知后被告仍然拒不提供的，按下列方式处理：①被告是自然人的，以其户籍登记中的住所地或者经常居住地为送达地址；②被告是法人或者其他组织的，应当以其工商登记或者其他依法登记、备案中的住所地为送达地址。人民法院应当将上述告知的内容记入笔录。

因当事人自己提供的送达地址不准确、送达地址变更未及时告知人民法院，或者当事人拒不提供自己的送达地址而导致诉讼文书未能被当事人实际接收的，按下列方式处理：①邮寄送达的，以邮件回执上注明的退回之日视为送达之日；②直接送达的，送达人当场在送达回证上记明情况之日视为送达之日。上述内容，人民法院应当在原告起诉和被告答辩时以书面或者口头方式告知当事人。

受送达的自然人以及其同住的成年家属拒绝签收诉讼文书的，或者法人、其他组织负责收件的人拒绝签收诉讼文书的，送达人应当依据《民事诉讼法》第 86 条的规定邀请有关基层组织或者其所在单位的代表到场见证，被邀请的人不愿到场见证的，送达人应当在送达回证上记明拒收事由、时间和地点以及被邀请人不愿到场见证的情形，将诉讼文书留在受送达人的住所或者从业场所，即视为送达。但是受送达人的同住成年家属或者法人、其他组织负责收件的人是同一案件中另一方当事人的，不适用前款规定。

1. 举证期限的特殊规定

当事人双方同时到基层人民法院请求解决简单的民事纠纷，但未协商举证期限，或者被告一方经简便方式传唤到庭的，当事人在开庭审理时要求当庭举证的，应予准许；当事人当庭举证有困难的，举证的期限由当事人协商决定，但最长不得超过 15 日；协商不成的，由人民法院决定。

适用简易程序审理的民事案件，当事人及其诉讼代理人申请人民法院调查收集证据和申请证人出庭作证，应当在举证期限届满前提出，但其提出申请的期限不受《民事证据规定》第19条第一款"当事人及其诉讼代理人申请人民法院调查收集证据，不得迟于举证期限届满前7日"和第54条第一款"当事人申请证人出庭作证，应当在举证期限届满10日前提出，并经人民法院许可"的限制。

2. 对适用简易程序异议的处理

当事人一方或者双方就适用简易程序提出异议后，人民法院应当进行审查，并按下列情形分别处理：①异议成立的，应当将案件转入普通程序审理，并将合议庭的组成人员及相关事项以书面形式通知双方当事人；②异议不成立的，口头告知双方当事人，并将上述内容记入笔录。

1. 简易程序中的调解

《简易程序若干规定》第14条将6类案件确定为应当先行调解的案件，包括：①婚姻家庭纠纷和继承纠纷；②劳务合同纠纷；③交通事故和工伤事故引起的权利义务关系较为明确的损害赔偿纠纷；④宅基地和相邻关系纠纷；⑤合伙协议纠纷；⑥诉讼标的额较小的纠纷。上述案件除了根据案件性质和因为当事人的实际情况不能调解或者显然没有调解必要的以外，人民法院在开庭审理时应当先行调解。

适用简易程序审理案件，当事人经过调解达成协议并经审判人员审核后，双方当事人同意该调解协议经双方签名或者捺印生效的，该调解协议自双方签名或者捺印之日起发生法律效力。当事人要求摘录或者复制该调解协议的，应予准许。调解协议符合前款规定的，人民法院应当另行制作调解书。调解协议生效后一方拒不履行的，另一方可以持调解书申请强制执行。人民法院可以当庭告知当事人到人民法院领取调解书的具体日期，也可以在当事人达成调解协议的次日起10日内将调解书发送给当事人。当事人以调解书与调解协议的原意不一致为由提出异议，人民法院审查后认为异议成立的，应当根据调解协议裁定补正调解书的相关内容。

2. 传唤当事人和通知其他诉讼参与人出庭

根据《民事诉讼法》第159条的规定，可以用简便的方式传唤当事人和通知其他诉讼参与人，但应当保障当事人陈述意见的权利。既可以口头传唤和通知，也可以采取捎口信、电话、传真、电子邮件等简便方式随时传唤双方当事人、证人。同时不受普通程序开庭前3日通知当事人和其他诉讼参与人规定的限制，可以随时传唤当事人和通知其他诉讼参与人。但是以捎口信、电话、传真、电子邮件等形式发送的开庭通知，未经当事人确认或者没有其他证据足以证明当事人已经收到的，人民法院不得将其作为按撤诉处理和缺席判决的根据。

开庭前已经书面或者口头告知当事人诉讼权利义务，或者当事人各方均委托律师代理诉讼的，审判人员除告知当事人申请回避的权利外，可以不再告知当事人其他的诉讼权利义务。

3. 法庭调查和法庭辩论

适用简易程序审理的案件，庭审过程不受普通程序中法庭调查和法庭辩论顺序的约束，法庭调查和法庭辩论由独任审判员根据案件具体情况灵活掌握。开庭时，审判人员可以根据当事人的诉讼请求和答辩意见归纳出争议焦点，经当事人确认后，由当事人围绕争议焦点举证、质证和辩论。

适用简易程序审理的民事案件，应当一次开庭审结，但人民法院认为确有必要再次开庭的除外。

4. 法庭笔录

适用简易程序审理民事案件制作的法庭笔录，对下列事项应当详细记载：①审判人员关于当事人诉讼权利义务的告知、争议焦点的概括、证据的认定和裁判的宣告等重大事项；②当事人申请回避、自认、撤诉、和解等重大事项；③当事人当庭陈述的与其诉讼权利直接相关的其他事项。

适用简易程序审理的民事案件，除人民法院认为不宜当庭宣判的以外，应当当庭宣判。

1. 当庭宣判

当庭宣判的案件，除当事人当庭要求裁判文书邮寄送达的以外，人民法院应当告知当事人或者诉讼代理人领取裁判文书的期间和地点以及逾期不领取的法律后果。上述情况，应当记入笔录。人民法院已经告知当事人领取裁判文书的期间和地点的，当事人在指定期间内领取裁判文书之日即为送达之日；当事人在指定期间内未领取的，指定领取裁判文书期间届满之日即为送达之日，当事人的上诉期从人民法院指定领取裁判文书期间届满之日的次日起开始计算。

当事人因交通不便或者其他原因要求邮寄送达裁判文书的，人民法院可以按照当事人自己提供的送达地址邮寄送达。人民法院根据当事人自己提供的送达地址邮寄送达的，邮件回执上注明收到或者退回之日即为送达之日，当事人的上诉期从邮件回执上注明收到或者退回之日的次日起开始计算。

按撤诉处理或者缺席判决的，人民法院可以按照当事人自己提供的送达地址将裁判文书送达给未到庭的当事人。

2. 定期宣判

定期宣判的案件，定期宣判之日即为送达之日，当事人的上诉期自定期宣判的次日起开始计算。当事人在定期宣判之日无正当理由未到庭的，不影响该裁判上诉期间的计算。

当事人确有正当理由不能到庭，并在定期宣判前已经告知人民法院的，人民法院可以按照当事人自己提供的送达地址将裁判文书送达给未到庭的当事人。

3. 裁判文书的简化

《简易程序若干规定》第 32 条规定，适用简易程序审理的民事案件，有下列情形之一的，人民法院在制作裁判文书时对认定事实或者判决理由部分可以适当简化：①当事人达成调解协议并需要制作民事调解书的；②一方当事人在诉讼过程中明确表示承认对方全部诉讼请求或者部分诉讼请求的；③当事人对案件事实没有争议或者争议不大的；④涉及个人隐私或者商业秘密的案件，当事人一方要求简化裁判文书中的相关内容，人民法院认为理由正当的；⑤当事人双方一致同意简化裁判文书的。这几种案件的裁判文书应当简明扼要，重点将判决书、调解书主文部分叙述准确、清楚、无误即可。

《民事诉讼法》第161条规定："人民法院适用简易程序审理案件，应当在立案之日起3个月内审结。"

第二节 实 验 案 例

陈艳妮诉金陵市梦云度假村旅游合同纠纷案
模拟法庭审判脚本

本模拟法庭审判角色如下：①审判员1人；②书记员1人；③原告1人；④被告金陵市梦云度假村的主要负责人；⑤被告的委托代理人1人；⑥证人2人。

模拟法庭审判道具：①法官袍1件；②书记员服1套；③律师袍1件；④法槌1个；⑤书证及照片若干份。

【案情简介】

2008年10月4日原告陈艳妮与同伴去武云山公园游玩，当晚在金陵市梦云度假村住宿。10月5日，陈艳妮清晨起床后准备洗脸，但热水器插头并未插上，由于浴室安装的热水器的插座距离地面太高，陈艳妮根本够不到，看到正对热水器下面的是马桶，陈艳妮为插上热水器插头就踩在马桶边缘上，没想到马桶碎裂，陈艳妮摔倒在地以致受伤。事故发生后，陈艳妮找武云山公园及梦云度假村的负责人协商赔偿事宜，可二者均拒绝赔偿，于是陈艳妮诉至金陵市武云区法院，请求金陵市梦云度假村赔偿各项经济损失①。

【模拟法庭】
审理前及开庭3日前的准备

（1）送达诉讼文书。

（2）确定独任审判员。

（3）准备庭审提纲。

（4）在开庭前传唤当事人、通知其他诉讼参与人出庭。公开审理的，如果不属于当即受理、当即开庭的，开庭3日前公告当事人姓名、案由和开庭的时间、地点。

开庭期日到来

（书记员就位，面向旁听席站立）

书记员：请肃静。请双方当事人及其委托代理人入庭。（以上人员依次入庭就座）

（庭审时，原告在法官的右侧，被告在法官的左侧）

书记员：原告是否到齐？

---

① 本章案例审判脚本，系根据北京法院直播网2009年11月19日直播的"为开热水器阀门意外摔伤，旅游服务不到位起纠纷"案编写的，编写时对庭审情况有适当整理和改编。该案的案情简介是根据庭审资料整理、"模拟"而成。

原告：到齐。
书记员：被告金陵市梦云度假村负责人及其委托代理人是否到齐？
被告负责人：到齐。
书记员：请大家肃静，现在宣布法庭纪律。

（1）旁听人员必须保持肃静，不准鼓掌、喧哗、吵闹，不得有其他妨碍审判活动的行为；

（2）旁听人员不得随便走动，不得进入审判区；

（3）当事人和其他诉讼参与人不得中途退庭，未经审判长同意不得发言、提问，发言时应当起立，注意文明礼貌，不得攻击、侮辱他人；

（4）未经法庭许可，任何人不得在法庭录音、录像、摄影；

（5）不准吸烟和随地吐痰；

（6）关闭移动电话和其他通信设备。

对违反法庭纪律的，法庭将给予口头警告、训诫，不听劝告的，经审判长决定，可以没收录音、录像、摄影器材，责令退出法庭，或者经院长批准予以罚款、拘留。对于哄闹、冲击法庭等严重扰乱法庭秩序的人，依法追究刑事责任。

书记员：全体起立，请审判员入庭。

（审判员入庭，全体坐下）

书记员：（转身面向审判员）报告审判员，原告陈艳妮与被告金陵市梦云度假村旅游合同纠纷一案，双方当事人已到庭，庭审准备工作已就绪，可以开庭。

审判员：下面核对当事人身份。

原告陈艳妮，女，1984年×月×日出生，汉族，会计师，住金陵市朝阳区××小区×栋×室。

被告金陵市梦云度假村，住所地金陵市武云区石城镇武云山森林公园；负责人刘文宇，职务总经理；委托代理人唐雨欣，金陵市君宝律师事务所律师。

审判员：原告对对方出庭人员有无异议？

原告：没有。

审判员：被告对对方出庭人员有无异议？

被告负责人：没有。

审判员：经审查，原、被告对对方出庭人员均无异议，双方当事人符合法律规定，可以参加本案诉讼。

审判员：（敲法槌）武云区人民法院民事审判庭，依照《中华人民共和国民事诉讼法》的规定，今天公开审理原告陈艳妮诉金陵市梦云度假村旅游服务合同纠纷一案，现在开庭。本案依法适用简易程序审理，由审判员王勤芳独任审判，书记员陆田田担任法庭记录。原告陈艳妮、被告金陵市梦云度假村的主要负责人刘文宇及委托代理人唐雨欣到庭参加诉讼。有关当事人的诉讼权利义务，本院已于开庭前书面告知，不再重复。

审判员：原告对本案审判员、书记员是否申请回避？

原告：不申请。

审判员：被告对本案审判员、书记员是否申请回避？

被告负责人：不申请。
审判员：现在进行法庭调查。首先由原告陈述起诉的事实、理由及诉讼请求。
原告：我与同伴一行七人于2008年10月4日去武云山公园游玩，进入公园后，住在被告梦云度假村酒店中。10月5日清晨，我与同行者陈玉琼准备在房间洗脸，但被告热水器安装太高，普通身材的人根本够不到，马桶上面连盖都没有，并且马桶根本没有被固定，卫生间空间狭小、地面湿滑，以至于我已经小心翼翼并且体重正常的情况下，还是在踩着马桶去插热水器插头时发生了意外。此次事故是由于被告室内设施严重不符合安全标准造成的。事故发生后被告竟然不问伤情，脱口责备我损坏了财物。在叫来救护车后，由于天气非常寒冷，我行动不便，借用了被告两床旧被子。被告派人在怀柔医院等候，在没有确认伤情如何的情况下，我与被告方口头协商，如果没有骨折只需休息几天，被告赔偿1 000元了结此事；如果出现骨折需要进一步治疗，被告派来的人可以支付不足的费用。可是结果出来后，当时检查费及医疗费就已经超过1 000元，被告方竟然不顾我的伤痛，命令派来的人不再支付分文，并且马上回去。此次事故让我卧床休息一个月，并且至今不能完全恢复，不能劳累受凉，致使我外出不便。同时给我带来了经济上的巨大损失，并造成我三个月不能工作，迄今也不能在寒冷季节出差。也导致我丈夫近一个月不能工作，并且雇请专人照顾我三个月。
审判员：你是什么时间到武云山森林公园的？
原告：10月4日中午。
审判员：你是什么时间入住到金陵市梦云度假村的？
原告：我们是先入住的，进了公园买了票就进入金陵市梦云度假村，入住之后我们才去游玩的。
审判员：你们去的时候热水器是什么状况？运行了吗？
原告：只有一人使用。因为晚上我们同屋有三个人，同屋王星的丈夫给插上热水器，王星用完了之后就把插头拔掉了。第二天早上7点我去卫生间，当时热水器插头并没有插上，我是想打开那个开关，但我根本够不到。
审判员：当时你有没有叫服务员？
原告：没有。
审判员：当时你蹬在马桶的什么位置？
原告：就是靠近水箱的位置。
审判员：马桶没有盖吗？
原告：没有盖，而且马桶上也没有坐圈，只是一个陶瓷的部分。这个马桶跟地面也没有固定，一个固定点都没有。
审判员：在你治疗当中被告给你出过多少钱？
原告：就是被告的总经理刘文宇给过我1 000块钱。
审判员：你共花了多少医药费？
原告：共花了3 546元。
审判员：事实上还有补充吗？
原告：没有。

审判员：具体的诉讼请求是什么？

原告：第一项要求被告赔偿医疗费 3 546 元、误工费 7 000 元、护理费 5 000 元、交通费 1 065 元、精神损失费 10 000 元，共计 26 611 元；第二项要求被告承担诉讼产生的费用，包括诉讼费 260 元、交通费 600 元；第三项是伤残鉴定费和伤残补偿金，因为我的伤情经过法医鉴定，结论为十级伤残，要求被告承担鉴定费及伤残补偿金共 40 000 万元。

审判员：如何计算误工费？

原告：误工费实际的损失绝不止请求的数额，我只是按最低标准每个月 2 000 块钱计算，计算了三个半月的。

审判员：现在你的诉讼请求比起诉时有增加，对吗？

原告：当时起诉的时候还没有鉴定，不知道鉴定结果，现在增加了伤残鉴定费用及伤残补偿金。

审判员：下面由被告进行答辩。

被告委托代理人：对金陵市梦云度假村房间设置，应该说原告陈述有一些是不属实的。一是她所说的是马桶没有盖是不属实的，二是马桶没有被固定也不属实。对于原告所提出来的赔偿请求，我方不同意。具体的理由是，因为在客房很醒目的位置有客房须知，在第 6 条明确规定客人使用电热水器需通知服务人员，对于热水器应该由服务人员进行操作。我们相信原告也看到了客房须知，客房须知贴在热水器上作为安全提示，这个提示非常明显。这就是说，作为被告在合理的范围内尽到了相应的安全提示义务。而且刚才原告也说了是因为她自己踩踏马桶摔下来的，可以说原告的伤完全是由她自己的过错行为造成的，所以损失应该由原告自己来承担。理由是，一是原告在明知有安全提示的情况下，并没有遵守客房制度，在需用电热水器时不按客房须知找服务人员进行操作，而是自行开启，导致自己受伤，应该说这种行为违反了客房制度。二是卫生间坐便器的用途是什么原告也是明知的，她却把坐便器当凳子或梯子来蹬。我方认为，原告作为具有完全行为能力的人，在对卫生间各项物品用途明知的情况下，违反使用规定去使用，她的行为不但损坏了坐便器而且还将自己摔伤，她受伤完全是自己的过错造成的。原告的诉讼请求我们认为于法无据，请求法院予以驳回。另外，原告的行为损坏的被告的坐便器价值 620 元，被告为原告治疗已经给付 1 300 元费用，我们现在要求原告赔偿被告的坐便器损失并返还被告已支付的治疗费用。

审判员：刚才原告陈述的经过属实吗？

被告委托代理人：经过属实。

审判员：热水器开关距地面高度多少？

被告委托代理人：开关距地面的高度是 2 米。

审判员：事实上还有其他说的吗？

被告委托代理人：这里要补充的就是因为开关距地面 2 米高度，所以才反复提示要请服务人员进行操作。

审判员：对于原告的诉讼请求是什么意见？

被告委托代理人：我方当事人认为我方在服务上没有过错，不同意赔偿。

审判员：原告对于被告的答辩有无异议？

原告：被告的陈述与事实不符。事实是，房间和卫生间没有任何安全提示，所谓热水器要找服务人员来操作的任何提示都没有，也许在这件事情发生后被告贴了提示，但是在我发生这件事情之前没有任何这方面的提示。跟我同住的两个人是京华民族大学教师，她们也没有看到此类提示。

审判员：原告方有证据向法庭提供吗？

原告：我有照片提交。事情发生后当地派出所警民也去了，如果有提示的话他们就会对警察说了，但是确实是没有提示。还有医药费单据、诊断证明等提交。

审判员：被告方有证据提交吗？

被告委托代理人：我们有照片证明我方当事人在房间里和热水器上都有安全提示，在安全提示的第6条明确说了用热水器请服务人员进行操作，证明被告尽到了安全注意义务，对客人有提示。还有石城派出所出警的民警汪海洋、马学文的情况说明提交，上面说明了现场的情况，并说明张贴了安全提示。当时经协商，由金陵市梦云度假村垫付医药费用1 300元，当事人陈艳妮同意后离去。我们这儿还有2006年6月26日的购买使用物品的清单及票据，证明坐便器的购买价格。我们的证据能够证明金陵市梦云度假村尽到了安全告知义务，没有任何责任。

审判员：原告还有何意见？

原告：我对房间有安全提示有疑问。现在我要求传证人陈玉琼、王星出庭作证，以证明房间没有安全提示。

审判员：被告你们是垫付了1 300元治疗费，有什么手续吗？

被告委托代理人：有原告签字的收条，这在民警证言中也已经证实了。

原告：我在收条上签字了，是1 000元。

审判员：被告有这个收条吗？

被告委托代理人：有。2008年10月5日的收条，上面写的就是1 300元，有大写还有小写，并且还按着手印。

审判员：下面进行质证和认证，首先向被告方出示原告提供的证据，包括诊断证明、处方、CT报告单、加油发票、门票、高速公路收据、医疗费单据、挂号费、急救车费、急诊的门诊手册、鉴定费的收据以及相关9张照片等。请法警将原告提供的证据提交被告质证。（法警将以上证据送给被告律师）

审判员：向原告出示被告提交的张照片、一张石城派出所民警的情况说明、购物票据、收条。（法警将以上证据交与陈艳妮）

审判员：被告方对原告提供的证据发表意见。

被告委托代理人：怀柔第一医院的诊断证明日期是10月11日，那就是说，原告是5日被摔的，这不是当天的诊断，还有11月15日怀柔医院的票据，而按原告诉状中的地址并不是住在怀柔，原告住在金陵市朝阳区××小区，为什么伤后这么多天了还在怀柔进行诊断，再有2008年10月5日当天的诊断上只写明用药为虎骨膏。

原告：做CT拍的片子都不是当天出来的，是几天后才出来的，所以我才去怀柔跑了好几趟。

被告委托代理人：对于原告提供的怀柔第一医院的诊断证明的真实性有异议，因为这个诊断证明是事发 6 天后医院开具的。对于其他的票据真实性没有意见。但是原告的损伤与我们无关，我们不负责任。原告提供的照片证明金陵市梦云度假村有 13 间客房，有 7 间有热水器，有 6 间没有，那么她的照片中拍摄的是哪间房间不清楚，这并不能说就是她所住宿的房间，而且的她照片中有的房间也贴有客房须知。对于坐便器碎片的照片没有异议。

原告：我们不具备过后再去照相的可能性。

被告委托代理人：你住的那个房间确实是贴着客房须知，你提供的照片拍的有可能不是你住的房间。

原告：没有热水器的房间也贴有客房须知。

审判员：原告方对被告提供的证据发表意见。

原告：我们可以先看被告的两张照片拍摄的时间。事故发生的时间是 2008 年 10 月 5 日早 8 点左右，到 10 点多我就离开了度假村，被告照片中的客房须知和原告提供照片中的客房须知是不一样的客房须知，这之间的差别我想只有被告更清楚。被告照片拍摄的时间是当天 10 点 49 分，客房须知就和我照片中的客房须知不一样。原告看到的客房须知是按时关闭电源，我想他们安装热水器那么高就是为了减少客人的使用。另外贴在热水器上的安全提示的制作时间是 2008 年 11 月 1 日。这和原告的照片差异就能得到说明。被告作为客房的经营者，随时可以在任何位置贴上任何的提示。原告作为客人只有在住宿那一天才能拍到照片。所以，被告提供的这几张照片不能证明就是原告住宿当天房间贴有使用热水器应找服务员的安全提示。事情发生的时候被告照片中的这些安全提示是不存在的，有也是作了改动后贴上去的。

我对派出所的情况说明也有质疑，开始去的是怀柔的民警，不是武云区石城派出所的民警。对于收条没有异议，有可能是这么长时间我记错了。对于马桶的费用 620 元有异议，我们自己家也不会买那么贵的马桶，而其作为一个度假村也不可能花那么多钱买马桶。

审判员：当时你在金陵市梦云度假村住宿的时候是住在哪个房间？

原告：没有太注意，可能是 3 号。

审判员：原告申请证人王星出庭作证。但因为今天证人没有到庭，所以相关的内容无法核实，今天开庭就到这儿。下次开庭的时候希望当事人请自己的证人到庭，说明一下当时的情况。另外，双方如果有新的证据必须于 7 日内提交到法庭。下周三上午 9 点我们和原告及被告一同到金陵市梦云度假村实地了解情况，双方按时到场核实具体的情况。

被告委托代理人：听清了。但是我方对她的证人有质疑，我认为她的证人无须到庭，我们不认可。

审判员：现在休庭，双方阅笔录签名。

【本实验案例后续实验方案】

第一，本案经过第二次开庭。结合以下资料，请同学们自行模拟第二次开庭，并自行模拟第二次开庭时当庭宣判的程序。

第二次开庭时，法院依法通知了原告方证人王星出庭。王星系原告的"驴友"，二人曾与其他若干人相约去过很多旅游点。王星的证言内容主要为，原告摔伤前一天，即她们投宿被告处的当晚，王星使用过热水器，但由于插座过高，是与她们同去的王星的丈夫李元龙帮她插上的插头,用完后,她就把插头拽下来了。当时,她和李元龙还唠叨说这插座怎么那么高,李元龙还安慰她"出门就别挑三拣四了"。至于热水器上的安全提示,因为当时卫生间的灯光也很暗,故两人都没注意到。

审判员在双方当事人在场的情况下,前往金陵市梦云度假村原告住宿地点进行现场查看。经查阅住宿登记记录,确知原告所住房间为3号房,房内马桶是新近更换的,与地面固定。热水器插座距地面2米,热水器上贴有提示,显示如有需要找服务员帮忙的字样,但提示很新,显然近期内才粘贴的。

第二,本案模拟法庭所需起诉状、答辩状、判决书由同学们自行撰写。

【本实验案例点评要点】

就本案实体问题来看,双方争议的诉讼标的金额不大,但双方的分歧还是很大的。本案中,被告的服务确有瑕疵,提供的设施不安全,但原告也有过错,明知马桶未经固定安装,还将其作为支撑点踩蹬,致使自己摔伤。

本案的审理程序显然非常符合简易程序的特点,整个庭审程序相对比较自由,没有严格依照如普通程序规定的法庭调查、法庭辩论的步骤进行。简易程序审理的是简单民事案件,从程序规则来说,一般应一次开庭审结,并尽量当庭宣判,而本案因双方当事人分歧较大,且证人不出庭等没有一次审结。审判员在庭外也进行了证据调查。这样的程序运作显然与简易程序适用的初衷不符。在这样的实务背景下,如何在更有效地解决纠纷和严格遵照程序规则运作之间进行平衡也是审判人员所要面对的问题。

第三节 与本实验相关的法律文书写作

简易程序中诉讼文书的格式如起诉状、答辩状、判决书与第一审普通程序的起诉状、答辩状和判决书格式相同,这里不再重复。下面仅列出起诉状、答辩状以及判决书的范文。

【起诉状范文】

民事起诉状

原告:何××,男,1957年×月×日出生,汉族,系安徽省××县××镇×村农民,现暂住永安市安庆区××路×号。

被告:永安市第五建筑公司安庆分公司,住所地:安庆区××路×号。

法定代表人:王××,该公司经理。

被告:安庆市机械厂,住所地:安庆区××路×号。

法定代表人:梁××,该厂厂长。

案由:劳务报酬纠纷。

诉讼请求

1. 要求判令被告方支付拖欠原告人工费四万零一百四十六元六角九分(¥40 146.69元)。
2. 要求被告方支付所拖欠人工费同期银行利息三千三百三十元(¥3 330元)。
3. 本案诉讼费用由被告全部承担。

事实与理由

2001年2月20日，被告永安市第五建筑公司安庆分公司因承建安庆市机械厂家属楼与原告签订了用工协议，该协议约定：原告负责安庆市机械厂15号、16号家属楼地板砖和内墙砖的铺贴工作，并约定质量必须一次成优，工程完工后，经验收达到合同要求，一次性付款。

工程完工后，经被告方验收为优。当原告将所有工程项目依双方用工协议完工并交被告方使用后，被告方却借故公司财务困难而拖欠原告人工费四万零一百四十六元六角九分（￥40 146.69元）拒不给付（证据附后）。原告在这两年内无数次找被告方协商解决，均无结果。原告认为，被告应在完工后及时支付人工费，其拖欠行为已经严重侵犯了原告合法权益，并给原告生活带来了极大困难。

综上所述，为了维护公民合法权益，依据《劳动法》、《建设领域农民工工资支付管理暂行办法》及《工资支付暂行规定》的相关规定，特向贵院提出上述书面请求，望贵院判如所请。

此致
永安市安庆区人民法院

起诉人：何××
2003年11月25日

附：本诉状副本2分

【答辩状范文】

民事答辩状

答辩人：安庆市机械厂，住所地：安庆区××路×号。

法定代表人：梁××，职务该厂厂长。

因何××诉我厂劳务报酬纠纷一案，提出答辩如下：

一、答辩人不应当成为本案的诉讼主体。

本案中，与原告签订用工协议的是被告永安市第五建筑公司安庆分公司，而不是答辩人。答辩人与原告之间不存在任何法律关系。虽然，原告所承包施工的是答辩人15号、16号家属楼地板砖和内墙砖的铺贴工作，且答辩人根据工程进度对原告的施工进行了监督验收，但这都是因为答辩人与本案被告永安市第五建筑公司安庆分公司就该两栋家属楼签订了建筑工程承包合同，答辩人与原告不存在劳务用工关系。

二、答辩人已完全履行了与本案被告永安市第五建筑公司安庆分公司所约定的义务。

在原告施工完毕验收合格后，答辩人按照与本案被告永安市第五建筑公司安庆分公司的约定，完全履行了向本案被告支付工程款项的义务，此工程款现已全部结清。从2001年8月至今，答辩人与本案被告再未发生过任何经济交往。

综上所述，本案中，答辩人与原告之间不存在任何法律关系，也未发生过任何经济交往，且答辩人已完全履行了与本案被告永安市第五建筑公司安庆分公司约定的支付工程款义务，所以，答辩人不是本案的诉讼主体，也就不应承担原告诉求的民事责任，请贵院查清事实，依法裁决驳回原告对答辩人的诉讼请求！

此致

安庆区人民法院

答辩人：安庆市机械厂
2003 年 12 月 12 日

附：本答辩状副本 1 份

注：诉讼中，原告向法院申请撤回对安庆市机械厂的诉讼请求，经法院裁定准许撤诉。原告也放弃了对被告拖欠人工费的利息请求。

【判决书范文】

永安市安庆区人民法院
民事判决书

（2004）安民一初字第 109 号

原告：何××，男，1957 年×月×日出生，汉族，系安徽省××县××镇××村农民，现暂住永安市安庆区××路×号。

被告：永安市第五建筑公司安庆分公司，住所地：安庆区××路×号。

法定代表人：王××，职务该公司经理。

委托代理人：田××，职务该分公司经理办公室主任。

原告何××诉被告永安市第五建筑公司安庆分公司（以下简称安庆分公司）劳务报酬纠纷一案，本院于 2003 年 11 月 29 日立案受理，依法由审判员南××适用简易程序公开开庭进行了审理，原告及其委托代理人到庭参加了诉讼，被告永安市第五建筑公司安庆分公司经依法传唤无正当理由未到庭。本案现已审理终结。

原告何××诉称，2001 年 2 月 20 日，安庆分公司承建安庆市机械厂家属楼，与原告签订了安庆市机械厂 15 号、16 号家属楼的地板砖、内墙砖铺贴工程协议，约定质量必须一次成优，工程完工后，经验收达到合同要求，一次性付款。原告按要求完工，并已交安庆市机械厂使用，但安庆分公司却借公司财务困难拖欠原告人工费 40 146.69 元，原告多次催要，均无结果，故请求依法判令被告支付原告人工费 40 146.69 元。

被告安庆分公司未答辩。

经审理查明，2001 年 2 月 20 日，被告就其承建的安庆市机械厂 15 号、16 号家属楼地板砖、内墙砖铺贴事宜与原告签订了《用工协议》，协议约定：质量必须一次成优，施工期限自 2001 年 3 月 10 日至 2001 年 4 月 20 日。工程完工后，经验收达到合同要求，一次性付款。原告按约履行了协议。被告只支付了部分工程款，剩余的 40 146.69 元至今未付，酿成纠纷。

以上事实有《用工协议》、欠款证明及当事人陈述在卷佐证。

本院认为，本案事实清楚，证据确实充分，被告违反双方约定，不履行付款义务，酿成纠纷，应承担全部责任。原告要求被告支付人工费的主张，本院予以支持。据此，依照《中华人民共和国民事诉讼法》第一百三十条，《中华人民共和国民法通则》第一百零六条、第一百零八条之规定，判决如下：

被告永安市第五建筑公司安庆分公司一次性支付原告何××人工费40 146.69元。

案件受理费1749元，其他诉讼费350元，合计2099元，由被告承担。

以上款项于本判决书生效后，被告立即一次性支付给原告。

如不服本判决，可在判决书送达之日起十五日内，向本院递交上诉状，并按对方当事人的人数提出副本，上诉于安徽省永安市中级人民法院。

审判员　南××
二○○四年二月十二日
（院印）

本件与原本核对无异

书记员　文××

本章讨论案例

2007年12月29日早上5点30分，16岁的中学生王某骑自行车上学，途经某市A区学府路时，被被告中国联合网络通信有限公司某市分公司拉设的金属线绊倒，致使王某左腿受伤，支出医疗费、住院伙食补助费、营养费、护理费共计12 800元，故王某向法院提起诉讼，请求赔偿。原告方提供了两份证人证言，分别是证人李某（原告同班同学）、证人陈某（与原告同校的学生）所作陈述，证人证言证明，原告被绊倒时，两证人在场，目睹原告受伤的事实。原告还提供了利用手机拍摄的照片和录像，证明被告没有为金属线设置警示标识，盲道和被告设置的拉线的距离只有1米。庭审时，被告对原告方证人证言的真实性表示有异议，被告方认为被告网通公司的金属拉线并不影响行人和非机动车行使，不认可原告是被被告网通公司拉设的金属线绊倒受伤；原告因为天黑摔倒受伤，可能是别的东西绊倒或自己骑自行车不小心摔倒；原告骑自行车在人行道上逆向行驶，行驶的场地超过了盲道，而且被告在人行道上的拉线和线杆是与原告行驶方向是顺向的，被告的拉线不是造成原告摔倒受伤的必然因素。被告还辩称，被告方设置该线路有30年左右了，拉线在先，后来是因为其他人在周围建设建筑物，才导致金属拉线和路面现在的情况；被告曾在金属拉线设有警示标志，但是不清楚什么时候没有警示标志了；原告方所称绊倒原告的金属拉线被拆除的原因可能是因为金属拉线时间久了，受到损坏了，也可能是巡视员发现金属拉线损坏了，就进行了更换。综上所述，本案被告不同意原告诉讼请求。

根据上述案情，请讨论以下问题：

1. 本案中，原告提供的证人证言的效力如何？
2. 被告在本案中是否承担举证责任？被告是否应该承担民事责任？

训练目的

通过训练，使同学们熟知简易程序的运作流程，从确定管辖法院、撰写诉状，然后模拟到法院立案，进行审理前的各项准备工作，编写庭审脚本，实施开庭活动。模拟审判时应注意简易程序的运行特点。

第六章 民事第二审程序

第一节 第二审程序的启动与特别规定

民事第二审程序也是上诉审程序。对上诉案件的审理，从基本过程来看，与第一审案件的审理大致相同，一般要经过审理前的准备和开庭审理等诉讼阶段，其中开庭审理又包括开庭准备、法庭调查、法庭辩论、合议庭评议与宣判等过程。为了避免没有必要的重复，《民事诉讼法》在规范第二审程序时，在立法技术上采取了准用的方法，即《民事诉讼法》第174条规定的"第二审人民法院审理上诉案件，除依照本章规定外，适用第一审普通程序"。因此，关于第二审程序，仅介绍第二审程序的启动和程序的特别规定。

一、第二审程序的启动

第二审程序是因为当事人不服地方各级人民法院作出的未生效的第一审裁判而依法提起上诉所引起的。

上诉是指当事人不服地方各级人民法院作出的尚未生效的第一审裁判，在法定期间内，请求上一级人民法院对案件进行审理，并撤销或者变更第一审裁判的诉讼行为。

提出上诉，必须符合法定的条件，不符合法定条件上诉的，不能引起第二审程序的发生。根据《民事诉讼法》第155条、第164条、第165条规定，当事人提起上诉必须同时符合以下四个条件：

（1）上诉必须针对依法可以上诉的裁判提出。根据《民事诉讼法》第155条规定，对于地方各级人民法院按照普通程序、简易程序审理作出的第一审判决以及法律明确规定可以上诉的裁定，当事人不服的，在法定期间内，可以提出上诉。可见，当事人的上诉只能针对特定的裁判提出。

（2）上诉必须有合格的上诉人与被上诉人。当事人提出上诉，必须具有合格的主体，即具有合格的上诉人与被上诉人。上诉人与被上诉人必须是第一审程序中的当事人，具体包括第一审程序中的原告、被告（包括共同诉讼人、诉讼代表人）、有独立请求权的第三人、判决承担民事责任的无独立请求权的第三人，以及在发生诉讼权利义务承担的情况下，当事人的诉讼承担人可以成为合格的主体。上诉人是指提起上诉的一方当事人，被上诉人是指与上诉人的上诉请求有直接利害关系的对方当事人，即经过第二审程序的审理可能变更或者影响其在第一审裁判中已被确定的实体权利义务。双方当事人、第三人都提起上诉的，均为上诉人。委托代理人代为提起上诉，必须经当事人的特别授权。

在必要共同诉讼中，上诉人和被上诉人的情况比较复杂。在必要的共同诉讼中，一人或者部分人提起上诉的，提起上诉的当事人为上诉人，被上诉人按下列情况处理：①该上诉是对与对方当事人之间权利义务承担有意见，不涉及其他共同诉讼人利益的，对方当事人为被上诉人，未上诉的同一方当事人依原审诉讼地位列明；②该上诉仅对共同诉讼人之间权利义务分担有意见，不涉及对方当事人利益的，未上诉的同一方当事人为被上诉人，对方当事人依原审诉讼地位列明；③该上诉对双方当事人之间以及共同诉讼人之间权利义务承担有意见的，未提出上诉的其他当事人均为被上诉人。

(3) 上诉必须在法定期间内提出。根据《民事诉讼法》第164条的规定，对裁定不服的上诉期间为10日，对判决不服的上诉期间为15日。上诉期间从第一审人民法院裁判文书送达之日的次日起计算。

(4) 上诉必须递交上诉状。上诉状是当事人不服第一审人民法院作出的尚未生效的裁判，请求第二审人民法院撤销或者变更原裁判的书面意思表示。根据《民事诉讼法》第165条和《适用意见》第178条的规定，当事人提起上诉，应当递交上诉状。上诉状应当记明下列事项：当事人的姓名、法人或者其他组织的名称及其法定代表人或者主要负责人的姓名及职务；原审人民法院的名称、案件的编号和案由；上诉的请求和理由。一审宣判时或者判决书、裁定书送达时，当事人口头表示上诉的，人民法院应当告知其必须在法定上诉期间内提交上诉状，未在法定上诉期间内递交上诉状的，视为未提出上诉。

对上诉的审查和受理是指第二审人民法院依照法定程序，对当事人提起的上诉进行审查，对符合上诉条件的案件决定立案审理的诉讼行为。第一审程序中的当事人递交上诉状，还不能说第二审程序已经启动，只有第二审人民法院决定受理上诉，第二审程序才正式启动。

上诉状应当通过原审人民法院提出，并按照对方当事人或者代表人的人数提出副本。当事人直接向第二审人民法院上诉的，第二审人民法院应当在5日内将上诉状移交原审人民法院。根据《民事诉讼法》的规定，原审人民法院应当自收到上诉状的次日起5日内将上诉状副本送达对方当事人，对方当事人在收到上诉状副本的次日起15日内提出答辩状，人民法院收到答辩状的次日起5日内将副本送达上诉人，对方当事人不提出答辩状的，不影响人民法院的审理。原审人民法院应当自收到答辩状或者答辩期间届满之次日起5日内连同全部案卷和证据，报送第二审人民法院。当事人向原审人民法院递交上诉状时，应当预交上诉费，双方当事人都提起上诉的，各方当事人应当分别预交上诉费。

通过原审人民法院的协助，第二审人民法院收到上诉状、答辩状之后，应当对上诉人的上诉进行审查，审查的具体内容就是上诉是否符合前述的四个上诉条件，即上诉人与被上诉人是否具备主体资格、是否针对依法可以上诉的裁判提出、是否在法定期间内提起上诉、是否提交上诉状。

第二审人民法院经审查，认为上诉符合法定条件的，应当决定立案审理，这便是上诉的受理；认为不符合法定条件的，应当裁定不予受理，已经受理的，应当裁定驳回上诉。

二、第二审程序的特别规定

根据《民事诉讼法》第174条的规定，上诉案件的审理首先须依照第二审程序的规定进行，第二审程序没有规定的，适用第一审普通程序的规定。

(1) 组成合议庭。第二审人民法院审理上诉案件，应当由审判员组成合议庭。

(2) 审阅案卷、调查和询问当事人。通过审阅案卷，以便明确哪些案件事实是清楚的，哪些问题是需要调查和询问当事人的。

(3) 确定上诉案件的审理范围。《民事诉讼法》第168条规定："第二审人民法院应当对上诉请求的有关事实和适用法律进行审查。"第二审人民法院只对与上诉请求有关的事实与法律适用进行审理，即只审理关系到上诉请求是否成立的事实与法律适用，对于在第一审裁判中已作认定的事实和裁判的事项，如果双方当事人未提出上诉但表示异议，没有要求第二审法院审查和处理的，第二审人民法院原则上不予审理。但第二审人民法院在审理中发现上诉请求未涉及的原判决确有错误的，也应予以纠正，保证对案件作出正确的处理。其中，就事实来说，既包括上诉人在第一审程序中已经提出但不服第一审裁判认定的事实，也包括上诉人在上诉请求中提出的新事实和证据；就法律适用来说，既包括第一审裁判适用实体法是否正确，也包括第一审程序是否符合《民事诉讼法》规定。

(4) 确定上诉案件的审理方式。根据《民事诉讼法》第169条规定，第二审人民法院审理上诉案件有两种方式，即开庭审理和不开庭审理，而且在具体适用上，应当以开庭审理为原则，以不开庭审理为例外。

开庭审理是上诉案件审理的基本方式，其要求同时传唤各方当事人并通知其他诉讼参与人到庭，通过法庭调查、法庭辩论、合议庭评议和宣判等环节，对原裁判认定的事实、适用的法律以及当事人提出的新事实进行审查和口头辩论，经合议庭评议后作出新的裁判。

不开庭审理就是第二审合议庭经过阅卷和调查、询问当事人，对没有提出新的事实、证据或者理由的上诉案件，认为不需要开庭审理的，不同时传唤当事人、不通知其他诉讼参与人到庭进行法庭调查和辩论，在事实核对清楚后，直接对案件作出裁判。不开庭审理也不同于书面审理。书面审理就是在不开庭、不调查、不询问当事人的情况下，经过对当事人提供的书面材料以及第一审案卷材料进行审查就作出裁判。我国民事第二审程序对案件不开庭审理的，除了阅卷之外，还必须开展调查，询问当事人，听取当事人陈述，这些远远超出了书面审理的范围。

(5) 确定上诉案件的审理地点。根据《民事诉讼法》第169条第二款的规定，第二审人民法院审理上诉案件，可以在本院进行，也可以到案件发生地或者原审人民法院所在地进行。

(6) 确定上诉案件的举证期限。一般来说，上诉审举证期限的确定、计算、逾期举证的后果等举证期限规则，与第一审程序是基本一致的。要说其独特之处，还是体现在与"新的证据"有关的问题上，即上诉案件的举证期限是提出"新的证据"的举证期限。根据《民事证据规定》第41条的规定，"新的证据"包括：第一，一审庭审结束后新发现的证据；第二，当事人在一审举证期限届满前申请人民法院调查取证未获准许，第二审人民法院经审查认为应当准许并依当事人申请调取的证据。《民事证据规定》第43条还规定，当事人举证期限届满后提供的证据不是"新的证据"的，人民法院不予采纳。当事人经人民法院准许延期举证，但因客观原因未能在准许的期限内提供，且不审理该证据可能导致裁判明显不公的，其提供的证据可视为"新的证据"。在实行举证时限制度以后，当事人在第二审程序中提出的证据是否属于"新的证据"，将直接影响案件的裁判结果。当事人在第二审程序中提供"新的证据"的，应当在第二审开庭前或者开庭审理时提出；第二审不需要开庭审理的，应当在人民法院指定的期限内提出。在第二审程序中，一方当事人提出"新的证据"的，人民法院应当通知对方当事人在合理期限内提出意见或者举证。

调解原则是我国《民事诉讼法》的一项基本原则，它贯穿于民事诉讼程序的始终，其中也包括第二审程序。《民事诉讼法》第172条规定，第二审人民法院审理上诉案件，可以进行调解。为了尊重当事人对自己的实体权利和程序权利的处分权，上诉案件的调解应当遵循自愿、合法的原则。也就是说，在第二审程序中，是否进行调解，是仅就上诉请求的事项进行调解还是就原审全部诉请事项进行调解，是否作出让步以及作出怎样的让步，都应当由当事人自主决定。上诉案件调解的范围不受上诉请求范围的限制，也不受第一审诉讼请求范围的限制，第二审人民法院可以对当事人在第一审程序中的全部诉讼请求以及在第二审程序中提出的新请求一并进行调解。例如，根据《适用意见》第184条的规定，在第二审程序中，原审原告增加独立的诉讼请求或者原审被告提出反诉的，第二审人民法院可以根据当事人自愿的原则就新增加的诉讼请求或者反诉进行调解，调解不成的，告知当事人另行起诉。上诉案件的调解也不受第一审裁判是否正确的影响。案件进入第二审程序之后，第一审裁判是未生效的裁判，因此，即使第一审裁判存在错误，当事人在第二审程序中愿意调解的，第二审人民法院也可以进行调解。根据《适用意见》第182条、第183条、第185条的规定，在下列三种情况下，第二审人民法院可以根据自愿的原则进行调解，调解不成的，发回重审：第一，对当事人在第一审程序中已经提出的诉讼请求，原审人民法院未作审理、判决的；第二，必须参加诉讼的当事人在一审中未参加诉讼的；第三，一审判决不准离婚的案件，上诉后，第二审人民法院认为应当判决离婚的。

第二审人民法院审理上诉案件，经调解达成协议的，应当制作调解书，由审判人员、书记员署名，并加盖人民法院印章。调解书送达各方当事人后，原审人民法院的判决即视为撤销。关于上诉案件的调解书，有两点值得注意：第一，与第一审案件的调解不同的是，在第二审程序中，经调解达成协议的，人民法院应当毫无例外地制作调解书。这是因为，上诉案件经调解达成协议的，第一审判决不能发生法律效力。此时，调解书是说明第一审判决没有生效的重要形式。第二，上诉案件的调解书送达各方当事人后，原审人民法院的判决即视为撤销。因此，第二审人民法院没有必要另行裁定撤销原判决，也不能在调解书上写上"撤销一审判决"的字样。

上诉案件的裁判从形式来看分为判决和裁定两种，从内容来看分为驳回上诉维持原裁判、撤销原裁判依法改判、撤销原裁判发回重审等多种形态。

根据《民事诉讼法》第170条的规定，对当事人不服第一审人民法院的裁判提起上诉的案件，第二审人民法院经过审理，区别以下情形作出相应裁判。

1. **对一审判决不服的上诉案件的裁判**
（1）原判决认定事实清楚，适用法律正确，应当判决驳回上诉，维持原判决。

（2）原判决认定事实错误或者适用法律错误，应当依法改判。

（3）原判决、裁定认定事实错误或者适用法律错误，依法裁定撤销原判决。《适用意见》第186条的规定，人民法院依照第二审程序审理的案件，认为依法不应由人民法院受理的，可以由第二审人民法院直接裁定撤销原判，驳回起诉。

（4）原判决认定基本事实不清，需要在查清事实后改判。

（5）原判决存在遗漏当事人或者违法缺席判决等严重违反法定程序的问题，裁定撤销原判决，发回原审人民法院重审。所谓严重违反法定程序的情形，法律明确规定了两种具体情况，即原判决遗漏当事人和违法缺席判决。需要注意的是，除了上述两种严重违反法定程序的情形外，法律并没有排除其他类似的情形，此处"等"意味着列举未尽。但这里应当严格把握违反法定程序的程度，根据《适用意见》第181条的规定，下列情形也属于严重违反法定程序：①审理本案的审判人员、书记员应当回避未回避的。②未经开庭审理而作出判决的。③适用普通程序审理的案件当事人未经传票传唤而缺席判决的。④其他严重违反法定程序的情形。

2. 对一审裁定不服上诉案件的裁判

根据《民事诉讼法》第171条的规定，第二审人民法院对不服第一审人民法院裁定的上诉案件的处理，一律使用裁定。

（1）原裁定认定事实清楚，适用法律正确，应当裁定驳回上诉，维持原裁定。

（2）原裁定认定事实错误或者适用法律错误，依法裁定撤销、变更原裁定。经过审理，第二审人民法院认为原裁定认定事实错误或者适用法律错误的，应当裁定撤销原裁定，并依不同情形分别作出处理：①认为第一审人民法院不予受理的裁定有错误的，应当在撤销原裁定的同时，指令第一审人民法院立案受理。②认为第一审人民法院驳回起诉的裁定有错误的，应当在撤销原裁定的同时，指令原审人民法院进行审理。③认为第一审人民法院驳回管辖权异议的裁定错误的，应当在裁定撤销原裁定的同时，指令原审人民法院中止诉讼，将案件移送全有管辖权的人民法院。④认为第一审人民法院驳回破产申请的裁定错误的，应当在裁定撤销原裁定的同时，指令原审人民法院受理破产申请并依法进行审理。

根据《民事诉讼法》第176条的规定，人民法院审理对判决的上诉案件，应当在第二审立案之日起3个月内审结，有特殊情况需要延长的，由本院院长批准。人民法院审理对裁定的上诉案件，应当在第二审立案之日起30日内作出终审裁定。

第二节 实 验 案 例

上诉人京华市凯悦鑫通汽车服务有限公司与被上诉人王丽买卖合同纠纷一案模拟法庭审判脚本

本模拟法庭审判角色如下：①审判人员3人；②书记员1人；③上诉人委托代理人2人；④被上诉人1人；⑤被上诉人委托代理人1人。

模拟法庭审判道具：①法官袍3件；②书记员服1套；③律师袍2件；④法槌1个；

⑤书证若干份。

【案情简介】

王丽于 2007 年 2 月 28 日以 138 000 元的价格购买京华市凯悦鑫通汽车服务有限公司销售的上海通用雪佛兰景程 SGM7202AT 轿车一辆，双方签有《汽车销售合同》。该合同第 7 条约定"……卖方保证买方所购车辆为新车，在交付之前已做了必要的检验和清洁，车辆路程表的公里数为 18 公里且符合卖方提供给买方的随车交付文件中所列的各项规格和指标……"。合同签订当日，王丽向京华市凯悦鑫通汽车服务有限公司交付了购车款 138 000 元，同时支付了车辆购置税 12 400 元、一条龙服务费 500 元、保险费 6 060 元。同日，京华市凯悦鑫通汽车服务有限公司将发动机号码为 L346B220130、车架号码为 LSGVS-52Z16Y-112331 的雪佛兰景程轿车一辆交付给王丽。同日，王丽为所购车辆办理了机动车登记手续，牌照号码为京 KF1828。王丽后来为所购车辆进行维护时发现该车辆有维修记录，京华市凯悦鑫通汽车服务有限公司认可王丽所购车辆确曾在运输途中造成划伤，于 2007 年 1 月 17 日进行过维修。王丽认为京华市凯悦鑫通汽车服务有限公司没有履行瑕疵告知义务，销售活动中存在欺诈，诉请一审法院判令京华市凯悦鑫通汽车服务有限公司退货并依据《中华人民共和国消费者权益保护法》（以下简称《消费者权益保护法》）承担加倍赔偿责任。第一审法院判令上诉人退还车款并加倍赔偿。京华市凯悦鑫通汽车服务有限公司不服该判决，上诉请求撤销一审判决，由王丽承担相关的诉讼费用①。

【模拟法庭】

审理前及开庭 3 日前的准备

（1）组成合议庭。

（2）审阅案卷、调查和询问当事人。通过审阅案卷，明确哪些案件事实是清楚的，哪些问题是需要调查和询问当事人的。

（3）一方当事人提出"新的证据"的，应当通知对方当事人在合理期限内提出意见或者举证。

（4）确定上诉案件的审理方式。除依法可以径行裁判的案件，上诉案件原则上应开庭审理。

（5）准备庭审提纲。合议庭成员在明确分工的前提下，对开庭审理分别进行有针对性的准备。

（6）在开庭 3 日前给当事人送达传票，向其他诉讼参与人送达出庭通知书。公开开庭审理的，公告当事人姓名、案由和开庭的时间、地点。

开庭期日到来

法庭内，审判台中央上方悬挂国徽。审判台比原告和被告席位高 30～60 厘米，审判台中央审判长的法椅比两旁的审判员的法椅略高。审判台正中下边是书记员的席位。上诉人及其委托代理人、被上诉人及其诉讼代理人席位分列审判台两侧相对而设，通常庭审时，上诉人在法官的右侧，被上诉人在法官的左侧。与审判台相对而设的是证人、鉴定人

---

① 本章案例审判脚本，系根据北京法院直播网 2009 年 3 月 13 日直播的"新车发现维修记录，诉求双倍赔偿"上诉案编写的，编写时对庭审情况有适当整理和改编。该案的案情简介是根据庭审资料整理、"模拟"而成。

席位。

（书记员就位，面向旁听席站立）

书记员：请肃静。请双方当事人及其委托代理人入庭。（以上人员依次入庭就座）

书记员：上诉人京华市凯悦鑫通汽车服务有限公司委托代理人曹元亮（系该公司销售部经理）、委托代理人王传滨（系国华律师事务所律师）是否到齐？

上诉人委托代理人：到齐。

书记员：被上诉人王丽及其委托代理人董良鹏（系恒泰律师事务所律师）是否到齐？

被上诉人：到齐。

书记员：请大家肃静，现在宣布法庭纪律。

（1）旁听人员必须保持肃静，不准鼓掌、喧哗、吵闹，不得有其他妨碍审判活动的行为；

（2）旁听人员不得随便走动，不得进入审判区；

（3）当事人和其他诉讼参与人不得中途退庭、未经审判长同意，不得发言、提问，发言时应当起立，注意文明礼貌，不得攻击、侮辱他人；

（4）未经法庭许可，任何人不得在法庭录音、录像、摄影；

（5）不准吸烟和随地吐痰；

（6）关闭移动电话和其他通信设备。

对违反法庭纪律的，法庭将给予口头警告、训诫，不听劝告的，经审判长决定，可以没收录音、录像和摄影器材，责令退出法庭，或者经院长批准予以罚款、拘留。对于哄闹、冲击法庭等严重扰乱法庭秩序的人，依法追究刑事责任。

书记员：全体起立，请审判长、审判员入庭（合议庭成员入庭就座）。请全体坐下。

书记员：（转身面向审判人员）报告审判长，上诉人京华市凯悦鑫通汽车服务有限公司与被上诉人王丽买卖合同纠纷一案，现双方当事人及诉讼代理人已经到庭，法庭准备工作已就绪，可以开庭。

审判长：请坐。

审判长：因本案在庭前询问时已就各方当事人及其诉讼代理人的身份进行过审查，上诉人一方诉讼人员的情况有无变化？

上诉人委托代理人：无。

审判长：被上诉人一方诉讼人员的情况有无变化？

被上诉人：无。

审判长：上诉人一方对被上诉人一方出庭人员有无异议？

上诉人委托代理人曹元亮：无异议。

审判长：被上诉人一方对上诉人一方出庭人员有无异议？

被上诉人：无异议。

审判长：经审查，双方出庭人员参与诉讼手续合法，资格有效，可以参加诉讼。

审判长：（敲法槌）现在开庭。京华市第二中级人民法院依据《民事诉讼法》的规定，现在公开开庭审理上诉人京华市凯悦鑫通汽车服务有限公司与被上诉人王丽买卖合同纠纷上诉一案。本案系京华市凯悦鑫通汽车服务有限公司不服京华市青阳区人民法院（2007）青民初字第 18230 号民事判决，向本院提出上诉的。本院受理此案后，依法由审判员何庆生、雷明、邓海峰组成合议庭。由审判员何庆生担任本案的审判长，由本院书记员麻晓雪担任法庭记录。下面宣布当事人的诉讼权利和诉讼义务。

当事人有如下诉讼权利：申请回避的权利、提供证据的权利、进行辩论和请求法庭给予调解的权利、上诉人有权放弃、变更诉讼请求、被上诉人有权对上诉请求进行承认或反驳、最后陈述的权利。

当事人在享受诉讼权利的同时，还应当履行如下诉讼义务：依法行使诉讼权利的义务、听从法庭指挥、遵守法庭秩序的义务、如实陈述事实的义务。

以上宣布的诉讼权利义务，上诉人一方是否听清？

上诉人委托代理人曹元亮：听清了。

审判长：是否申请合议庭组成人员及书记员回避？

上诉人委托代理人曹元亮：不申请。

审判长：以上宣布的诉讼权利义务，被上诉人一方是否听清？

被上诉人：听清了。

审判长：是否申请合议庭组成人员及书记员回避？

被上诉人：不申请。

审判长：现在进行法庭调查。首先由上诉人陈述上诉的事实、理由及上诉请求。

上诉人委托代理人曹元亮：我们的上诉请求是要求撤销青阳区人民法院（2007）青民初字第 18230 号民事判决书，诉讼费用由被上诉人承担。上诉理由是一审人民法院认定事实错误，适用法律错误。

审判长：被上诉人陈述对一审判决的意见，及针对上诉人上诉理由和请求的答辩意见。

被上诉人王丽：我方认为一审判决认定事实清楚、适用法律正确，请求二审法院依法维持原判。我方认为在被上诉人与上诉人订立买卖合同时，上诉人凯悦鑫通公司没有将我所购汽车存在的瑕疵告知于我，因此上诉人的行为已经构成欺诈。至于是否适用《消费者权益保护法》关于双倍赔偿的规定，关键是依据购买人的目的，购买人是为了个人需要购买汽车，因此应适用《消费者权益保护法》。

审判长：上诉人对原审判决书中经审理查明部分认定的事实有无异议？

上诉人委托代理人曹元亮：我方认为我公司在王丽购买汽车时已经履行了瑕疵告知义务，对其余的事实无异议。

审判长：被上诉人对原审法院判决书中经审理查明部分认定的事实有无异议？

被上诉人委托代理人：无异议。

审判长：经过庭前询问和查阅原审法院卷宗及以上双方当事人的陈述，下面就本案的有关事实进行综述。

雷审判员：双方当事人均无异议的事实如下。

被上诉人王丽于 2007 年 2 月 28 日以 138 000 元的价格购买上诉人京华市凯悦鑫通汽车服务有限公司销售的上海通用雪佛兰景程 SGM7202AT 轿车一辆，双方签有《汽车销售合同》。该合同第 7 条约定"……卖方保证买方所购车辆为新车，在交付之前已作了必要的检验和清洁，车辆路程表的公里数为 18 公里且符合卖方提供给买方的随车交付文件中所列的各项规格和指标……"。合同签订当日，被上诉人向京华市凯悦鑫通汽车服务有限公司交付了购车款 138 000 元，同时支付了车辆购置税 12 400 元、一条龙服务费 500 元、保险费 6 060 元。同日，京华市凯悦鑫通汽车服务有限公司将发动机号码为 L346B220130、车架号码为 LSG-VS-52Z16Y-112331 的雪佛兰景程轿车一辆交付被上诉人。2007 年 2 月 28 日，被上诉人为所购车辆办理了机动车登记手续，牌照号码为京 KF1828。

京华市凯悦鑫通汽车服务有限公司认可被上诉人所购车辆确曾在运输途中造成划伤，于 2007 年 1 月 17 日进行过维修，维修项目包括右前叶子板喷漆、右前门喷漆、右后叶子板喷漆、右前门钣金、右后叶子板钣金、右前叶子板钣金，在维修过程中更换底大边卡扣、油箱门及前叶子板灯总成。送修人陈九平系该公司业务员。

邓审判员：双方当事人有异议的事实为。

京华市凯悦鑫通汽车服务有限公司在售车时是否告知被上诉人所售车辆曾进行过维修一节，双方对此各执一词。

京华市凯悦鑫通汽车服务有限公司称在销售时明确告知被上诉人所售车辆进行过维修，同时对车辆销售价格进行了较大幅度的优惠，该车销售定价应为 151 900 元，而经双方协商后车辆实际销售价格为 138 000 元并赠送了部分装饰。京华市凯悦鑫通汽车服务有限公司提供了有被上诉人签字的日期为 2007 年 2 月 28 日的车辆交接验收单一份，在车辆交接验收单备注一栏中注明"加 1/4 油，此车右侧有钣喷修复，按约定价格销售"。

被上诉人称其于 2007 年 5 月 13 日将所购车辆送至京华市凯悦鑫通汽车服务有限公司处进行首次保养时，才得知车辆曾于 2007 年 1 月 17 日进行过维修。被上诉人表示车辆交接验收单中的签字确系其所签，京华市凯悦鑫通汽车服务有限公司在销售时并未告知车辆曾经维修，其在签字时备注一栏中没有"此车右侧有钣喷修复，按约定价格销售"的字样。

审判长：除法庭以上综述的事实外，上诉人是否有其他争议事实补充？

上诉人委托代理人王传滨：无。

审判长：除法庭以上综述的事实外，被上诉人是否有其他争议事实补充？

被上诉人委托代理人：无。

审判长：本案系二审案件，案件的审理应当围绕当事人上诉请求的有关事实和适用法律进行审查，结合当事人争议的焦点，法庭询问几个问题。上诉人京华市凯悦鑫通汽车服务有限公司，为何被上诉人所购车辆在销售之前进行过维修？

上诉人委托代理人曹元亮：该车辆在运输过程中有过刮蹭。

审判长：你方认为上诉人向被上诉人履行了告知义务的理由和依据是什么？

上诉人委托代理人王传滨：我方向法庭提交的该车辆的交接验收单。

审判长：此单的签字程序是怎样的，请予以说明？

上诉人委托代理人曹元亮：在交接验收单上填写车辆基本信息、检查确认后打勾、加注 1/4 油。如没有特殊情况双方签字。

审判长："加油"由什么人员书写？

上诉人委托代理人曹元亮：销售人员。

审判长:"此车修复、按约定价格销售"由谁书写?
上诉人委托代理人曹元亮:公司销售主管,后面是本人签名。
审判长:此单几份?
上诉人委托代理人曹元亮:1份,放在公司留档用。
审判长:被上诉人,你知道该车有瑕疵的时间是什么时候?
被上诉人:2007年5月13日在凯悦鑫通公司做汽车首次保养时,工作人员询问我该车是否是第一次维修,我说是的。工作人员还问我车主是谁,并去找了主管,在此过程中,我看到车辆有维修记录。
审判长:该车的市场价格是15万余元,卖给你是13万余元,对此你怎么解释?
被上诉人:经过比较,当时各家汽车公司销售的同类车型都是这个价格。
审判长:购车用途是什么?
被上诉人:接送孩子上学。
审判长:下面,你方发表一下对车辆交接验收单的质证意见。
被上诉人委托代理人:我的当事人在车辆交接单上面签字时没有手写的"此车右侧有钣喷修复,按约定价格销售"那些字。这些话是汽车销售公司自己后来加上的。
审判长:除了已经提交的证据外,上诉人有无新证据提供?
上诉人委托代理人王传滨:无。
审判长:除了已经提交的证据外,被上诉人有无新证据提供?
被上诉人委托代理人:无。
审判长:法庭调查结束。根据法庭调查,本庭确认本案的主要争议焦点是:①京华市凯悦鑫通汽车服务有限公司在售车时是否告知被上诉人车辆存在瑕疵问题;②本案是否适用《消费者权益保护法》问题。对合议庭所总结的上述两个焦点问题,上诉人是否认可?
上诉人委托代理人王传滨:认可。
审判长:对合议庭所总结的上述两个焦点问题,被上诉人是否认可?
被上诉人委托代理人:认可。
审判长:下面进行法庭辩论,双方当事人应当围绕本法庭确认的争议焦点发表辩论意见。首先由上诉人发表辩论意见。
上诉人委托代理人王传滨:我方认为,第一,我方在销售汽车过程中不存在欺诈,被上诉人是在明知车辆存在瑕疵的情况下购买此车的。在购买车辆时,上诉人已经明确告知被上诉人所售车辆有刮蹭,被上诉人也在交接单上签字确认。被上诉人无任何相反证据对该交接单不予认可,而一审法院是在没有查清事实的情况下,认定我们没有履行瑕疵告知义务,对事实认定错误。该交接验收单上有上诉人、被上诉人签字确认,应视为对原合同的修改确认。另外,从汽车销售价格上也可以看出,汽车的进车价格为14万余元,但销售价却是138 000元,并赠送了3 000余元的汽车装饰,如此高的差价,被上诉人理应能判断出此车有瑕疵。因此一审法院认定我们隐瞒所售车辆存在瑕疵是错误的。第二,汽车属于奢侈品,而一审法院判令我方退还车款并加倍赔偿,适用法律错误。《消费者权益保护法》规定的适用范围和对象,必须是为生活消费需要。生活消费品是作为社会普通个体的基本的生活消费需要,与日常生活密切相关。在2006年6月,成都市中级法院在类似案件中的判决中指出，汽车不属于生活需要的消费品。成都市中级法院判决中的车辆价值是4万余元，而本案涉及的车辆价值是138 000元，在那个案件裁判中判定汽车属于奢侈品，而本案所涉及售价138 000元的汽车在一审法院裁判中就成为了日常生活用品？虽然我国不是判例法国家，但是在同一国度，同一法律体系下，即使没有相应法律法规的明确规定，适用法律还是应保持一致。本案适用《消费者权益保护法》第49条是错误的，这部法律是1994年施行的，在当时的经济条件下，生活消费品的范围还很窄，大宗商品不属于当时定义的消费品范围已成为司法惯例被沿用至今，这种司法惯例是否有所突破应等待立法进一步明确。另外，即使立法进行明确，双倍赔偿的范围也应仅限于实际损失部分，这样才更符合实际。简单适用《消费者权益保护法》，就使汽车经销商承担了与其过错不相适应的过重社会责任。

审判长：请被上诉人发表辩论意见。

被上诉人委托代理人：上诉人认为他们履行瑕疵告知义务的证据是车辆交接验收单，但此单据仅有1份，在此单据上的有关证明履行瑕疵告知义务的签字并不是一个人所写，字与字的间距也不协调。此单据也在上诉人处保管，在发生纠纷后，不能排除上诉人对此单据进行过修改。依据被上诉人在一审提供的与上诉人经销经理、销售主管以及销售顾问的谈话录音也可以证明，上诉人的工作人员没有明确告诉被上诉人所售车辆存在瑕疵。只是在一审开庭时上诉人才提供这样一份证据，并且上诉人的销售顾问白帆在录音中明确表示，自己不清楚此车维修过，那么他如何告诉我方当事人该车的维修情况？

仅凭1份令人质疑的验收单，上诉人就他们所负的上诉人已经履行了瑕疵告知义务的免责事项没有完成举证责任。关于上诉人提出，被上诉人对优惠价格的推断就应该知道所购车辆有瑕疵的说法不成立，实际上这个价格是消费者与销售者互相讨价还价的结果，差价大不能就推断出销售方告知了购买人车辆存在瑕疵，这样的推断不符合逻辑。因此上诉人在辩论意见中谈到的一审认定事实错误的观点没有事实依据，不能成立。

关于是否适用《消费者权益保护法》的问题，我方认为消费者为了生活的需要购买使用商品，应当受《消费者权益保护法》保护。那么这个生活消费的行为如何界定，应以购买商品的目的来确定，本案中被上诉人购买汽车的直接目的就是为了生活需要，而且汽车行驶证上记载也是为了生活需要，被上诉人购买汽车的行为应该属于《消费者权益保护法》所保护的生活消费的范畴。

对于汽车是否属于奢侈品，法律并没有明确定义。从汽车消费价格上定义奢侈品是没有依据的。关于适用《消费者权益保护法》第49条的问题，我认为该条规定一加一的赔偿就是为了惩罚恶意经销商的。上诉人的辩论意见没有法律依据。

审判长：上诉人有无新的辩论意见？

上诉人委托代理人王传滨：只是因为由我方保管交接验收单就否认证据效力是不正确的。在借贷关系中，借条也是由债权人一方保管的，能否因此否定借条的效力？经销商对汽车的维修记录，也是经销商提供的，是否因此也否认其效力？单方保管的证据并不影响证据效力，根据《民事证据规定》第70条，尽管被上诉人提出字体间距问题，但并不能否认证据的真实性，上面的字体是由销售人员书写的，而且被上诉人对在验收单的签字是认可的。进车价格是14万余元，市场定价是156 900元，而卖给对方的价格是138 000元，明显低于指导价,所以被上诉人能够推断出此车有瑕疵。

审判长:被上诉人有无新的辩论意见?

被上诉人委托代理人:关于证据效力问题,并不是我方否认。在一审中我方提供了与上诉人经销经理、销售主管以及销售顾问的谈话录音,录音中销售人员明确表示不知道车辆维修情况。单方持有证据,实际上是举证能力问题,依据公平原则,应当是由销售方举证证明其履行了瑕疵告知义务。

审判长:上诉人是否还有补充意见?

上诉人委托代理人王传滨:没有。

审判长:被上诉人是否还有补充意见?

被上诉人委托代理人:没有。

审判长:法庭辩论结束。根据法律规定,当事人有进行最后陈述的权利。请双方当事人发表最后陈述意见,请简明陈述对本案的最终意见。首先由上诉人一方陈述。

上诉人委托代理人王传滨:坚持上诉请求。

审判长:被上诉人进行最后陈述。

被上诉人委托代理人:要求维持原判。

审判长:因本案已经进入二审程序,如本院作出裁判即为终审裁判,请双方当事人在此之前慎重选择结案方式。法庭希望双方本着互谅互让的原则,协商解决纠纷。上诉人一方有无协商解决纠纷的愿望?

上诉人委托代理人曹元亮:可以。

审判长:被上诉人有无协商解决纠纷的愿望?

被上诉人:不同意协商。我们在一审也协商过多次,但没有结果,所以现在我们不同意协商。

审判长:能否说一下你们曾经协商的方案?

被上诉人:在发现问题时,我们就要求换车,但对方的销售经理明确拒绝,并要求我们起诉。所以我们不同意调解。

审判长:本案经过一审的调解和庭前询问,法庭也希望双方能调解。但基于一方当事人不同意调解,本庭不再进行调解。

审判长:案件如何处理,合议庭将于休庭后进行评议,现在休庭30分钟。(敲法槌)

书记员:(起立后宣布)全体起立,请审判长、审判员退庭。(法庭上,其他人员依然就座,合议庭成员在评议室进行评议。30分钟后)

书记员:全体起立,请审判长、审判员入庭。(审判长、审判员入庭,就座)

书记员:请坐。

审判长:现在继续开庭,京华市凯悦鑫通汽车服务有限公司与被上诉人王丽买卖合同纠纷上诉一案,经过开庭、评议,本院现已审理终结,下面进行宣判。

书记员:请全体起立。

审判长:本院认为,根据双方当事人签订的《汽车销售合同》约定,京华市凯悦鑫通汽车服务有限公司交付被上诉人王丽的车辆应为无瑕疵的新车,现所售车辆存在瑕疵是不争的事实,故本案争议的焦点为京华市凯悦鑫通汽车服务有限公司是否履行瑕疵告知的义务。

车辆销售价格的降低或优惠以及赠送车饰是销售商常用的销售策略,也是双方当事人协商的结果,因此生产厂家的指导价格与销售商的销售价格不同,不能由此推断出京华市凯悦鑫通汽车服务有限公司在被上诉人王丽明知车辆存在瑕疵的基础上对被上诉人王丽进行了优惠和降价。京华市凯悦鑫通汽车服务有限公司提交的有被上诉人王丽签名的车辆交接验收单,因系京华市凯悦鑫通汽车服务有限公司单方保存,且备注一栏内容由该公司不同人员书写,加之被上诉人王丽对此不予认可,该验收单不足以证明被上诉人王丽对车辆存在的瑕疵有所了解。故对京华市凯悦鑫通汽车服务有限公司抗辩称其向被上诉人王丽履行了瑕疵告知义务,本院不予采信。本院认定京华市凯悦鑫通汽车服务有限公司在售车时隐瞒了车辆存在的瑕疵,已构成对被上诉人王丽的欺诈。

被上诉人王丽购买车辆系因生活需要自用,京华市凯悦鑫通汽车服务有限公司没有证据证明被上诉人王丽购买该车用于经营或其他非生活消费,故被上诉人王丽购买车辆的行为属生活消费,应适用《中华人民共和国消费者权益保护法》。

综上所述,原审法院根据本案的实际情况,作出退车还款并加倍赔偿的判决并无不妥。对于京华市凯悦鑫通汽车服务有限公司之上诉请求,本院不予支持。综上所述,依照《中华人民共和国民事诉讼法》第一百五十三条第一款第(一)项之规定,判决如下:

驳回上诉,维持原判。

审判长:请坐下。

审判长:上诉人是否听清?

上诉人委托代理人曹元亮:听清了。

审判长:被上诉人是否听清?

被上诉人:听清了。

审判长:双方当事人及其委托代理人请于3月20日上午9时到本院领取判决书,现在闭庭。(敲法槌)

(法律规定,当庭宣判的,宣判后的10日内发送判决书给当事人)

书记员:全体起立,请审判长、审判员退庭。

(合议庭成员退庭)

书记员:请当事人及其代理人在庭审笔录上签名,旁听人员可以退庭。

【本实验案例后续实验方案】

第一,本案模拟法庭所需上诉状、答辩状、判决书由同学们自行撰写。

第二,本案的审理程序比较鲜明地体现了第二审程序的特点,如上诉案件的审理范围是与上诉请求有关的事实和法律,开庭前法官对当事人可以进行询问等。请同学们围绕本案审理程序进行讨论,分析上诉案件的开庭审理与一审案件适用普通程序开庭审理的区别。

【实验案例点评要点】

一、关于本案实体问题的思考

根据本案上诉人京华市凯悦鑫通汽车服务有限公司与被上诉人王丽签订的《汽车销售

合同》的约定，上诉人凯悦鑫通汽车公司交付被上诉人王丽的车辆应为无瑕疵的新车，而所售车辆因刮蹭而经过维修，即存在瑕疵是不争的事实，故本案争议的焦点为京华市凯悦鑫通汽车服务有限公司是否履行瑕疵告知的义务。从举证责任承担的角度来看，二审法院的裁判实际上认为上诉人凯悦鑫通汽车公司应就自己主张的关于瑕疵告知义务的履行承担举证责任，并且当其提供的证据，即车辆交接验收单因书写存在瑕疵，且不为被上诉人王丽认可时，没有认可该证据的证明力。上诉人虽然举证证明了自己的主张，但没有达到证明标准，其主张未被支持。那么，法院在当事人举证责任承担方面的判断是否正确呢？

在我国民事诉讼证据理论中，以法律要件分类说作为分配证明责任标准的主张已经基本成为通说，《民事证据规定》中对合同案件的证明责任分配原则也参照了该学说。本案中，根据双方当事人签订的《汽车销售合同》的约定，上诉人凯悦鑫通汽车公司交付被上诉人王丽的车辆应为无瑕疵的新车，而所售车辆存在瑕疵是不争的事实。当上诉人汽车公司主张自己已经履行了瑕疵告知义务时，其实是在主张原来存在于双方之间的法律关系已经变更，即被上诉人王丽知道她所购车辆有瑕疵。此处，以法律要件分类说为依据，分配证明责任的结果就是主张原来存在的法律关系已经变更的当事人须就存在变更原法律关系的事实负证明责任。本案要求上诉人对瑕疵告知义务的履行承担证明责任是正确的。

二、关于本案审理程序的思考

上诉案件的开庭审理与普通程序的开庭审理实质上有所区别。本案的法庭审理鲜明地体现出上诉案件的审理范围受上诉请求的限制。由于第二审人民法院应当对上诉请求的有关事实和适用法律进行审查。所以首先，在法庭调查阶段，审判长在上诉人陈述上诉请求之后，明确询问双方当事人对原审判决书中经审理查明部分认定的事实有无异议；其次，结合庭前对当事人的询问、对一审法院卷宗的查阅及双方当事人的陈述，就本案中当事人无争议的事实和有争议的事实进行综述；最后，准确地总结了本案双方当事人争议的焦点。整个庭审过程紧凑、高效。另外，本案庭审中较为充分地尊重了当事人的辩论权。在法庭辩论中，第一轮辩论结束后，审判长询问双方当事人有无补充意见后，当事人双方要求继续发言，都得到允许。

第三节 与本实验相关的法律文书写作

第二审诉讼文书中的上诉状、答辩状与第一审的起诉状、答辩状的格式无实质差别，这里不再重复。下面仅列出上诉状、答辩状范文，以及第二审判决书的格式与范文。

【上诉状范文】

民事上诉状

上诉人：滨州海天物业管理有限公司。
住所地：滨州海河区敦煌路×号。
法定代表人：徐××，系该公司董事长。
被上诉人：滨州海润家园物业服务有限公司。

住所地：滨州海河区敦煌路×号。

法定代表人：李××，系该公司董事长。

被上诉人与上诉人侵权纠纷一案，不服陕西省滨州市中级人民法院（2006）滨法民一初字第108号民事判决，现提出上诉。

上诉请求

1. 请求依法撤销原审判决，改判上诉人不承担侵权责任；
2. 改判由被上诉人承担一审全部诉讼费用；
3. 本案全部诉讼费用由被上诉人承担。

事实与理由

一、上诉人不存在侵权行为，不应当承担侵权责任。

被上诉人于2001年12月28日与滨州海润置业有限公司签订了《物业管理委托协议书》，对海润家园小区提供物业管理服务，但该委托关系已于2005年8月23日被解除。上诉人为滨州海润置业有限公司提供物业管理服务，是在被上诉人与滨州海润置业有限公司解除委托关系之后，于2005年8月29日接受滨州海润置业有限公司的委托对海润家园小区进行物业管理的。上诉人与被上诉人之间不存在任何法律上的牵连关系。

被上诉人诉称上诉人对其构成侵权，缺乏事实根据和法律依据。被上诉人与滨州海润置业有限公司之间的委托关系，依据《合同法》的相关规定，该委托关系是建立在双方信任的基础上的，委托方有任意解除权，现委托方滨州海润置业有限公司依据法律规定解除该委托关系合法合理。在滨州海润置业有限公司与被上诉人解除委托关系之后，上诉人基于委托进驻海润家园小区时，双方共同办理了移交手续，且在移交时有被上诉人的交接人员在交接单上签字确认。所以被上诉人所称上诉人撬门强占其办公用房、扣押其办公用具、资料，与事实严重不符。上诉人现使用的办公用房，是滨州海润置业有限公司提供的，其产权也是滨州海润置业有限公司的，并非被上诉人的财产。所以被上诉人所称侵权缺乏事实根据和法律依据，上诉人不存在侵权行为，不应当承担侵权责任。

二、一审判决认定事实错误。

一审判决认定，"被上诉人对滨州海润置业有限公司解除委托关系的行为有异议，已经提起诉讼，法院对该解除行为的效力没有确定之前，上诉人强行进驻该小区构成侵权，应当承担相应的民事侵权责任"。上诉人认为，依据合同相对性原理，被上诉人与滨州海润置业有限公司之间解除委托关系的效力如何，并不影响上诉人与滨州海润置业有限公司之间的委托关系。依《中华人民共和国侵权责任法》的相关规定，是否构成侵权，首先必须存在侵权行为，而且侵权行为与损害结果之间要存在因果关系。而本案中，上诉人进驻该小区是基于委托方滨州海润置业有限公司的委托，并且已经与被上诉人办理了正当的移交手续。因此上诉人根本不存在侵权行为，所以一审判决认定上诉人构成侵权，系认定事实错误。

三、上诉人不应当成为本案中的诉讼主体。

被上诉人提起的是侵权之诉，而依据《中华人民共和国侵权责任法》的相关规定，上诉人并未构成侵权，而且与被上诉人之间也不存在任何法律关系，所以依据《民事诉讼法》的相关规定，上诉人不应当成为本案中的诉讼主体。

综上所述，上诉人并未侵犯被上诉人的合法权利，故请求贵院依法撤销原审判决，改判上诉人不承担侵权责任，一、二审诉讼费用全部由被上诉人承担。

此致

陕西省高级人民法院

上诉人：滨州海天物业管理有限公司

2006 年 4 月 1 日

附：本诉状副本 1 份

【第二审答辩状范文】

民事答辩状

答辩人（被上诉人）：滨州海润家园物业服务有限公司。

住所地：滨州海河区敦煌路×号。

法定代表人：李××，系该公司董事长。

因上诉人就侵权纠纷一案上诉，提出答辩如下：

一、上诉人侵权事实清楚，证据确实充分。

上诉人与被上诉人之间虽然没有法律上的牵连关系，但上诉人强行进入被上诉人的物业管理用房及办公用房并进行物业管理的行为，显然是侵犯了被上诉人对物业管理用房的使用权、物业管理权。对此，在一审中法院已经作出了正确的认定。上诉人上诉所称上诉人不存在侵权行为与事实不符。

二、一审法院认定事实正确，判决正确。

被上诉人从 2001 年 12 月起就一直为海润家园小区提供物业管理服务，并与海润家园小区的开发商签订了物业管理用房房屋租赁合同。2005 年 8 月 29 日上诉人突然派出百名保安人员，撬开被上诉人的办公场所大门，强占了被上诉人的物业管理用房，禁止被上诉人的工作人员入内办公，扣押被上诉人的办公用具、资料等，侵害了被上诉人的合法权益。上诉人所称的移交手续是在被上诉人的强烈要求下上诉人返还了部分个人物品等，是在上诉人强占物业用房和办公用房后的行为。上诉人的上述行为有有关证据予以证实，一审法院认定事实正确，以此为依据作出的判决正确。

三、上诉人是本案的适格主体。

从本案所查明的事实可以看出上诉人直接实施了抢占被上诉人办公用房和物业管理用房的行为，且在上述用房中从事海润家园小区的物业管理行为。上诉人的上述行为是明显的侵权行为，侵犯了被上诉人的物业管理用房、办公用房的使用权、海润家园小区的物业管理权。上诉人的行为还造成了被上诉人无法正常经营，侵犯了被上诉人的经营权。因此，上诉人是本案的适格主体，依法应承担法律责任。

综上所述，答辩人认为，一审法院认定事实正确，证据确实充分，适用法律正确，判决正确。答辩人请求二审法院依法驳回上诉人的上诉请求，维持原判。

此致

陕西省高级人民法院

答辩人：滨州海润家园物业服务有限公司

2006年4月14日

附：本答辩状副本1份

【第二审判决书格式】

××××人民法院
民事判决书
（二审维持原判或者改判用）

（××××）×民终字第××号

上诉人（原审××告）……（写明姓名或名称等基本情况）。

被上诉人（原审××告）……（写明姓名或名称等基本情况）。

第三人……（写明姓名或名称等基本情况）。

（当事人及其他诉讼参加人的列项和基本情况的写法，除双方当事人的称谓外，与一审民事判决书样式相同。）

上诉人×××因……（写明案由）一案，不服××××人民法院（××××）×民初字第××号民事判决，向本院提起上诉。本院依法组成合议庭，公开（或不公开）开庭审理了本案。……（写明当事人及其诉讼代理人等）到庭参加诉讼。本案现已审理终结。（未开庭的，写："本院依法组成合议庭审理了本案，现已审理终结。"）

……（概括写明原审认定的事实和判决结果，简述上诉人提起上诉的请求和主要理由，被上诉人的主要答辩，以及第三人的意见）。

经审理查明，……（写明二审认定的事实和证据）。

本院认为，……（根据二审查明的事实，针对上诉请求和理由，就原审判决认定事实和适用法律是否正确，上诉理由能否成立，上诉请求是否应予支持，以及被上诉人的答辩是否有理等，进行有分析的评论，阐明维持原判或者改判的理由）。依照……（写明判决所依据的法律条款项）的规定，判决如下：

……［写明判决结果。分四种情况：

第一、维持原判的，写：

"驳回上诉，维持原判。"

第二、全部改判的，写：

"一、撤销××××人民法院（××××）×民初字第××号民事判决；

二、……（写明改判的内容，内容多的可分项书写）。"

第三、部分改判的，写：

"一、维持××××人民法院（××××）×民初字第××号民事判决的第×项，即……（写明维持的具体内容）；

二、撤销××××人民法院（××××）×民初字第××号民事判决的第×项，即……（写明撤销的具体内容）；

三、……（写明部分改判的内容，内容多的可分项书写）。"

第四、维持原判，又有加判内容的，写：

"一、维持××××人民法院（××××）×民初字第××号民事判决；

二、……（写明加判的内容）。"]
……（写明诉讼费用的负担）。
本判决为终审判决。

            审判长 ×××
            审判长 ×××
            审判员 ×××
           ××××年××月××日
             （院印）

本件与原本核对无异

            书记员 ×××

【第二审判决书范文】

       陕西省高级人民法院
        民事判决书

           （2006）陕民一终字第 154 号

上诉人（原审被告）：滨州海天物业管理有限公司。
住所地：滨州海河区敦煌路×号。
法定代表人：徐××，该公司董事长。
委托代理人：黄××，滨州鼎盛律师事务所律师。
被上诉人（原审原告）：滨州海润家园物业服务有限公司。
住所地：滨州海河区敦煌路×号。
法定代表人：李××，该公司董事长。
委托代理人：郑××，滨州西宇律师事务所律师。

  上诉人滨州海天物业管理有限公司为与被上诉人滨州海润家园物业服务有限公司侵权纠纷一案，不服陕西省滨州市中级人民法院（2006）滨法民一初字第 108 号民事判决，向本院提起上诉。本院受理后，依法组成合议庭，公开开庭进行了审理。上诉人滨州海天物业管理有限公司委托代理人黄××，被上诉人滨州海润家园物业服务有限公司委托代理人郑××到庭参加诉讼。本案现已审理终结。

  原审法院认为，法人的合法权益受法律保护，任何单位及个人不得侵害法人的合法权益，否则应当承担相应的民事侵权责任。原告与海润家园小区的开发商海润置业有限公司签订前期物业管理合同及房屋租赁合同后，即取得了海润家园小区合法的物业管理权、物业管理用房的使用权及合法经营的权利。海润置业有限公司单方解除与原告的前期物业委托合同，虽然给原告发出了公告，但原告对海润置业有限公司的解除行为有异议，被告在其解除行为的效力未确定的情况下即强行进驻该小区已经构成侵权，应当承担相应的民事侵权责任。关于原告诉请判令被告返还财产的诉讼请求，虽然在原告的财务账簿有记载，但原告无法证明被告占有了其记载在财产账簿的财产，对于原告的此项请求，因无充足的证据支持，故不予支持。原告诉请由被告赔偿其损失 50 万元，因原告在诉海润置业有限公司一案中已经主张该项损失，依照"一事不再理"的原则，原告在本案中提出此项请求不予支持。因此，原审法院判决：一、滨州海天物业管理有限公司立即停止侵权行为；二、滨州海天物业管理有限公司于本判决生效之日起十日内向滨州海润家园物业服务有限公司交付物业管理办公用房；三、滨州海天物业管理有限公司于本判决生效之日起十日内在海润家园小区管理用房处以公告形式向滨州海润家园物业服务有限公司赔礼道歉；四、驳回原告的其他诉讼请求。案件受理费10 010元、其他诉讼费1 078元，由原告滨州海润家园物业服务有限公司承担5 544元，被告滨州海天物业管理有限公司承担5 544元。

原审被告滨州海天物业管理有限公司不服滨州市中级人民法院上述民事判决，向本院提起上诉称，上诉人不存在侵权行为，不应当承担侵权责任。海润置业有限公司与被上诉人解除委托关系之后，上诉人接受海润置业有限公司的委托对海润家园小区提供物业管理服务，上诉人与被上诉人之间不存在任何法律上的牵连关系。上诉人基于委托进驻海润家园小区时，和被上诉人办理了移交手续，被上诉人所称上诉人强占办公用房和扣押办公用具、资料与事实不符。被上诉人诉称上诉人侵权缺乏事实根据和法律依据。一审判决认定上诉人构成侵权，系认定事实错误。上诉人不应当成为本案中的诉讼主体。综上，上诉请求依法撤销原审判决，改判上诉人不承担侵权责任。

被上诉人滨州海润家园物业服务有限公司答辩称，上诉人侵权事实清楚，证据充分。上诉人与被上诉人之间虽然没有法律上的牵连关系，但上诉人强行进入被上诉人的物业管理用房及办公用房并进行物业管理的行为，显然侵犯了被上诉人对物业管理用房的使用权、物业管理权。上诉人所称的移交手续是在侵权之后的行为。上诉人的侵权行为，侵犯了被上诉人的物业管理用房、办公用房的使用权、物业管理权和经营权。因此，上诉人是本案的当然主体，依法应当承担法律责任。综上，答辩人认为，一审判决认定事实和适用法律正确，请求二审法院维持原判。

经审理查明，2001年12月，滨州海润置业有限公司（甲方，以下简称海润置业）与滨州兴业物业管理有限公司（乙方，以下简称兴业物业）签订物业管理委托协议，海润置业将滨州海润家园小区的前期物业管理工作委托给兴业物业管理，并向兴业物业提供了滨州海河区敦煌路×号物业管理用房。2003年5月20日，滨州兴业物业管理有限公司在工商管理部门办理变更登记手续，公司名称变更为滨州海润家园物业服务有限公司（以下简称海润物业）。

2005年8月23日，海润置业向海润物业发出通知，决定从即日起解除与海润物业关于滨州海润家园小区的前期物业委托合同。同月29日，海润置业与滨州海天物业管理有限公司（以下简称海天物业）签订海润家园小区前期物业服务合同。30日，海润置业再次向海润物业发出通知，内容为：现我公司选聘海天物业对海润家园进行前期物业管理服务。为了便于新选聘物业公司顺利工作，限贵公司自接到通知之日起3日内移交物业管理用房，并在5日内移交物业管理资料、办理财务移交手续。9月1日，海润物业与海天物业进行了财产移交，双方在移交清单上签字。

以上事实，有海润置业与海润物业签订的物业管理委托协议书，海润置业与海天物业签订的海润家园前期物业服务合同，海润置业向海润物业发出的通知，移交清单，海润物业的工商登记资料以及双方当事人的陈述等证据在卷证实，并经庭审质证，足以认定。

本院认为，上诉人海天物业基于海润置业的委托，进驻海润家园小区时，和被上诉人海润物业进行了财物移交，双方在移交清单上签字确认，故海润物业诉称海天物业侵权与事实不符，其主张不能成立。原判决认定海天物业强行进入海润物业的物业管理用房及办公用房的事实证据不足，确认侵权成立属于适用法律错误，应予纠正。海润物业所称移交手续是在侵权之后办理的抗辩理由无证据证实，本院不予采纳。综上，海天物业不应当承担侵权责任的上诉理由成立，本院予以支持。依照《中华人民共和国民事诉讼法》第一百五十三条第一款（二）、（三）项、第六十四条第一款之规定，判决如下：

一、撤销陕西省滨州市中级人民法院（2006）滨法民一初字第108号民事判决；

二、驳回滨州海润家园物业服务有限公司的诉讼请求。

一审案件受理费11 088元、二审案件受理费11 088元，共计22 176元，由滨州海润家园物业服务有限公司承担。

本判决为终审判决。

审判长　杨××
审判员　王××
审判员　赵××

二〇〇六年十一月十九日
（院印）

本件与原本核对无异

书记员　郭××

本章讨论案例

王磊自幼丧母，与其姐王×系由其父王××（户籍在A市和平区）抚养长大，其姐出嫁到外地B市南禾区并在当地工作。2004年王××因为患病生活难以自理，经姐弟二人商量，其姐王×将其父王××接到自己家住。2006年王×患急病去世，王×的丈夫赵枫请求王磊将其父王××接回家赡养，但王磊置之不理。为此，王××一直居住在赵枫处。2008年王××病逝，其在A市和平区留有遗产房屋四间。王磊与赵枫因遗产继承发生纠纷。王磊诉至法院，一审法院经过审理认为，赵枫确实对王××尽过赡养义务，但王磊是法定继承人，所以房产判给王磊。赵枫不服提出上诉。二审法院认为，一审法院在认定事实方面是清楚的，但对赵枫是否有继承权的问题上适用法律错误，于是依法开庭审理后作出了判决。

根据上述案情，请讨论以下问题：

1. 本案第一审的管辖法院应是哪个地方人民法院？
2. 赵枫是否享有继承权？

训练目的

通过训练，使同学们了解如何针对第一审判决进行辩驳，为熟悉第二审程序的运作流程，请自行确定管辖法院、撰写上诉状，然后模拟提出上诉的流程，进行审理前的各项准备工作，编写庭审脚本，实施开庭活动，特别注意上诉案件的审理程序因审理范围方面的原因所呈现的特点。

第七章 刑事一审普通程序

第一节 庭审程序

刑事一审普通程序是指人民法院对公诉案件进行第一次审理所使用的普通程序规则的总称。强调普通程序目的在于和简易程序相区别。根据《刑事诉讼法》的相关规定，刑事一审普通程序包括法庭审判之前的程序和法庭审判程序两个环节。

一、法庭审判前程序

法庭审判前程序又称庭前程序，是指人民检察院向人民法院提起公诉之后到人民法院开庭审判之前，人民法院进行的各种审判准备工作。庭前程序有广义和狭义之分，广义的庭前程序包含立案、侦查、公诉等一系列程序，而狭义的庭前程序仅仅指人民检察院提起公诉后，人民法院开庭之前的阶段。这里的庭前程序指狭义的庭前程序。

庭前程序的核心是为开庭做准备。其包含两方面的工作，一是对公诉案件的审查，二是开庭审判前的准备。

对公诉案件的庭前审查程序，是人民法院受理人民检察院的起诉以后所进行的初步审查程序，涉及三个方面：一是审查的内容；二是审查的方法；三是审查后的处理决定。

1. 审查的内容

《刑事诉讼法》第181条规定："人民法院对提起公诉的案件进行审查后，对于起诉书明确的指控犯罪事的，应当决定开庭审判。"《法院解释》及《中华人民共和国最高人民法院司法解释》第180条规定，对提起公诉的案件，人民法院应当在收到起诉书（一式八份，每增加一名被告人，增加起诉书五份）和案卷、证据后，指定审判人员审查以下内容：①是否属于本院管辖；②起诉书是否写明被告人的身份，是否受过或者正在接受刑事处罚，被采取强制措施的种类、羁押地点，犯罪的时间、地点、手段、后果以及其他可能影响定罪量刑的情节；③是否移送证明指控犯罪事实的证据材料，包括采取技术侦查措施的批准决定和所收集的证据材料；④是否查封、扣押、冻结被告人的违法所得或者其他涉案财物，并附证明相关财物依法应当追缴的证据材料；⑤是否列明被害人的姓名、住址、联系方式；是否附有证人、鉴定人名单；是否申请法庭通知证人、鉴定人、有专门知识的人出庭，并列明有关人员的姓名、性别、年龄、职业、住址、联系方式；是否附有需要保护的证人、鉴定人、被害人名单；⑥当事人已委托辩护人、诉讼代理人，或者已接受法律援助的，是否列明辩护人、诉讼代理人的姓名、住址、联系方式；⑦是否提起附带民事诉讼；提起附带民事诉讼的，是否列明附带民事诉讼当事人的姓名、住址、联系方式，是否附有相关证据材料；⑧侦查、审查起诉程序的各种法律手续和诉讼文书是否齐全；⑨有无《刑事诉讼法》第15条第二项至第六项规定的不追究刑事责任的情形。

2. 审查的方法

人民法院在收到人民检察院的起诉书后,应当指定审判员对上述内容进行审查,审查的方法只能采取书面审查的方法,即只能审查人民检察院提交的起诉书和移送的有关材料,而不得进行提审被告人和证据调查工作。其目的在于保证人民法院的中立性,防止因进行这些工作而对案件产生预断力。

3. 审查后的处理

根据《法院解释》的规定,人民法院经过初步审查程序以后,应当分别情形作出下列处理决定:

(1) 属于告诉才处理的案件,应当退回人民检察院,并告知被害人有权提起自诉。

(2) 对于不属于本院管辖或者被告人不在案的,应当决定退回人民检察院。

(3) 对于需要补送材料的,应当通知人民检察院在 3 日内补送。

(4) 对于根据《刑事诉讼法》第 195 条第三项规定宣告被告人无罪的(即证据不足,指控罪名不能成立的无罪判决),人民检察院依据新的事实、证据材料重新起诉的,人民法院应当依法受理。

(5) 人民法院裁定准许人民检察院撤诉的案件,没有新的事实、证据,人民检察院重新起诉的,应当退回人民检察院。

(6) 对于符合《刑事诉讼法》第 15 条第二项至第六项规定的情形的,应当裁定终止审理或者退回人民检察院。

(7) 对于被告人真实身份不明,但符合《刑事诉讼法》第 158 条第二款规定的(即按其所讲的姓名起诉的),人民法院应当依法受理。

人民法院决定开庭审判后,为了保证开庭审判的顺利进行,根据《刑事诉讼法》第 151 条的规定,还应从程序上做好以下准备工作:

(1) 确定合议庭组成人员。具体应在什么时间组成合议庭,《刑事诉讼法》没有明确规定。根据审判实践经验,应当以保证合议庭的全体成员有足够的时间做好开庭审判的一切准备工作为宜。组成合议庭时,还应当确定书记员,负责担任法庭记录和其他有关工作。

(2) 将人民检察院的起诉书副本至迟在开庭 10 日以前送达被告人。对于被告人未委托辩护人的,告知被告人可以委托辩护人,或者在必要的时候指定承担法律援助义务的律师为其提供辩护。

(3) 将开庭的时间、地点在开庭 3 日以前通知人民检察院。人民检察院应当派员出庭支持公诉。

(4) 传唤当事人,通知辩护人、诉讼代理人、证人、鉴定人和翻译人员,传票和通知书至迟在开庭 3 日以前送达。

(5) 公开开庭审判的案件,在开庭 3 日以前,应以公告形式先期公告案由、被告人姓名、开庭时间和地点,以便人民群众到庭旁听。

(6) 可以召集公诉人、当事人、辩护人和诉讼代理人,对回避、出庭证人名单、非法证据排除等与审判相关的问题,了解情况,听取意见。

开庭前所进行的上述各项准备活动情况,应当写入笔录,由审判人员和书记员签名。

二、法庭审判程序

法庭审判程序,简称庭审程序,是指人民法院在公诉人、当事人以及其他诉讼参与人的直接参加下,当庭核实证据材料,查明案件事实,听取辩论意见,确定被告人是否有罪,犯有何罪,应否判处刑罚,处以何种刑罚,并依法作出判决的诉讼程序。法庭审判程序由庭审预备、法庭调查、法庭辩论、被告人最后陈述、评议和宣判五个阶段组成。

庭审预备工作,由书记员进行,依次做好下列工作:①查明公诉人、当事人、证人及其他诉讼参与人是否到庭;②宣读法庭规则,并告知诉讼参与人和旁听人员应当遵守的法庭秩序;③请公诉人、辩护人入庭;④请审判长、审判员(含人民陪审员)入庭,并向审判长报告开庭前的准备工作就绪,请审判长开庭审判案件。

书记员完成上述准备工作以后,由审判长宣布法庭审理开始。《刑事诉讼法》第185条规定:"开庭的时候,审判长查明当事人是否到庭,宣布案由;宣布合议庭的组成人员、书记员、公诉人、辩护人、诉讼代理人、鉴定人和翻译人员的名单;告知当事人有权对合议庭组成人员、书记员、公诉人、鉴定人和翻译人员申请回避;告知被告人享有辩护权利。"据此,审判长应当首先传被告人到庭,然后进行下列工作:

(1) 查明被告人的有关情况。具体包括:①姓名、民族、籍贯、出生地、出生年月日、文化程度、职业、住址或者单位的名称、住所等。②是否受过法律处分及种类和时间。③是否被采取过强制措施及种类、时间。④收到人民检察院起诉书副本的日期。如果有附带民事诉讼,附带民事诉讼被告人收到民事诉状的时间。

(2) 公布、告知有关事项。具体包括:①公布案件的来源、起诉的理由、附带民事诉讼原告人和被告人的姓名及是否公开审理。对于不公开审理的案件,当庭公布不公开审理的理由。②宣布合议庭组成人员、书记员、公诉人、辩护人、鉴定人和翻译人员的名单。③告知当事人、法定代理人在法庭审理过程中依法享有下列诉讼权利。可以申请合议庭组成人员、书记员、公诉人、鉴定人和翻译人员回避;可以提出证据,申请通知新的证人到庭;被告人可以在法庭辩论终结后作最后陈述。④分别询问当事人、法定代理人是否申请回避,申请何人回避和申请回避的理由。如果当事人、法定代理人申请回避,对于符合法定情形的,应当依照有关规定处理。对于不符合法定回避情形的,应当驳回申请,继续法庭审理。

法庭调查是当庭查明案件事实的重要阶段。根据《刑事诉讼法》第186~192条的规定,法庭调查主要是在审判长的主持下,由控辩双方进行讯问、发问、举证、质证等活动;必要时,审判人员也可以讯问被告人、询问证人、鉴定人和调查核实证据。具体步骤是:

1. 公诉人宣读起诉书

法庭调查是由审判长宣布法庭调查开始后由控方控诉开始的。先由公诉人宣读起诉书；有附带民事诉讼的，再由附带民事诉讼的原告人或者其法定代理人宣读附带民事诉状。

2. 被告人、被害人陈述

在审判长主持下，被告人、被害人可以就起诉书指控的犯罪事实分别进行陈述。被告人如果承认公诉人的指控，则应当对自己的犯罪行为进行陈述；被告人如果不承认公诉人的指控，则应允许被告人提出自己无罪的意见，同时，被害人也可以针对起诉书中指控的犯罪，陈述自己受害的过程以及有关的诉讼请求。

3. 调查当事人

（1）向被告人发问。在审判长主持下，首先是公诉人向被告人就起诉中指控的犯罪事实讯问被告人；被害人及其诉讼代理人经审判长许可，可以就公诉人发问的情况进行补充性发问；附带民事诉讼的原告人及其法定代理人或者诉讼代理人经审判长准许，可以就附带民事诉讼部分的事实向被告人发问；经审判长准许，被告人的辩护人及法定代理人或者诉讼代理人可以在控诉一方就某一具体问题讯问完毕后，可以向被告人发问。辩护律师在公诉人询问被害人及其代理律师后，经审判长许可，可以向被告人发问。被告人不承认指控犯罪的，应问明情况和理由。审判人员认为有必要时，可以向被告人发问。

（2）向被害人，附带民事诉讼的原告人发问。控辩双方经审判长许可，可以向被害人、附带民事诉讼原告人发问。审判人员认为有必要时，也可对其发问。

（3）向当事人发问时的注意事项：①公诉人讯问被告人。讯问被告人时，应围绕下列事实进行，被告人的身份；指控的犯罪事实是否存在，是否为被告人所实施；实施犯罪行为的时间、地点、方法、手段、结果，被告人犯罪后的表现等；犯罪集团或者其他共同犯罪案件中参与犯罪人员的各自地位和应负的刑事责任；被告人有无责任能力，有无故意或者过失，行为的动机、目的；有无依法不应追究刑事责任的情况，有无法定的从重或者从轻、减轻以及免除刑罚的情节；犯罪对象、作案工具的主要特点，与犯罪有关的财物的来源、数量以及去向；被告人全部或者部分否认起诉书指控的犯罪事实的，否认的根据和理由能否成立；与定罪量刑有关的其他事实。②对于共同犯罪案件中的被告人，应当分别进行讯问。合议庭认为必要时，可以传唤共同被告人同时到庭对质。③审判长对于控辩双方讯问、发问被告人、被害人和附带民事诉讼原告人、被告人的内容与本案无关或者讯问、发问的方式不当的，应当制止。对于控辩双方认为对方讯问或者发问的内容与本案无关或者讯问、发问的方式不当并提出异议的，审判长应当判明情况予以支持或者驳回。④公诉人向被告人提出威逼性、诱导性或与本案无关问题的，辩护律师有权提出反对意见。法庭驳回反对意见的，应当尊重法庭决定。公诉人对律师的发问提出反对意见的，律师可进行争辩。法庭支持公诉人反对意见的，律师应尊重法庭的决定，改变发问内容或方式。

4. 调查出庭的证人、鉴定人、勘验、检察笔录制作人或者未出庭的书面证言、鉴定结论、勘验、检查笔录

（1）对指控的每一起案件事实，经审判长准许，公诉人可以提请审判长传唤证人、鉴定人和勘验、检查笔录制作人出庭作证，或者出示证据，宣读未到庭的被害人、证人、鉴定人和勘验、检查笔录制作人的书面陈述、证言、鉴定结论及勘验、检查笔录；被害人及

其诉讼代理人和附带民事诉讼的原告人及其诉讼代理人经审判长准许，也可以分别提请传唤尚未出庭作证的证人、鉴定人和勘验、检查笔录制作人出庭作证，或者出示公诉人未出示的证据，宣读未宣读的书面证人证言、鉴定结论及勘验、检查笔录。

（2）被告人、辩护人、法定代理人经审判长准许，可以在起诉一方举证、提供证据后，分别提请传唤证人、鉴定人出庭作证，或者出示证据、宣读未到庭证人的书面证言、鉴定人的鉴定结论。审判人员认为有必要时，也可以询问证人、鉴定人。

（3）控辩双方要求证人出庭作证，向法庭展示物证、书证、视听资料等证据，应当向审判长说明准备证明的事实，审判长准许的，即传唤证人或者准许出示证据；审判长认为与案件无关或者明显重复、不必要的证据，可以不予准许。

（4）证人应当出庭作证。符合下列情形，经人民法院准许的，证人可以不出庭作证：未成年人；庭审期间身患严重疾病或者行动极为不便的；其证言对案件的审判不起直接决定作用的；有其他原因的。证人到庭后，审判人员应当先核实证人的身份、与当事人以及本案的关系，告知证人应当如实地提供证言和有意作伪证或者隐匿罪证要负的法律责任。证人作证前，应当在如实作证的保证书上签名。应当出庭的证人，经人民法院通知，无正当理由不出庭的，人民法院可以强制其到庭，但是被告人配偶、父母、子女的除外。

（5）质证。向证人发问，应当先由提请传唤的一方进行；发问完毕后，另一方经审判长准许，也可以发问。询问证人应当遵循以下规则：①发问的内容应当与本案事实有关。②不得以诱导方式提问。③不得威胁证人。④不得损害证人的人格尊严。前款规定也适用于对被告人、被害人、附带民事诉讼原告人和鉴定人的讯问、发问或者询问。

证人在法庭上提供证言的，公诉人应当按照审判长确定的顺序向证人发问。公诉人应当首先要求证人就其所了解的与案件有关的事实进行连贯陈述。证人连贯陈述后，公诉人经审判长许可，可以对证人发问。证人不能连贯陈述的，公诉人也可以直接发问。对证人发问，应当针对证言中有遗漏、矛盾、模糊不清和有争议的内容，并着重围绕与定罪量刑紧密相关的事实进行。发问应当采取一问一答形式，提问应当简洁、清楚。证人进行虚假陈述的，应当通过发问澄清事实，必要时还应当宣读证人在侦查、审查起诉阶段提供的证言笔录或者出示、宣读其他证据对证人进行询问。当事人和辩护人、诉讼代理人对证人发问后，公诉人可以根据证人回答的情况，经审判长准许，再次对证人发问。询问鉴定人参照上述规定进行。对于经人民法院通知未到庭的被害人的陈述笔录、鉴定人的鉴定结论、勘验笔录及其他作为证据的文书，公诉人应当庭宣读。公诉人对于搜查、勘验、检查等侦查活动中形成的笔录存在争议，需要负责侦查的人员以及搜查、勘验、检查等活动的见证人出庭陈述有关情况的，可以建议合议庭通知其出庭。

对控诉方的出庭证人，辩护律师应注意从以下方面进行质证：①证人与案件事实的关系；②证人与被告人、被害人的关系；③证言与其他证据的关系；④证言的内容及其来源；⑤证人感知案件事实时的环境、条件和精神状态；⑥证人的感知力、记忆力和表达能力；⑦证人作证是否受到外界的干扰或者影响；⑧证人的年龄以及生理上、精神上是否有缺陷；⑨证言前后是否矛盾。辩护律师应综合以上方面，对证人证言的可信性及时发表意见并阐明理由，如有异议，应与控诉方展开辩论。对于公诉机关提出证人名单以外的证人出庭作证的，辩护律师有权建议法庭不予采信或者要求法庭延期审理。

对出庭的鉴定人，辩护律师应注意从以下方面进行质证：①鉴定人与案件的关系；②鉴定人与被告人、被害人的关系；③鉴定人的资格；④鉴定人进行鉴定时是否受到外界的干扰和影响；⑤鉴定的依据和材料；⑥鉴定的设备和方法；⑦鉴定结论与其他证据的关系；⑧鉴定结论是否有科学依据。辩护律师应综合以上方面，对鉴定结论的可信性及时发表意见并阐明理由，如有异议，应与控诉方展开辩论。

对控诉方宣读的未出庭证人的书面证言，辩护律师应注意从以下方面进行质证：①证人不能出庭作证的原因及对本案的影响；②证人证言的形式和来源是否合法，内容是否完整、准确；③《律师办理刑事案件规范》第95条规定的其他相关方面。辩护律师应综合以上方面，对未出庭证人证言的可信性及时发表意见并阐明理由，如有异议，应与控诉方展开辩论。必要时，有权建议法庭不予采信或者要求法庭延期审理，通知证人出庭作证。控诉方宣读证据目录以外的证人证言，辩护律师有权建议法庭不予采信或者要求法庭延期审理，并通知证人出庭作证。

对控诉方宣读的鉴定结论，辩护律师应注意从以下几方面进行质证：①鉴定人不能出庭的原因及对本案的影响；②鉴定结论的形式和来源是否合法，内容是否完整、准确；③《律师办理刑事案件规范》第97条规定的其他相关方面。辩护律师应综合以上方面，对鉴定结论的可信性及时发表意见并阐明理由，如有异议，应与控诉方展开辩论。必要时，辩护律师有权建议法庭不予采信或者要求法庭延期审理，并通知鉴定人出庭接受质证，也可以申请人民法院补充鉴定或者重新鉴定。控诉方宣读证据目录以外的鉴定结论，辩护律师有权建议法庭不予采信或者要求法庭延期审理，并通知鉴定人出庭接受质证，也可以申请人民法院补充鉴定或者重新鉴定。

（6）鉴定人应当出庭宣读鉴定结论，但经人民法院准许不出庭的除外。鉴定人到庭后，审判人员应当先核实鉴定人的身份、与当事人及本案的关系，告知鉴定人应当如实地提供鉴定意见和有意作虚假鉴定要负的法律责任。鉴定人说明鉴定结论前，应当在如实说明鉴定结论的保证书上签名。向鉴定人发问，应当先由要求传唤的一方进行；发问完毕后，另一方经审判长准许，也可以向鉴定人发问。

（7）对证人和鉴定人的发问应当分别进行。证人、鉴定人经控辩双方发问或者审判人员询问后，审判长应当让其退庭。证人、鉴定人不得旁听对本案的审理。

（8）审判长对于控辩双方向证人、鉴定人发问的内容与本案无关或者发问的方式不当的，应当制止。对于控辩双方认为对方发问的内容与本案无关或者发问的方式不当并提出异议的，审判长应当判明情况予以支持或者驳回。

（9）当庭出示的证据、宣读的证人证言、鉴定结论和勘验、检查笔录等，在出示、宣读后，应即将原件移交法庭。对于确实无法当庭移交的，应当要求出示、宣读证据的一方在休庭后3日内移交。对于公诉人在法庭上宣读、播放未到庭证人的证言的，如果该证人提供过不同的证言，法庭应当要求公诉人将该证人的全部证言在休庭后3日内移交。人民法院审查上述证据材料，发现与庭审调查认定的案件事实有重大出入，可能影响正确裁判的，应当决定恢复法庭调查。

（10）公诉人对于搜查、勘验、检查等侦查活动中形成的笔录存在争议，需要负责侦查的人员以及搜查、勘验、检查等活动的见证人出庭陈述有关情况的，可以建议合议庭通知其出庭。

5. 调查物证、书证、视听资料等

（1）当庭出示的物证、书证、视听资料等证据，应当先由出示证据的一方就所出示证据的来源、特征等作必要的说明，然后由另一方进行辨认，发表意见。控辩双方可以互相质问、辩论。

（2）公诉人向法庭出示物证，应当对该物证所要证明的内容、获取情况作概括的说明，并向当事人、证人等问明物证的主要特征，让其辨认。宣读书证应当对书证所要证明的内容、获取情况作概括的说明，向当事人、证人问明书证的主要特征，并让其辨认。对该书证进行技术鉴定的，应当宣读鉴定书。

（3）对控诉方出示的物证，辩护律师应注意从以下方面进行质证：①物证是否为原物；②物证与本案的联系；③物证与其他证据的联系；④物证要证明的问题；⑤取得物证的程序是否合法。

对控诉方出示的书证，辩护律师应注意从以下方面进行质证：①书证的来源程序及是否为原件；②书证的真伪；③书证与本案的联系；④书证与其他证据的联系；⑤书证的内容及所要证明的问题；⑥取得书证的程序是否合法。辩护律师应综合以上方面，对物证、书证的可信性及时发表意见并阐明理由，如有异议，应与控诉方展开辩论。对于控诉方出示的证据目录以外的物证、书证，辩护律师有权建议法庭不予采信或要求法庭延期审理。

对控诉方提供并播放的视听资料，辩护律师应从以下方面进行质证：①是否附有提取过程的说明，来源是否合法；②是否为原件，有无复制及复制份数；是复制件的，是否附有无法调取原件的原因、复制件制作过程和原件存放地点的说明，制作人、原视听资料持有人是否签名或者盖章；③制作过程中是否存在威胁、引诱当事人等违反法律、有关规定的情形；④是否写明制作人、持有人的身份，制作的时间、地点、条件和方法；⑤内容和制作过程是否真实，有无剪辑、增加、删改等情形；⑥内容与案件事实有无关联。辩护律师在视听资料播放后，通过上述各方面的质证，如果发现该资料不真实，或者与本案没有关系，或者其内容不是被告人自愿所为等，应提出不予采信的建议和理由。控辩双方可以就此展开辩论，辩护律师有权要求法庭调查核实。控诉方提供证据目录以外的视听资料，辩护律师有权建议法庭不予采信或要求法庭延期审理。

对控诉方出示的电子数据，辩护律师应当从以下几方面进行质证：①是否随原始存储介质移送；在原始存储介质无法封存、不便移动或者依法应当由有关部门保管、处理、返还时，提取、复制电子数据是否由二人以上进行，是否足以保证电子数据的完整性，有无提取、复制过程及原始存储介质存放地点的文字说明和签名；②收集程序、方式是否符合法律及有关技术规范；经勘验、检查、搜查等侦查活动收集的电子数据，是否附有笔录、清单，并经侦查人员、电子数据持有人、见证人签名；没有持有人签名的，是否注明原因；远程调取境外或者异地的电子数据的，是否注明相关情况；对电子数据的规格、类别、文件格式等注明是否清楚；③电子数据内容是否真实，有无删除、修改、增加等情形；④电子数据与案件事实有无关联；⑤与案件事实有关联的电子数据是否全面收集。

（4）在控诉方举证完毕后，辩护律师应向法庭申请对本方证据进行举证。辩护律师举证时,应向法庭说明证据的形式、内容、来源以及所要证明的问题,并特别注意以下方面:①物证、书证、视听资料来源的合法性;②证人证言、被告人陈述、鉴定结论取得的程序的合法性;③证据内容的真实性;④证据与案件以及证据之间的联系。对本方的举证,控诉方提出异议的,辩护律师应当有针对性地进行辩论,维护本方证据的可信性。

6. 对与量刑有关的事实和证据的调查

《法院解释》第 225 条规定法庭审理过程中,除应当审查被告人是否具有法定量刑情节外,还应当根据案件情况审查以下影响量刑的情节:①案件起因;②被害人有无过错及过错程度,是否对矛盾激化负有责任及责任大小;③被告人的近亲属是否协助抓获被告人;④被告人平时表现,有无悔罪态度;⑤退赃、退赔及赔偿情况;⑥被告人是否取得被害人或者其近亲属谅解;⑦影响量刑的其他情节。

7. 双方举证、质证后,法庭调查、核实证据

(1) 在法庭调查过程中,合议庭对于证据有疑问的,可以宣布休庭,对该证据进行调查核实。人民法院调查核实证据时,可以进行勘验、检查、扣押、鉴定和查询、冻结。必要时,可以通知检察人员、辩护人到场。

(2) 在法庭审理过程中,合议庭对证据有疑问或人民法院根据辩护人、被告人的申请,向人民检察院调取在侦查、审查起诉中收集的有关被告人无罪或者罪轻的证据材料时,人民检察院应当自收到人民法院要求调取证据材料决定书后 3 日内移交。如果没有此材料,应当向人民法院说明情况。法庭审理过程中,合议庭对证据有疑问并在休庭后进行勘验、检查、扣押、鉴定和查询、冻结的,人民检察院应当依法进行监督,发现上述活动有违法情况的应当提出纠正意见。

(3) 人民法院根据律师申请收集、调取的证据或者合议庭休庭后自行调查取得的证据,必须经过庭审辨认、质证后才能决定是否作为判决的依据。未经庭审辨认、质证直接采纳为判决依据的,人民检察院应当提出纠正意见;作出判决的,人民检察院应当依法提出抗诉。

8. 对开庭前获得的新证据、新情况的调查

(1) 法庭审理过程中,当事人和辩护人、诉讼代理人有权申请通知新的证人到庭,调取新的物证,申请重新鉴定或勘验,法庭对上述申请应当作出是否同意的决定。

(2) 公诉人要求出示开庭前送交人民法院的证据目录以外的证据,辩护方提出异议的,审判长如认为该证据确有出示的必要,可以准许出示。如果辩护方提出对新的证据要作必要准备时,可以宣布休庭,并根据具体情况确定辩护方作必要准备的时间。确定的时间期满后,应当继续开庭审理。

(3) 当事人和辩护人申请通知新的证人到庭,调取新的证据,申请重新鉴定或者勘验的,应当提供证人的姓名、证据的存放地点,说明所要证明的案件事实,要求重新鉴定或者勘验的理由。审判人员根据具体情况,认为可能影响案件事实认定的,应当同意该申请,并宣布延期审理;不同意的,应当告知理由并继续审理。依照前述规定延期审理的时间不得超过 1 个月,延期审理的时间不计入审限。

9. 补充侦查

在庭审过程中,公诉人发现案件需要补充侦查,提出延期审理建议的,合议庭应当同

意。但是建议延期审理的次数不得超过两次。法庭宣布延期审理后,人民检察院在补充侦查的期限内没有提请人民法院恢复法庭审理的,人民法院应决定按人民检察院撤诉处理。合议庭在案件审理过程中,发现被告人可能有自首、立功等法定量刑情节,而起诉和移送的证据材料中没有这方面的证据材料的,应当建议人民检察院补充侦查。

法庭辩论是继法庭调查后,控辩双方在审判长主持下,就调查过的有关证据材料、案件事实以及被告人的定罪量刑等问题,集中发表各自主张、意见的一个庭审阶段。因双方观点的对立、焦点的争议,往往使法庭辩论成为法庭审判的高潮和精彩片断。事实上,在法庭调查阶段,控辩双方已经就正在调查的有关证据问题进行了辩论,因此广义的法庭辩论,还包括穿插于法庭调查过程中控辩双方间的言词辩论。法庭辩论是诉讼中辩论原则以及被告人行使辩护权的重要体现。被告人可以自行辩护,也可以委托律师辩护,具体程序如下:

(1) 在法庭审理中,经审判长许可,公诉人可以逐一对正在调查的证据和案件情况发表意见,并同被告人、辩护人进行辩论。证据调查结束时,公诉人应当发表总结性意见。法庭辩论中,公诉人与被害人、诉讼代理人意见不一致的,公诉人应当认真听取被害人、诉讼代理人的意见,阐明自己的意见和理由。合议庭认为本案事实已经调查清楚,应当由审判长宣布法庭调查结束,开始就全案事实、证据、适用法律等问题进行法庭辩论。

(2) 法庭辩论应在审判长的主持下,按照下列顺序进行:①公诉人发言;②被害人及其诉讼代理人发言;③被告人自行辩护;④辩护人辩护;⑤控辩双方进行辩论。

附带民事诉讼部分的辩论应当在刑事诉讼部分的辩论结束后进行,先由附带民事诉讼原告人及其诉讼代理人发言,然后由被告人及其诉讼代理人答辩。

(3) 在法庭辩论过程中,审判长对于控辩双方与案件无关、重复或者互相指责的发言应当制止。在法庭辩论过程中,如果合议庭发现新的事实,认为有必要进行调查时,审判长可以宣布暂停辩论,恢复法庭调查,待该事实查清后再继续法庭辩论。

(4) 对于辩护人依照有关规定当庭拒绝继续为被告人进行辩护的,合议庭应当准许。如果被告人要求另行委托辩护人,合议庭应当宣布延期审理,由被告人另行委托辩护人或者由人民法院为其另行指定辩护律师。

被告人当庭拒绝辩护人为其辩护,要求另行委托辩护人的,合议庭应当同意,并宣布延期审理。被告人要求人民法院另行指定辩护律师,合议庭同意的,应当宣布延期审理。重新开庭后,被告人再次当庭拒绝重新委托的辩护人或者人民法院指定的辩护律师为其辩护的,合议庭应当分情形作出处理:①被告人是成年人的,可以准许。但被告人不得再另行委托辩护人,人民法院也不再另行指定辩护律师,被告人可以自行辩护。②被告人具有《法院解释》第36条规定情形之一的,不予准许。

依照《法院解释》第164条、第165条第一款、第二款规定另行委托、指定辩护人或者辩护律师的,自案件宣布延期审理之日起至第10日止,准备辩护的时间不计入审限。

(5) 控诉方发表控诉意见后,经审判长许可,辩护律师发表辩护意见。辩护意见应针对控诉方的指控,从事实是否清楚、证据是否确实充分、适用法律是否准确无误、诉讼程序是否合法等不同方面进行分析论证,并提出关于案件定罪量刑的意见和理由。为被告人做无罪辩护,应主要从以下方面进行:①控诉方指控的证据不足,不能认定被告人有罪;②控诉方或辩护方提供的证据,能证明属于下述情况的,依据法律应当认定被告人无罪,被告人行为情节显著轻微,危害不大,不认为是犯罪;被告人行为系合法行为;被告人没有实施控诉方指控的犯罪行为;③其他依法认定被告人无罪的情况。

为被告人做有罪辩护,应着重从案件定性和对被告人从轻、减轻或者免除处罚等方面进行。

审判长宣布法庭辩论终结后,被告人有最后陈述的权利,这是被告人一项重要的诉讼权利。合议庭应当保证被告人充分行使最后陈述的权利。如果被告人在最后陈述中多次重复自己的意见,审判长可以制止;如果陈述内容是蔑视法庭、公诉人,损害他人及社会公共利益或者与本案无关的,应当制止;在公开审理的案件中,被告人最后陈述的内容涉及国家秘密或者个人隐私的,也应当制止。

被告人在最后陈述中提出了新的事实、证据,合议庭认为可能影响正确裁判的,应当恢复法庭调查;如果被告人提出新的辩解理由,合议庭认为确有必要的,可以恢复法庭辩论。

评议。审判长在被告人最后陈述后,应当宣布休庭,合议庭进行评议。合议庭应当根据已经查明的事实、证据和有关法律规定,并在充分考虑控辩双方意见的基础上,进行评议,确定被告人是否有罪,应否追究刑事责任;构成何罪,应否处以刑罚;判处何种刑罚;有无从重、从轻、减轻或者免除处罚的情节;附带民事诉讼如何解决;赃款赃物如何处理等,并依法作出判决。

开庭审理和评议案件,必须由同一合议庭进行。合议庭成员在评议案件的时候,应当表明自己的意见。如果意见分歧,应当按多数人的意见作出决定,但是少数人的意见应当写入笔录。评议笔录由合议庭的组成人员在审阅确认无误后签名。评议情况应当保密。合议庭开庭审理并且评议后,应当作出判决或者裁定。对下列疑难、复杂、重大的案件,合议庭认为难以作出决定的,可以提请院长决定提交审判委员会讨论决定:①拟判处死刑的;②合议庭成员意见有重大分歧的;③人民检察院可能抗诉的;④在社会上有重大影响的。

对于合议庭提请院长决定提交审判委员会讨论决定的案件,院长认为不必要的,可以建议合议庭复议一次。独任审判的案件,开庭审理后,独任审判员认为有必要的,也可以提请院长决定提交审判委员会讨论决定。审判委员会的决定,合议庭独任审判员应当执行,有不同意见的,可以建议院长提交审判委员会复议。

根据《刑事诉讼法》第195条和《法院解释》的有关规定,合议庭经过评议,有权根据案件的不同情况分别作出如下处理:

(1)起诉指控的事实清楚,证据确实、充分,依据法律认定被告人的罪名成立,应当作出有罪判决。

(2)起诉指控的事实清楚,证据确实、充分,指控的罪名与审理认定的罪名不一致的,应当按照审理认定的罪名作出有罪判决。

(3) 案件事实清楚,证据确实、充分,依据法律认定被告人无罪的,应当判决宣告被告人无罪。

(4) 证据不足,不能认定被告人有罪的,应当以证据不足、指控的犯罪不能成立,判决宣告被告人无罪。

(5) 案件事实部分清楚,证据确实、充分的,应当依法作出有罪或者无罪的判决;事实不清,证据不足部分,依法不予认定。

(6) 被告人因不满16周岁,不予刑事处罚的,应当判决宣告被告人不负刑事责任。

(7) 被告人是精神病人,在不能辨认或者不能控制自己行为的时候造成危害结果,不予刑事处罚的,应当判决宣告被告人不负刑事责任。

(8) 犯罪已过追诉时效期限,并且不是必须追诉、或者经特赦令免除刑罚的,应当裁定终止审理。

(9) 被告人死亡的,应当裁定终止审理;对于根据已查明的案件事实和认定的证据材料,能够确认被告人无罪的,应当判决宣告被告人无罪。

宣判,即宣告判决,指人民法院将判决的内容公开宣布告知的诉讼活动。分为当庭宣判和定期宣判两种形式。当庭宣判,就是法庭审理完毕,合议庭利用休庭后的短暂时间,退庭进行评议并作出判决后,立即复庭,由审判长口头宣告判决主文或主要内容的活动。当庭宣告判决的,应当在5日以内将判决书送达当事人及其法定代理人、诉讼代理人、提起公诉的人民检察院、被告人的辩护人、近亲属等;定期宣判,是指人民法院经过法庭审理后另行确定日期宣告判决的诉讼活动。定期宣判的,应当在宣判后立即将判决书送达上述人员和机关。

地方各级人民法院在宣告第一审判决、裁定时,应当明确告知有关人员不服本判决的有上诉权,以及上诉的法院和上诉的期限。

第二节 实 验 案 例

李佳、林晓羽抢劫案审理脚本

本模拟法庭审判角色如下:①审判人员3人,其中陪审员1人;②书记员1人;③被告2人;④辩护人2人;⑤法警6人;⑥证人1人。

模拟法庭审判道具:①法官袍2件;②书记员服1套;③律师袍2件;④法槌1个。

【案情简介】

2012年7月24日,被告人李佳、林晓羽二人因没钱交房租,便预谋到外地实施抢劫,遂于当日早晨8时许在兰州市城关区武都路家家乐超市购得小刀一把作为作案工具,后驱车前往定西市,到达定西市临远路清远小区后,选定3单元101室作为目标。被告人李佳以解手为由,骗得受害人李兰英打开房门,被告人李佳进入室内,被告人林晓羽在门口等候。被告人李佳在洗手间内将被害人李兰英捅伤致死后劫得现金530元。经法医鉴定,受害人李兰英系左胸部刺创致心包破裂,心脏破裂而死亡。

开庭日 10 日以前

送达起诉书副本给被告人、辩护人。

开庭 5 日以前

通知当事人、法定代理人、辩护人、诉讼代理人提供证人、鉴定人名单，以及拟当庭出示的证据；申请证人、鉴定人、有专门知识的人出庭的，应当列明有关人员的姓名、性别、年龄、职业、住址、联系方式。

开庭日 3 日以前

（1）通知人民检察院开庭的时间、地点。
（2）传票送达当事人。
（3）通知书送达辩护人、诉讼代理人、法定代理人、证人、鉴定人、翻译人员。
（4）公布公开审理案件的案由、被告人的姓名、开庭时间、地点。

开庭之日

（书记员就位，面向旁听席站立）

书记员：请保持安静，查明公诉人、当事人、证人及其他诉讼参与人到庭情况。

（书记员可以口头询问的方式查明上述人员是否到庭）

书记员：请旁听人员保持安静，现在宣读法庭规则。

（1）在案件审理过程中应关闭寻呼机、手机；
（2）未经允许不得录音、录像和摄影，经允许可以摄影的人员不得使用闪光灯；
（3）不得随意走动和进入审判区；
（4）不得发问、提问、鼓掌、喧哗、哄闹和实施其他妨碍审判活动的行为；
（5）爱护法庭设施、保持法庭卫生，不得吸烟和随地吐痰；
（6）旁听人员违反法庭规则的，审判长可以口头警告、训诫，也可以没收录音、录像和摄影器材，责令退出法庭或经院长批准予以 1 000 元以下罚款、15 日以下拘留；对于哄闹、冲击法庭，侮辱、诽谤、威胁、殴打审判人员等严重扰乱法庭秩序的，依法追究刑事责任；
（7）旁听公民通过旁听案件的审判，对法院的审判活动有意见或建议的，可以在闭庭以后书面向法院提出。

书记员：请公诉人、辩护人入庭。

（以上人员各自到位就座）

书记员：全体起立，请审判长、审判员（人民陪审员）入庭。

（以上人员到位就座）

书记员：报告审判长，开庭前的准备工作已经就绪。

（审判长向书记员示意，书记员转身）

审判长：请坐下！现在开庭！（敲法槌）带被告人到庭。

（法警将候审室的被告人带至法庭被告席）

审判长：被告人姓名。

被告人李佳：李佳。

审判长：被告人李佳，你的出生年月日。

被告人李佳：1988 年 4 月 11 日。
审判长：民族。
被告人李佳：汉族。
审判长：出生地。
被告人李佳：甘肃兰州。
审判长：文化程度。
被告人李佳：中技毕业。
审判长：职业。
被告人李佳：没有固定工作，打工的。
审判长：家庭住址。
被告人李佳：家住兰州城关区，街心小区。后租房在武都路 18 号的一个住宅小院子里。
审判长：有无别名、曾用名。
被告人李佳：没有。
审判长：以前是否受过法律处分。
被告人李佳：没有。
审判长：你是什么时候被刑事拘留的。
被告人李佳：2012 年 10 月 10 号。
审判长：你是什么时候被逮捕的。
被告人李佳：2012 年 10 月 15 号。
审判长：定西市人民检察院的起诉书副本你收到了吗？
被告人李佳：收到了。
审判长：什么时候收到的。
被告人李佳：忘了。
审判长：有没有 10 天。
被告人李佳：有了。
审判长：被告人，你的姓名。
被告人林晓羽：林晓羽。
审判长：被告人林晓羽，你的出生年月日。
被告人林晓羽：1996 年 7 月 12 号。
审判长：民族。
被告人林晓羽：汉族。
审判长：出生地。
被告人林晓羽：甘肃兰州。
审判长：文化程度。
被告人林晓羽：初中。
审判长：职业。
被告人林晓羽：没有。
审判长：你的家庭住址。

被告人林晓羽：我家在兰州市城关区嘉禾小区。被捕前和李佳一起住在武都路的一个小院子里。

审判长：有无别名、曾用名。

被告人林晓羽：没有。

审判长：以前是否受过法律处分。

被告人林晓羽：没有。

审判长：你是什么时候被刑事拘留的。

被告人林晓羽：我是2012年10月10号投案自首的。

审判长：你是什么时候被逮捕的。

被告人林晓羽：2012年10月15号。

审判长：定西市人民检察院的起诉书副本你收到了吗？

被告人林晓羽：收到了。

审判长：是什么时候收到的。

被告人林晓羽：大概10天前。

审判长：根据《中华人民共和国刑事诉讼法》第152条之规定，甘肃省定西市中级人民法院，今天依法公开审理由甘肃省定西市人民检察院提起公诉的被告人李佳、林晓羽抢劫一案。本案由本院审判员刘玉担任审判长，与审判员杨杰、张涛依法组成合议庭；书记员赵亮担任法庭记录；甘肃省定西市人民检察院指派检察员张文彬、赵聪出庭支持公诉，甘肃省正义律师事务所律师贾东鹏受被告人李佳亲属的委托，担任被告人李佳的辩护人，甘肃飞天律师事务所律师康龙飞接受林晓羽法定代理人的委托，担任被告人林晓羽的辩护人。出庭为被告人李佳、林晓羽进行辩护。

审判长：根据《刑事诉讼法》第185条、192条、193条的规定，当事人、辩护人在诉讼中享有如下权利：

（1）可以申请合议庭组成人员，书记员，公诉人回避；

（2）可以提出新的证据，申请通知新的证人到庭，调取新的物证，申请重新鉴定或勘验、检查；

（3）被告人可以自行辩护；

（4）被告人可以在法庭辩论终结后作最后陈述。

审判长：被告人李佳，刚才宣布的你在法庭上的权利，你听清楚了吗？

被告人李佳：听清楚了。

审判长：你申请回避吗？

被告人李佳：不申请。

审判长：被告人林晓羽，你刚才听清楚了吗？

被告人林晓羽：听清楚了。

审判长：你申请回避吗？

被告人林晓羽：不申请。

审判长：现在开始法庭调查，首先由公诉人宣读起诉书。

公诉人：

甘肃省定西市人民检察院
起诉书

定检刑诉〔2009〕第56号

被告人李佳，男，1988年4月11日生，身份证号码：××××，汉族，初中文化，兰州市城关区人，现住兰州市城关区天水路街心小区1栋28号，无业。2012年10月10日因涉嫌抢劫被定西市公安局刑事拘留，同年10月15日被逮捕，现羁押于定西市第一看守所。

被告人林晓羽，男，1996年7月12日生，汉族，初中文化，兰州市城关区人，身份证号码：××××，现住兰州市城关区静宁路嘉禾小区8栋59号，无前科。2012年10月10日因涉嫌抢劫被定西市公安局刑事拘留，同年10月15日被逮捕，现羁押于定西市第一看守所。

被告人李佳、林晓羽入室抢劫致人死亡一案，经定西市公安局侦查终结，于2013年3月26日移送本院审查起诉，本院受理后，依法讯问了被告人，听取了被害人诉讼代理人和被告人辩护人的意见并审查了全部案件材料。

经依法审查查明：

2012年7月24日，被告人李佳、林晓羽二人因没钱交房租，便心生实施抢劫的恶念。遂于当日早晨8时许在兰州城关区附近的家家乐超市购得小刀一把作为作案工具，后驱车前往定西市，到达清远小区后，选定3单元101室作为目标。被告人李佳以解手为由，骗得受害人李兰英打开房门，被告人李佳进入室内，被告人林晓羽门口等候。被告人李佳在洗手间内将被害人李兰英捅伤致死后劫得现金530元，后与被告人林晓羽逃回兰州。经法医鉴定，受害人李兰英系左胸部刺创致心包破裂，心脏破裂而死亡。

以上犯罪事实有被告人供述；证人证言；现场勘查笔录；尸体检验报告为证。事实清楚，证据确实、充分，足以认定。

本院认为，被告人李佳、林晓羽无视国法，入室劫取他人财物，其行为触犯了《中华人民共和国刑法》第263条之规定，构成抢劫罪。二被告人的行为导致被害人李兰英死亡，应当加重处罚。本院为维护社会秩序，保护公民人身权利不受侵犯，打击刑事犯罪，现根据《中华人民共和国刑事诉讼法》第172条之规定，特提起公诉，请依法予以惩处。

此致
定西市中级人民法

检察员：张文彬
2013年5月23日
（院印）

附：1. 证人名单1份
    2. 证据目录1份
    3. 主要证据复印件1份

审判长：带被告人林晓羽到候审室候审。

（法警将被告人林晓羽被带下法庭）

审判长：被告人李佳，公诉人刚才宣读的起诉书你听清楚了吗？

被告人李佳：听清楚了。
审判长：与你收到的起诉书副本是否一致？
被告人李佳：一致。
审判长：被告人李佳，你可以就起诉书指控的犯罪事实进行陈述。
被告人李佳：我没有什么要说的，他们检察院说的都是对的。
审判长：公诉人可以就起诉书指控的犯罪事实向被告人李佳发问。
公诉人：被告人李佳，公诉人今天在法庭上就本案事实再次对你进行询问，你必须如实回答，听清楚了吗？
被告人李佳：嗯。
审判长：被告人你可以坐下回答问题。
（被告人李佳坐下）
公诉人：被告人，去抢劫的想法是谁先提出来的。
被告人李佳：是我先提出的。
公诉人：买刀子是谁提出来的。
被告人李佳：也是我提出来的。
公诉人：你和林晓羽是怎么到定西的。
被告人李佳：坐长途车。
公诉人：到清远小区后，你们为什么把目标选择在3单元101室。
被告人李佳：我们只是随便定的，想碰碰运气，没有什么原因。
公诉人：你是怎么进入101室的？
被告人李佳：是那个老太太开的门，她把门开开让我进去的。
公诉人：她为什么给你开门。
被告人李佳：我敲门说想上厕所，让她行个方便。
公诉人：你进到房间后上厕所了没有？
被告人李佳：没有。
公诉人：那你干什么了？
被告人李佳：我先假装找厕所，到她家转了一圈，发现她家只有她一个人，我就进到了卫生间，又假装说卫生间没有手纸了，让老太太送一些。
公诉人：然后呢？
被告人李佳：老太太进来以后我就拿出了刀子，让她把钱拿出来，没有想到老太太大喊大叫的，还把我的手咬伤了，我就朝她胡乱捅了几刀，她倒下去了，我在她家胡乱翻了翻，找到了一些钱，就和林晓羽坐车回到兰州了。
公诉人：你进房间的时候，林晓羽在干什么。
被告人李佳：我让他在门口站着看人。
公诉人：审判长，公诉人对被告人李佳的发问到此。
审判长：辩护人是否有问题向被告人李佳发问？
李佳辩护人：有。被告人李佳，你买水果刀最初的目的是什么？
被告人李佳：是为了吓唬吓唬人。

李佳辩护人：你为什么要用刀子捅受害人？
被告人李佳：因为她大声喊叫，我害怕有人听见。
李佳辩护人：你捅被害人的具体部位在哪里？
被告人李佳：我只记得在胸部和背部，因为当时太紧张了。
李佳辩护人：审判长，辩护人对被告李佳的发问暂时到此。
审判长：被告人林晓羽的辩护人有没有问题向被告人李佳发问？
林晓羽辩护人：有。
林晓羽辩护人：被告人李佳，你和林晓羽到定西去的时候，有没有具体说去干什么？
被告人李佳：说了，就是去抢些钱。
林晓羽辩护人：你把老太太捅伤的事情，当时林晓羽知道不知道？
被告人李佳：当时不知道，后来我告诉他了。
林晓羽辩护人：审判长，辩护人对被告李佳的发问暂时到此。
审判长：带被告人李佳退庭，带被告人林晓羽到庭。

（法警将李佳带下，林晓羽被带上庭）

审判长：被告人林晓羽，公诉人刚才宣读的起诉书你听清楚了吗？
被告人林晓羽：听清楚了。
审判长：与你收到的起诉书副本是否一致？
被告人林晓羽：一致。
审判长：被告人林晓羽，你可以就起诉书指控的犯罪事实进行陈述。
被告人林晓羽：那天李佳说要带我去抢劫，因为我们没钱交房租，我也好久没有回家拿过钱了。于是我们买了刀后就坐汽车去了定西，李佳说我们随便找个小区碰碰运气，我说什么都听他的，于是李佳说他要上厕所，就敲开了清远小区3单元101室的门，还让我在门口等着给他放风，他进去了好一会儿，我听到了叫喊的声音有点担心，可是又不敢进去，直到李佳出来，手也受伤了，我问他发生什么事了，他没说啥，只是拉我离开了小区，他说先找个诊所包扎一下，然后才回的兰州。回到住所后他才说把老太太给捅了，具体怎么样了他也不知道。后来报纸上看到那个老太太死了但凶手还没有找到，在两天后，也就是10月10号那天，我瞒着李佳偷偷去了公安局。
审判长：公诉人可以就起诉书指控的犯罪事实向被告人林晓羽发问。被告人林晓羽你可以坐下回答问题。

（被告人林晓羽坐下）

公诉人：2012年7月24日，你和李佳干了什么？
被告人林晓羽：我们两个在定西抢了一个老太太的钱。
公诉人：抢钱的事情是谁提出来的。
被告人林晓羽：是李佳，我还说一切都听他的。
公诉人：当时你们两个有没有分工。
被告人林晓羽：有，他进屋子了，我在门后站着看有没有人来。
公诉人：那李佳进屋以后你听见叫喊声了吗？
被告人林晓羽：听见了。

公诉人：审判长，公诉人对被告人林晓羽的发问暂时到此。
审判长：辩护人是否有问题向被告人林晓羽发问？
林晓羽辩护人：有。被告人林晓羽，李佳在进入101室前跟你说了什么？
被告人林晓羽：他说他进去抢劫，让我站在门口看人。
林晓羽辩护人：当你在门口听到叫喊声时，你心里是怎么想的？
被告人林晓羽：当时有点担心，但是又想，他在抢劫的过程中应该会发生争斗，所以也就没进去。
林晓羽辩护人：审判长，辩护人的发问暂时到此。
审判长：被告人李佳的辩护人有没有问题向被告人林晓羽发问。
李佳辩护人：没有。
审判长：带被告人李佳到庭。

（李佳被带上庭，两被告同庭）

审判长：现在由控辩双方进行举证质证，首先由公诉人就起诉书所指控的事实向法庭举证。注意在举证的时候说明证据的名称、来源及证据的证明力。
公诉人：公诉人向法庭出示的第一组证据是被告人李佳和林晓羽的户籍证明，这可以证明被告人李佳年满18周岁，具有完全刑事责任能力，而被告人林晓羽尚未成年。
　　（1）中国常住人口信息——李佳详细资料（略）。
　　（2）中国常住人口信息——林晓羽详细资料（略）。
审判长：被告人李佳，大屏幕上显示的户籍证明你看清楚了吗？
被告人李佳：看清了。
审判长：有无异议？
被告人李佳：没有。
审判长：李佳辩护人有无异议？
李佳辩护人：没有。
审判长：被告人林晓羽，大屏幕上显示的户籍证明及供述你看清楚了吗？
被告人林晓羽：看清了。
审判长：有无异议？
被告人林晓羽：没有。
审判长：林晓羽辩护人有无异议？
林晓羽辩护人：没有。
公诉人：向法庭出示的第二组证据是，现场勘验笔录，尸体检验报告。该组证据可证明被害人李兰英的死亡事实是由于其左胸部刺创致使心包破裂。公诉人请求摘录部分当庭予以宣读。
审判长：可以宣读。

（公诉人宣读以上证据并投影）

公诉人：宣读完毕。
审判长：被告人李佳你对公诉人刚才宣读的证据有无异议？
被告人李佳：没有。

审判长：辩护人你对公诉人刚才宣读的证据有无异议？
李佳告辩护人：没有异议。
审判长：被告人林晓羽，你对公诉人刚才宣读的证据有无异议？
被告人林晓羽：没有。
审判长：辩护人你对公诉人刚才宣读的证据有无异议？
林晓羽辩护人：没有异议。
审判长：公诉人继续举证。
公诉人：公诉人向法庭出示的第三组证据是物证及鉴定书。包括被害人李兰英和被告人李佳的血衣，被告人李佳所持的水果刀以及水果刀上的指纹鉴定和血型化验，被告人和被害人血衣上的血迹鉴定，水果刀的提取、辨认笔录证明，手印鉴定书证明。该组证据可证明被害人李兰英的死亡结果是被告人李佳所致。
公诉人：公诉人请求当庭出示被告人李佳当天所持水果刀。
审判长：请法警协助将该份证据向被告人李佳出示。
　　（法警将该证据拿到李佳面前辨认）
审判长：被告人李佳，你认识这把水果刀吗？
被告人李佳：认识，这个就是我那天入室抢劫用的那把。
审判长：请法警协助将该份证据向被告人林晓羽出示。
　　（法警将该证据拿到林晓羽面前辨认）
审判长：被告人林晓羽，你认识这把水果刀吗？
被告人林晓羽：认识，这个就是我和李佳那天一起买的。
审判长：请法警协助将该份证据向辩护人出示。
　　（法警又拿刀转身走向辩护人）
审判长：第一被告辩护人对水果刀有无异议？
李佳辩护人：没有。
审判长：第二被告辩护人对水果刀有无异议？
林晓羽告辩护人：没有。
审判长：公诉人继续举证。
公诉人：公诉人请求当庭宣读该水果刀上的指纹鉴定和血型化验结果，现场辨认笔录。
审判长：可以宣读。
　　（公诉人宣读以下证据并投影）
公诉人：宣读完毕。
审判长：被告人李佳对这三份证据有无异议？
被告人李佳：没有。
审判长：被告人李佳的辩护人有无异议？
李佳辩护人：没有。
审判长：被告人林晓羽对这三份证据有无异议？
被告人林晓羽：没有。
审判长：被告人林晓羽的辩护人有无异议？

林晓羽辩护人：没有。
审判长：公诉人继续举证。
公诉人：公诉人请求当庭出示被告人李佳和被害人李兰英的血衣。
审判长：请法警协助将该份证据向被告人李佳出示。
审判长：被告人李佳，你对该份证据有无异议？
被告人李佳：没有，这是我那天所穿的衣服，被害人的记不清了，好像是这件。
审判长：请法警协助将该份证据向第一被告的辩护人出示。
审判长：辩护人，你对该份证据有无异议？
被告人李佳：没有。
审判长：请法警协助将该份证据向被告人林晓羽出示。
审判长：被告人林晓羽，你对该份证据有无异议？
审判长：请法警协助将该份证据向第二被告的辩护人出示。
审判长：辩护人，你对该份证据有无异议？
林晓羽辩护人：没有。
审判长：公诉人继续举证。
公诉人：公诉人请求宣读血衣上的血迹鉴定。
审判长：可以宣读。

（公诉人宣读以上鉴定结论并投影）

审判长：被告人李佳对该鉴定有无异议？
被告人李佳：没有。
审判长：辩护人呢？
李佳辩护人：没有。
审判长：被告人林晓羽对该鉴定有无异议？
被告人林晓羽：没有。
审判长：辩护人呢？
林晓羽辩护人：没有。
审判长：公诉人继续举证。
公诉人：公诉人向法庭提供的第四组证据为证人证言及接警报告，该组证据可证明当天案发时的情况。公诉人请求传唤本案的第一证人王×出庭作证。
审判长：证人，你的姓名。
证人：王×。
审判长：年龄。
证人：32。
审判长：职业。
证人：定西市××局的工作人员。
审判长：证人王×，你与本案的被害人李兰英是什么关系？
证人：她是我的邻居，我们住在同一栋楼上。
审判长：证人王×，根据法律的规定，你有出庭作证的义务，作证要如实、客观，有意作伪证要承担相应的法律责任。证人，你听清楚了吗？

证人：听清楚了，我一定会如实讲的。

审判长：请证人在出庭作证如实陈述保证书上签字。

（由法警将保证书拿到证人席，待签字完毕后交给书记员）

审判长：证人王×，请你就 2012 年 7 月 24 日发生的情况向法庭进行描述。

证人王×：那天中午差不多两点，我下楼准备去上班，快到一楼的时候，我看到一男子在门口，突然从屋里走出一高个男子，两人看起来慌慌张张，低个子的一个劲问高个子咋回事，咋这会儿才出来，发生什么事了，高个子啥话没说，只是拽着低个子离开了。

审判长：公诉人有无问题向证人王×发问。

公诉人：有。证人王×，那天你见到的两个人，现在还能不能认出来？

证人王陆：可以，就是站在法庭的这两个人。

公诉人：审判长，公诉人发问暂时到此。

审判长：辩护人是否要对证人进行发问？

李佳辩护人：没有。

审判长：林晓羽辩护人是否要对证人进行发问？

林晓羽辩护人：没有。

审判长：被告人李佳，证人王×的证言你听清楚了吗？有无异议？

被告人李佳：没有。

被告人林晓羽：没有。

审判长：证人王×退庭，听候法庭传唤。

审判长：公证人继续举证。

公诉人：公诉方举证结束。

审判长：辩护人有没有证据需要向法庭出示。

二辩护人：没有。

审判长：法庭调查到此结束，现在进行法庭辩论，首先由公诉人发表公诉意见。

公诉人：

定西市人民检察院
公诉意见书

审判长、审判员：

　　根据《中华人民共和国刑事诉讼法》第 184 条及第 203 条之规定，我们受定西市人民检察院的指派，代表本院，就今天依法公开审理的被告人李佳、林晓羽涉嫌入室抢劫致人死亡一案，以国家公诉人的身份，出席法庭支持公诉，并依法对刑事诉讼实行法律监督。

　　通过以上法庭调查，清楚地说明了本院起诉书认定被告人李佳、林晓羽所犯抢劫罪事实清楚、证据确凿、定性准确，现对本案具体情节发表以下公诉意见，供合议庭参考。

　　第一，本案各被告人犯罪事实清楚，证据确实充分，二被告人的行为已构成抢劫罪。

　　根据《中华人民共和国刑事诉讼法》第 186 条及第 190 条的规定，公诉人依法讯问了各个被告人，并依法举出了各项犯罪事实的证据，由侦查机关通过合法程序取得，刚刚在法庭上亦已经通过公诉方和辩护方的质证，并被法庭记录在案。

从公诉方举出的证据来看，由于李佳和林晓羽没钱交房租，于是两人萌生了抢劫的念头，经过充分预谋，于2012年7月24日14时许，两被告人在定西市清远小区3单元101室抢劫，并当场杀害被害人李兰英，抢得的530元钱已经全部挥霍，抢劫过程中两被告人分工明确，在主观方面具有抢劫的共同故意，客观方面有持刀威胁被害人当场攫取财物530元的表现，这完全符合抢劫罪的主客观要件。

第二，对本案被告人的定性及适用法律正确。

根据《中华人民共和国刑法》第263条之规定，抢劫罪是指以非法占有为目的，以暴力、胁迫或者其他令被害人不能抗拒的方法当场强行劫取公私财物的行为。另外，根据《刑法》第263条第一项、第五项之规定，入户抢劫或者在抢劫过程中致人重伤死亡的，依法应当从重处罚。本案中李佳、林晓羽在抢劫过程中杀死被害人李兰英，这一系列行为均符合法定从重情节。

两被告属共同犯罪，应适用《刑法》第25条第一款的规定，被告人林晓羽已满16周岁，符合《刑法》第17条第一款的规定。

第三，被告人李佳、林晓羽的犯罪行为后果严重，危害极大。

被告人李佳、林晓羽的犯罪行为依法剥夺了被害人李兰英的生命，不仅对被害人的家庭带来了沉重的打击，而且在本地造成了恶劣的影响，特别是对被害人的家属带来了巨大的伤害，同时对附近群众的心理上造成了严重的恐慌。如此猖狂的犯罪行为，对社会产生了严重的危害。因此，公诉人认为，本案被告人的社会危害性大，应依法予以制裁。

综上所述，我们认为本案事实清楚，证据确实充分，两被告人已构成了起诉书中所指控的犯罪，特提请合议庭对公诉人所发表的公诉意见予以充分考虑，根据两被告人实施犯罪的事实、情节、性质，对社会的危害程度及被告人的悔罪态度，依法作出公正的判决。

检察员：张文彬　赵聪
2013年6月3日当庭发表

审判长：根据《刑事诉讼法》的相关规定，被告人李佳，你现在可以自行辩护

被告人李佳：那天我只是想抢些钱，没想着杀人的，但她极力反抗，我又太紧张，所以才用刀子的。我几年前就从家里搬出来了，因为母亲死的早，又没有人管我，念在我是初犯，求法官大人可以对我从轻发落。

审判长：被告人李佳，完了吗？

被告人李佳：……（点头）

审判长：下面由第一被告的辩护人发表辩护意见。

李佳辩护人：

辩护词

审判长、审判员：

兰州市正义律师事务所接受本案被告人李佳近亲属的委托，并征得被告人李佳的同

意，指派本人担任被告人李佳的一审辩护人，并出庭为其辩护。开庭前，本人详细查阅了相关案卷，依法会见了被告人。在听取了刚刚的庭审调查后，对本案事实及被告人李佳的行为和所起的作用有了全面完整的了解。

辩护人根据事实和法律综合认为：对公诉方所指控的犯罪事实无异议，但是公诉方对两个加重情节的认定有不同意见。现分别加以阐述。

第一，李佳在入户时并没有非法侵入他人住宅的特征。

李佳进入101室是以解手为由而且是经过老太太同意才进入的，并没有发生任何暴力或其他非法侵入手段。且从客观上来说，李佳在入室前并没有特定的作案对象和作案地点，是被害人的允许在某种程度上促成了犯罪事实的发生。正是由于被害人的允许，使李佳的行为本身不具有强行侵入的性质，也没有给对方带来一种恐惧的心理状态。所以本案虽然发生在室内，也只能算一般的抢劫，而不能认为是入室抢劫，即不属于法定加重情节。

第二，关于公诉方所指控的第二个加重情节，辩护方认为，李佳在抢劫过程中致人死亡属于过失。

（1）李佳在进入101室后，只是用水果刀对被害人李兰英进行威胁，由于初次作案，慌乱中未预见到一名老妇人竟会如此奋力反抗（所出示的伤检报告和医生的证言可以证明其反抗的程度），致使李佳的脖子被抓伤，而左手虎口处被咬伤，从而使其在慌乱中将被害人李兰英刺伤。

（2）主观恶性程度上，试想一个二十几岁的小伙子和一个近六十岁的老妇人相抗衡，如果有杀人的故意，便不用进行威胁，而可以直接实施故意杀人的行为。

（3）致人死亡的结果和抢劫行为的实施并无直接的因果联系。用水果刀将其刺伤只想停止争斗，并非真的想致其死亡。

（4）尸检报告亦可证明，死因系左心包破裂，二尸检报告表明被害人前胸只有一处刀伤，这一刀又怎会恰巧就致人死亡呢？显然是无意中刺中的。

第三，李佳存在法定、酌定的从轻、减轻情节。①认罪态度；②系初犯；③家庭环境复杂；④事后对被害人及其家属的赔偿。

以上辩护意见，恳请合议庭在量刑时予以考虑。

此致

定西市中级人民法院

委托辩护人：甘肃正义律师事务所
律师　贾东鹏
2013年6月3日

审判长：下面公诉人和辩护人可以进行自由辩论

公诉人：公诉人在公诉词中已经讲到，被告人李佳的行为属于抢劫罪，这与辩护人的观点是一致的，这是根据最高人民法院《关于抢劫过程中故意杀人案件如何定罪问题的批复》中规定，行为人为劫取财物而预谋故意杀人或者在抢劫财物的过程中为制服被害人反抗而故意杀人的，以抢劫罪定罪处罚。但是辩护人值得注意的是，在本案中，李佳进入了受害人的家里，属于入户抢劫，同时李佳为抢劫财物和制服被害人李兰英，在完全没有必要致人死亡的前提下进行。但是李佳用刀将李兰英刺死，该行为造成李兰英死亡的严重后果。根据《刑法》第263的规定，入户抢劫或者在抢劫过程中致使被害人重伤或死亡的，依法应当从重处罚。因此李佳应当对其造成的后果承担刑事责任。

李佳辩护人：关于公诉方所指控的加重情节，辩护方认为，李佳在抢劫的过程中致被害人李兰英死亡属于过失致人死亡。主观恶性程度上不属于直接的故意。

公诉人：公诉人认为被告人李佳在抢劫财物过程中的杀人行为属于故意。首先，在本案中，二人购买水果刀一把，已经为杀人做了准备。其次，李佳将水果刀捅向李兰英的左胸，其主观方面是直接故意，其客观方面表现为非法剥夺了被害人生命的行为。最后，被告人李佳完全可以在不杀害李兰英的情况下进行抢劫，但是李佳将一个没有缚鸡之力的老妇人杀害，从另一方面又表现出李佳在主观方面的故意。综上所述，李佳在抢劫过程中杀害李兰英的行为属于故意杀人，应当作为抢劫罪的加重情节。

审判长：公诉人有无新的辩论意见。

公诉人：没有。

审判长：辩护人有无新的辩论意见。

李佳辩护人：没有。

审判长：下面由被告林晓羽的辩护人发表辩护意见。

林晓羽辩护人：

辩护词

审判长、审判员：

根据《中华人民共和国刑事诉讼法》和我国《律师法》的有关规定，兰州飞天律师事务所依法接受本案被告林晓羽法定代理人的委托，指派我出庭担任本案一审的辩护人。在开庭之前我们查阅了本案的相关材料，依法会见了被告人。在听取了刚刚进行的法庭调查与质证后，我对本案有了进一步明晰的认识。现发表如下的辩护意见，诚望一审法庭能够给予充分的重视。

第一，被告人林晓羽无须对被害人李兰英的死承担责任。

被告人林晓羽与被告人李佳，虽有犯罪的意思联络，但其和李佳只是就弄些钱花达成一致，通过证人王×的供述及相关事实我们可得出我的当事人并未就杀死受害人李兰英有共同的意思表示，根据法律规定，超出共同故意之外的犯罪，不是共同犯罪。共同犯罪人超出共同犯罪故意有犯其他罪的，对其他罪只能由实行该犯罪行为的人负责，对其余的人不能按共同犯罪论处。故李兰英死亡这一结果属李佳实行过限行为所导致。因此，林晓羽不应就李兰英的死承担法律责任。

第二，被告人林晓羽有法定从轻、减轻处罚的情节。

（1）被告人林晓羽属于未成年人。

起诉书指控被告人林晓羽的抢劫犯罪，从被告人的供述和庭审查明的事实看，被告人林晓羽犯罪时已满16周岁不满18周岁，作为未成年人不能完全明辨是非，对于犯罪后果也缺乏足够的认识。同时被告人林晓羽都不是组织者和策划者，从所起的作用来看，仅仅是参与者。根据《刑法》第17条第三款及第27条的规定，应当从轻、减轻或者免除处罚。

(2) 被告人林晓羽有自首行为。

被告人林晓羽系自首。被告人林晓羽在案发后主动到公安机关投案，主动供述抢劫的犯罪事实，系自首。根据我国《刑法》第67条的规定，可以从轻或者减轻处罚。

(3) 被告人林晓羽属于从犯。

在本案中，被告人林晓羽在李佳实施抢劫的过程中只站在门外放风，并没有直接参与抢劫，在整个过程中处于次要地位，仅仅是参与者。林晓羽对李佳杀人并不知情，事先只是与李佳一起说去抢些钱花花，并且从两被告的供述中可知，李佳只是对林晓羽说，"我进去抢钱，你在门外放风"，却没有说去抢钱并杀人，因此林晓羽没有杀人的故意，鉴于此，林晓羽应当属于抢劫犯的从犯。根据《最高人民法院关于未成年人刑事案件适用法律的若干问题的解释》规定，对未成年人罪犯量刑，要充分考虑在共同犯罪中的地位和作用等情节。

第三，被告人林晓羽具有酌定的从轻或减轻处罚的情节。

(1) 认罪态度好。

被告人林晓羽在侦查阶段、审查起诉阶段及今天的庭审阶段，供述一致，自愿认罪伏法。被告人林晓羽表现出了诚恳的悔罪态度，曾明确表示愿意认罪伏法，根据最高人民法院《关于适用普通程序审理"被告人认罪案件"的若干意见（试行）》第9条规定："人民法院对自愿认罪的被告人，酌情予以从轻处罚。"

(2) 已经给予了受害人家属一定数额的经济补偿。

被告人林晓羽的法定代理人愿意为受害人赔偿，应酌情从轻处罚。案件发生后，被告的亲属积极赔偿被害人的损失，双方现已达成一定的谅解。从轻处罚更有利于缓和矛盾，符合建立和谐社会的政策。

综上所述，根据《最高人民法院关于审理未成年人刑事案件具体应用法律若干问题的解释》第16条的规定，对未成年罪犯符合《刑法》第72条第一款规定的，可以宣告缓刑。如果同时具有下列情形之一，对其适用缓刑确实不致再危害社会的，应当宣告缓刑：①初次犯罪；②积极退赃或赔偿被害人经济损失；③具备监护、帮教条件。

被告完全具备上述情形，对被告适用缓刑，更符合"教育为主，惩罚为辅"的原则。

此外，我国《未成年人保护法》第54条以及《刑事诉讼法》第266条规定："对犯罪的未成年人，实行教育、感化、挽救的方针，坚持教育为主、惩罚为辅的原则。"

以上辩护意见，恳请合议庭予以采纳！

此致
定西市中级人民法院

委托辩护人：甘肃飞天律师事务所
律师　康龙飞
2009年6月3日

审判长：公诉人和辩护人可以进行自由辩论。
公诉人：对于辩护人的其他意见公诉人认同。但是，公诉人认为被告人林晓羽同样要为受害人李兰英的死亡承担相应的责任。公诉人在公诉意见书中已经提到被告人李佳、林晓羽有抢劫的预谋，这是与辩护人的辩护意见是一致的，也从侦查机关的讯问笔录中得以证实，对于第一被告李佳杀死李兰英的结果第二被告林晓羽应承担责任。李佳进入了3单元101室时示意林晓羽在门口把风，林晓羽也同意了，这就为李佳下一步的杀人抢劫行为提供了帮助，最终使李佳故意的主观心态得到强化。所以林晓羽的把风行为帮助了李佳杀人抢劫的完成。

林晓羽辩护人：辩护方并不赞同公诉方所提出的观点。在本案中，被告人林晓羽对李佳杀人并不知情，从两被告的供述可知，事先李佳只是与林晓羽商量抢些钱花花，却没有说抢完钱后杀人的。可见，林晓羽对李佳杀人的整个过程并不知情，只是站在门口放风，而其放风的目的只是为了便于李佳抢钱，并没有杀人的动机。所以公诉方所称的"李佳让林晓羽站在门口是为了让李佳下一步的抢劫杀人行为得到帮助"这种观点不成立。

审判长：公诉人有无新的辩论意见？

公诉人：没有。

审判长：辩护人有无新的辩论意见？

林晓羽辩护人：没有。

审判长：法庭辩论到此结束。根据法律规定，被告人有最后陈述的权利，现在你可以就本案的事实、证据，罪行有无以及轻重，对犯罪的认识以及定罪量刑方面的要求等作最后陈述。

被告人李佳：我很后悔杀了人，我对不起被害人，对不起我的家人，我真的认识到错了。

审判长：被告人李佳，你陈述完了吗？

被告人李佳：……（点头）

审判长：被告人林晓羽，你现在还有什么要说的。

被告人林晓羽：我现在也很后悔，为什么不好好上学，整天不务正业，还拖累了别人，我只希望法庭能给我一次改过自新的机会。

审判长：被告人林晓羽，完了吗？

被告人林晓羽：嗯……（点头）

审判长：本案定期宣判。二被告人继续羁押于定西市看守所。现在闭庭！（敲法槌）

书记员：全体起立！

（待合议庭成员退庭后，宣布：散庭。诉讼参加人和旁听人员方退庭）

散庭后，书记员向诉讼参与人交代阅读法庭笔录的时间和地点。能够当庭阅读庭审笔录的，请诉讼参与人阅读并签名。

诉讼参加人认为笔录有误，可以要求书记员更改；书记员不同意更改的，诉讼参与人予以注明或者提交书面说明附卷。

第三节 与本实验相关的法律文书写作

一、各类诉讼文书格式

委托辩护合同

（××××）律刑字第×号

委托人×××因被告人×××涉嫌×××一案，特委托×××律师事务所×××律师出庭辩护，现经双方协商，兹订立下列条款：

一、×××律师事务所指派×××律师担任被告人×××第×审辩护人，依法出庭辩护。

二、根据律师业务收费的有关规定，委托人应向×××律师事务所支付辩护费人民币×××元整。

三、委托合同有效期限自签订之日起至本审终结时止。

四、辩护律师的职责是根据事实和法律提出证明被告人无罪、罪轻或者减轻、免除其刑事责任的材料和意见，维护被告人的合法权益。

五、被告人必须如实陈述案件事实，否则辩护律师有权拒绝出庭辩护，所收辩护费不予退还。

六、本委托合同如需补充、变更，应另行协议。

委托人： （签字或盖章）
被委托人： （盖章）
主任律师： （签字）

××××年×月×日

（注：本协议书一式二份，由委托人、律师事务所各持一份。）

刑事起诉书

×检×刑诉（××××）×号

被告人……（写明姓名、性别、出生年月日、民族、出生地、文化程度、职业或者工作单位和职务、住址和因本案所受强制措施、关押处所）。

案由和案件来源［被告人×××一案（写明姓名、案由），由×××公安局侦查终结移送本院审查起诉，经本院审查查明，被告人的犯罪事实如下］：

犯罪事实和证据：

犯罪的时间、地点、经过、手段、动机、目的、危害后果等七大要素。

上述犯罪事实，有被告人供述、物证、勘验检查笔录等证据。事实清楚，证据确实充分。

综上所述，本院认为被告人触犯的刑法条款、犯罪的性质、对社会危害性的大小；有从重、从轻或减轻的情节，还应根据被告人认罪态度及其他原因，说明从宽或从严处罚的理由。

此致
××××人民法院

检察员：×××
××××年×月×日
（院印）

附：①被告人现押于（何处）；②证据目录；③证人名单；④主要证据复印件某页；⑤随案附送的物证

辩护词

审判长、审判员（人民陪审员）：

受本案被告人××××的委托，并由×××律师事务所指派，担任被告人×××的辩护人出庭为他辩护。接受委托之后，辩护人经过阅卷、会见被告人和进行了必要的调查，今天又出席了庭审调查，对本案有了较为全面的了解。

《中华人民共和国刑事诉讼法》第三十五条规定，辩护人的责任是根据事实和法律，提出证明犯罪嫌疑人、被告人无罪、罪轻、减轻或免除刑事责任的材料或意见，维护犯罪嫌疑人、被告人的合法权益。

根据法律赋予辩护人职责，我发表如下辩护意见，供合议庭在合议时参考。

一、（表明观点并阐述事实和理由）

二、（表明观点并阐述事实和理由）

……

综上所述，辩护人认为被告人×××。根据《中华人民共和国刑法》第××条之规定，应宣告被告人×××。以上辩护意见，提请合议庭在合议时予以考虑。

此致
××××人民法院

委托辩护人：×××律师事务所
律师　×××　×××
××××年×月×日

据最高人民检察院 44 号文件规定，公诉词应包括以下五项内容：

(1) 对法庭调查的简要概括。

(2) 进行证据分析，认定被告人的罪行。

(3) 进行案情分析，概括案情的全貌，揭露被告人犯罪的社会危害性。

(4) 分析被告人犯罪的思想根源和社会根源。

(5) 进行法律上的论证，指明被告人触犯的刑法条款，阐明被告人应负的法律责任。

×××人民法院
刑事判决书
（一审公诉案件适用普通程序用）

（×××）×刑初字第××号

公诉机关×××人民检察院。

被告人……（写明姓名、性别、出生年月日、民族、出生地、文化程度、职业或者工作单位、学校、住址，所受强制措施情况等，现羁押处所）。

指定辩护人（或者辩护人）……（写明姓名、工作单位和职务）。

×××人民检察院以×××检×诉［××××］××号起诉书指控被告人×××犯××罪，于××××年××月××日向本院提起公诉。本院依法组成合议庭，因本案被告人系未成年人（或者因本案涉及未成年被告人），依法不公开开庭审理本案。×××人民检察院指派检察员×××出庭支持公诉，被害人×××及其法定代理人×××、诉讼代理人×××，被告人×××及其法定代理人×××、指定辩护人（或者辩护人）×××，证人×××，鉴定人×××，翻译人员×××等到庭参加诉讼。现已审理终结。

×××人民检察院指控……（概述人民检察院指控被告人犯罪的事实、证据和适用法律的意见）。

被告人×××辩称……（概述被告人对指控的犯罪事实予以供述、辩解、自行辩护的意见和有关证据）。法定代理人×××……（概述对公诉机关指控被告人犯罪的意见、提供的有关证据）。辩护人×××提出的辩护意见是……（概述辩护人的辩护意见和有关证据）。

经审理查明，……（首先写明经庭审查明的事实；其次写明经举证、质证定案的证据及其来源；最后对控辩双方有异议的事实、证据进行分析、认证）。

本院认为，……（根据查证属实的事实、证据和有关法律规定，论证公诉机关指控的犯罪是否成立，被告人的行为是否构成犯罪，犯的什么罪，应否从轻、减轻、免除处罚或者从重处罚。对于控辩双方关于适用法律方面的意见，应当有分析地表示是否予以采纳，并阐明理由。结合庭审查明的未成年被告人的成长轨迹，剖析未成年被告人走上犯罪道路的主客观方面的原因）。依照……（写明判决的法律根据）的规定，判决如下：

……［写明判决结果。分三种情况：

第一，定罪判刑的，表述为：

"一、被告人×××犯××罪，判处……（写明主刑、附加刑，刑期从判决执行之日起计算。判决执行以前先行羁押的，羁押一日折抵刑期一日，即自××××年××月××日起至××××年××月××日止）。

二、被告人×××……（写明决定追缴、退赔或者发还被害人、没收财物的名称、种类和数额）。"

第二，定罪免刑的，表述为：

"被告人×××犯××罪，免予刑事处罚（如有追缴、退赔或者没收财物的，应在以上各项之后续项写明）。"

第三，宣告无罪的，不论是适用《中华人民共和国刑事诉讼法》第一百九十五条第（二）项还是第（三）项，均应表述为：

"被告人×××无罪"。］

如不服本判决，可在接到判决书的第二日起十日内，通过本院或者直接向×××人民法院提出上诉。书面上诉的，应当提交上诉状正本一份，副本×份。

审　判　长　×××
人民陪审员　×××
人民陪审员　×××
××××年×月×日
（院印）

本件与原本核对无异

书　记　员　×××

重新鉴定、勘验申请书

申请人：×××律师事务所×××律师。

通讯地址或联系方法：×××，×××

申请事项：重新鉴定、勘验。

事实与理由：（陈述要求重新鉴定的事实，以及要求重新鉴定的理由）

我作为×××案×××人×××委托的×××律师，认为关于×××的鉴定（勘验）存在以下问题：［认为原鉴定（勘验）存在的问题］

根据《中华人民共和国刑事诉讼法》第159条的规定，特提请对×××事项重新鉴定（勘验）。

此致
×××人民法院

申请人：×××（签名）
××××律师事务所
（盖章）
××××年××月××日

二、主要司法文书实例

兰州市安宁区人民检察院
起诉书

安检刑诉（2004）22号

被告人李某，男，汉族，现年21岁（出生于1982年4月12日，身份证号××××），兰州市榆中县人，高中文化程度，系兰州石化公司工人，住××××，无前科，现取保候审。

被告人李某盗窃一案,由兰州市公安局安宁分局侦查终结,移送我院审查起诉,经依法审查查明:

2008年11月24日12时许,被告人李某趁与其同住兰苑招待所309室的武警庆阳支队干部魏兵不在房间之机,盗窃魏兵放在枕边的三星X199CDMA手机一部(价值2040元),诺基亚8210手机一部(价值800元)。盗后销赃得款1280元,被挥霍。

上述犯罪,事实清楚,证据确实、充分,足以认定。案发后,被告人李某已退赔了失主全部经济损失。

本院认为,被告人李某以非法占有为目的,秘密窃取他人财物,价值2840元,数额较大,其行为已触犯了《中华人民共和国刑法》第二百六十四条之规定,构成盗窃罪,应当追究刑事责任。为了维护公民的合法财产权利不受侵犯,打击犯罪,依照《中华人民共和国刑事诉讼法》第一百七十二条之规定,决定将被告人李某提起公诉,请予以判处。

此致
兰州市安宁区人民法院

代理检察员:高××
二〇〇九年三月二十九日

附:主要证据目录复印件1份。

××市人民检察院
关于李××贪污一案的公诉词

被告　×××
案由　××××
起诉号　××
审判长、审判员:

根据《中华人民共和国刑事诉讼法》第一百八十四条的规定,经××市人民检察院检察长的指派,我以国家公诉人的身份出席法庭支持公诉,现对此案发表如下公诉意见。

通过法庭调查,证实了本院起诉书对被告人李××贪污一案的指控是正确的,所列举的犯罪事实是清楚无误的,证据是确实、充分的。被告人对其犯罪事实也供认不讳。

被告人李××的行为,已触犯《中华人民共和国刑法》第三百八十二条,构成贪污罪。贪污罪的主体,必须是国家工作人员。被告人李××身为工商银行的会计,属于国家干部,符合《刑法》关于贪污罪主体的规定。

从主观上看,被告人李××的行为完全是出于故意的。他明知自己的行为是犯法的,却前后三次挪用公款,自己从中获取非法利益。

在客观方面看,被告人李××挪用公款的行为有涂改的账目、证人证言、查账的结论为证。三次挪用公款达三十余万元。这些,被告人一一承认,我就不再多讲了。

被告人李××挪用公款的行为,侵犯了社会主义的公有财产,且数额巨大,给被害单位造成巨大损失。例如，市××局与××市××公司曾签订购销铝板合同，但因市××局的款被李××挪用，没能按合同规定的时间给对方汇款，结果被对方罚违约金一万余元。银行是票汇结算单位，被告人挪用存户的来往信汇款项，使当事者和其他机关单位以及个人产生了对银行的不信任感，破坏了国家银行的声誉。被告人李××犯罪的原因，主要是不学法、重义气，受了为朋友两肋插刀的旧道德观念的影响，不顾银行制度，利用自己工作之便，将公款大量借给好朋友、老同学去用，支持他们搞非法活动，而自己成了人民的罪人。

综上所述，被告人李××的行为已触犯《刑法》第三百八十二条之规定，构成贪污罪，数额巨大，后果严重，应给予严惩。

最后，我再次告诫被告人李××，法律面前人人平等，无论谁触犯了法律都要受到严厉的制裁。

公诉人：林××
××××年×月×日当庭发表

广东省广州市中级人民法院
刑事判决书

（2008）穗中法刑二重字第 2 号

公诉机关广东省广州市人民检察院。

被告人许霆，男，1983 年 2 月 7 日出生，汉族，出生地山西省襄汾县，文化程度高中，住山西省临汾市尧都区郭家庄社区向阳路西 4 巷 3 号。因涉嫌犯盗窃罪于 2007 年 5 月 22 日被羁押，同年 6 月 5 日被刑事拘留，同年 7 月 11 日被逮捕。现羁押于广州市天河区看守所。

辩护人杨振平、吴义春，广东经纶律师事务所律师。

广东省广州市人民检察院以穗检公二诉[2007]176 号起诉书指控被告人许霆犯盗窃罪，于 2007 年 10 月 15 日向本院提起公诉。本院依法组成合议庭，公开开庭审理了本案，于 2007 年 11 月 20 日作出（2007）穗中法刑二初字第 196 号刑事判决，被告人许霆提出上诉。广东省高级人民法院于 2008 年 1 月 9 日作出（2008）粤高法刑一终字第 5 号刑事裁定，撤销原判，发回重审。本院依法另行组成合议庭，公开开庭审理了本案。广州市人民检察院指派检察员谭海霞、代理检察员王烨出庭支持公诉，被告人许霆及其辩护人杨振平、吴义春到庭参加诉讼。现已审理终结。

广东省广州市人民检察院指控：2006 年 4 月 21 日，被告人许霆伙同郭安山（另案处理）窜至广州市天河区黄埔大道西平云路的广州市商业银行 ATM 提款机，利用银行系统升级出错之机，多次从该提款机取款。至 4 月 22 日许霆共提取现金人民币 175 000 元。之后，携款潜逃。该院当庭宣读、出示了受害单位的报案陈述，证人黄某某、卢某、赵某某等人的证言，公安机关出具的抓获经过，受害单位提供的银行账户开户资料、交易记录、流水清单、监控录像光碟，郭安山和许霆的供述等证据，据此认为被告人许霆以非法占有为目的，盗窃金融机构，数额特别巨大，其行为已触犯《中华人民共和国刑法》第二百六十四条第（一）项之规定，构成盗窃罪，提请本院依法判处。

被告人许霆在本次庭审中对公诉机关指控的事实无异议，但辩解：一、其发现自动柜员机出现异常后，为了保护银行财产而把款项全部取出，准备交给单位领导。二、自动柜员机出现故障，银行也有责任。

辩护人提出的辩护意见是：一、本案事实不清，证据不足。理由如下：①被告人许霆只记得其银行卡内有170多元，具体数额记不清楚，证实其账户余额为176.97元的证据只有银行出具的账户流水清单，无其他证据印证。②账户流水清单记录的时间、次序有误。③银行的自动柜员机为何出现错误、出现何种错误不明确。因此，本案无法得出许霆账户只有176.97元及其每取款1 000元账户仅扣1元的必然结论。二、被告人许霆的行为不构成犯罪，重审应当作出无罪判决。理由如下：①许霆以实名工资卡到有监控的自动柜员机取款，既没有篡改密码，也没有破坏机器功能，其行为对银行而言是公开而非秘密。许霆取款是经柜员机同意后支付的，其行为是正当、合法和被授权的交易行为。因此，许霆的行为不符合盗窃罪的客观方面特征，不构成盗窃罪。②许霆通过柜员机正常操作取款，在物理空间和虚拟空间上都没有进入金融机构内部，因此，许霆的行为不可能属于盗窃金融机构。③许霆的占有故意是在自动柜员机错误程序的引诱下产生，有偶然性；自动柜员机出现异常的概率极低，因而许霆的行为是不可复制、不可模仿的；本案受害单位的损失已得到赔偿，许霆的行为社会危害性显著轻微；现有刑法未对本案这种新形式下出现的行为作出明确的规定，法无明文规定不为罪，应对其作出无罪判决。④许霆的行为是民法上的不当得利，因该不当得利行为所取得财产的返还问题，应通过民事诉讼程序解决。

经审理查明：2006年4月21日晚21时许，被告人许霆到广州市天河区黄埔大道西平云路163号的广州市商业银行自动柜员机（ATM）取款，同行的郭安山（已判刑）在附近等候。许霆持自己不具备透支功能、余额为176.97元的银行卡准备取款100元。当晚21时56分，许霆在自动柜员机上无意中输入取款1 000元的指令，柜员机随即出钞1 000元。许霆经查询，发现其银行卡中仍有170余元，意识到银行自动柜员机出现异常，能够超出账余额取款且不能如实扣账。许霆于是在21时57分至22时19分、23时13分至19分、次日零时26分至1时06分三个时间段内，持银行卡在该自动柜员机指令取款170次，共计取款174 000元。许霆告知郭安山该台自动柜员机出现异常后，郭安山亦采用同样手段取款19 000元。同月24日下午，许霆携款逃匿。

广州市商业银行发现被告人许霆账交易异常后，经多方联系许霆及其亲属，要求退还款项未果，于2006年4月30日向公安机关报案。公安机关立案后，将许霆列为犯罪嫌疑人上网追逃。2007年5月22日，许霆在陕西省宝鸡市被抓获归案。案发后，许霆及其亲属曾多次与银行及公安机关联系，表示愿意退赔银行损失，但同时要求不追究许霆的刑事责任。许霆至今未退还赃款。

另查明，2006年4月21日17时许，运营商广州某公司对涉案的自动柜员机进行系统升级。4月22日、23日是双休日。4月24日（星期一）上午，广州市商业银行对全行离行式自动柜员机进行例行检查时，发现该机出现异常，即通知运营商一起到现场开机查验。经核查，发现该自动柜员机在系统升级后出现异常，1 000元以下（不含1 000元）取款交易正常；1 000元以上的取款交易，每取款1 000元按1元形成交易报文向银行主机报送，即持卡人输入取款1 000元的指令，自动柜员机出钞1 000元，但持卡人账实际扣款1元。

上述事实，有公诉机关提交，并经法庭质证、认证的下列证据予以证实：

(1) 广州市商业银行出具的报案陈述，证实：2006年4月24日（星期一）上午，广州市商业银行恒福支行ATM管理中心在对全行离行式自动柜员机交易情况进行电脑监控时，发现安装在黄埔大道西平云路163号的离行式自动柜员机在4月21日晚出现取款交易异常，经通知运营商一并到现场开机清点查验和查看监控录像，发现自动柜员机短款196 004元。经查看日志，发现该自动柜员机在1 000元以下（不含1 000元）取款交易正常，但对超过1 000元的取款交易，自动柜员机则按1元的金额形成交易报文向银行主机报送，造成上述情况的原因是运营商于2006年4月21日17时对该机进行系统升级后出现异常。经核查，发现4月21日21时56分至4月22日12时34分，有人持卡号为6224673131003233003和6224673131008621707的广州市商业银行借记卡以及卡号为9559982409453469513的农业银行卡，连续恶意操作，取款186次，共涉及多占金额193 806元，其中卡号为6224673131003233003的银行卡户名为许霆。另有卡号为6224673131003532503和9559980081451094718的两名客户取款2笔，涉及多占金额2 198元。该行监察保卫部接报后，即根据开户资料查找许霆，找到其工作单位，该单位保安部负责人反映许霆已于4月24日下午突然请假回山西老家，拨其手机无人接听，随即联系许霆的求职担保人要求协助通知许霆退款，亦未果，因而报案。

(2) 广州市公安局经济犯罪侦查支队出具的接受刑事案件登记表、广州市公安局天河分局冼村派出所出具的接受刑事案件登记表、立案决定书及侦办广州市商业银行柜员机内现金被盗窃案件情况说明，证实：广州市商业银行于2006年4月30日向广州市公安局经济犯罪侦查支队报案，同年5月26日此案转由广州市公安局天河区分局办理，该局于同月30日立案后，于次月19日对犯罪嫌疑人许霆办理上网追逃。同年11月12日，该局侦查员到山西临汾市找到许霆的父亲许某某，许某某称许霆未回家，只与家中通过一次电话，但未说自己在哪里，该局侦查员向许某某说明了许霆盗取银行柜员机内款项的情况，并让其劝许霆早日投案并退还款项，其当时提出能否在退还款项后不再追究许霆的法律责任，侦查员说明帮助退清赃款及投案自首后可以减轻处罚，但拒绝其提出的退款后不再抓捕、不追究法律责任的要求。许霆被抓获后，许霆的父亲曾致电该局侦查员表示愿意帮许霆退款，但要求公安机关不追究许霆的法律责任，释放许霆，侦查员拒绝了许霆父亲的要求。许霆被带回广州市后，许霆的母亲也曾联系侦查员表示愿意为许霆退赃，但几天后又称许霆的行为不是盗窃，拒绝退还赃款。此后许霆的亲属未再联系为许霆退还赃款之事。

(3) 西安铁路公安处宝鸡车站公安派出所出具的抓获经过、广州市公安局天河分局冼村派出所出具的抓获情况说明，证实：被告人许霆于2007年5月22日在陕西省宝鸡市火车站进站时被公安人员抓获，后被广州市公安局天河区分局带回审查。

(4) 证人黄某某（广州市商业银行监察保卫部副经理）的证言，证实：2006年4月24日，广州市商业银行恒福支行ATM管理中心在对全行离行式自动柜员机交易情况进行例行检查时，发现安装在平云路163号的自动柜员机在4月21日晚上的取款交易出现账户扣账为1元的情况。因为该行自动柜员机取款金额为100元或者100元的整数倍，不可能出现100元以下的数额，所以恒福支行马上将情况通报了自动柜员机的运营商。随后运营商与商业银行个人银行部一起派人到平云路163号的自动柜员机现场开机查验，发现柜员机的现金已经全部被取光。随即查看自动柜员机流水日志，发现自动柜员机在不超过1000元的取款交易时正常（不含1000元），而1000元以上的取款交易则出现异常，对1000元以上的取款交易，自动柜员机按1元的金额形成交易报文向银行主机报送，即持卡人指令取款1000元，自动柜员机亦出钞1000元，但持卡人实际扣账为1元。造成这种情况的原因是运营商于2006年4月21日17时对平云路163号的自动柜员机系统升级后出现异常。4月21时17时许，该行放入该自动柜员机20万元人民币，在案发前几个客户取款属于正常取款。经查账，自动柜员机总共短款达196 004元。经核查，发现4月21日21时56分至4月22日12时34分，有客户拿着卡号为6224673131 00323303和6224673131008621707的商业银行借记卡、卡号为9559982409453469513的农行卡在该柜员机恶意取款。经查询开户资料，卡号为6224673131 00323303的银行卡户名是许霆，开户日期是2006年2月6日。根据许霆的开户资料，其和时任个人银行部经理的卢某找到许霆的工作单位，该单位的赵部长反映许霆在2006年4月23日晚曾跟他说过要回家考公务员，并收拾衣服之类的东西走了，连手续都没办。于是他们请求赵部长联系许霆，但赵部长打了电话之后说许霆已关机，并说之前曾和许霆有短信联系，大概内容是赵部长让许霆回来把手续办了，另外还有一些钱要结算给他，但许霆说不要了，他们就请求赵部长联系到许霆的入职担保人刘先生，对方在电话里答应见面谈，但后来拒绝见面，并说不想插手此事。他们联系许霆的担保人时已告知许霆恶意提款的事。其从未接到过许霆本人或其家属表示退赃的电话，也没有人和其联系过此事。4月30日，其代表银行向广州市公安经济侦查支队报案。

（5）证人卢某（广州市商业银行营业管理部副总经理）的证言，证实：2006年4月24日上午，广州市商业银行发现有人在2006年4月21日晚利用该行位于平云路163号的离行式柜员机的故障，进行多次恶意提款，通过核查该机流水账的持卡人资料，发现其中一名持卡人为许霆。柜员机出现的异常情况是超过1000元的取款交易，柜员机只按1元的金额形成交易报文向其主机报送。即持卡人输入取款1000元，柜员机也出钞1000元，但是持卡人账户实际扣账1元。出现上述异常是运营商于2006年4月21日17时许对该柜员机系统进行升级造成。2006年4月24日下午其和本行保卫部的黄某某根据开卡资料找到许霆的工作单位，该单位的保安部赵部长反映许霆已回家考公务员，期间赵部长拨了许霆的电话，许霆未接，但给赵部长发短信表示已回家。案发后约一个月，一自称是许霆的人打电话给其商量如何处理此事，并说因为钱被人偷了，没有这么多钱还，只还一半左右行不行，其当时说希望全部还清，对方说肯定还不清了，最多只有一半左右，其就跟对方说希望他早日到公安机关自首，把事情处理好，之后对方就将电话挂了。在2007年2月或3月份，有自称是保安部长的人打电话说要商量许霆的事，其当时就向对方说明自己已调离原工作岗位，让对方与银行保卫部联系。

（6）证人赵某某（广州市某物业公司保安部部长）的证言，证实：许霆是其单位的保安员。2006年4月24日上午许霆向其提出辞职，理由是回山西老家考公务员。4月24日下午广州市商业银行的工作人员向其了解许霆的情况，其记得当时好像拨了许霆的电话没人接，随即用手机发了短信给许霆，要他回来结算工资或留下联系方式以便将工资寄给他，当时许霆复了短信称工资不要了。约一个月后，许霆来电话说生活全乱套了，弄得家不能回，表示还是想退钱给银行，但又说钱被偷了五万，又花掉了一万多元，如果银行愿意，他愿意退回这些钱。其就把银行卢经理的电话给了许霆，但过了约二十分钟，许霆又打来电话，内容大概是说银行方面说了已经报案，钱就算退回也要坐牢，跟着就说那就算了，等抓到再说吧，后挂了电话。此后许霆未再与其联系。2007年上半年，许霆的担保人刘某某找到自己表示许霆家人想退钱，希望能给一次机会，自己当时说此事要和银行联系，刘某某当即和银行的卢某取得联系，卢某讲已调离原部门，要刘某某到商业银行总部找人，刘某某问了怎么去就离开了，后来有无找银行不清楚。此外，许霆在2006年4月24日已经用了一个新手机号码给其发信息，后来两次来电话，也是用该号码。

经辨认照片，赵某某指认出被告人许霆就是其所在单位的保安员。

（7）广州市商业银行提供的被告人许霆的开户资料，证实：许霆的账户于2006年2月6日开立，账号为102457023100018，预留了身份证复印件。

（8）广州市商业银行提供的完整流水记录数据和涉案账户取款交易明细，证实：卡号为6224673131003233003的银行卡于2006年4月21日21时56分03秒插卡，21时56分16秒查询，21时56分41秒取款1 000元，21时57分09秒再次查询；21时57分21秒至22时20分21秒共指令取款55次，每次1 000元，其中最后一次交易失败，共计取款54 000元；23时12分57秒插卡，23时13分23秒至23时19分59秒共取款16次，每次取款1 000元，共计取款16 000元；23时23分05秒插卡，23时23分33秒指令取款1 000元，交易失败，未取出款项；次日凌晨0时26分04秒插卡，0时26分22秒至1时06分22秒共取款100次，前96次每次取款1 000元，后4次每次取款2 000元，共计取款104 000元。

（9）广州市商业银行提供的账户流水清单，证实：2006年4月21日，卡号为6224673131003233003的银行卡（户名为许霆，账号为102457023100018）原有存款余额176.97元，于2006年4月21日至4月22日期间，在涉案自动柜员机上先后取款171次，其中167次每次扣账1元，4次扣账2元账户最后余额为1.97元。

（10）广州市商业银行科技研发部出具的关于该行综合业务系统交易日期切换机制说明，证实：该行综合业务系统在每日晚23时左右开始进行日终处理，同时切换系统会计日期，在进行系统会计日期切换后，把新的会计日期作为交易日期进行记账。

（11）位于广州市黄埔大道西平云路163号的广州市商业银行自动柜员机的照片，经被告人许霆指认，确认是其取款地点。

（12）广州市商业银行提供的银行监控录像光碟及经被告人许霆签认的银行监控录像截图，证实：许霆及郭安山于2006年4月21日、22日在涉案自动柜员机上取款。

（13）广州市天河区人民法院于2007年5月21日作出的（2007）天法刑初字第560号刑事判决书，证实：郭安山与许霆于2006年4月21日至22日期间，利用广州市商业银行自动柜员机系统出错之机，连续多次分别提取银行款项19 000元和17万余元，事后郭安山向公安机关自首并退出赃款18 000元，天河区人民法院以盗窃罪判处郭安山有期徒刑一年，并处罚金1000元。

（14）山西省临汾市公安局经济技术开发区分局北城派出所出具的常住人口详细信息、调查回复表，证实：被告人许霆的身份情况。

（15）郭安山的供述及对被告人许霆的辨认笔录，证实：2006年4月21日晚21时许，许霆到广州市平云路的商业银行自动柜员机取款，其在马路对面等候，但隔了很久也没见许霆回来，很纳闷就过去找许霆，见到许霆后喊他的名字，许霆吓了一跳，很惊恐的样子，还满脸是汗，问他怎么那么久，许霆也没说什么，其和许霆就一起回到宿舍。在宿舍见到许霆钱包里塞满钱，衣服兜里也都是钱，很奇怪，因为之前许霆说他卡中只有100多元，只能取出100元，就问他，开始许霆不肯说，后来才讲他只想取100元，但多按了一个"0"，那取款机就真的吐出1000元来，可能是那台柜员机出错才会这样。其看许霆取出的钱大约有四五万元，也很心动，就和许霆回到那台柜员机取钱。去到后，许霆先取钱，因为自己很少用自动柜员机，就让许霆教如何用，许霆又取出一两万元后，其就用自己的一张农业银行卡插进柜员机取钱，许霆在一旁教其取款，果真取出了3 000元，但自己卡中只有860多元，第四次要取1 000元却无法取出。之后两人又回去拿了塑料袋再次回到现场，其先用自己的农业银行卡取出5 000元，之后又无法取出了，许霆就接着取，取了好多钱，差不多一个小时才停下来，之后其试了几次，但都取不出钱，就回去休息。第二天，其用假名刘阳办了一张假身份证，以该身份证开了一张商业银行卡。当天中午12时许，其去到上述柜员机用商业银行卡取款，取出10 000元左右，之后无法再取出钱就走了。后来见到许霆，许说要辞职不干，留下来太危险，自己后来也辞职回湖北老家。其和许霆原来都做保安，许霆取了大约十七八万元，没有分给其赃款。

经辨认照片，郭安山指认了被告人许霆就是2006年4月21日晚与其在平云路163号的商业银行自动柜员机取款的人。

（16）被告人许霆的供述及对郭安山的辨认笔录，证实：2006年4月21日晚21时许，其和郭安山结伴外出，自己去广州市平云路附近的商业银行自动柜员机取款，郭安山在附近等候。其广州市商业银行卡是工资卡，卡中只有100多元。其插入自己的商业银行卡，想取出100元出来，但不知怎么多按了一个"0"，那柜员机竟真的吐出1 000元，其当时觉得不可思议，就立即查询自己卡中的余额，但钱还是那么多，于是就又连续以每次1 000元取了许多次，总共取出55 000元。由于取钱花了很长时间，郭安山等不及就过来找，见到其取了那么多钱，就很奇怪，问怎么回事，自己就把事情的原委告诉他，之后两人回到单位宿舍，其把钱拿出来，郭安山见了很心动，就让其帮他取钱。于是当晚23时许，其和郭安山回到那台自动柜员机，用自己的商业银行卡又取出一万多元，之后郭安山用他的农业银行卡取出3 000元，后因交易限制取不出钱，两人就又回到宿舍。次日零时许，其拿了一个塑料袋和郭安山又回到那台柜员机处，郭安山用他的卡取出几千元无法再取出钱，其接着用自己的银行卡取钱，一直取了很长时间，取出10万元左右，之后郭安山又用他的卡试着取钱，还是取不出钱，于是两人就回到宿舍。其一共取了17.4万元。其从未试过有这么多钱，头都蒙了，知道这样做不对，但又心存侥幸，做完这件事就一直很后悔。其在取款的第二天还正常上班，到了4月24日下午3时许坐车回山西，没和公司领导打招呼就不辞而别了，回到山西省临汾后，发现原来用报纸包着塞在被子里的 5 万元不见了，就没有回家，到一家酒店住下。后来也一直不敢回家，在临汾呆了一个月，然后去太原，和朋友合伙开了一间网吧，其投资 10 万元，后来这网吧亏本了。

经辨认照片，被告人许霆指认了郭安山就是 2006 年 4 月 21 日与其在广州市平云路的自动柜员机取款的人。对被告人许霆及其辩护人的辩解、辩护意见，本院评判如下：

(1) 关于辩护人提出本案事实不清，证据不足的意见，经查，第一，完整流水记录数据和涉案账户取款交易明细以及账户流水清单，证实被告人许霆的银行卡账户在案发前余额为 176.97 元，案发期间共成功取款 171 次，其中 167 次每次取款 1 000 元，账户实际每次扣款 1 元，4 次每次取款 2 000 元，账户实际每次扣款 2 元。许霆共取款 175 000 元，账户实际共扣款 175 元。银行监控录像证实许霆及郭安山在涉案自动柜员机取款，记录的时间与完整流水记录数据及账户流水清单记录的时间相对应。此外，许霆及郭安山的供述，亦证实许霆取款前账户余额只有 170 多元，但在涉案自动柜员机共取款 17 万余元。第二，广州市商业银行出具的情况说明，证实该单位每天 23 时以后切换会计日期记账，导致账户流水清单将 23 时以后的取款日期记录为次日，因而记录的部分时间和次序有误。第三，广州市商业银行的书面报案陈述及其工作人员黄某某、卢某的证言，证实涉案自动柜员机的异常是由于系统升级造成，出现的异常情况是持卡人指令取款 1 000 元，自动柜员机也出钞 1 000 元，但持卡人账户实际扣账为 1 元。上述证据在账户余额、取扣款金额、取扣款次数以及柜员机出现的异常情况等方面均能相互印证，足以证实因涉案自动柜员机出现异常，许霆持本人仅有 176.97 元的银行卡，在该自动柜员机上 171 次取款 175 000 元，账户实际仅扣 175 元的事实。辩护人提出本案事实不清，证据不足的辩护意见不能成立。

(2) 关于辩护人提出被告人许霆的行为不构成盗窃罪，是民法上的不当得利，应对其作出无罪判决以及许霆提出其是保护银行财产而取款的意见，经查，许霆是在正常取款时，发现自动柜员机出现异常，能够超出余额取款且不能如实扣账之后，在三个时间段内 170 次指令取款，时间前后长达 3 个小时，直至其账户余额仅剩 1.97 元为止，然后携款逃匿，其取款的方式、次数、持续的时间以及许霆关于其明知取款时"银行应该不知道"、"机器知道，人不知道"的当庭供述，均表明许霆系利用自动柜员机系统异常之机，自以为银行工作人员不会及时发现，非法获取银行资金，与储户正常、合法的取款行为有本质区别，且至今未退还赃款，表明其主观上具有非法占有银行资金的故意，客观上实施了秘密窃取的行为。许霆的行为符合盗窃罪的主客观特征，构成盗窃罪。许霆关于是为保护银行财产而取款，并准备把款项交给单位领导的辩解，缺乏事实根据，不能成立。辩护人关于许霆的行为不构成盗窃罪、属于民法上的不当得利、应对许霆作出无罪判决的辩护意见亦不能成立。

(3) 关于辩护人提出被告人许霆的行为不属于盗窃金融机构的意见，本院认为，自动柜员机是银行对外提供客户自助金融服务的专有设备，机内储存的资金是金融机构的经营资金，根据最高人民法院，《关于审理盗窃案件具体应用法律若干问题的解释》第八条"刑法第二百六十四条规定的盗窃金融机构，是指盗窃金融机构的经营资金、有价证券和客户的资金等，如储户的存款、债券、其他款物，企业的结算资金、股票,不包括盗窃金融机构的办公用品,交通工具等财物的行为"的规定,许霆的行为属于盗窃金融机构。辩护人关于许霆的行为不属于盗窃金融机构的辩护意见于法无据,不予采纳。

本院认为,被告人许霆以非法占有为目的,采用秘密手段窃取银行经营资金的行为,已构成盗窃罪。许霆案发当晚 21 时 56 分第一次取款 1 000 元,是在正常取款时,因自动柜员机出现异常,无意中提取的,不应视为盗窃,其余 170 资取款,其银行账户被扣账的 174 元,不应视为盗窃,许霆盗窃金额共计 173 826 元。公诉机关指控许霆犯罪的事实清楚,证据确实、充分,指控的罪名成立。许霆盗窃金融机构,数额特别巨大,依法本应适用"无期徒刑或者死刑,并处没收财产"的刑罚。鉴于许霆是在发现银行自动柜员机出现异常后产生犯意,采用持卡窃取金融机构经营资金的手段,其行为与有预谋或者采取破坏手段盗窃金融机构的犯罪有所不同;从案发具有一定偶然性看,许霆犯罪的主观恶性尚不是很大。根据本案具体的犯罪事实、犯罪情节和对于社会的危害程度,对许霆可在法定刑以下判处刑罚。依照《中华人民共和国刑法》第二百六十四条、第六十三条第二款、第六十四条和最高人民法院《关于审理盗窃案件具体应用法律若干问题的解释》第三条、第八条的规定判决如下:

一、被告人许霆犯盗窃罪,判处有期徒刑五年,并处罚金二万元。

(刑期从判决执行之日起计算。判决执行以前先行羁押的,羁押一日折抵刑期一日,即自 2007 年 5 月 22 日起至 2012 年 5 月 21 日止。罚金自本判决发生法律效力的第二日起一个月内向本院缴纳)。

二、追缴被告人许霆的犯罪所得 173 826 元,发还受害单位。

如不服本判决,可在接到判决书的第二日起十日内,通过本院或者直接向广东省高级人民法院提出上诉,书面上诉的,应当提交上诉状正本一份,副本二份。

本判决依法报请最高人民法院核准后生效。

审 判 长 郑允展
审 判 员 钟育周
代理审判员 聂河军
二〇〇八年三月三十一日
(院印)

本件与原本核对无异

书 记 员 曹治华
廖燕洁
王泽楷

杨某某职务侵占案辩护词

审判长、审判员:

我接受甘肃法成律师事务所的指派,接受被告人杨某某亲属的委托,依法担任其一审辩护人,现根据事实及法律对本案发表如下辩护意见:

首先，辩护人认为，起诉书指控被告人杨某某犯有职务侵占罪，事实不清、定性错误，指控依法不能成立。

辩护人经详尽查阅案卷材料并多次阅读起诉书，一个明显的认知就是起诉书为支持指控，在对本案事实的认定上为己所用，未对涉案事实做出全面完整的客观叙述，有意回避对本案的定性至为关键的重要情节，即客户支付的硅铁销售款系张某在承包经营硅铁炉期间的硅铁销售所得，这是本案最为基本的事实，背离这一基础和前提，必然导致对张、杨二人在本案中行为评价的严重不公和错误。起诉书这种为支持指控对案件事实为己所用的做法，公然有悖于《刑法》无罪推定的基本原则。为还事实一个本来面目，下面，辩护人结合在卷证据对本案深入分析，以正视听。

通过两天来的庭审调查及质证，控辩双方的争议的焦点已明确了然，即本案中张、杨二人的行为究竟是合同履行期间的合法行为还是如起诉书所控的职务侵占行为？要得出正确结论，就必须对张、杨二人与冶炼分公司、硅铁炉车间的相互关系及本案所涉及合同的性质、效力，从以下四方面客观的分析论证。

一、杨某某与华明公司的安全经济责任书系合法有效的承包合同。

如起诉书所称，本案有关涉案事实发生在杨某某任冶炼分公司经理期间，但起诉书仅对其与冶炼分公司的关系之一作出了认定。根据华明公司与杨某某在2002年、2003年及2004年三年期间签订的安全经济责任书，杨某某作为冶炼分公司的经理，在其任职期间负有自主经营、自负盈亏的目标责任，实质上即承包经营，杨某某与冶炼分公司的内部承包经营关系，从以下三方面可以证实：

（1）安全经济责任书本身。

安全经济责任书从名称上看不是承包经营合同，但究其实质，根据该责任书"充分发挥二级单位经营管理的自主性"、"在营业范围内独立自主安排经营活动"、"独立的财务支出审批权"、"当年经营造成亏损，从下年度工资收入中扣减"等相关规定，其内容完全符合民法中承包经营的法律特征，该责任书系华明公司与杨某某就冶炼分公司的承包经营合同。根据《中华人民共和国合同法》的有关规定，合同有书面、口头及其他多种形式，对责任书是否系承包经营合同，主要是审查其实质要件是否符合承包经营有关"自主经营、自负盈亏"的基本法律特征，形式要件是否相符并不影响合同性质。杨某某对冶炼分公司的承包合同虽以"安全经济责任书"的名称形式出现，但其承包经营的实质内容不容否认。

（2）卷中审计报告。

卷中华明公司"关于对甘肃华明电力股份有限公司冶炼分公司原经理杨某某同志任期经济责任审计情况的报告"以及"关于对甘肃华明电力股份有限公司冶炼分公司进行资产经营审计的报告"，充分证实：华明冶炼分公司作为甘肃华明公司的二级核算单位，进行承包经营。

审计报告是华明公司对杨某某在职期间经营状况的全面审计及最终结论，作为案发前由华明公司审计部门作出的这一客观书证，其所证实的"承包经营"的事实毋庸置疑，其对杨某某与冶炼分公司系承包关系这一结论的得出具有相当的权威性，根据《刑法》理论的证据适用原则，原始书证的证明效力远远大于证人证言。在本案所有证据中，案发前由华明公司亲自出具的这一原始书证最具说服力，其证明效力是任何包括丁惠诚在内作不实之词的证人证言所无法对抗并否定的。

(3) 证人黄某的证词。

作为华明公司的副总经理，黄某在2005年1月20日的询问笔录中明确证实："前两年硅铁价格低，杨某某又是股份公司的内部职工，所以公司是以内部承包的形式和他签订的安全责任书……公司没有单独和杨某某签订承包合同……因为王某不是我们公司的内部职工才签订合同的，而杨某某是内部职工，只签订了安全责任书。"证人黄某上述证言与原始书证安全经济责任书及两份审计报告相互印证，进一步证实了杨某某与冶炼分公司的内部承包经营关系。证人黄某是华明公司唯一一位不推卸责任如实陈述的证人，其证词与书证的有效印证充分证实了杨某某对冶炼分公司承包经营的客观真实性。

根据上述三方面证据，可以肯定地说，杨某某与冶炼分公司的内部承包关系是不争的事实。其基于安全经济责任书对公司自主经营、自负盈亏的承包经营合法有效。确立这一事实是确立张某与硅铁炉车间关系的前提。

二、张某与杨某某签订的承包合同合法有效。

如前所述，杨某某于2003年基于和华明公司的承包合同，为使硅铁炉恢复生产，扭转亏损，为使安装队、招待所、后勤生活提高效益，分别与张某在内的四名内部职工签订承包经营责任书，将四部门向内部职工对内承包经营，从而确立了张某与硅铁炉车间"独立自主、自负盈亏"承包经营关系，张杨之间的承包经营合同合法有效，理由如下：

(1) 具有合法的订立基础。(即杨某某有权对外签订承包合同)

张、杨签订承包合同的前提是杨某某与华明公司之间"自主经营、自负盈亏"的承包经营合同，杨某某基于合同而取得的了自主经营权，杨某某将硅铁炉等四部门对内承包正是其对自主经营权的合法行使。"自主经营"绝非"自己经营"，只要杨某某以合法的方式履行了其与华明公司的经济指标义务，则不论其是"自己经营"还是"承包经营"，均不违反其与华明公司的承包合同约定，不违反禁止性法律规定。因此，张、杨之间的承包合同具有合法的订立基础。

(2) 有关书证充分证实对内承包得到华明公司的认可。

尽管华明公司的丁惠诚在其证言中极力否认张、杨的承包合同，但同样如前所说，其纯属推卸责任的不实之词，丝毫无法否认卷中原始书证安全经济责任书、冶炼分公司文件及承包合同所充分证实的事实。

根据杨某某与华明公司的三份安全经济责任书，在经营收入项目中，2002年及2003年的责任书第一项均为硅铁厂承包费收入，这与2002年对外承包于王某，2003年对内承包于张某的事实完全吻合，而在2004年责任书中，列为"硅铁销售收入"，这与该年度无对内、对外承包的状况相符。从时间上看，也是张、杨二人2003年2月19日签订承包合同在先，华明公司2003年3月与杨某某签订安全经济责任书在后，因此，华明公司起草的安全经济责任书充分证实，华明公司在每一年与杨某某签订责任书时，都明确知晓硅铁炉的实际经营状况，明确知道并认可2003年度硅铁炉对内承包给张某的事实，否则该年度的责任书就不可能有"硅铁厂承包费收入"的清晰表述，这绝非丁惠诚在其证词中一句"用词不当"、秦某在其证词中一句"都差不多"所能推托的。

据杨某某陈述，他在将四部门承包之前，数次向秦某做过单独或各二级公司司务会上的公开汇报。尽管秦某对这一事实不予认可，称其2003年11月才获知，但卷中华明冶炼司发〔2003〕03号文件充分明确证实：杨某某不仅口头汇报，且以正式文件的方式向华明公司行文汇报，该文件系华明公司在本案侦查阶段向公安机关所提供且加盖华明公司公章证明复印属实，这一客观书证进一步证实华明公司的确受到了来自于冶炼分公司的书面汇报，华明公司在知情并认可的情况下，才与杨某某签订了"硅铁厂承包费收入"的2003年安全经济责任书。另外，秦某在张某承包期间，多次前往冶炼分公司检查工作，作为华明公司副总，与张某多次面对面进行工作检查，在张、杨二人对承包一事绝无隐瞒的情况下，承包之事怎能不知？

卷中张某的承包合同亦由华明公司加盖公章向公安机关提供，进一步证实华明公司不仅收到了冶炼分公司的请示文件，且收到了承包合同。

（3）得到承包合同内容的印证。

据合同约定，张某承包期间须负担16名职工工资226 958元，生产成本全部自理，这一内容完全依杨某某与华明公司的承包合同而来。张某的承包合同虽未像王某的承包合同那样明确约定上缴的承包费，但两相比较，王某承包时仅上交年承包费12.5万元，而张某负担的22余万元仅是职工10个月的工资，张某管是在硅铁炉陷于困境之下进行的承包，但其所负担的工资比王某的所谓承包费高出近一倍。另外，张某还依合同约定向杨某某借款10万元交纳了承包经营风险抵押金，说明该承包合同既有可能盈利亦存在风险，有亏有盈，权利义务相对应，符合承包经营的基本法律特征。

（4）其有效性得到安装队、招待所、后勤生活三个部门承包经营合同的印证。

上述三部门的承包合同印证了张、杨之间的承包合同绝非出于所谓的非法侵占的故意而订立。杨某某对内实施承包是对各个部门的分别承包，而且招待所的承包更进一步印证了华明公司老总对四部门承包的知情及认可。招待所与华亭电厂同在一栋楼中，华明公司业务上相关人员的迎来送往常在此接待安排，承包人罗金灿常与老总照面，如此之下，老总们仍要声称对承包不知，实在是情理不畅。

（5）得到秦某证词的印证。

秦某证实：内部的承包可以，杨也有这个权利，在我给他的经济责任书规定得很清楚。因此，杨某某基于其与华明公司的承包合同以及华明公司的认可同意而与张某等四职工签订的承包经营合同，其合法有效性不容置疑。

三、本案涉案资金系张某承包期间的个人合法所得，非公司资金。

确立了杨某某与张某之间承包经营合同的合法有效性，接下来需要阐明的就是张某基于承包经营合同收取硅铁销售款的合法性，即涉案资金的性质。

张某的确如起诉书所称，收取了200余万元硅铁销售款，但上述款项的收取并非起诉书所称的"互相勾结，利用职务上的便利，采取低报该公司硅铁生产量，隐瞒硅铁销售收入，将客户支付给冶炼分公司硅铁货款存入个人银行账户的办法，侵吞冶炼分公司硅铁货款2 042 000元"。在此，辩护人对上述指控中的"互相勾结"提出异议。这里且不论收取货款合法与否，单就该行为本身来看，卷中并无有效证据证实这是杨某某与张某共同所为。张某在卷十四堂供述均陈述其一人销售收款，并曾证实"事先未与杨某某商量"。智海德虽证实二人共同销售，共同让其将款打至张处，但其证言并未得到直接当事人张、杨二人供词的印证。杨某某始终否认在收取货款一事中与张某共议共为。因此，起诉书上述对杨某某的指控实属证据不足。澄清了收取货款非杨某某与张某共同所为，仍需回说到张某收款的合法性。张某与杨某某所签承包合同明确约定，张某的承包费用就是负担16名职工的工资226 958元，除此之外，再无须上缴利润，生产成本全部自理。张某依合同约定完成对职工工资的如约发放，其合同约定的承包费义务即履行完结，依据民法有关承包合同"谁投资、谁受益"的基本原则，张某对其余承包期间由其投资生产的硅铁，进行销售后收取款项的行为合法。尽管其在对部分硅铁进行销售时未入账销售，但这仅仅是违反合同约定的财务手续问题，承包合同约定全部收入应如实上交财务，但同时明确约定张某作为承包人可直接支配，因此，张某未入账销售的问题违约而非违法，更谈不上犯罪。本案涉及的销售得款系张某承包期间的个人合法所得，绝非公司资产，张某对之收取不用利用职务之便，只需利用承包之权。张某对承包经营的合法收入自行收取的行为完全不符合刑法职务侵占罪"利用职务之便侵占本单位财产"的客观构成要件。起诉书将张某在硅铁炉厂严重亏损，极度困难的情况下因经营有力，加之市场好转而产生的承包利润的收取定性为职务侵占，一无事实依据二无法律依据。不能因张某意外盈利就冠之于罪，反言之，张某交纳的10万元承包经营风险抵押金如亏损将全部赔进，那么，张某对损失是否依合同理应承担？公诉人认为张某的承包仅仅是一种内部管理形式而非法律意义上的承包，完全是公诉人片面地根据个别证人的不实之词，错误地理解了承包合同"承包人的财务由公司管理，收入应入账"的约定。起诉书在对本案事实以偏概全、为己所用的错误前提下所得出的结论必然不当。

四、杨某某从张某处获取资金行为合法。

通过以上分析论证，在确立了张某承包合同的合法有效性，确立了张某收取货款的合法性后，杨某某从张某处借用抑或获取资金的行为无可辩驳地归于合法，前提的合法必然产生结果的合法。即或张某在收取货款时有违承包合同，杨某某与张某存有借款关系，统统系合法前提之下用民事法律去调整的行为，绝无依据纳入刑事法律裁决的范畴。

综上所述，恳请合议庭能够充分尊重本案被告人的收款行为有合法有效的承包合同在先的这一基本事实，并以此为基础，对二被告人的行为给予客观公正的评价。

其次，辩护人认为本案程序违法。本案在审查起诉阶段，杨某某的另一辩护人孙玉珩律师依法要求复制有关案卷材料遭检察机关拒绝，由于未能复制起诉意见书，致使辩护人未能在审查起诉阶段会见自己的当事人杨某某，公诉人的这一做法程序严重违法。刑诉法、刑诉法的解释及六部委联合规定就辩护律师在审查起诉阶段的阅卷权规定至为明确，在上述法律法规已实施了近十年的今天，本案居然发生拒绝律师查阅有关案卷的怪事，实属罕见。

辩护人认为，程序公正是实体公正的前提和保证，失去了程序公正的所谓实体公正绝非法律意义上真正的公正。程序不公，必将导致对被告人辩护权的漠视。在此，辩护人借用一句"世纪之审"辛普森案件的首席辩护律师科克伦的话敬赠公诉人："如果破坏了开始，准破坏了收获。"

最后，辩护人对本案公安机关对张、杨二人的罚没处罚提出异议。公安机关的这一做法在实体、程序上均严重违法。根据我国《刑法》无罪推定的基本原则，在没有生效的人民法院的判决书确认被告人有罪之前，任何人都是无罪的。根据《刑法》第六十四条有关犯罪分子因违法行为的所得应予没收的规定，是指被告人被生效判决确认有罪之后其违法所得应予没收。而本案公安机关在案件侦察阶段就在罚没决定书中引用上述规定，将仅系犯罪嫌疑人的张、杨二人的财产作为违法所得予以罚没，实属错误，程序错误，罚没与被罚没的主体错误，其违法之严重实属罕见。

审判长、审判员：纵观全案，辩护人认为，起诉书指控张某、杨某某犯有职务侵占罪事实不清，定性错误，罪名依法不能成立。法庭应依据《刑事诉讼法》第一百六十二条第二款"依据法律认定被告人无罪的，应当作出无罪判决"的规定，宣告张某、杨某某无罪，使无罪推定的基本刑法原则在二被告人的身上得到切实的体现！

谢谢法庭！

一审辩护人：甘肃法成律师事务所

律师 王××

二〇〇六年一月十九日

本章讨论案例

1. 本章第二节的案例如何判决？请写出判决书；并完成案例中未展示的部分书证。

2. 模拟案例：被告人章某某，男，30岁，农民，住浙江兰西市墩头乡溪滩村。被告人章某某于2008年麦收时，曾为晒场之事与本村村民祝某（被害人）发生争吵，遭到祝的辱骂，对此怀恨在心，伺机报复。5月14日早上，章某某身藏铁棍，到祝家见祝外出挑粪，举棍朝祝头颅部猛击数下，致祝当场死亡（有村民王某、何某在场），而后将尸体扔入院落中的水缸中，并在水缸中洗净铁棍和手，用水冲洗地上的血迹，然后逃离现场。回家后立即将溅有血迹的衣、裤及布鞋烧毁（其妻赵某为证），继而将未烧完的布鞋底和灰埋于其父的稻田中，将铁棍藏于其父家中，然后骑车外出理发（理发师为贾某）。

之后，章某某被公安机关抓获。

根据上述案情，请讨论以下问题：

1. 本案中可能产生哪些证据？并完成各个证据的制作。
2. 组织同学分工进行案件的审理。

训练目的

通过训练，使同学们熟知第一审普通程序的运作流程，并能准确把握一个案件的有效证据，能够独立制作相关司法文书。

第八章 刑事简易程序

第一节 简易程序概述

刑事简易程序是刑事诉讼普通程序的简易化形式。

根据《刑事诉讼法》第208条～第215条的规定，简易程序是指基层人民法院审理某些事实清楚、情节简单、犯罪轻微的刑事案件所适用的比普通程序相对简化的第一审程序。

简易程序与普通程序相比较，具有以下特征：第一，简易程序只适用于第一审程序。第二审程序、死刑复核程序和审判监督程序均不适用简易程序。第二，简易程序只能由基层人民法院适用。中级以上的人民法院虽然也有第一审案件，但不能适用简易程序。第三，适用简易程序审理的案件，必须是事实清楚、情节简单、犯罪轻微的刑事案件。重大、疑难、复杂的案件不适用简易程序。第四，适用简易程序审理的案件，不受《刑事诉讼法》中关于讯问被告人、询问证人、鉴定人、出示证据、法庭辩论等程序规定的限制，大大简化了审理程序。

第二节 适用简易程序的案件范围

根据《刑事诉讼法》第208条的规定，人民法院对于下列三类案件，可以适用简易程序：

（1）案件事实清楚、证据充分的。
（2）被告人承认自己所犯罪行，对指控的犯罪事实没有异议的。
（3）被告人对适用简易程序没有异议的。

但是，有下列情形之一的，不适用简易程序：

（1）被告人是盲、聋、哑人，或者是尚未完全丧失辨认或者控制自己行为能力的精神病人的。
（2）有重大社会影响的。
（3）共同犯罪案件中部分被告人不认罪或者对适用简易程序有异议的。
（4）其他不宜适用简易程序审理的。

第三节 简易审判程序的特点

与普通审判程序相比，适用简易程序的法庭审判程序具有如下特点：

（1）适用简易程序审理案件，对可能判处三年有期徒刑以下刑罚的，可以组成合议庭进行审判，也可以由审判员一人独任审判；对可能判处的有期徒刑超过三年的，应当组成

（2）适用简易程序审理公诉案件，人民检察院应当派员出庭支持公诉。

（3）法庭调查、法庭辩论程序简化，《刑事诉讼法》第213条规定："适用简易程序审理案件，不受本章第一节关于送达期限讯问被告人、询问证人、鉴定人、出示证据、法庭辩论程序的限制。但在判决宣告前应当听取被告人的最后陈述意见。"

（4）简易程序具有可变更性，即人民法院对案件按简易程序审理，在审理过程中发现不宜适用简易程序的，应将案件变更为按普通程序审理。应当变更的情形主要有：①公诉案件被告人的行为不构成犯罪的；②被告人当庭翻供的；③事实不清或者证据不充分的；④对主要证据有疑问，因公诉人未出庭无法质证的；⑤审判人员认为对被告人应当判处3年以上有期徒刑的。简易程序变更为普通程序以后，原起诉书继续有效。

（5）简易程序的审理期限较短，《刑事诉讼法》第214条规定："适用简易程序审理案件，人民法院应当在受理后20天以内审结。对于可能判处的有期徒刑超过三年的，可以延长至一个半月。"

本章讨论案例

2009年12月22日，星期二，某甲在某高校家属院内盗窃一辆电动车时被该校保卫人员瓦某、魏某当场抓获。某甲也对犯罪事实供认不讳。

根据以上案情完成以下讨论：

1. 完成证据的收集。
2. 按照简易程序审理本案（要求当场判决）。

训练目的

刑事案件的简易程序本身没有什么明确规定，在《刑事诉讼法》条文以及教科书上都没有关于庭审程序的规定。具体的法庭审理过程仅仅是在普通一审程序基础上的简化。通过训练，使同学们了解简易程序的特点。

第九章 刑事二审程序

第一节 庭审程序

《刑事诉讼法》第 216 条规定:"被告人、自诉人和他们的法定代理人,不服地方各级人民法院第一审的判决、裁定,有权用书状或者口头向上一级人民法院上诉。被告人的辩护人和近亲属,经被告人同意,可以提出上诉。附带民事诉讼的当事人和他们的法定代理人,可以对地方各级人民法院第一审的判决、裁定中的附带民事诉讼部分,提出上诉。对被告人的上诉权,不得以任何借口加以剥夺。"第 217 条又规定:"地方各级人民检察院认为本级人民法院第一审的判决、裁定确有错误的时候,应当向上一级人民法院提出抗诉。"根据上述规定可以看出,在我国,二审程序的开始是基于被告人、自诉人和他们的法定代理人、被告人的辩护人和近亲属、附带民事诉讼的当事人和他们的法定代理人的上诉或者地方各级人民检察院的抗诉而开始的。

一、提起上诉、抗诉的主体

上诉是上诉人或其法定代理人不服地方各级人民法院的第一审判决、裁定,依法请求第一审人民法院的上一级人民法院对案件进行重新审理的诉讼活动。

根据《刑事诉讼法》第 216 条的规定,有权提出上诉的人有:自诉人、被告人和他们的法定代理人,经被告人同意的辩护人、近亲属,附带民事诉讼的当事人及其法定代理人。由于这些人的诉讼地位不同,他们的上诉权限也有所差别。按照法律的规定,可以把他们分为享有独立上诉权的人和享有不完全上诉权的人两类。

(1) 自诉人、被告人在刑事诉讼中处于当事人的地位,人民法院的判决、裁定对他们具有最直接的利害关系。法律赋予他们独立的上诉权,他们可以依据自己的意志行使上诉的权利,而不必获得谁的同意。

(2) 法定代理制度是法律为保护无行为能力人和限制行为能力人的合法权益而设立的一种特殊制度。由于无行为能力人和限制行为能力人因年龄上、认识能力上的原因,难以充分维护自己的合法权益。为解决他们诉讼权利行使的问题,法律特别设定法定代理人来维护其利益,并赋予法定代理人行使被代理人诉讼权利的权限。所以,自诉人、被告人的法定代理人因自诉人、被告人的上诉权利,而自然获得了独立的上诉权。法定代理人在行使上诉权时,不论自诉人、被告人是否同意,都不影响其上诉的法律效力。

(3) 附带民事诉讼的当事人及其法定代理人依法也享有独立的上诉权,但他们行使权利的范围却有限制,只能就附带民事诉讼部分提出上诉,而无权涉及判决、裁定中的刑事部分。附带民事诉讼当事人及其法定代理人对民事部分的上诉,不影响刑事裁判的生效和执行。

(4) 被告人的辩护人、近亲属享有不完全上诉权，他们提出上诉请求必须以被告人同意为前提。这是因为被告人的辩护人、近亲属的上诉行为属于帮助被告人行使上诉权的性质，他们的上诉应视为被告人的上诉，上诉的法律后果仍然由被告人承担。因此，他们的上诉行为不得与被告人的意志相违背。按照《法院解释》的规定，"经被告人同意的辩护人、近亲属提出上诉的，应当说明他们与被告人的关系，并应当以被告人作为上诉人"。

公诉案件的被害人虽然具有当事人的诉讼地位，但现行《刑事诉讼法》并未赋予其上诉权，但为了保护被害人的利益，《刑事诉讼法》规定了被害人有请求抗诉的权利。被害人及其法定代理人如果不服地方各级人民法院第一审判决的，自收到判决书后的5日以内，有权请求人民检察院提出抗诉。人民检察院自收到被害人及其法定代理人的请求后5日以内，应当作出是否抗诉的决定，并且答复请求人。被害人的请求抗诉的行为并不必然引起抗诉的效果，是否抗诉仍需由人民检察院审查决定。

抗诉是地方各级人民检察院认为本级人民法院第一审的判决、裁定确有错误时，在法定期间内要求上一级人民法院对案件重新审理的诉讼活动。根据《刑事诉讼法》第217条的规定，有权按照第二审程序提出抗诉的只能是地方各级人民检察院。地方各级人民检察院如果认为本级人民法院的第一审判决、裁定确有错误的，有权向上一级人民法院提出抗诉；地方各级人民检察院也可以基于被害人的请求向上一级人民法院提出抗诉。

二、上诉、抗诉的理由

我国《刑事诉讼法》对上诉的理由没有规定任何限制，上诉人只要是不服人民法院尚未发生法律效力的第一审判决、裁定，就有权提出上诉。因此，上诉人只要不服第一审裁判，并在法定期限内提出了上诉请求，上诉就具有法律效力，第二审人民法院都应当审理。但为了使上诉更有说服力，更能使第二审人民法院明了其上诉的目的，上诉人可以说明不服第一审判决的理由。至于上诉的理由是不是充分，都不影响上诉的成立。

抗诉是代表国家的人民检察院做出，为了体现国家执法机关的严肃性，《刑事诉讼法》对抗诉的理由有明确的要求。根据《刑事诉讼法》第217条的规定，人民检察院必须是有充分、正确的理由认定第一审判决、裁定"确有错误"时，才能提起抗诉。所谓确有错误，是检察院对第一审判决、裁定所持的否定性评价，而且，应当有相应的事实或法律依据来支持这一评价。否则，即使得出第一审裁判确有错误的结论，也不具备提出抗诉的法定理由。换言之，检察院在提出抗诉的同时，就应当依法具体指出或说明第一审裁判中的错误之处，并阐述相应的事实或法律根据，以表明其抗诉符合《刑事诉讼法》关于抗诉理由的要求。

根据《人民检察院刑事诉讼规则》第584条规定，人民检察院认为同级人民法院第一审判决、裁定有下列情形之一的，应当提起抗诉：①认定事实不清、证据不足的；②有确实、充分的证据证明有罪而判无罪，或者无罪而判有罪的；③重罪轻判，轻罪重判，适用刑罚明显不当的；④认定罪名不正确，一罪判数罪、数罪判一罪，影响量刑或者造成严重的社会影响的；⑤免除刑事处罚或者适用缓刑、禁止令、限制减刑错误的；⑥人民法院在审理过程中严重违反法律规定的诉讼程序的。

三、上诉、抗诉的方式和程序

根据《刑事诉讼法》的有关规定，上诉可以采用书面的方式，也可以采用口头的方式。书面上诉的，应提交上诉状；口头提出上诉的，人民法院应制成笔录，以固定或转呈其上诉意愿。在审判实践中，对于被告人在一审判决、裁定宣告或送达后，口头表示冤屈，而未明确表示上诉的，审判人员应当向其解释上诉权的意思和上诉程序。经解释被告人表示上诉的，应当按上诉处理；经解释仍不明确表示上诉的，则不能按上诉处理。另外，口头申请上诉必须由上诉主体当面、直接向第一审人民法院的有关人员提出。如果其采取电话、转托他人捎口信等间接的、无法有效认证身份的方式提出上诉，不能视为符合法定口头方式的要求。只能视为诉讼主体有上诉的意向，但是否真实有效，则需进一步核实，并办理相应的手续，记录诉讼主体的口头申请，并由其签名或盖章。

根据《刑事诉讼法》第220条规定，上诉人上诉可以通过原审人民法院或者直接向第二审人民法院提出。如果上诉人是通过原审人民法院提出上诉的，原审人民法院应当在3日以内将上诉状连同案卷、证据移送上一级人民法院，同时将上诉状副本送交同级人民检察院和对方当事人。如果上诉人直接向第二审人民法院提出上诉的，第二审人民法院应当在上诉期满后3日以内将上诉状交原审人民法院，原审人民法院将上诉状副本送交同级人民检察院和对方当事人，并将全部案卷、证据报送上一级人民法院。

抗诉的方式比上诉的方式要严格，根据《刑事诉讼法》第221条规定，地方各级人民检察院抗诉，只能以抗诉书的方式提出。这是因为人民检察院是国家的法律监督机关，制作各种法律文件是其基本的业务工作，不存在能力上的障碍。而且以抗诉书的方式提出抗诉，也更能表明抗诉行为的严肃性。

人民检察院在向原审人民法院提出抗诉的同时，还必须将抗诉书抄送上一级人民检察院。因为在抗诉案件中，原公诉机关不能出庭支持公诉，只能由与上诉审法院同级的上一级人民检察院行使该项职权，故而将抗诉书抄送上一级人民检察院，目的是便于上一级人民检察院作好出庭抗诉的准备。上级人民检察院接到下级人民检察院抄送的抗诉书后，应就抗诉的理由和根据进行认真审核。如果认为抗诉不当，可直接向同级人民法院撤回下级人民检察院这一抗诉，并且将撤回抗诉的情况通知下级人民检察院。

四、上诉、抗诉的期限

对地方各级人民法院的第一审判决、裁定的上诉或者抗诉，应当在法定期限内提出。《刑事诉讼法》第219条以及《法院解释》第301条的规定："不服判决的上诉和抗诉期限为10日，不服裁定的上诉和抗诉期限为5日。从接到判决书、裁定书的第2日起算。"附带民事诉讼判决或裁定的上诉和抗诉期限也按照刑事部分的上诉和抗诉期限确定。但如果附带民事诉讼是另行审判的，上诉、抗诉期限应当按照《民事诉讼法》规定的期限执行。

如果在法定的期限内没有提出上诉或抗诉的，上诉人或人民检察院即失去其上诉权或抗诉权。这样规定的目的有两个方面：一是让上诉人和抗诉机关有必要的时间考虑是否提出上诉、抗诉，作好上诉、抗诉准备。二是保证上级人民法院能够迅速审判上诉、抗诉案件，使第一审的裁判得以及时纠正，避免拖延诉讼。

五、上诉、抗诉的撤回

无论是上诉人的上诉，还是人民检察院的抗诉，都应视为他们权限范围内的行为。如果他们认为上诉或抗诉已无必要，撤回已经提出的上诉或抗诉，从理论上看，仍应是其权限范围内的行为。撤回上诉或抗诉，实际上是上诉权、抗诉权行使的延续。因此，撤回上诉或抗诉在法律上应当是成立的，只是上诉人撤回上诉的行为和人民检察院撤回抗诉的行为，都必须在第二审人民法院作出裁判之前进行。

上诉人撤回上诉，如果是在法定的上诉期限内提出的，人民法院应当准许。如果撤回上诉的行为发生在上诉期满后，是否准许撤回，则需由第二审人民法院进行审查。第二审人民法院如果认为原判决认定事实清楚和适用法律正确，量刑适当的，应当裁定准许上诉人撤回上诉；如果原判决事实不清，证据不足或者将无罪判有罪、轻罪重判等，应当不准许撤回上诉，并按照上诉审程序进行审理。

人民检察院撤回抗诉也是其行使抗诉权的内容。由于人民检察院是代表国家行使抗诉权，是其法律监督职能的具体体现。因此，人民检察院撤回抗诉，与上诉人撤回上诉相比，又具有不同的地方。人民检察院在提出抗诉后，如果认为抗诉有错误的，可以随时向人民法院撤回抗诉。如果人民检察院在抗诉期限内撤回抗诉的，第一审人民法院就不再需要向上一级人民法院移送案件了；如果是在抗诉期满后撤回抗诉的，第二审人民法院可以裁定准许，并通知第一审人民法院和当事人。但由于上诉或抗诉提出，导致第一审裁判不能发生法律效力，其内容是否能够实施，需取决于第二审的结果。上诉和抗诉的撤回必然使这种不确定性发生变化。如果上诉、抗诉的撤回发生在上诉、抗诉期满以前的，第一审判决、裁定在上诉、抗诉期满之日起生效；如果上诉、抗诉的撤回发生在上诉、抗诉期满之后，第二审人民法院裁定准许的，第一审判决、裁定自第二审人民法院裁定书送达原上诉人或者抗诉的人民检察院之日起生效。

六、第二审程序的审判

在第二审程序的审理中，上诉或抗诉并不一定是对第一审裁判的所有内容提出的，或者只是对认定事实不服，或者是对适用法律不服，或者仅是对量刑的轻重有看法，等等。如何确定审理的范围，在世界各国的做法都不尽相同，我国第二审程序采用的是全面审查的原则。《刑事诉讼法》第 222 条以及《法院解释》第 310 条的规定："第二审人民法院应当就第一审判决认定的事实和适用法律进行全面审查，不受上诉或者抗诉范围的限制。共同犯罪的案件只有部分被告人上诉的，应当对全案进行审查，一并处理。"

（1）既要对原审裁判认定的事实进行审查，又要对适用法律进行审查。

（2）既要对上诉、抗诉的部分进行审查，又要对未上诉、抗诉的部分进行审查。

（3）在共同犯罪的案件中，既要对已经上诉的被告人的部分进行审查，又要对没有上诉的被告人的部分进行审查。

（4）既要对实体方面进行审查，又要对程序方面进行审查。

（1）第一审判决认定的事实是否清楚，证据是否确实、充分，证据之间有无矛盾。
（2）第一审判决适用法律是否正确，量刑是否适当。
（3）在侦查、起诉、第一审程序中，有无违反法定诉讼程序的情形。
（4）上诉、抗诉是否提出了新的事实和证据。
（5）被告人供述和辩解的情况。
（6）辩护人的辩护意见以及采纳的情况。
（7）附带民事诉讼部分的判决、裁定是否合适、适当。
（8）第一审人民法院合议庭、审判委员会讨论的意见。
以上内容经过审查后，应当写出审查报告。

全面审查是"以事实为根据，以法律为准绳"的基本原则在审判程序中的具体体现，第二审人民法院通过对案件的全面审查，查清案件的全部情况，通盘考虑上诉、抗诉的理由是否充分和第一审裁判正确与否，不仅可以使上诉、抗诉中指出的错误得到及时纠正，同时还可以发现上诉、抗诉中没有涉及的问题并进行正确的处理，从而作出符合案件真实情况、符合法律的终审判决。全面审查的原则，充分体现了我国《刑事诉讼法》实事求是、有错必纠的指导思想和对人民高度负责的精神。

七、第二审的审理方式

第二审人民法院审理上诉或抗诉案件，应当由审判员3～5人组成合议庭进行。根据《刑事诉讼法》第223条以及《法院解释》第317条、第318条的规定可以看出，第二审的审理方式可以分为开庭审理和不开庭审理两种。

开庭审理，是指第二审人民法院审理上诉、抗诉案件，在检察人员和诉讼参与人直接参加下，进行法庭调查、法庭辩论、听取被告人最后陈述，然后进行评议和宣判的审理方式。《刑事诉讼法》第317条的规定："下列案件，根据《刑事诉讼法》第二百二十三条第一款的规定，应当开庭审理：（一）被告人、自诉人及其法定代理人对第一审认定的事实、证据提出异议，可能影响定罪量刑的上诉案件；（二）被告人被判处死刑立即执行的上诉案件；（三）人民检察院抗诉的案件；（四）应当开庭审理的其他案件。被判处死刑立即执行的被告人没有上诉，同案的其他被告人上诉的案件，第二审人民法院应当开庭审理。被告人被判处死刑缓期执行的上诉案件，虽不属于第一款第一项规定的情形，有条件的，也应当开庭审理。"

开庭审理的方式和程序与第一审程序基本相同，但第二审程序又不完全等同于第一审程序，它有自身的特点。按照《刑事诉讼法》第231条的规定，第二审人民法院开庭审理上诉、抗诉案件，参照第一审程序的有关规定其不同于第一审程序之处是：

（1）法庭调查阶段，审判长或者审判员宣读第一审判决书、裁定书后，由上诉人陈述上诉理由或者由检察人员宣读抗诉书；如果是既有上诉又有抗诉的案件，先由检察人员宣读抗诉书,再由上诉人陈述上诉理由;法庭调查的重点是要针对上诉或者抗诉的理由,全面查清事实,核实证据。

(2) 法庭辩论阶段,上诉案件,应当先由上诉人、辩护人发言,再由检察人员发言;抗诉案件,应当先由检察人员发言,再由被告人、辩护人发言;既有上诉又有抗诉的案件,应当先由检察人员发言,再由上诉人、辩护人发言,然后依次进行辩论。

(3) 辩论终结后,上诉人(原审被告人)有权进行最后陈述。

(4) 共同犯罪案件,没有提出上诉的和没有对其判决提出抗诉的第一审被告人,应当参加法庭调查,并可以参加法庭辩论。

由于开庭审理方式保证了审判程序的完整性,更有利于合议庭全面查清案件事实,有利于保障诉讼参与人的合法权益,确保案件质量。为方便诉讼参与人参加诉讼,方便对证据的核实,第二审人民法院审理上诉、抗诉案件时,还可以到案件发生地或者原审人民法院所在地进行审理。

不开庭审理的方式,是指第二审人民法院审理上诉、抗诉案件,经过阅卷,讯问被告人,听取其他当事人、辩护人、诉讼代理人的意见后,认为案件事实清楚,不开庭即作出判决或裁定的审理方式。也有人称之为调查讯问的审理方式。

在司法实践中,有一部分案件事实清楚,证据确实、充分,只需通过阅卷和调查即能得出正确的结论。对这类案件进行开庭审理,显然会增加诉讼成本,影响审判效率。不开庭审理较之开庭审理的方式而言,具有程序简单易行,节省人力、物力和时间的优点,用于审理事实清楚的案件,足以保证办案质量。但由于不开庭审理的方式,毕竟是以牺牲程序的完整性来提高效率的,当事人和其他诉讼参与人的诉讼权利受到较大限制,《刑事诉讼法》的一些基本的原则和制度的贯彻执行也存在程序上的困难,这就使得不开庭审理的方式不能普遍适用于所有案件,只能是开庭审理方式的必要补充。

不开庭审理的方式,只适用于事实清楚的上诉案件。合议庭通过阅卷,全面审查案件事实和相关证据,以便查明案件事实是否清楚,证据是否确实、充分,第一审裁判适用法律是否正确,量刑是否恰当,诉讼程序是否合法。但不开庭审理并不是单纯的书面审理,合议庭必须讯问被告人,听取其他当事人、辩护人、诉讼代理人的意见后,经合议庭评议,如果认为案件事实与第一审认定的没有变化,证据确实、充分的,即可以作出相应的处理决定。

八、审理后的处理

(1) 用裁定驳回上诉、抗诉,维持原判。原判决认定事实清楚和适用法律正确、量刑适当的,应当裁定驳回上诉或者抗诉,维持原判。

(2) 用判决直接改判。改判有两种情形:①原判决认定事实没有错误,但适用法律有错误,或者量刑不当的,应当改判。②原判决事实认定不清楚或者证据不足,第二审人民法院能够自行查证的,可以在查清事实后改判。

（3）用裁定撤销原判，发回原审人民法院重新审判。撤销原判，发回重审的情形有两种：①原判决认定事实不清楚或者证据不足的，可以撤销原判，发回原审人民法院重新审判。②原审人民法院违反法律规定的诉讼程序的，应当撤销原判，发回原审人民法院重新审判。违反法定程序的情形有，违反法律有关公开审判的规定的；违反回避制度的；剥夺或者限制了当事人的法定诉讼权利，可能影响公正审判的；审判组织的组成不合法的；其他违反法律规定的诉讼程序，可能影响公正审判的。第二审人民法院发现第一审人民法院有上述情形的，应当裁定撤销原判，发回原审人民法院重新审判。

对于发回重新审判的案件作出判决后，被告人提出上诉或者人民检察院提出抗诉的，第二审人民法院应当依法作出判决或者裁定，不得再发回原审人民法院重新审判。

第二审人民法院对附带民事诉讼案件的处理，应当根据上诉、抗诉的不同情况，分别予以处理：

（1）第二审人民法院审理刑事附带民事上诉、抗诉案件，如果发现刑事和民事部分均有错误需依法改判的，应当一并改判。

（2）第二审人民法院审理对刑事部分提出的上诉、抗诉，附带民事诉讼部分已经发生法律效力的案件，如果发现第一审判决或者裁定中的民事部分确有错误，应当对民事部分按照审判监督程序予以纠正。

（3）第二审人民法院审理对附带民事诉讼部分提出上诉、抗诉，刑事部分已经发生法律效力的案件，如果发现第一审判决或者裁定中的刑事部分确有错误，应当对刑事部分按照审判监督程序进行再审，并将附带民事诉讼部分与刑事部分一并审理。

（4）第二审人民法院对附带民事诉讼进行审理时，如果第一审民事原告人增加独立诉讼请求或者第一审民事被告人提出反诉的，第二审人民法院可以根据当事人自愿的原则就新增加的诉讼请求或者反诉进行调解，调解不成的，应当告知当事人另行起诉。

第二审人民法院在审理当事人上诉的自诉案件时，可以对诉讼的双方进行调解，当事人也可以自行和解。调解结案的，第二审人民法院应当制作调解书，第一审判决、裁定即视为自动撤销；当事人自行和解的，由第二审人民法院裁定准许撤回自诉，并撤销第一审判决或者裁定。第二审人民法院对于调解结案或者当事人自行和解的自诉案件，被告人被采取强制措施的，应当立即予以解除。在第二审程序中，自诉案件的当事人提出反诉的，第二审人民法院应当告知其另行起诉。

九、上诉、抗诉案件的审判期限

根据《刑事诉讼法》第232条规定，第二审人民法院受理上诉、抗诉案件，应当在二个月以内审结。对于可能判处死刑的案件或者附带民事诉讼的案件以及交通十分不便的边远地区的重大复杂案件，重大的犯罪集团案件，流窜作案的重大复杂案件，犯罪涉及面广且取证困难的重大复杂案件情形之一的，经省、自治区、直辖市高级人民法院批准或者决定，可以延长二个月；因特殊情况还需要延长的，报请最高人民法院批准。

最高人民法院受理上诉、抗诉案件的审理期限，由最高人民法院决定。

第二节　与本实验相关的法律文书写作

一、各种文书格式

刑事上诉状

上诉人：×××

上诉人因××一案，不服××人民法院××××年××月××日（×）字×第×号刑事判决，现提出上诉。

上诉请求

上诉理由

此致
××人民法院

上诉人：×××
××××年××月××日

附：本上诉状副本×份。

申诉书

申诉人：×××

申诉人因××一案，不服××人民法院××××年×月×日（×）字×第×号刑事判决（裁定），提出申诉。

请求事项

事实与理由

此致
××××人民法院

申诉人：×××
××××年×月×日

附：原审判决书抄件×份

减刑（假释）申请书

××××监狱：

　　罪犯本人的基本情况和案由情况：

　　罪犯本人自入监（或上次减刑）以来悔改表现及立功表现：

　　申请减刑或假释的理由和法律依据：

　　正式提了减刑或假释申请。

　　敬请

　　审核

申请者：×××
××××年×月×日

××××人民法院
刑事判决书
（××××）×刑再终字第××号

原公诉机关：××××人民检察院。

　　上诉人（原审被告人）……（写明姓名、性别、出生年月日、民族、籍贯、职业或工作单位和职务、住址等，现在何处）。

　　辩护人……（写明姓名、性别、工作单位和职务）。

　　×××人民法院审理×××人民检察院指控原审被告人×××犯××罪一案，于××××年××月××日作出（××××）×刑初字第×号刑事判决。原审被告人×××不服，提出上诉。本院依法组成合议庭，公开（或者不公开）开庭审理了本案。×××人民检察院指派检察员×××出庭履行职务。上诉人（原审被告人）×××及其辩护人×××等到庭参加诉讼。现已审理终结。

　　……（首先概述一审法院的再审裁定或判决的基本内容，其次写明上诉、辩护的主要意见。如果检察院在二审中提出新的意见，应一并写明。）

　　经审理查明，……（写明一审法院的再审裁定或判决认定的事实、情节，哪些是正确的或全部是正确的，有哪些证据足以证明；哪些是错误的或全部是错误的，否定的理由有哪些。如果上诉、辩护等对事实、情节方面提出异议，应予重点分析论证，作出答复。）

　　本院认为，……［根据本院确认的事实、情节和当时的法律政策，论述被告人是否犯罪，犯什么罪（一案多人的还应分清各被告人的地位、作用和刑事责任），应否从宽或从严处理。指出一审法院的再审裁定或判决的定罪量刑哪些是正确的，哪些是错误的或全部是错误的。对于上诉、辩护等关于定罪量刑方面的意见和理由，应当有分析地表示采纳或予以批驳］。依照……（写明判决所依据的法律条款项）的规定，判决如下：

　　……［写明判决结果。分两种情况：

　　第一、全部改判的表述为：

"一、撤销××××人民法院（××××）×刑初字第××号刑事判决；

二、上诉人（原审被告人）×××……（写明改判的内容）。"

第二、部分改判的表述为：

"一、维持××××人民法院（××××）×刑初字第×号刑事判决的第×项，即……（写明维持的具体内容）；

二、撤销××××人民法院（××××）×刑初字第×号刑事判决的第×项，即……（写明撤销的具体内容）；

三、上诉人（原审被告人）×××……（写明部分改判的具体内容）。"］

本判决为终审判决。

审判长　×××
审判员　×××
审判员　×××

××××年××月××日
（院印）

本件与原本核对无异

书记员　×××

二、主要诉讼文书实例

台胞曾宏亮运输毒品案云南省高院二审改判之刑事判决书①
云南省高级人民法院
刑事判决书

（2006）云高刑终字第93号

原公诉机关云南省昆明市人民检察院。

上诉人（原审被告人）曾宏亮，男，1980年9月9日出生，汉族，台湾省台中市人，初中文化，无业，住台中市西屯区美华西街二段381号。因本案于2005年4月12日被刑事拘留，同年4月29日被逮捕。现押于昆明市禄劝县看守所。

辩护人龚列钢，张冰冰，云南东风律师事务所律师。

云南省昆明市中级人民法院审理云南省昆明市人民检察院指控原审被告人曾宏亮犯运输毒品罪一案，于2005年11月11日作出（2005）昆刑三初字第381号刑事判决。原审被告人曾宏亮不服提出上诉。本院依法组成合议庭审理了本案，现已审理终结。

原判认定，2005年4月10日，被告人曾宏亮携带毒品海洛因乘飞机从云南省德宏州芒市抵达云南省昆明市，在昆明机场被查获，从其穿着的旅游鞋内查获毒品海洛因695

---

① 借东风，云南辩护律师咨询网：http://www.51jdf.cn/newsdetail.asp?id=183.

克。原审法院据上述事实，以运输毒品罪，判处被告人曾宏亮死刑，剥夺政治权利终身，并处没收个人全部财产；缴获的毒品海洛因 695 克予以没收。

宣判后，被告人曾宏亮以原判认定事实存在许多错误，其行为仅构成非法持有毒品罪，且具有从轻、减轻情节，原判量刑过重等为由，提出上诉理由。其辩护人以一审判决在认定事实上存在有明显的错误，原判对被告人定罪有误，其行为仅构成非法持有毒品罪，被告人系初犯，归案后认罪态度好，且又是台胞，故请二审法院依法给予从轻处罚等，提出辩护意见。

经审理查明，2005 年 4 月 12 日，原审被告人曾宏亮从云南省德宏州芒市乘飞机到达昆明机场，在接受检查时，公安人员从其所穿的旅游鞋内查获毒品海洛因净重 695 克。上述事实有查获经过、毒品物证照片、毒品刑事技术鉴定结论、毒品称量记录、被告人曾宏亮的供述及证人证言等证据在案证实。本案事实清楚，证据确实、充分，足以认定。

本院认为，上诉人曾宏亮在旅游鞋内藏匿毒品海洛因净重 695 克并携带运输，其行为已构成运输毒品罪，应依法惩处。对曾宏亮及辩护人提出的上诉理由和辩护意见，审理认为，原审法院依据曾宏亮的犯罪事实，对其依法定罪是正确的，但根据本案的具体情节，上诉人曾宏亮虽罪可判处死刑，但尚不属必须立即执行死刑的犯罪分子，曾宏亮及辩护人"要求从轻处罚"部分上诉理由和辩护意见，本院予以采纳。依照《中华人民共和国刑事诉讼法》第一百八十九条第（一）、（二）项及《中华人民共和国刑法》第三百四十七条第二款第（一）项、第五十七条、第六十四条的规定，判决如下：

一、维持昆明市中级人民法院刑三初字第 381 号刑事判决第（二）项，即缴获的海洛因 695 克予以没收；

二、撤销昆明市中级人民法院昆刑三初字第 381 号刑事判决第（一）项，即对被告曾宏亮的定罪量刑部分；

三、上诉人（原审被告人）曾宏亮犯运输毒品罪，判处死刑，缓期二年执行，剥夺政治权利终身，并处没收个人全部财产。

本判决为终审判决。

审 判 长　牛　凯
代理审判员　马丽华
代理审判员　刘浩文
二〇〇六年三月二日
（院印）
书 记 员　杨　聘

本件与原本核对无异

刑事申诉状

申诉人：丁××，男，25 岁，汉族，云南省石林县清河乡人，农民，住云南省石林县清河乡××村。现在押。

申诉人丁××对石林县人民法院于 2007 年 5 月 7 日作出的（2007）石刑初字第 185 号刑事判决不服，提出申诉。

我因意外事故将帮我开山取石的姑父刘××打死，石林县人民法院认定我为过失致人死亡，判我5年有期徒刑，我对此不服，认为法院认定的罪行性质不当，特提出申诉，请昆明市中级人民法院予以再审，纠正错判。

事实和理由：

我为建房，请了姑父刘××帮我开山打石（做房基用）。在开山过程中，我与邻村青年李××发生口角，姑父帮我去辩理，我也趁势夺过了李××手中所持猎枪向远处一扔，不想刚好将装有弹药的猎枪撞响，子弹飞出打在了我姑父的头部，经紧急送往医院抢救，终因子弹穿过大脑，伤势严重，抢救无效，不幸身亡。事后，人民检察院对我提起公诉，指控我在争斗中犯有过失致人死亡罪。石林县人民法院也认定我犯有过失致人死亡罪，判刑5年。我在惊魂未定中，未作上诉，现仍在押。经过这几天的反复思考，我认为：我在此事件中虽有一定责任，但既非故意，也不属于过失，而纯属不能预见的意外事故。因此，石林县人民法院认定我犯有过失致人死亡罪于法无据。且对于我补偿姑父的不幸去世，照顾姑姑及其子女，极为不利。

有鉴于此，特向贵院提出申诉，请对此案进行再审，秉公改判。

此致
昆明市中级人民法院

申诉人：丁××
2007年×月×日

附：1. 申诉状副本一份
　　2. 石林县人民法院判决书一份

本章讨论案例

某县人民法院以故意伤害罪判处被告人叶某有期徒刑10年，县人民检察院认为量刑畸轻，遂向县人民法院提出抗诉书，提起抗诉，并将抗诉书抄送市人民检察院。市人民检察院经审查后也认为原审判决量刑畸轻。

根据以上案情，完成以下讨论：

1. 模拟人民检察院的抗诉程序。
2. 制作抗诉书。
3. 选择合适的程序完成二审的审判。

训练目的

通过训练使同学认识到二审程序的审理方式，明白二审程序和一审程序在庭审方式上的异同。

第十章 刑事附带民事程序

第一节 庭审程序

一、提起附带民事诉讼的期间和方式

根据《刑事诉讼法》和《法院解释》的有关规定,附带民事诉讼应当在刑事案件立案以后第一审判决宣告以前提起。有权提起附带民事诉讼的当事人在第一审判决宣告以前没有提起附带民事诉讼请求的,不得再提起附带民事诉讼。但可以在刑事判决生效后另行提起民事诉讼。

在侦查、审查起诉的阶段,有权提起附带民事诉讼的人向公安机关、人民检察院提出赔偿要求,经公安机关、人民检察院记录在案的,刑事案件起诉后,人民法院应当按附带民事诉讼案件受理;经公安机关、人民检察院调解,当事人双方达成协议并已给付,被害人又坚持向法院提起附带民事诉讼的,人民法院也可以受理;但是,对于那些被害人无法提供证据证明被告人确有财产可供赔偿的,人民法院可以裁定驳回。如果是国家、集体财产遭受损失,受损失的单位未提起附带民事诉讼,人民检察院在提起公诉的时候,可以提起附带民事诉讼。

自诉案件中的被害人,在提起自诉时即可向人民法院提起附带民事诉讼的请求。提起附带民事诉讼的一般应当提交附带民事诉讼起诉书,书写诉状确有困难的,可以口头起诉。审判人员应当对原告人的口头诉讼请求详细询问,并制作笔录,向原告人宣读,原告人确认无误后,应当签名或者盖章。

二、附带民事诉讼的审理程序

人民法院收到附带民事诉讼诉状后,应当进行审查,并在 7 日内决定是否立案。符合《刑事诉讼法》第 99 条第一款、第二款规定和《法院解释》第 38 条以及第 145 条有关附带民事诉讼起诉的下列条件的应当受理,不符合条件的应当裁定驳回起诉:①提起附带民事诉讼的原告人符合法定条件。②有明确的被告人。③有请求赔偿的具体要求和事实、理由。④属于人民法院受理附带民事诉讼的范围。

人民法院受理附带民事诉讼后,应当在 5 日内向附带民事诉讼的被告人送达附带民事诉讼起诉状副本,或者将口头起诉的内容及时通知附带民事诉讼的被告人,并制作笔录。被告人是未成年人的,应当将附带民事诉讼的起诉状副本送达其法定代理人,或者将口头起诉的内容通知其法定代理人。人民法院送达附带民事起诉状副本时,应当根据刑事案件审理的期限,确定被告人或者其法定代理人提交民事答辩状的时间。

《刑事诉讼法》第102条规定:"附带民事诉讼应当同刑事案件一并审判,只有为防止刑事案件审判的过分迟延,才可以在刑事案件审判后,由同一审判组织继续审理附带民事诉讼。"根据这一立法旨意,在审理附带民事诉讼案件中,通常情况下应当与刑事案件一并审理,只有出现特殊情况,影响刑事诉讼的进程时,才可以在刑事案件审判后,由同一审判组织继续审理附带民事诉讼。

为了更好地执行《刑事诉讼法》第102条的规定,《法院解释》第159条进一步明确规定:"附带民事诉讼应当同刑事案件一并审判,只有为了防止刑事案件审判的过分迟延,才可以在刑事案件审判后,由同一审判组织继续审理附带民事诉讼。如果同一审判组织的成员确实不能继续参与审判的,可以更换。"但是附带民事诉讼必须是以刑事诉讼为主的诉讼。在具体的庭审过程中,在程序上往往采取"先刑后民"的准则,但这种准则也不是绝对的,有时根据情况需要也可采取"先民后刑"或者"刑民共同审理"等方式。如在庭审调查中,对证据的审核,有些证据既可以是作为刑事诉讼的证据,也可以作为附带民事诉讼的证据。因此,可以合并审核,以此简化刑事诉讼程序。

附带民事诉讼的审理实质上是民事诉讼活动。因此,在附带民事诉讼的审理过程中,附带民事诉讼的当事人享有《民事诉讼法》所规定的诉讼权利,如申请回避权、辩论权、调解权、最后陈述权等。

由于附带民事诉讼性质上是民事诉讼。因此,在审理过程中,除人民检察院提起的附带民事诉讼案件以外,其他案件都可以调解。附带民事诉讼的调解应当在自愿合法的基础上进行。经调解达成协议的,审判人员应当及时制作调解书。调解书经双方当事人签收即发生法律效力。调解达成协议并当庭执行完毕的,可以不制作调解书,但应当记入笔录,经双方当事人、审判人员、书记员签名或者盖章,即发生法律效力。

经调解无法达成协议或者调解书签收前当事人反悔的,附带民事诉讼应当同刑事诉讼一并判决。

在庭审过程中,附带民事诉讼的原告人经人民法院传票传唤,无正当理由不到庭,或者未经法庭许可中途退庭的,应当按自行撤诉处理。

地方各级第一审人民法院作出附带民事诉讼的判决后,附带民事诉讼的当事人或者他们的法定代理人如果对判决不服,可以对该判决中的附带民事诉讼部分提起上诉,但这种上诉,仅是对附带民事诉讼部分内容提出,不影响刑事判决的生效。上诉、抗诉只针对刑事部分提出时,如果刑事部分的改判影响附带民事部分的第一审裁判时,应对附带民事部分一并改判。

人民法院审理附带民事诉讼的案件,依法判决后查明被告人确实没有财产可供执行的，应当裁定中止或者终结执行。附带民事判决中财产的执行，依照《民事诉讼法》和最高人民法院的有关规定办理。对附带民事诉讼的判决、裁定有执行财产内容的被告人，在本地无财产可供执行，原判人民法院可以委托其财产所在地人民法院代为执行。代为执行的人民法院执行后或者无法执行的，应当将有关情况及时通知委托的人民法院。需要退赔的财产，应当由执行的人民法院移交委托的人民法院依法退赔。

三、附带民事诉讼程序说明

《刑事诉讼法》第102条规定："刑事附带民事案件应当同刑事案件一并审判，只有为了防止刑事案件的审判过分迟延，才可以在刑事案件审判后，由同一审判组织继续审理附带民事诉讼。"基于以上规定对于刑事附带民事诉讼案件的审理，比照民事诉讼一审程序，在审理刑事案件的过程中，各个阶段按照先刑事后民事的方式进行一并审理。现将审理过程中应当注意的环节进行介绍。

审判长宣布：现在进行法庭调查。

法庭可对法庭调查顺序予以说明。法庭调查一般按当事人陈述、归纳小结、当事人当庭举证、当庭质证、法庭认证的顺序进行。

1. 当事人陈述

审判长宣布：首先由当事人陈述。

审判长宣布：请原告宣读起诉状或者简要陈述诉讼请求及所依据的事实和理由。（即指示原告陈述）

审判长宣布：请被告宣读答辩状或者简要陈述诉讼主张及所依据的事实和理由。（即指示被告陈述）

当事人陈述的内容如果超出诉状范围的，法庭可提示当事人另作补充陈述。当事人未提交诉状或者逾期提交诉状的，法庭应予以说明。实践中，法庭认为组织当事人宣读诉状确无实际必要的，可以省略"宣读诉状"这一节。在当事人宣读诉状的基础上，法庭可根据案件的需要组织当事人补充陈述（审判长宣布：现在，由当事人作补充陈述），即指示原告、被告依次作补充陈述。法庭应引导当事人针对对方当事人的陈述，补充陈述相应的事实和理由。陈述的内容应避免重复。在当事人主动陈述的基础上，法庭可根据案件的需要有针对性地向当事人发问，以理清案情、明确无争议的事实和讼争焦点。审判长宣布：法庭现就案件的事实问题，向当事人发问。

对法庭的发问，当事人应如实进行答问陈述；同时，针对当事人的答问陈述，法庭应当征询对方当事人的质证意见。实践中，如果经过预审，并已组织当事人陈述的，法庭认为再行组织当事人陈述已无实际必要的，经作必要的说明后，即可直接进行归纳小结。

2. 归纳小结

审判长宣布：根据当事人陈述，结合案件的其他诉讼材料，法庭归纳小结以下几个方面的内容：

（1）本案的诉讼请求是……

（2）当事人没有争议事实有……

在确认之前,审判长可以征询各方当事人的意见。各方当事人陈述一致或者都认可的事实,除涉及身份关系,或者涉及国家、第三人的权益,或者与其他证据有冲突的外,经合议庭评议确认后可以直接予以认定,并当庭宣布,以上事实,各方当事人陈述一致或均予认可,足以认定。并宣告,以上经法庭认定的事实,无须当事人举证、质证。实践中,如果当事人对案件事实没有或者基本没有争议,且根据当事人陈述即可直接认定全案事实的,经合议庭评议确认后,即可宣布法庭调查结束。

(3) 本案诉讼争议的焦点有……

在确认之前,审判长可以征询各方当事人的意见,在各方当事人均确认无异后予以确认。

(4) 法庭进一步调查的范围如下……

法庭确定调查的范围时无须征询当事人的意见。法庭调查的范围不以当事人诉讼争议的内容为限;但二者不一致的,法庭应予以释明。法庭调查的范围主要是案件事实问题。有关法律适用问题则属于法庭辩论的范围,但对法律依据的有无以及法律条文的具体内容等发生的争议,法庭认为需要调查的,也可以作为法庭调查的范围。法庭调查的范围确定后,还应当告知当事人当庭举证、质证应当围绕法庭确定的范围进行。

3. 当庭举证

法庭调查范围内的事项应当逐一、有序地展开调查。

在逐一确定法庭调查的具体事项后,审判长宣布:现在开始法庭调查……请当事人当庭举证。然后指示当事人当庭出示证据进行说明。说明的内容包括证据的名称、种类、来源、内容以及证明对象等。由法庭调取的证据由法庭或者申请调取该证据的当事人出示说明。

法庭应当引导举证当事人根据具体调查事项,有针对性地提供证据材料。具体包括:

(1) 书证和物证,应出示原件、原物;不能出示原件、原物的,可以出示复印件、复制品、照片或者抄录件等。

(2) 视听资料,应出示原始载体并当庭播放;不能出示原始载体或者当庭播放有困难的,可以以其他方式播放或者提供抄录件等。

(3) 证人、鉴定人、勘验人、检查人因故未出庭作证的,应当说明理由,并出示证人书面证言、鉴定结论、勘验笔录、检查笔录的原件。如证人、鉴定人、勘验人、检查人以及专家出庭作证的,另按出庭作证的程序举证、质证。

4. 当庭质证

举证完毕,由审判长宣布:请当事人质证。当庭质证一般以"一举一质"或"类举类质"的方式进行。

法庭应当引导当事人围绕证据的真实性、合法性、关联性,针对证据的证明力有无以及证明力大小,进行辨认与辩驳。质证时,法庭应当引导质证当事人首先作出是否认可的意思表示。如不认可,应提出具体的理由,并组织当事人展开质辩。

质辩至少进行一个回合,即在质证当事人提出反驳的基础上,由审判长宣布:请……(举证当事人)进行辩解。举证当事人辩解后,再宣布,请……(质证当事人)进行辩驳。法庭认为必要时,可以组织当事人进行多轮次的质辩。在质证中,质证当事人提出相应的反证的，法庭应当当庭组织举证和质证。

5. 证人、鉴定人、勘验人、检查人以及专家出庭作证

有证人出庭作证的，当事人应当在规定的期限内提出传唤申请，由法庭通知证人出庭作证。通知书应告知证人作证的权利和义务以及作伪证应当承担的法律责任。当事人在开庭时直接带证人到庭后申请法庭传唤出庭的，法庭按逾期举证处理。

在当庭举证的过程中，举证当事人申请传唤证人出庭作证的，应向法庭提出。经法庭审查准许后，审判长即宣布：传……到庭。证人出庭就座后，审判长应告知证人报告本人的基本情况，并说明与本案当事人的关系。在确认其知道作证的权利和义务以及作伪证应当承担的法律责任后，请证人在保证书上签名。

证人出庭作证陈述的一般顺序：①根据法庭提示的调查事项，证人就其了解的事实作连贯性陈述；②举证当事人发问，法庭指示证人答问；③质证当事人发问，法庭指示证人答问。法庭根据需要也可以发问（一般在当事人发问后再行发问）。当事人或者证人对发问有异议的，可以向法庭提出。异议是否成立，由合议庭评议确定。

证人回答发问结束后，审判长宣布请证人退庭。可提示证人退庭后，在休息室休息，休庭后还要审阅笔录和签名。如果需要证人再次出庭的可再行传唤。

证人退庭后，针对证人证言，法庭组织当事人进行举证说明和当庭质证。审判长先宣布：请……（举证当事人）说明。举证当事人说明后，审判长宣布：请……（质证当事人）质证。法庭可以组织质辩。

鉴定人、勘验人、检查人、专家出庭作证的具体程序，参照证人出庭作证的程序执行。

6. 当庭认证

证据经当庭举证、质证后，合议庭当庭或者休庭进行评议，对证据进行审查核实并作出认证结论。能够当庭宣布认证结论的应当当庭宣布；不能当庭宣布的，在下次开庭时或者宣判时宣布。不能当庭认证的，应当向当事人作出说明。

认证结论的表述主要有以下两种方式：

（1）确认证据足予采信的，认证结论为：经合议庭评议确认，……（证据名称）内容真实，形式合法，可以作为认定……（案件事实）的根据。

（2）确认证据不予采信的，认证结论为：经合议庭评议确认，……（证据名称），因……（不予采信的理由），故不能作为本案认定事实的根据（不予采信）。

证据不予采信的理由包括：①证据缺乏真实性、或合法性、或关联性，以致没有证明效力，故不能作为本案认定事实的根据；②该证据虽然有证明效力，但与其他证据相冲突，经比较证明力大小而不予采信，故不能作为本案认定事实的根据。

完整的认证结论包括两部分内容：一是确认证据的有效性；二是有效证据可以证明的案件事实。如果法庭不能当庭作出完整的认证结论的，可以作出部分认证结论：①确认证据的真实性、合法性、关联性及其证明效力，至于该证据可以作为认定案件哪一具体事实的根据，可另行评议确认。②或者仅确认证据的真实性、或合法性、或关联性；至于该证据是否有证明效力，可另行评议确认。法庭当庭不能作出完整的认证结论的，应予以说明，避免当事人产生异议。

7. 发问和答问

法庭根据案件审理的需要，可以给当事人相互发问的机会。

审判长宣布：当事人有问题需要向对方当事人发问的，经法庭许可，可以发问。经逐一征询各方当事人，如果当事人申请发问的，请发问。法庭审查确认后，指示被问当事人答问。

法庭根据案件审理的需要，也可以向当事人发问。

当事人对发问有异议的，可以向法庭提出。异议是否成立，由合议庭评议确定。

8. 其他事项的调查

法庭调查范围内的调查事项调查完毕后，可以征询当事人，是否还有其他事实需要调查或者有其他证据需要出示。

当事人申请调查其他事实，经法庭评议许可后，组织当事人当庭举证、质证。如果法庭经评议认为无调查必要的，可以驳回当事人的申请。

当事人申请出示其他证据的，应当说明理由和证明的对象。如系逾期提供的证据，法庭不组织质证；但对方当事人同意质证的除外。如系"新的证据"，法庭应当给对方当事人质证准备和收集反驳证据的时间，但对方当事人同意当庭质证的除外。如属于无须举证、质证范围内的证据，可以驳回当事人举证的申请。

9. 宣布法庭调查结束

经确认各方当事人没有新的证据提供和其他事实需要调查后，审判长宣布：法庭调查结束。

1. 宣布法庭辩论

审判长宣布：现在进行法庭辩论。审判长可以确定法庭辩论的范围：当事人应当围绕各自的诉讼请求或者诉讼主张，就法律的具体适用问题展开辩论。当事人对证据和事实的认定所产生的争议属于法庭调查的内容，一般不应作为法庭辩论的范围。

审判长可以强调法庭辩论规则，在法庭辩论中，辩论发言应当经法庭许可；注意用语文明，不得使用讽刺、侮辱的语言；语速要适中，以便法庭记录；发言的内容应当避免重复。在法庭辩论的过程中，如有违反规则的言行，审判人员应予制止。法庭辩论分为对等辩论和互相辩论。

2. 对等辩论

审判长宣布：首先由当事人进行对等辩论。随即指示原告、被告依次进行辩论发言，辩论发言一般不宜重复诉状的内容。一轮辩论结束，法庭可根据实际情况决定是否进行下一轮辩论；如进行下一轮辩论的，应强调发言的内容不宜重复。法庭根据需要可限定每一轮次各方当事人辩论发言的时间。

3. 互相辩论

审判长宣布：现在进行互相辩论。审判长应当告知当事人要求辩论发言的，可以向法庭举手示意。经法庭许可，方能发言。在互相辩论中，当事人未经许可而进行自由、无序的辩论发言或者辩论发言的内容重复的，法庭应予以制止。

4. 法庭调查阶段的回转

在辩论中发现有关案件事实需要进行调查,或者需要对有关证据进行审查的,应当宣布中止法庭辩论,恢复法庭调查。

5. 宣布法庭辩论结束

在确认各方当事人辩论意见陈述完毕后,审判长即可宣布法庭辩论结束。

审判长宣布:现在,由当事人陈述最后意见。随即指示原告、被告依次作最后陈述。合议庭成员应当认真、耐心听取当事人陈述,一般不宜打断当事人的发言。但其陈述过于冗长,审判人员应当予以引导;当事人陈述的内容简单重复多次的,或者陈述的内容与案件没有直接关联的,审判人员以适当的方式予以制止。

1. 宣布法庭调解

审判长宣布:现在进行法庭调解。

审判人员要把握时机,根据案件审理的实际情况,在法庭调查和法庭辩论中适时组织调解。在法庭辩论之后,当事人或者法定代理人出庭参加诉讼,或者委托的代理人有特别授权的,法庭应当组织调解。如果当事人或者法定代理人未出庭参加诉讼,而且委托的代理人也没有特别授权的,法庭不能当庭组织调解。庭后有调解必要或可能的,应当于休庭后组织调解。

2. 询问当事人调解的意愿

审判长征询各方当事人是否愿意调解。各方当事人均表示愿意调解的,法庭即可组织调解;有一方当事人不同意调解的,审判长应宣布终结调解。并随即宣布休庭。

由于刚经过法庭调查和法庭辩论,当事人情绪对立可能比较严重。法庭应注意调整庭审气氛,讲究工作方法,在做好思想工作的基础上,适时征询当事人调解意愿和开展调解工作。即使不能当庭调解,但确有再行调解的必要和可能的,应当在休庭后进一步做调解工作。

3. 组织调解

经确认各方当事人均有调解意愿的,审判长宣布,现由法庭组织调解。法庭调解的一般程序:

(1) 先由原告方提出调解方案,征询被告的意见。

(2) 如被告同意原告的调解方案的,法庭予以审查确认;被告拒绝的,则由被告提出新的调解方案,并征询原告的意见。

(3) 原告同意被告提出的新的调解方案的,法庭予以审查确认;原告拒绝的,法庭可以再进行调解或者终止调解程序。

(4) 当事人各方提出的调解方案均被对方拒绝的,法庭可以提出调解方案,并征询当事人的意见。

对当事人达成的调解协议,法庭经审查确认调解协议内容的合法性和当事人意思表示的真实性后,制作调解书。调解书经双方当事人签收后,即具有法律效力。根据《民事诉讼法》的规定不需要制作调解书的案件,当事人各方同意在调解协议上签名或者盖章后生效，经人民法院审查确认后，应当记入笔录或者将协议附卷，并由当事人、审判人员、书记员签名或者盖章后即具有法律效力。当事人请求制作调解书的，人民法院应当制作调解书送交当事人。当事人拒收调解书的，不影响调解协议的效力。

调解成功后，由审判长宣布闭庭。

4. 终结调解

调解不成，审判长宣布：法庭调解结束。

经合议庭评议认为没有进一步调解必要或可能的，应当休庭评议，及时作出判决。

1. 宣布休庭

审判长先宣布：现在休庭。（然后敲击法槌）

宣布休庭后应告知当事人复庭的时间；如果决定不当庭宣判的，应当告知宣判的时间或者告知宣判时间另行通知。

2. 法官退庭和评议

决定当庭宣判的，应于休庭后立即进行评议；择期宣判的，应在庭审结束后5个工作日内进行评议。

合议庭评议案件时，先由承办法官对认定案件事实、证据是否确实、充分以及适用法律等发表意见，审判长最后发表意见；审判长作为承办法官的，由审判长最后发表意见。对案件的裁判结果进行评议时，由审判长最后发表意见。审判长应当根据评议情况总结合议庭评议的结论性意见。合议庭成员应当认真负责，充分陈述意见，独立行使表决权，不得拒绝陈述意见或者仅作同意与否的简单表态。同意他人意见的，也应当提出事实根据和法律依据，进行分析论证。

评议后，合议庭应当依照规定的权限，及时对已经评议形成一致或者多数意见的案件直接作出判决或者裁定。

3. 法官入庭和宣布继续开庭

庭审准备就绪，书记员宣布：全体起立——请审判长、审判员（人民陪审员）入庭。

待审判人员坐定后，书记员再宣布：请坐下。

审判长敲击法槌后，即宣布：现在继续开庭。

4. 宣布评议结果

原定当庭宣判的，但经合议庭评议后未能作出裁判或评议决定不当庭宣判的，审判长应予说明，而后宣布休庭。

经合议庭评议，能够当庭宣判的，审判长应宣告：经过合议庭评议，评议结论已经作出。现予宣布……

宣判的内容包括：①认证结论（先前已宣布的认证结论除外）；②裁判理由；③裁判结果以及诉讼费的负担。关于当事人的基本情况、案由、当事人陈述等部分内容，在当庭宣判时无须宣读。

在审判长宣告裁判结果（主文）前，由书记员宣布：全体人员起立。合议庭成员和书记员，以及诉讼参与人、旁听人员均应起立。

宣读完毕，审判长敲击法槌；然后书记员宣布：请坐下。

5. 征询意见

宣判后，审判长依次询问当事人：对本判决（裁定）有何意见？

当事人陈述意见后，审判长不必与当事人纠缠，指示书记员请将当事人的意见记录在案。

6. 交待诉权和说明文书的送达方式

当庭宣判的，审判长宣布：如不服本判决（裁定），可在判决（裁定）书送达之日起×日内，向本院递交上诉状，并按对方当事人的人数提出副本，上诉于××××法院。

书面文本的说明。除判决（裁定）结果外，本判决（裁定）的其他具体内容以书面文本为准。

文书送达的说明。经询问确认当事人或者其诉讼代理人、代收人同意在指定的期间内到人民法院接受送达的，审判长应宣告，请当事人于……（时间）到……（地点）领取判决书（裁定书）。无正当理由逾期不来领取的，视为送达。当事人要求邮寄送达的，审判长宣告：法庭将根据当事人确认的地址邮寄送达。邮件回执上注明的收到或者退回之日即为送达之日。

7. 宣布闭庭

审判长宣布：庭审结束。现在宣布——闭庭！（然后敲击法槌）

书记员宣布：全体起立！

待合议庭成员退庭后，宣布：散庭。诉讼参与人和旁听人员方可退庭。

8. 审阅笔录的说明

散庭后，书记员向诉讼参与人交代阅读法庭笔录的时间和地点。能够当庭阅读庭审笔录的，请诉讼参与人阅读并签名。

诉讼参与人认为笔录有误，可以要求书记员更改；书记员不同意更改的，诉讼参与人予以注明或者提交书面说明附卷。

第二节　与本实验相关的法律文书写作

一、各种诉讼文书的格式

刑事附带民事起诉状

原告人：（姓名、性别、年龄、民族、籍贯、职业、家庭住址、联系方式）

被告人：（姓名、性别、年龄、民族、籍贯、职业、家庭住址、联系方式）

案由和诉讼请求

1. 依法追究被告人××的刑事责任
2. 请求被告人赔偿损失费××元。

事实和理由

（写明整个案件的起因、经过、造成的后果等，并根据法律和法规，列出追究被告人的刑事责任和要求赔偿的依据。）

证据和证据来源，证人姓名和住址：
此致
××人民法院

附带民事诉讼原告人：×××
××××年××月×日

附：本诉状副本×份

刑事附带民事诉讼答辩状

答辩人：×××
因×××一案，提出答辩如下：
（写答辩理由和答辩主张）
此致
×××人民法院

答辩人：×××
××××年××月×日

附：本答辩状副本×份

注：答辩的理由，是答辩状的主体部分，通常包括以下内容：就案件事实部分进行答辩；就适用法律方面进行答辩。提出答辩主张，即对原告起诉状或上诉人上诉状中的请求是完全不接受，还是部分不接受，对本案的处理依法提出自己的主张，请求法院裁判时予以考虑。

刑事附带民事上诉状

上诉人（原审×告人）：基本情况（写明姓名、性别、出生年月日、家庭住址、工作单位、联系方式）

被上诉人（原审×告人）：基本情况（写明姓名、性别、出生年月日、家庭住址、工作单位、联系方式）

上诉人因不服××人民法院于×年×月×日作出的（××××）×刑初字第××号刑事附带民事判决书，现提起上诉。

上诉请求
事实和理由

此致
×××人民法院

上诉人：×××
××××年××月×日

二、主要诉讼文书实例

刑事附带民事诉讼起诉状

原告人李××，男，1966年5月10日出生，汉族，××县××镇××村第六居民组，村民。

被告人刘××，男，1964年6月17日出生，汉族，××县××镇××村第六居民组，村民。

被告人马××，男，出生年月不详，36岁，汉族，××县××镇××村，村民。

诉讼请求

1. 请求依法追究被告人刘××、马××犯故意伤害罪的刑事责任，并要求对其从重处罚。

2. 请求依法判令被告人刘××、马××赔偿我受伤的医疗费11 287.20元，误工费47 700元、护理费6 450元、伙食补助费3 420元、营养费2 000元、交通费300元、法医鉴定费260元以及伤残补助费（待伤残鉴定后确定），共计71 417.20元。

事实和理由

2005年3月25日19时许，我在我家门口蹲着，被告人刘××、马××开车过来，我没防备他俩突然下车，被告人马××把我抱住，被告人刘××用铁器在我头部打了数下，马××又拿水泥块在我下颌部砸了几下，把我打昏倒地，然后二人逃之夭夭。之后，被我妻子发现叫人把我送至××县人民医院抢救治疗，诊断为闭合性颅脑损伤、脑震荡、颅骨骨折、头皮血肿、头面部皮肤裂伤、下颌骨骨折、牙齿松动。经法医鉴定为轻伤害。

我在××县人民医院住院治疗99天，已花去医疗费11 287.20元，我住院期间，开始30天由我两个亲属在医院进行陪侍护理，之后由一个亲属护理。出院后在家休息治疗60天，经过治疗后，我头部仍然昏昏沉沉，记忆力下降，牙齿松动。由于被告人刘××、马××故意伤害犯罪行为，使我受伤住院花去巨额的医疗费用，使我遭受极大的精神痛苦并蒙受极大的经济损失。我经营镁渣加工业务，被伤害住院导致停产，为此损失惨重。

基于上述事实，被告人刘××、马××无视国家法律，胆大妄为，光天化日之下，无故行凶伤人，故意伤害我的身体健康，情节恶劣，危害严重，其行为已构成故意伤害罪，依法应当受到法律的严惩。由于被告人刘××、马××故意伤害犯罪行为给我造成的经济损失，依法应当承担赔偿责任。为此，具状起诉，请求依法公正判决，维护原告人的诉讼请求及合法权益。

此致
×××县人民法院

起诉人：×××
××××年××月×日

刑事附带民事诉讼答辩状

答辩人：陈××

因余××诉答辩人刑事附带民事诉讼人身损害赔偿纠纷一案，答辩人现提出答辩意见如下：

一、答辩人并不是刑事诉讼中的被告人，余××无权对答辩人提起刑事附带民事诉讼，恳请法院依法予以驳回。

本案是因王××故意伤害余××的身体而引起的刑事附带民事诉讼，答辩人并没有伤害余××。事发时答辩人正在市内站摊，接到电话后立即就往家里赶，到家后马上就把已经休克、生命危在旦夕的余××送往县人民医院进行抢救。在株洲市人民检察院的《起诉书》中，答辩人也不是刑事诉讼中的被告人，余××却要答辩人承担民事赔偿责任，答辩人接到法院送来的材料后感到非常震惊，我又没有打人，怎么要我赔钱呢？！况且我已经基于人道主义帮余××垫付了6 000元的医疗费。我对余××的情况表示同情，甚至对他起诉我，我也可以能够理解，但同情归同情，理解归理解，但你不能恩将仇报啊，当时要不是我送他去医院，代他父母在《手术同意书》上签字，他可能早就离开了这个美好的世界。医生当时就对我讲，这个伢子要是再晚来几分钟，那就没的救了。现在命捡回来了，他不仅不感恩言谢，反而还要我赔钱，我对此感到非常无奈，我也没有道理向余××赔钱，也不能赔，因为我那里还有那么多人做事，说不定哪一天他们其中几个人心情不好，又相互动手打架，又把人打伤了，那我要不要赔钱？那我以后还怎么做生意呢？株洲市像我这样搞服装加工的成千上万，他们也在密切关注这个案件的结果，我们大家都相信法院是我们老百姓讲理的地方，会依法公平公正处理此案。

二、余××在诉状中讲我是招聘童工不是事实，也与本案无关。

其一，2005年底年，我到余××的堂哥余×家里结账，余××的父亲找到我，说他儿子余××现在家里没有事做，问我这里还要人不，我说我那里人手已经够多了，不要了。余××的堂哥余×和我讲好话，我当时看他哥哥这么讲，我也不好意思再拒绝，因为他哥哥余×已经在我这里做事，后来我就同意了。由于余××来我这里之前什么都不懂，刚开始的时候，我还是教他上机，哪晓得他可能是书读的少，悟性比较差，手脚怎么也快不起来，一条裤子要半天才能搞出来，而且质量又过不了关，最后还得返工。后来我就跟他讲，小余啊，这门手艺不是一朝一夕就能够学好的，你要慢慢来，现在就不要上机了，裤子冒踩好，返工后的质量还是不行，卖不出去就损失大了，你就帮我做点杂事，顺便在旁边看看别人是怎么搞的，看熟了以后，我再慢慢教你，到时学起来就快些。小余也通情达理，也就答应了。因此，我认为我不是招聘童工，余××确实是我那里做事，但他还只是学徒，没有工资，尽管我给了他点钱，那是我看他堂哥的面子，给他的零用钱，他也不是凭他的劳动来养活自己，他当时也没有这个能力，我作为他的师傅，也不是通过他的劳动来获得收益，他仅仅只是一个学徒而已，根本就不是他所讲的所谓的童工，况且出事的时候他已经满16岁了。

其二，本案是人身损害赔偿纠纷，余××是否是童工，与本案无关。

其三，余××的受伤与答辩人没有法律上的因果关系，且答辩人尽到了自己的管理义务，答辩人对此不应承担民事赔偿责任。

（1）出事的那天，余××是在剪裤子上面的线头，因为王××第二次用槟榔（实际上王××手上根本就没有槟榔）去逗他，他顺手用手上的剪刀剪了一下王××的手指，王××回到自己的烫台边做事时发现自己的手指流血了，从烫台上拿起一把一字起朝余××的肩背部戳进去，悲剧就这样发生了。我虽然没有很深的文化，但基本的法律知识还是知道的。如果余××的受伤是因为工作原因引起的，如机子漏电他被电打了，又或者是他帮我送货被车子撞了，那该我赔钱，我一分一厘都不会少他的。现在案子的情况是他与王××因吃槟榔的事发生口角，是王××将他搞伤的，虽然是在工作时间工作场所受的伤，但这个受伤与他们的工作毫无关系，不能讲在工作时间和工作场所受到的任何伤害都要老板负责，那是不公平的，也是没有法律依据的；我也没有指使王××去打人，如果是我指使王××去打你余××，那我就是共犯，我是要负刑事责任的，是要坐牢的。

（2）答辩人平时对他们管理是非常严格的，答辩人早就给他们这些做事的制定了规章制度，不准他们在做事的时候骂人、打架，否则后果自负，包括余××在内都在上面签了字。现在是余××与王××违反规章制度，不顾后果打架伤人，这与答辩人又有什么关系呢？

其四，余××本身也存在一定的过错，也应承担一部分责任。

当时是余××先用剪刀剪伤了王××的指头，王××才用起子捅伤余××。如果余××不先动手，我想王××也不会去伤害他，所以余××自己也是存在过错的，理应承担一部分责任。

综上所述，恳请人民法院查清案件事实，以事实为依据，以法律为准绳，依法驳回余××对答辩人的诉请，以维护法律的尊严和答辩人的合法权益。

此致
××县人民法院

答辩人：陈××
××××年×月×日

云南省昆明市中级人民法院
刑事附带民事判决书

（2004）昆刑一初字第 107 号

公诉机关：云南省昆明市人民检察院。

附带民事诉讼原告人：李文杨，男，白族，1954 年 7 月 14 日出生，云南省怒江傈僳族自治区泸水县人，农民。系被害人唐学李父亲。

附带民事诉讼原告人：唐先和，女，汉族，1958 年 3 月 3 日出生，云南省怒江傈僳族自治区泸水县人，农民。系被害人唐学李母亲。

诉讼代理人：李俊华、孙可，云南建广律师事务所律师。

附带民事诉讼原告人：邵渭清，男，汉族，1945 年 4 月 19 日出生，农民，广西梧州市人。系被害人邵瑞杰父亲。

附带民事诉讼原告人：黄燮梅，女，汉族，1954年8月8日出生，农民，广西梧州市人。系被害人邵瑞杰母亲。

诉讼代理人：卢泽铭，文威律师事务所律师。

附带民事诉讼原告人：杨绍权，男，苗族，1953年10月15日出生，云南省开远市羊街区人，农民。系被害人杨开红父亲。

附带民事诉讼原告人：马存英，女，苗族，1953年2月5日出生，云南省开远市羊街区人，农民。系被害人杨开红母亲。

诉讼代理人：耿国平、陈磊，云南建广律师事务所律师。

被告人：马加爵，男，汉族，1981年5月4日出生，广西壮族自治区宾阳县人，系云南大学生命科学学院生物技术专业2000级学生。2004年3月17日因涉嫌故意杀人被昆明市公安局经济文化保卫分局刑事拘留，同年3月19日经昆明市人民检察院批准被逮捕。现拘押于昆明市看守所。

指定辩护人：赵耀，照耀律师事务所律师；冯明俊，昆明市法律援助中心律师。

云南省昆明市人民检察院以昆检公刑诉（2004）82号起诉书指控被告人马加爵犯故意杀人罪，于2004年4月12日向本院提起公诉。在审理过程中，附带民事诉讼原告人李文杨、唐先和、邵渭清、黄燮梅、杨绍权、马存英向本院提起附带民事诉讼。本院依法组成合议庭，公开开庭进行了合并审理。云南省昆明市人民检察院检察员朱彬彬、李云兵出庭支持公诉，附带民事诉讼原告人李文杨、唐先和、邵渭清、黄燮梅、杨绍权、马存英及其诉讼代理人李俊华、孙可、卢泽铭、耿国平、陈磊，被告人马加爵及其辩护人赵耀、冯明俊到庭参加诉讼。现已审理终结。

云南省昆明市人民检察院起诉指控，2004年2月上旬，被告人马加爵在本市云南大学鼎鑫学生公寓与其同学唐学李、邵瑞杰、杨开红等在打牌过程中发生冲突，于是产生了杀害唐学李、邵瑞杰、杨开红、龚博四人的念头。尔后被告人马加爵为实施犯罪积极进行准备，其在昆明市张官营旧货市场160号以20元购买木柄铁锤一把，藏匿于鼎鑫公寓6幢317室自己的衣柜内，又在北站附近办理了一张姓名为陈芬良的假身份证，并到昆明火车站先后购买了昆明至广州、昆明至南宁的火车票。2004年2月13日晚23时许，被告人马加爵趁唐学李坐在317宿舍内看报纸之机，从衣柜中将事先准备好的铁锤取出，从背后打击唐学李头部致其死亡，拿走其随身携带的工商银行"灵通卡"及波导手机一部和少量现金。然后将唐学李尸体藏匿于宿舍317—4衣柜内，并用报纸、毛巾和水清理了现场，用事先准备的透明胶带纸将报纸贴在柜内遮挡尸体，将衣柜锁住。2月14日晚23时许，被告人马加爵趁邵瑞杰在317宿舍内洗脚之机，用铁锤从背后打击邵瑞杰的头部致其死亡，并用黑色塑料袋套住邵的头部，拿走其随身携带的少量现金，将邵瑞杰的尸体藏匿于317—3衣柜内，清理了现场后将衣柜锁住。2月15日中午，被告人马加爵趁杨开红坐在317宿舍看报纸之机，用铁锤从其背后打击杨开红头部致其死亡，并用黑色塑料袋套住杨的头部，拿走其随身携带的西门子手机一部及少量现金，将杨开红的尸体藏匿于317—9衣柜内，清理了现场后将衣柜锁住。2月15日晚19时许，被告人马加爵到鼎鑫公寓5幢418室以打牌为借口，将龚博骗到317宿舍，趁其坐着看报纸之机，用铁锤从背后打击龚博头部致其死亡，并用黑色塑料袋套住其头部，拿走其随身携带的少量现金，将龚博的尸体藏匿于317—2衣柜内，清理了现场后将衣柜锁住。被告人马加爵于2月15日将拿走的二部手机丢到盘龙江里，"灵通卡"在银行取款时被吞卡。马加爵作案后于2月15日晚23时许，乘坐昆明至广州的火车逃离昆明。2004年3月15日晚，在公安部的通缉下，马加爵在海南省三亚市被当地公安机关抓获归案。经昆明市公安局法医鉴定：4名被害人均系被他人用锤类工具打击头部至颅脑损伤死亡。为证实上述指控的事实，公诉机关当庭宣读了被告人马加爵的供述和辩解，证人茶丽芳、赵蓉、杜永辉、王大明、林昆等证人的证言，发、破案经过、物证鉴定书，并出示了刑事摄影照片及现场勘查笔录等证据。

据此，公诉机关认为，被告人马加爵故意非法剥夺他人生命，其行为已触犯《中华人民共和国刑法》第二百三十二条之规定，犯罪事实清楚，证据确实充分，应当以故意杀人罪追究其刑事责任。

附带民事诉讼原告人李文杨、唐先和提出诉讼请求：①请求依据刑法规定追究被告人的刑事责任；②请求法院判令被告人向原告公开赔礼道歉；③请求法院判令被告人赔偿因故意杀人给原告造成的经济损失计人民币160 343.35元。其中：误工费309.45元、丧葬费6 214.50元、死亡赔偿金152 871.40元、交通费768元、住宿费180元。

附带民事诉讼原告人邵渭清、黄燮梅提出诉讼请求：①请求以故意杀人罪追究被告人的法律责任；②请求法院判令被告人向原告人支付邵瑞杰的死亡赔偿金152 880元，丧葬费1 600元、交通、住宿费共1 063元、误工费1 200元、精神赔偿损失费200 000元，以上共计人民币356 743元。

附带民事诉讼原告人杨绍权、马存英提出诉讼请求：①请求依据刑法规定追究被告人的刑事责任；②请求法院判令被告人向原告公开赔礼道歉；③请求法院判令被告人赔偿因故意杀人给原告造成的经济损失计人民币310 217.30元。其中：丧葬费6 214.50元、误工费309.40元、死亡赔偿金152 871.4元、交通费552元、住宿费270元、精神抚慰金150 000元。

附带民事诉讼原告人李文杨、唐先和的诉讼代理人提出：原告人所提诉讼请求，实现的机会为零，之所以提出，其象征意义大于实际意义，目的是要被告人知道，他不仅要承担刑事责任，同时还要承担相应的民事赔偿责任，请求法庭予以支持其诉讼请求的代理意见。附带民事诉讼原告人邵渭清、黄燮梅的诉讼代理人提出：原告人的家庭已经因为被告人的犯罪行为造成了严重的经济损失，虽然原告人也清楚赔偿可能得不到，但仍希望法庭能伸张正义，予以公正判处的代理意见。附带民事诉讼原告人杨绍权、马存英的诉讼代理人提出：原告人向被告人要求赔偿经济损失于法有据，虽然被告人不具有赔偿能力，提出的诉讼请求不可能得到执行，但之所以提出是为了让被告人知道他不仅要承担刑事责任，也要承担相应的民事责任。被告人马加爵对起诉书指控的其杀害唐学李、邵瑞杰、杨开红、龚博的事实不持异议，未提出辩解意见；对各附带民事诉讼原告人所提诉讼请求表示：应该赔偿，但没有个人财产可供赔偿。

被告人马加爵的辩护人提出：①对公诉机关指控被告人马加爵的犯罪事实不持异议；②不同意公诉机关指控马加爵因为打牌就杀死四位同学的说法，该说法不符合逻辑，该案的动机尚无法确定，公诉机关指控的动机不可信；③在犯罪现场发现了马加爵的血迹，虽然不影响对马加爵的定罪，但马加爵是否受了伤应予查清；④被告人马加爵的精神状态存在问题；⑤被告人马加爵在三亚市被抓获后，如实供述了全部犯罪事实，应认定为自首；⑥被告人马加爵认罪态度好，真诚悔罪，犯罪前无前科，请求法庭应当考虑给予失足青年悔过自新的机会，请求法庭对被告人马加爵慎重处刑。经审理查明：被告人马加爵因与同学唐学李、邵瑞杰、杨开红等人为琐事积怨，马加爵认为邵瑞杰、杨开红等人说自己为人差、性格古怪等，并认为自己在学校的名声受到了他们的诋毁，原因都是邵瑞杰、杨开红、龚博等人所致，感到绝望，于是决意杀人，因担心同宿舍的唐学李妨碍其作案，所以决定将4人一起杀害。犯意确定后，被告人马加爵到本市张官营旧货市场购买了铁锤；并制作了假身份证；到昆明火车站购买了火车票，以便作案后逃跑。被告人马加爵还特意对宿舍进行了布置，以便作案。2004年2月13日23时许至2月15日19时许连续三天，被告人马加爵在317宿舍内，采用铁锤打击受害人头部的同一犯罪手段，先后将唐学李、邵瑞杰、杨开红、龚博杀害，并将尸体分别藏匿于317宿舍柜子内，清洗、打扫现场后潜逃。经公安部通缉，被告人马加爵在2004年3月15日19时许在海南省三亚市被公安人员抓获。上述事实有下列证据予以证实：

（一）被告人马加爵的供述称：2004年2月13日下午，其在昆明市云南大学鼎鑫学生公寓与同学唐学李、邵瑞杰、杨开红等人在打牌过程中发生冲突，于是产生了杀害唐学李、邵瑞杰、杨开红、龚博4人的念头。当晚，只有唐学李在宿舍内，邵瑞杰在别的宿舍里休息。其便用锤子敲打唐的头部，唐倒地抽动了几下，之后就没有呼吸了。作案后，其把地上及桌上的血擦干，把唐放到衣柜里，用报纸等物包好。因为学校没有开课，没人发现。第二天，其继续与同学打牌。2月14日晚，其趁邵瑞杰洗脚的时候，用同样手法将邵杀死，事后仍将尸体塞入衣柜。2月15日中午，杨开红到其宿舍找邵打麻将，其称邵一会儿就回来，后便在杨看报纸等的时候用同样手法将杨杀害。傍晚，王大明叫其打牌。其没去，跑到1幢402室将龚博叫到其的宿舍用同样手法将其杀害。刚处理完龚博的尸体，林昆找其打牌。其觉得林昆平时对自己不错，就没下手。之后其就从学校打出租车到了昆明火车站。在车站，其因身上藏着假身份证，被当地警方没收后放行。随后坐上早已买好票的从昆明到广州的火车。2月17日早晨到达广州，但没地方可去。当日中午12时，在广州火车站旁的流花宾馆前，其看到有广州到三亚的长途车就上了车。2月18日凌晨到了三亚。此后，其扮成乞丐并装傻在三亚活动，直至2004年3月15日晚，被当地公安机关抓获归案。被告人马加爵的供述证明了其与被害人唐学李、邵瑞杰、杨开红、龚博因打牌发生纠纷后，杀害四被害人的经过，及其后利用假身份证逃离公安机关追捕的事实。

（二）证人证言。

1. 证人茶丽芳的证言证实，2004年2月15日晚8时30分，其在云南大学校门口卖小吃，看到其同学马加爵匆匆忙忙从学校出来，然后就打出租车走了。

2. 证人赵蓉的证言证实，其与被害人唐学李是男女朋友，2004年2月13日17时，其与唐一起在学校食堂吃晚饭，当时唐跟其提起过，因打牌与马加爵发生冲突。但自那次见面之后，其再也联系不到唐了。

3. 证人杜永辉的证言证实，2004年2月13日下午，其在被告人马加爵宿舍看马与唐学李、邵瑞杰、杨开红等人打牌。在打牌过程中马与唐学李、邵瑞杰、杨开红等人发生冲突，当时唐学李、邵瑞杰、杨开红等人都嘲笑马，马很气愤。

4. 证人王大明的证言证实,2004年2月15日17时左右,其去被告人马加爵宿舍,找马打牌,但马拒绝了。马称有事要去找龚博,当时马宿舍只有马一个人在。

5. 证人林昆的证言证实,2004年2月15日18时左右,其去被告人马加爵宿舍,找马打牌。但马宿舍门关着,敲了很久门,马才开门,并说不去打牌要整理宿舍。当时马神情有点慌张。

(三)鉴定结论。

1. 昆明市公安局(2004)公刑物鉴法验字第421号物证鉴定书证实,被告人马加爵潜逃时使用了事先制作的假身份证。

2. 昆明市公安局(2004)公刑物鉴法证字第1116号物证检验报告证实,①李文杨的血、唐先和的血与死者唐学李的血基因型符合亲缘关系。②云南大学鼎鑫公寓6幢317室衣柜东侧地面血迹与死者邵瑞杰的血基因型相同。③云南大学鼎鑫公寓6幢317室衣柜东侧墙面血迹与死者杨开红的血基因型相同。④室内地上《参考消息》报纸上的血指纹与被害人龚博的相同。

3. 昆明市公安局宁公刑痕鉴字(2004)222号物证鉴定书证实,云南大学鼎鑫公寓6幢317室地上的A4打印纸上、《参考消息》报纸上的血指纹系被告人马加爵所遗留,而该血痕均来源于被害人。

4. 昆明市公安局(2004)公刑物鉴文字163号物证鉴定书证实,公安机关在侦查中从肖红春处提取了被告人马加爵购买铁锤时遗留的两截铁锤木柄。经与公安机关在现场提取的铁锤比对,其中一截木柄是现场铁锤的整体分离物。

5. 昆明市公安局(2004)公刑物鉴文字184号物证鉴定书证实,4名被害人分别为唐学李、邵瑞杰、杨开红和龚博。死亡原因均为钝性暴力打击头部致颅脑损伤死亡。

6. 司法精神病学鉴定书[云法鉴精字(2004)字第595号]证实,根据指定辩护人提出的申请,云南省精神疾病司法鉴定委员会于2004年4月17日对被告人马加爵进行了司法精神病鉴定,鉴定结论为:①被鉴定人马加爵无精神病。②被鉴定人马加爵在作案过程中精神状态正常,有完全责任能力。

(四)物证:铁锤1把,庭审中经被告人马加爵辨认,系其捅被害人所使用的凶器;假身份证一张,庭审中经被告人马加爵辨认,系其为逃离公安机关的追捕所事先准备的假身份证。

(五)发、破案经过证实了本案的案发及破案情况。

(六)现场勘察笔录、现场图、刑事摄影照片证实案发现场的情况。

(七)书证。

1. 被告人马加爵与被害人唐学李、邵瑞杰、杨开红、龚博的户籍材料、报案材料及公安机关接警记录证实,被告人马加爵及被害人唐学李、邵瑞杰、杨开红、龚博的年龄及身份情况。

2. 公安部通缉令及公安机关抓获经过证实,被告人马加爵被通缉,公安机关根据群众举报,在海南省三亚市将被告人马加爵抓获归案。

上述证据来源合法,客观真实,均经庭审质证,作为定案的证据,本院予以采信。本院认为,被告人马加爵因不能正确处理同学间的人际关系,因琐事与被害人积怨,即产生报复杀人的恶念,为实施犯罪,被告人购买了作案凶器;为逃避罪责被告人制作了假身份证并购买了作案后逃往异地的火车票,经周密策划和准备,先后将4名同学杀害。被告人马加爵为了报复杀人而进行了一系列周密而细致的准备,积极实施犯罪,残忍地致4人死亡;其主观上具有非法剥夺他人生命的故意,客观上实施了非法剥夺他人生命的行为,已触犯国家刑律,构成故意杀人罪。公诉机关指控被告人马加爵的犯罪事实清楚,证据确实充分,指控罪名成立,依法予以确认。

各被害人的诉讼代理人提出的代理意见,法院已经充分注意并予以采纳。针对附带民事诉讼原告人提出的诉讼请求,法院认为:《中华人民共和国刑事诉讼法》第七十七条规定"被害人由于被告人的犯罪行为而遭受物质损失的,在刑事诉讼过程中,有权提起附带民事诉讼";最高人民法院《关于刑事附带民事诉讼范围问题的规定》第一条规定"因人身权利受到犯罪侵犯而遭受物质损失或者财物被犯罪分子毁坏而遭受物质损失的,可以提起附带民事诉讼。对于被害人因犯罪行为遭受精神损失而提起附带民事诉讼的,人民法院不予受理";第二条规定"被害人因犯罪行为遭受的物质损失,是指被害人因犯罪行为已经遭受的实际损失和必然遭受的损失"。故附带民事诉讼原告人提出的精神损失赔偿要求以及要求判令被告人赔礼道歉的附带民事诉讼请求,依照法律规定,不属于附带民事诉讼的受理范围。附带民事诉讼原告人提出要求被告人马加爵赔偿丧葬费、误工费、交通费、住宿费等诉讼请求,有事实和法律依据,法院依法予以支持,并判令被告人马加爵承担民事赔偿责任。被告人马加爵的诉讼代理人所提此节代理意见,法院予以采纳。对被告人马加爵的辩护人提出的申请法庭对被告人的精神状态重新进行司法精神病鉴定,法院认为:辩护人在接受指定提出申请后,已由法院依法委托鉴定机构,组织了具有专门知识的人员,在严格按照鉴定程序的前提下作出鉴定结论,就该鉴定的合法性、真实性,辩护人并未提出事实和法律依据予以否定,对无充分理由和证据支持而对鉴定结论存疑的臆断,法院不能支持。辩护人还提出:被告人的作案动机仅因打牌纠纷而产生有悖常理。法院认为:被告人马加爵具有其独立的意识、独立的个体特征,被告人马加爵当庭并未否认其曾经供述的作案动机,且经司法精神病学鉴定,存疑的法定因素已经排除,故被告人马加爵供述的作案动机有其自身基于生活、环境所形成的现实基础和个体特性,法院应予确认。关于辩护人提出的被告人马加爵"自首"的辩护意见,法院认为,被告人马加爵当庭陈述其在潜逃过程中主观上并不想自首;在客观上被告人马加爵也无主动投案的事实;被告人马加爵在三亚市被抓获系因为在公安机关掌握大量相关证据后,确认其为重大犯罪嫌疑人,并由公安部向全国发布A级通缉令后,人民群众发现其行踪,向公安机关举报,公安机关据此抓获被告人马加爵。基于以上三方面的事实和理由,被告人马加爵的行为不构成自首,对辩护人的该辩护意见,法院不予采纳。其他辩护意见,法院已经注意。

在本案中,被告人马加爵仅因同学之间的琐事发生纠纷,即产生杀害同学的犯罪故意,并积极准备、实施、完成了整个犯罪过程,凶残地杀害了与其共同生活、学习、住宿三年有余的4名同学,被告人马加爵声称"要毁灭自己也要毁灭他们",并且连续、残忍地杀害多人,非法剥夺他人生命权利,在整个犯罪过程中杀人犯意坚决,作案时手段残忍,在犯罪行为完成后畏罪潜逃。其犯罪行为具有严重的社会危害性,犯罪情节特别恶劣,犯罪后果特别严重。虽然被告人马加爵被抓获后如实供述了自己的罪行，但我国法律对公民的一切合法的权利给予了充分的保护，而公民的生命权利是一切权利的基础，《中华人民共和国刑法》将公民生命权利的保护置于《刑法》的重要位置。《刑法》第二百三十二条规定对"故意杀人的，处死刑、无期徒刑或者十年以上有期徒刑"，体现了法律对公民生命权利的保护，法律所体现的是我们所生存的社会对人的生命权利的珍视，任何无视他人生命权利的犯罪行为，必将受到法律的严厉制裁。

依照《中华人民共和国刑法》第二百三十二条、第五十七条第一款、第六十四条、第三十六条第一款及《中华人民共和国民法通则》第一百一十九条之规定，判决如下：

一、被告人马加爵犯故意杀人罪判处死刑，剥夺政治权利终身；

二、被告人马加爵赔偿附带民事诉讼原告人李文杨、唐先和人民币20 000元；（此款应于判决生效后一个月内支付完毕）

三、被告人马加爵赔偿附带民事诉讼原告人邵渭清、黄燮梅人民币20 000元；（此款应于判决生效后一个月内支付完毕）

四、被告人马加爵赔偿附带民事诉讼原告人杨绍权、马存英人民币20 000元；（此款应于判决生效后一个月内支付完毕）

五、作案凶器铁锤一把予以没收。

如不服本判决，可在接到判决书的第二日起十日内，通过本院或者直接向云南省高级人民法院提出上诉，书面上诉的应提交正本一份，副本二份。

审　判　长　蔡　霞
审　判　员　何力龙
代理审判员　沈小裴
二〇〇四年五月二十四日
（院印）

本件与原本核对无异

书　记　员　屈艳婷

本章讨论案例

2009年9月，某厂女工王某从工厂下班回家途中，被一名歹徒拦路强奸。为查找和告发作案人，王某及时向当地公安派出所报了案，还向邻居和丈夫说了被强奸的事实。一周以后，夫妻之间因此而发生口角，被害人王某服毒自杀（幸及时送医院抢救，未死）。破案后，被害人王某向人民法院要求提起附带民事诉讼，让被告人（强奸者）赔偿因自杀抢救而花费的医药费用，并要求被告人赔偿精神损失20万元。

根据以上案情，进行以下讨论：

1. 王某的丈夫有没有提起附带民事诉讼的资格？
2. 王某能不能提起精神损害赔偿的要求？法院会不会支持其诉讼请求？
3. 本案中的证据应当由谁提供？
4. 设计完整的附带民事诉讼审理程序。

训练目的

在老师的指导下，让学生学会附带民事诉讼的整个诉讼程序，并掌握民事部分证据的准备和举证，学会在刑事普通一审程序的各个阶段穿插民事部分的审理。

第十一章　行政诉讼一审程序

第一节　审判组织形式和审理方式

一、审判组织形式

行政诉讼审判组织的形式是指承担具体行政案件审理和裁判的审判组织的组成方式。人民法院往往根据案件的复杂程度来确定由几位审判员组成审判组织。一般来说，人民法院审理刑事、民事案件，会出现两种形式的审判组织。一种是合议制，它是由数名审判人员或陪审员组成的审理具体案件的组织形式；另一种是独任制，它是由一名审判人员组成的审理具体案件的组织形式。行政案件由于其本身的特殊性，它的审判组织形式只采用合议制。

我国《行政诉讼法》第46条规定："人民法院审理行政案件，由审判员组成合议庭，或者由审判员、陪审员组成合议庭。"从该条的规定可以看出，人民法院审理行政案件采用合议庭形式的审判组织，而不采用独任制形式。

人民法院审判行政案件的合议庭组成一般有两种，一种是全部由人民法院的审判人员组成的合议庭，另一种是由人民法院的审判人员和人民陪审员共同组成的合议庭。

(1) 第一审合议庭的组成。第一审合议庭可以由审判员组成，也可以由审判员和人民陪审员共同组成，法院可以灵活选择。陪审员参加合议庭，其人数可以是一人，也可以是二人，并与审判员享有同等的待遇。人民陪审员参加第一审陪审的案件，一般都是所审案件牵涉到科学技术性较强的内容。让有关这方面的专家作为陪审员参加陪审，更有利行政案件的顺利、合理地解决。对于二审法院发回重审的案件，原一审合议庭的成员不得参加重审合议庭。

(2) 第二审合议庭的组成。二审合议庭的组成能否包括人民陪审员，我国《行政诉讼法》没有作明确的规定。根据《人民法院组织法》(2006年修正)第9条的规定："人民法院审判上诉和抗诉案件，由审判员组成合议庭进行。"可见二审合议庭的组成只包括法院的审判员，而不包括人民陪审员。这是因为：①二审人民法院对案件的审理，具有监督审查的性质，并体现人民法院统一行使审判权的原则。二审的主要任务是在一审审理的基础上，查明一审人民法院认定事实是否清楚，适用法律是否正确。如果由人民陪审员参加的合议庭主持二审则既不利于上级对下级的监督，也对二审任务的完成不利。②从当事人这方面来讲，当事人上诉的目的是要求二审人民法院变更一审人民法院的裁判，以维护自己的合法权益。在行政诉讼中，一审的被告是行政机关，但二审的被上诉人却不一定是行政机关，也就是说，一审中的被告和原告都可以成为上诉人。上诉审法院对上诉案件的裁判，决定着上诉人的权益是否能够得以实现。因此，只有由审判员组成的合议庭进行二审审理，才能保护当事人的合法权益。

(3) 再审合议庭的组成。人民法院已经发生法律效力的裁判，因发现违反法律、法规的规定，依照审判监督程序对案件再行审理，称为再审。再审的案件，原来是一审的，依一审程序另行组成合议庭，原来是二审的，依二审程序另行组成合议庭。原审合议庭的成员，都不得参加再审合议庭。

根据我国《行政诉讼法》的规定，不论是一审、二审还是再审，合议庭的组成人员应是三人以上的单数。从司法实践中来看，一般都是由三人组成合议庭。

二、审理的方式

《行政诉讼法》第45条规定，人民法院公开审理行政案件，但涉及国家秘密、个人隐私和法律另有规定的除外。据此，行政诉讼开庭审理有公开审理和不公开审理两种方式。

公开审理是贯彻审判公开原则的主要形式，有两层含义：一是对当事人和其他诉讼参与人公开，即案件的审理必须在当事人、其他诉讼参与人的参加下进行；二是对社会公开，开庭审理活动允许社会上与案件无关的群众旁听，允许记者采访报道。但公开审理也并不意味着开庭过程的各个阶段都必须公开，如合议庭评议就必须秘密进行，不受公开原则的限制。

不公开审理是公开审理的例外，是指开庭审理时，除了当事人和法院通知到庭的其他诉讼参与人参加外，不允许与本案无关的人员参加，不允许群众旁听，不允许记者采访报道。这是保障国家社会公共安全，保护公民个人隐私权以及法人、组织合法权益的需要。实践中，涉及国家秘密、个人隐私、保护未成年人基本权益以及商业秘密、技术秘密的案件都实行不公开审理。

《行政诉讼法》第50条规定："人民法院审理行政案件，不适用调解。"这就要求人民法院对行政案件只能依法作出裁判，而不能像有些民事案件一样采用调解方式解决，以调解方式结案。

所谓调解，是指在诉讼过程中，在人民法院主持下，由双方当事人对争议的法律事实通过自愿协商、互谅互让达成协议，使纠纷得以解决而进行的活动。调解的成立必须以双方自愿为前提，同时还必须符合两个条件，一是调解双方对自己的权利都有实体处分权；二是调解达成的协议不得违反国家法律，不得损害社会公共利益以及他人的合法权益。

行政诉讼案件不适用调解，主要原因是行政诉讼中作为被告的行政机关一方对自己的权力没有实体处分权。行政机关代表国家行使行政权力，管理国家的行政事务，这一职权是法律赋予的，而且职权的内容、程序均有严格的法律规定，行政机关必须按照法律的规定行使职权，不能随意处分。

第二节　开庭审理

一、开庭审理

开庭审理，是指在法院合议庭的主持下，依照法定程序对当事人之间的行政争议案件进行审理，查明案件事实，适用相应的法律、法规，并最终作出裁判的活动。《行政诉讼法》第45条规定，人民法院公开审理行政案件。开庭审理是全部审理活动的中心环节，其主要任务是审查核实证据，查明案情，正确适用法律，确认当事人之间的权利义务关系，作出正确判决。

审理前的准备是诉讼活动一个重要的、必经的程序。审理前的准备意义在于，弄清双方当事人的基本情况，了解原告诉讼请求的具体内容和所提出的事实、理由和证据，初步弄清双方争议的焦点，收集解决争议的必要证据，通知与案件有利害关系的诉讼主体参加诉讼等。审理前的准备工作主要包括以下几个方面：

(1) 组成合议庭。人民法院审查行政案件，必须组成合议庭。不能适用简易程序进行独任审判。根据《行政诉讼法》第46条的规定，合议庭的组成形式有两种：一是由审判员组成的合议庭；二是由审判员和人民陪审员共同组成的合议庭。人民陪审员参加合议庭审理案件，与审判员享有同等权利。合议庭组成人数应当是3人以上的单数，合议庭的全部活动都应在所有成员共同参加下进行。合议庭成员享有平等的表决权，决定问题实行少数服从多数的原则，对不同意见，应记入合议庭笔录备查。合议庭的审判长由人民法院院长或行政审判庭庭长指定，院长或庭长本人即是合议庭成员时，应由院长或庭长本人担任合议庭审判长。合议庭在审判长的组织领导下进行活动，对全案的审理工作负责。我国采用在法院中设专门的行政审判庭审理行政案件的方式，重大疑难案件由各法院的审判委员会讨论决定。审判委员会在目前的行政审判中起着较为重要的作用，但在这方面应防止和克服审者不判、判者不审可能带来的弊端和问题。

(2) 发送起诉状副本、答辩状副本。人民法院应当在立案之日起5日内将起诉状副本发送被告，原告是口头起诉的，人民法院可以将口诉笔录复制后发送被告。被告应当在收到起诉状副本之日起10日内向人民法院提交作出具体行政行为的有关材料，并提出答辩状，人民法院应当在收到答辩状之日起5日内将答辩状副本发送原告。不过，被告不提交答辩状也不影响案件审理。

(3) 审阅诉讼材料，进行调查研究，收集证据。审判人员应认真审阅案卷，了解案情，审查行政机关对原告的处理决定及其事实根据和法律根据。在审查诉讼材料的基础上，法院可根据需要决定进行调查和收集证据，决定是否要求当事人补充证据，是否需要对专门性问题进行鉴定，是否采取证据保全措施等。

(4) 决定是否采取先行给付措施和停止被诉具体行政行为的执行。人民法院对于控告行政机关没有依法发给抚恤金的案件，或其他需要先行给付的案件，必要时以书面裁定先行给付，并立即执行。行政诉讼期间，原则上不停止被诉具体行政行为的执行。但人民法院基于原告申请停止执行，经审查该具体行政行为的执行将会造成难以弥补的损失，并且停止执行不会损害社会公共利益时，应裁定停止执行。法律、法规规定应当停止执行，而被诉行政机关不停止执行的，法院应当裁定停止执行。

(5) 审查有无不公开审理的条件。根据《行政诉讼法》第45条的规定，涉及国家秘密、个人隐私和法律规定不能公开审理的案件，应当不公开审理。

(6) 确认、更换和追加当事人。法院在此阶段还需确认原告、被告、第三人的资格，发现不具备当事人资格者应更换或追加新的当事人。

(7) 准备开庭。合议庭应当将开庭的时间、地点于开庭 3 日前通知当事人和其他诉讼参与人；对于不通晓当地民族通用语言、文字的诉讼参加人，还要为他们提供翻译。

二、开庭审理的范围

开庭审理的范围，即法院审理的范围，是指法院开庭审理中有权进行审查并作出判决事项的范围。《行政诉讼法》第 5 条从法律上对法院开庭审理行政案件的范围作了大致规定，表明法院审理行政案件以合法性审查为核心内容。此外，开庭审理的范围由以下因素决定：①法院审理行政案件，不受当事人诉讼请求的限制，对可能影响被诉具体行政行为合法性的所有因素进行全面审查。包括实体与程序，形式与实质。②法院审理行政案件，受行政案件材料范围的限制，只能以被诉行政机关为某种行为或不为某种行为时所依据的事实和法律判断，而不能根据事后补充的事实和法律来判断其合法性，即法院以被告提供的行政案件中据以作出具体行政行为的证据对该被诉具体行政行为进行合法性审查，原则上不接受行政机关事后补充提供的证据。

三、开庭审理的程序

1. 庭审准备

庭审准备是开庭审理的预备程序。这一程序包括以下步骤：

(1) 告知当事人和其他诉讼参与人出庭参加庭审。法院确定开庭日期后，应在开庭 3 日前传票传唤当事人出庭参加庭审，并以通知书通知诉讼代理人、证人、鉴定人、翻译人员等到庭参加诉讼活动。

(2) 公告。人民法院公开审理行政案件，应在开庭 3 日前发布公告。公告内容包括：案由、当事人姓名或机关名称、开庭时间和地点。公告一般张贴在审理法院门前的公告栏内。

2. 庭审开始阶段

(1) 庭审前，书记员应查明当事人和其他诉讼参与人是否到庭并将结果报告法庭，然后向全体到庭人员及旁听人员宣布法庭纪律。接着审判长宣布开庭并核对原告、被告和第三人的身份，宣布案由，宣布审判人员、书记员名单，告知当事人有关的诉讼权利和义务，询问当事人是否提出回避申请，审查诉讼代理人资格和代理权限。当事人没有到庭的，经合议庭审查后，依法决定是否需要延期审理，是否需要按撤诉处理，是否能够缺席审理和作出判决，等等。

(2) 当事人申请回避可以书面或口头方式提出，法庭收到当事人的回避申请后应宣布休庭，对回避申请进行研究，被申请回避的人员在法庭作出是否回避的决定前，应暂停参与本案的审理活动。如果当时决定被申请人不回避，则应继续开庭，当庭宣布法庭审理继续进行；如果当时不能作出决定的，可以宣布延期审理，并在 3 日内以书面或口头形式作出决定。

庭审活动大致分为法庭调查、法庭辩论、休庭合议和宣判四个阶段。

3. 法庭调查

法庭调查是法院在诉讼当事人和诉讼参与人的参加下，核实和审查证据，查明案件真相。这是开庭审理的中心环节，任务是通实核对各种证据材料，审查证据的证明效力，以认定案件事实，审查和确认具体行政行为是否正确与合法。法庭调查由以下几个阶段组成：

(1) 明确诉讼争议。审判长宣布法庭调查开始后，原告宣读起诉状，被告宣读答辩状，然后开始双方当事人陈述。原告陈述主要应说明其合法权益受到具体行政行为侵害的事实和过程，被告陈述则主要应论证自己所作出的具体行政行为是合法的，并对之予以举证，即提出相应行为的事实根据和法律、法规及其他规范性文件根据。

(2) 证人到庭作证或宣读证人证言。法庭在告知证人的诉讼权利和诉讼义务后，由证人向法庭提供证言，对证人的证词，双方当事人及其诉讼代理人均可提问并质证，但须经法庭许可。当证人确有事由不能到庭时可以宣读证人证言，但此种证人证言同样应在法庭上经由双方当事人质证。

(3) 由法庭出示书证、物证和视听资料，宣读鉴定结论、勘验笔录和现场笔录。当事人提交法庭或法庭收集的书证、物证均应当展示，由当事人阅读或查看并征询他们的意见；视听资料则应当庭播放演示。双方当事人及其诉讼代理人亦可对此提出意见。此外，法庭还应当庭宣读鉴定结论、勘验笔录和现场笔录，对这些证据同样应由当事人、诉讼代理人提出意见。根据诉讼的"直接言词"原则，鉴定人、勘验人应当到庭就自己作出的鉴定结论和勘验笔录直接作出说明。

(4) 双方当事人可以提供新的证据或要求重新鉴定、勘验。但作为被告的行政机关提出的新证据，必须是诉讼开始前收集的证据。

4. *法庭辩论*

法庭辩论是在审判人员主持下，当事人、第三人及其诉讼代理人运用证据和法律规范，就案件争议事实的真伪和如何正确适用法律阐明自己的观点，反驳他方的观点和论据的诉讼活动。

法庭辩论在法庭调查的基础上进行。合议庭通过法庭调查，由当事人对各种证据进行质证，在此基础上，法庭对于证据是否采用表明态度。

目前，人民法院审理行政诉讼案件，大多在法庭调查阶段，各方当事人对证据进行质证。而后，法院就相应证据是否采用，作出明确的表示。这种做法有利于增加法院对证据运用的透明度，有利于保障行政审判的公正性。行政诉讼的辩论原则在此阶段得到最集中的体现。诉讼当事人在辩论阶段发言的顺序一般是：原告及其诉讼代理人发言；被告及其诉讼代理人答辩；第三人及其诉讼代理人发言。第一轮辩论结束后，依上述顺序进入第二轮辩论，针对上一轮辩论中对方的观点和主张进行反驳，进一步阐明自己的主张和观点，相互辩论的时间和次数由法庭审判人员确定，既不可限制当事人的辩论权利，又不可使当事人重复自己的观点和主张。

法庭辩论终结时，当事人有作最后陈述的权利，由审判长依照原告、被告、第三人的顺序依次征询各方最后意见。在法庭辩论中，法庭如发现新的事实或当事人提供了新的证据，确需核查，由审判长决定停止辩论，恢复法庭调查或延期审理，待事实查清后再恢复法庭辩论。

5. 合议庭评议

法庭辩论结束后，审判长宣布休庭，由合议庭组成人员进行合议。合议庭代表法院根据经过法庭审查认定的证据，确认案件事实，适用法律、法规和参照规章，最终形成法院对案件的判决。合议阶段是合议庭组成人员各自的判断形成多数意见的过程。合议结论坚持少数服从多数的原则，但少数人的意见应当记入合议笔录，每一位合议庭组成人员均应在合议笔录上签名。合议庭根据评议结论制作判决书。对于重大复杂的案件，合议庭应当提请院长交审判委员会讨论决定。审判委员会的决定合议庭必须执行。

6. 公开宣判

经过法庭调查、法庭辩论和休庭合议三个阶段后，庭审即进入最后一个阶段——宣判。宣判是由审判长代表法院宣告对被诉具体行政行为是否合法的认定，对相应具体行政行为的处置（撤销、维持或变更）。无论是公开审理还是不公开审理，法院宣告判决一律应当公开进行。宣判除当庭宣判外，还可以定期宣判，定期宣判是由法庭确定一个日期宣告判决结果。判决宣告时，须告知诉讼当事人的上诉权利、上诉期限和上诉法院。

7. 闭庭

宣告判决、裁定或行政赔偿调解书、附带民事诉讼调解书后，由审判长宣布人民法院行政审判庭对本案的审理到此终结，宣告闭庭。

第三节 审理中的各项制度

一、共同诉讼

共同诉讼是指当事人一方或各方为二人以上的诉讼。

（1）简化诉讼程序。共同诉讼中共同原告的诉讼请求，往往是同一请求，共同诉讼所诉的往往是同一行政机关的同一个具体行政行为，也可能是两个以上行政机关共同作出的同一个具体行政行为。如果法院分别立案，分别审理，不仅诉讼程序重复，而且浪费时间和人力、财力。为节省时间、人力和财力，提高审判效率，便于当事人诉讼，故设立共同诉讼制度。

（2）避免法院对同一类案件作出不同的或互相抵触的裁判。法院如果将同一类可以合并审理的案件，分别组成合议庭，分别进行审理，则可能因不同法官对事实和审查具体行政行为适用法律根据产生差异，会对相同性质的案件作出不同的判决或裁定，甚至作出互相抵触的判决或裁定。而合并审理就可避免这种情形的发生。

（1）主体条件。当事人（原告、被告或第三人）一方或各方为二人以上，两个以上原告针对行政机关同一具体行政行为提起诉讼，这种情况下各原告为共同原告，由于各原告具有共同的利害关系，认为行政机关同一具体行政行为侵犯了他们的合法权益，故有着共同的诉讼请求。在另外一种情况下，则是两个以上行政机关作出同一个具体行政行为而引发行政诉讼，原告以共同作出行政行为的所有行政机关为共同被告。还有一种情形是原告和被告同为二人以上，即该共同诉讼既由共同原告，又由共同被告构成。此外，与行政诉讼判决结果有法律上的利害关系的第三人为二人以上的，亦构成共同诉讼。以上情形是由于诉讼主体相同而由法院决定合并审理的共同诉讼。

（2）客体条件。共同诉讼的诉讼客体为同一具体行政行为或同样的具体行政行为。这里的"同样"，是指二个或二个以上的具体行政行为性质相同，或者作出具体行政行为的事实和理由、法律根据相同，当事人一方或各方为二人以上，认为同样的具体行政行为侵犯他们各人的合法权益，向法院起诉，法院从而决定合并审理。由于行政诉讼中的第三人不像民事诉讼一样区分为"有独立请求权"和"无独立请求权"的第三人，司法实践中第三人也可提起上诉，所以第三人诉讼制度与共同诉讼类似，故也将其纳入共同诉讼一起研究。

（1）两个以上行政机关分别依据不同的法律、法规对同一事实作出同一具体行政行为。此种诉讼出现后，依共同诉讼的原则，法院可以决定合并审理。

（2）行政机关就同一事实，对若干相对人分别作出具体行政行为，公民、法人或其他组织分别向法院起诉的，由法院决定是否合并审理。

（3）在诉讼过程中，被告以新的事实和理由对原告作出新的具体行政行为，原告认为新的具体行政行为侵犯其合法权益，向法院提起新的诉讼，由法院决定是否合并审理。

（4）人民法院认为可以合并审理的其他情形。

二、撤诉

撤诉是指原告明确表示或依其行为推定其将已经成立的起诉行为撤销，法院审查后予以同意的诉讼行为。可见，撤诉有两个条件：一是原告明确表示撤销起诉或由于其消极的诉讼不作为推定其撤销起诉；二是法院的审查同意。一般认为，申请撤诉是法律赋予原告专有的权利，而决定是否准许撤诉是法院行使审判权的表现。

（1）申请撤诉。《行政诉讼法》第51条规定："人民法院对行政案件宣告判决或裁定前，原告申请撤诉的，或者被告改变其所作的具体行政行为原告同意申请撤诉的，是否准予撤诉，由人民法院裁定。"据此，原告自行申请撤诉的条件有：①申请撤诉的人必须是原告，包括原告特别授权的诉讼代理人。被告或第三人均不能提出撤诉申请。②撤诉申请必须是原告本人自愿提出的，完全出于本人意愿。③撤诉申请必须在法院受理案件以后，判决宣告以前提出，一旦案件宣判，诉讼即告终结，撤诉已无任何意义。④必须经过法院审查同意，法院有权就撤诉是否违背法律或损害公共利益进行审查。对于在实践中有些被告为使违法行政行为逃避法院审查，而以威胁、利诱等手段与原告达成撤诉协议的，即使原告提出申请，法院也不应准许撤诉。

实践中，原告自愿申请撤诉的情况主要有：①原告在被告行政机关未改变被诉具体行政行为的情况下，认识到被告的具体行政行为合法，自愿放弃起诉的权利。②被告在诉讼期间改变具体行政行为，满足了原告的要求，原告申请撤回起诉。③被告以私下让步或向原告施加压力等方式动员原告撤诉。④法院出于对原告的同情、迫于被告的压力或者追求审判的社会效果，动员原告撤诉。法院应当对不同情况根据法律作出正确处理。

（2）视为申请撤诉。在行政诉讼中，原告并没有明确表示撤诉的意思，但由于其在诉讼中消极的诉讼行为，法院可推定其意图为撤销诉讼。此种撤诉即是"视为申请撤诉"。《行政诉讼法》第48条规定，经人民法院两次合法传唤，原告无正当理由拒不到庭的，视为申请撤诉。据此，视为申请撤诉的条件为：①原告经人民法院合法传唤，是指法院按法定程序传唤当事人，把传票送达本人，并有经被传唤人签名盖章的送达回执。②经过两次合法传唤。在一次合法传唤之后当事人无故拒不到庭的，法院应另定开庭日期，再次传唤当事人到庭，这才是两次合法传唤。在法院未另定开庭日期的情况下，所有的传唤仍是一次合法传唤。③原告无正当理由拒不到庭，或者虽到庭但未经法庭准许而中途退庭。④人民法院对视为申请撤诉的审查和对自愿申请撤诉的审查相同。另外需要注意的是，如果开庭时原告本人虽没有到庭，但其委托诉讼代理人到庭参加诉讼的，则不能视为申请撤诉。

（1）原告申请撤诉或经法院两次合法传唤后无正当理由拒不到庭而被法院视为申请撤诉的，经法院准许，终结诉讼。

（2）原告申请撤诉，法院不予准许或原告经法院合法传唤无正当理由拒不到庭，其仍须继续参加诉讼，如其仍拒不到庭，法院可以缺席判决。

撤诉是原告对自己起诉权的处分行为，并不影响其实体权利的存在。原告撤诉后，视为未起诉。当本案因撤诉终结审理后，当事人仍可以在法定期限内再起诉，要求对其实体权利进行保护，人民法院应该受理。

实践中还有一种情况，即原告因在法定期间内未预交诉讼费又未提出缓交诉讼费用的申请，也可按自动撤回起诉处理；当事人在起诉期间内再起诉的，法院也应该受理。

三、缺席判决

缺席判决是在法院开庭审理时，当事人一方经法院合法传唤无正当理由拒不到庭，法院继续审理并经合议以后作出裁判的诉讼活动。缺席判决是相对于出席判决而言的，它是为了维护法律的尊严，维护到庭另一方当事人的合法权益，保证审判活动正常进行而设立的一项程序制度。缺席判决的效力等同于出席判决的效力，原告、被告、第三人均可提起上诉。

根据《行政诉讼法》第48条、第51条的规定，缺席判决适用于下列情形：

（1）被告无正当理由拒不到庭的。这里又分两种情况，一种是被告经人民法院两次合法传唤，无正当理由而拒不到庭的，人民法院可以作出缺席判决；另一种是被告已经到庭参加诉讼，但未经法庭准许中途退庭，又拒不返回的，对此情况也应区别对待，如果被告已经是经过两次合法传唤的，可以直接作出缺席判决；如果被告只经过一次合法传唤，人民法院应当延期审理，另定开庭日期，而不能作出缺席判决。

（2）原告申请撤诉，但人民法院裁定不准许撤诉，原告经人民法院两次合法传唤，仍拒不到庭的，人民法院可以直接作出缺席判决。第三人经合法传唤无正当理由拒不到庭，或者未经法庭准许而中途退庭的，不影响案件的审理①。

（3）特殊情况时，人民法院裁定不允许原告撤诉，而原、被告双方经人民法院两次合法传唤都无正当理由拒不到庭的，人民法院可以直接作出缺席判决。

一般认为，行政诉讼中应慎用缺席判决，缺席判决应当在案件事实全部查清的情况下才能作出，还应当充分考虑缺席一方当事人的合法权益，使其不因缺席而受到不应有的损害。

四、回避

回避制度是保证审判人员不参加与自己有利害关系和其他关系的案件审理的一种司法制度，目的是防止利用职权徇私舞弊，同时，也可以避免偏私，有助于审判工作正常进行。当事人申请回避，应当说明理由，在案件开始审理时提出或在案件开始审理后法庭辩论终结前提出。

被申请回避的人员，在人民法院作出是否回避的决定之前，应当暂停参与本案的工作（案件需要采取紧急措施的除外），对当事人提出的回避申请，人民法院应当在3日内以口头或者书面形式作出决定。当事人对是否回避决定不服的，可以向作出决定的人民法院申请复议一次。复议期间，被申请回避的人员不停止参加本案的工作。对当事人的复议申请，人民法院应当在3日内作出复议决定，并通知当事人。

五、财产保全和先予执行

人民法院在行政诉讼中对可能由于当事人的行为，或者某种客观原因，使后来人民法院的判决不能执行或难以执行的案件，在判决前作出裁定，采取限制当事人处分或转移财物的措施。人民法院可以根据对方当事人的申请作出财产保全的裁定；当事人未提出申请而人民法院认为有必要的，也可以依法主动采取财产保全的措施②。

财产保全的条件是：①对于可能因当事人一方的行为或者其他原因，使判决不能执行或者难以执行的；②诉讼保全限于诉讼请求所涉及的范围，或者与本案有关的财物；③一方当事人申请诉讼保全的，应提供担保。申请人不提供担保的，人民法院应驳回申请。只有以上三个条件都具备时，人民法院才能采取财产保全措施。

财产保全的主要措施有查封、扣押、冻结或法律规定的其他方法。人民法院接受财产保全申请后，对情况紧急的，应当在48小时内作出裁定。裁定采取保全措施的，应当立即开始执行，并尽快执行完毕。

当事人对财产保全的裁定不服的，可以申请复议一次，复议期间不停止裁定的执行。

---

① 《最高人民法院关于执行〈中华人民共和国行政诉讼法〉若干问题的解释》，第49条第一款、第二款。
② 《最高人民法院关于执行〈中华人民共和国行政诉讼法〉若干问题的解释》，第48条第一款。

申请财产保全有错误的，申请人应当赔偿被申请人因此所遭受的损失。人民法院主动采取的保全措施有错误而给被申请人造成的损失，法律并无进行赔偿的明确规定，但我们认为人民法院同样应当承担赔偿责任。

先予执行是指人民法院在判决作出之前或在判决生效前，裁定由有给付义务的人预先给付对方部分财物，先为一定行为的法律制度。它主要适用于起诉行政机关没有依法发给抚恤金、社会保险金、最低生活保障费等案件[①]。

一般认为，先予执行应当符合以下条件：①原告的诉讼请求应当具有给付内容，如要求发给抚恤金等；②义务人拒绝自动履行法定义务，而当事人的生活或生产却因此受到严重影响。先予给付是为了应急而采取的实现未来判决中的部分权利，具有强制负有给付义务的一方当事人履行义务的性质；③法律关系必须明确，原告要求被告履行给付的义务已经明确；④被申请先予执行的一方有履行能力。

当事人对先予执行的裁定不服的，可以申请复议一次，复议期间不停止裁定的执行[②]。

如果先予执行的裁定有错误，经过审理后最后确认申请人不具备申请先予执行的条件的，申请人应退回已得到的财物；如果先予执行的裁定正确，在最后执行判决时，应将先予给付部分作为判决的已履行部分予以扣除。

六、具体行政行为是否停止执行

根据《行政诉讼法》第44条的规定，原告提起行政诉讼，原则上不影响被诉具体行政行为的执行，但有下列情形之一的，应停止具体行政行为的执行：

（1）被告认为需要停止执行的，可以停止具体行政行为的执行。是否执行行政行为属于行政机关自身的权力范围，行政机关有完全的决定权。因此，《行政诉讼法》对此并未附加任何条件。

（2）原告申请停止执行，法院审查后认为该具体行政行为的执行会造成难以弥补的损失，并且停止执行不损害社会公共利益，可以裁定停止执行；如果认为原告的申请不符合停止执行的条件，也应以裁定的形式驳回申请。当事人对裁定不服的，应允许申请复议一次，复议期间不停止裁定的执行。

（3）法律、法规规定停止执行的。如果法律作了明确规定，当事人又确有停止具体行政行为执行的条件时，就应该停止执行。如果行政机关仍坚持执行，就是程序上的违法，当事人可以一并提起诉讼。

应该注意的是，停止具体行政行为的执行只是暂缓其效力。如果经判决撤销了该具体行政行为，原具体行政行为就不用执行。如果判决维持原具体行政行为，则判决生效后，原具体行政行为将继续执行，并且人民法院也不用再以裁定或裁决的形式撤销原停止行政行为执行的裁定。随着判决的生效，原裁定自然无效，具体行政行为可继续执行。

---

① 《最高人民法院关于执行〈中华人民共和国行政诉讼法〉若干问题的解释》，第48条第二款。
② 《最高人民法院关于执行〈中华人民共和国行政诉讼法〉若干问题的解释》，第48条第二款。

七、延期审理、诉讼中止和诉讼终结

延期审理是指法院在通知、公告开庭日期后，或者开庭审理期日由于特殊情况合议庭无法在原定审理期日进行审理，而推迟审理期日的制度。

《行政诉讼法》未规定延期审理的情况，根据审判实践和《民事诉讼法》的有关规定，延期审理主要适用于下列情形：①因当事人请求而使审理活动无法如期进行时，应延期审理。另外，原、被告共同要求推迟审判期日，经审查理由正当，不违反法律规定且不损害公共利益及当事人合法权益的，也可延期审理。②当事人没有按时到庭参加诉讼的，包括当事人经一次合法传唤未能到庭的，或者经两次合法传唤有正当理由不到庭的，应延期审理，而不能作缺席判决。另外，不到庭不能查明案情，使审理难以进行的主要证人、翻译人员等未能到庭的，也可以延期审理。③能证明案件事实的必要证据不齐的，或者需要补充调查的，可以延期审理。④其他需要延期审理的情况，如合议庭成员因紧急公务或遇特殊情况不能出席法庭的。

诉讼中止是指在诉讼进行过程中，由于存在或者发生了特定原因，至使诉讼无法继续进行而暂时停止诉讼，待中止的原因消除后诉讼继续进行的一种法律制度。它与延期审理不同，既不是推迟开庭审理的期日，也不是诉讼活动完全停止，而是诉讼程序的暂时中断。

《行政诉讼法》并未对诉讼中止问题作出规定，根据司法解释的规定及司法实践，行政诉讼中的诉讼中止主要适用于下列情况：①作为原告的自然人死亡，需要等待其近亲属表明是否需要参加诉讼的；②作为原告的自然人丧失诉讼行为能力，尚未确定法定代理人的；③作为原告的法人或其他组织终止，尚未确定权利义务承受人的；④一方当事人因不可抗力的事由，不能参加诉讼的；⑤被告行政机关被撤销，尚未确定继续行使其职权的行政机关的，或者虽已确定尚未参加诉讼的；⑥案件涉及法律运用问题，需要送请有权机关作出解释或者确认的；⑦案件的审判须以相关民事、刑事或者其他行政案件的审理结果为依据，而相关案件尚未审结的。

诉讼中止由人民法院以裁定的方式作出。对于中止诉讼的裁定，当事人不得申请复议，也不得提起上诉。中止诉讼的情形消除后，人民法院应依当事人的申请或依职权恢复诉讼程序，并通知当事人继续进行诉讼活动。诉讼程序恢复后，当事人在诉讼中止前所进行的诉讼行为仍继续有效。

由于《行政诉讼法》及司法解释中对中止诉讼的条件以及时限均未作明确规定，也没有规定相应的救济程序，因而在实践中常常发生人民法院随意中止诉讼，或者诉讼中止后案件长期搁置，当事人又无处申诉的情况。而这些都有待司法解释予以完善。

诉讼终结是指在诉讼进行过程中，因特殊情况的发生而结束正在进行的诉讼程序的一种法律制度。这里的"特殊情况"主要包括：①原告死亡，没有近亲属或者近亲属放弃诉讼权利的。②作为原告的法人或其他组织终止后,其权利义务的承受人放弃诉讼权利的。③因原告死亡,须等待其近亲属表明是否参加诉讼,中止诉讼满 90 日,仍无人表明愿意参加诉讼的。④因原告丧失诉讼行为能力而中止诉讼满 90 日,仍未确定法定代理人的。⑤因作为一方当事人的行政机关、法人或者其他组织终止而中止诉讼满 90 日,仍未确定权利义务承受人的[①]。

八、案件的移送和司法建议

案件的移送是指人民法院审理行政案件时,发现行政机关工作人员有违反行政纪律或者犯罪行为,或被处罚人的行为构成犯罪,应当追究刑事责任,将案件全部或部分移送给有关部门处理的措施。

案件移送一般需要具备以下几个条件:①移送案件的人民法院主观上认为有关人员有违法、违纪行为即可实施移送,并不需要有充分的证据证明违法或违纪行为的存在;②移送案件的人民法院发现违法、违纪行为后应立即移送,而不应等到案件审理结束;③受移送的部门可以是被诉行政机关及其上级行政机关、监察机关、人事机关、公安机关、人民检察院等,这些机关收到案件的移送后必须负责查处。

案件的移送影响案件审理的,人民法院应根据情况裁定中止诉讼或终结诉讼。需要注意的是,人民法院不得在行政案件的审理过程中直接追究有关人员的法律责任。

司法建议是指人民法院行使审判权时,对于与案件有关的但不属于人民法院审判权所能解决的问题向有关方面提出的建议。它不同于人民法院的判决和裁定,不具有强制力。

第四节　实验案例及点评

汽车租赁公司不服滨海市交通执法总队行政处罚一案模拟法庭审判脚本

本模拟法庭审判角色如下:①审判人员 3 人,其中陪审员 1 人;②书记员 1 人;③滨海蓝天汽车租赁公司;④原告的委托诉讼代理人 2 人;⑤滨海市交通执法总队;⑥被告的委托诉讼代理人 1 人。

模拟法庭审判道具:①法官袍 3 件;②书记员服 1 套;③律师袍 3 件;④法槌 1 个;⑤书证若干份。

【案情简介】[②]

原告系滨海蓝天汽车租赁有限公司,经工商注册登记,并经交通运输管理部门备案,从事汽车租赁经营。2008 年 11 月 25 日,上海某贸易公司的四名工作人员向原告公司租

---

① 《最高人民法院关于执行〈中华人民共和国行政诉讼法〉若干问题的解释》第 52 条。
② 本章案例审判脚本,系根据北京法院直播网 2009 年 4 月 9 日西城法院审理"汽车租赁公司提供车辆及驾驶员被行政处罚"案的庭审视频编写的。编写时对庭审情况有适当整理和变动。

用小轿车一辆，并交纳租车费 800 元。12 月 31 日，被告滨海市交通执法总队对原告的行为作出了《行政处罚决定书》：责令原告停止违法经营，并罚款 6 万元整。在行政复议过程中，被告称，11 月 25 日，被告的工作人员在本市烽火台长城停车场执法检查，发现该车辆承载 4 名乘客在此停车。经核实，4 人在滨海游玩烽火台长城、原始森林等地，由原告公司提供车辆并配备驾驶员，共收取费用 800 元。根据《滨海市汽车租赁管理办法》的规定，汽车租赁为在约定时间内将租赁汽车交付承租人，收取租赁费用，不提供驾驶劳务的经营方式。本案中被处罚的行为属于既提供出租车辆又配备驾驶员劳务经营的方式。原告方该汽车租赁公司认为，其行为并不构成擅自从事客运经营的违法行为，被告方的处罚决定事实不清，适用法律错误，程序违法，特提起诉讼，维护其合法权益。

【模拟法庭】
审理前及开庭 3 日前的准备

（1）送达诉讼文书。
（2）组成合议庭。
（3）调查收集必要的证据。
（4）组织庭前证据交换。
（5）准备庭审提纲。合议庭成员在明确分工的前提下，对开庭审理分别进行有针对性的准备。
（6）在开庭 3 日前给当事人送达传票，向其他诉讼参与人送达出庭通知书。公开审理的，公告当事人姓名、案由和开庭的时间、地点。

开庭期日到来

法庭内。审判庭应庄严整洁。审判台背面中央上方悬挂国徽。审判台台面高于诉讼当事人台面。审判台中央审判长的法椅比两旁审判人员的法椅略高。书记员席位在审判台的正下方。原告、被告及其诉讼代理人的席位分列审判台两侧相面对而设。被告席位一侧是第三人及其诉讼代理人的席位。与审判台相对而设的是其他诉讼参与人的席位。旁听人员席位距审判台较远，正对审判台。

书记员查明当事人及其诉讼代理人到庭后，引领原告诉讼代理人、被告诉讼代理人进入法庭，他们在各自的席位就座。书记员入座。（本案原告法定代表人、被告主要负责人在各方委托了诉讼代理人后未出庭参加开庭审理）

书记员（面向旁听席站立）：请大家肃静，现在宣布法庭纪律。

诉讼参与人应当遵守法庭规则，维护法庭秩序，不得喧哗、吵闹；发言、陈述和辩论须经审判长许可。旁听人员应当遵守下列纪律：

（1）不得录音、录像和摄影；
（2）不得随意走动和进入审判区；
（3）不得发言、提问和记录；
（4）不得鼓掌、喧哗、哄闹和实施其他妨碍审判活动的行为；
（5）新闻记者未经审判长许可，不得在庭审过程中录音、录像和摄影。庭审时，请将手机等无线通信工具关闭。

对于违反法庭纪律且经法庭劝止不从者，经审判长决定可以没收录音、录像磁带、胶卷，责令退出法庭，或者经院长批准予以罚款、拘留。对于哄闹、冲击法庭等严重扰乱法庭秩序的人，依法追究刑事责任。

书记员：请全体人员起立，请审判长、人民陪审员入庭。

（起立完毕，合议庭组成人员入庭，就座。）

书记员：请全体坐下。

书记员：报告审判长，原告滨海蓝天汽车租赁有限公司不服被告滨海市交通执法总队行政处罚决定书一案，原告滨海蓝天汽车租赁有限公司及被告滨海市交通执法总队的诉讼代理人均已到庭，庭前准备工作就绪，可以开庭。

审判长：首先核实双方当事人及诉讼代理人的基本情况。

审判长：原告滨海蓝天汽车租赁有限公司，住所地滨海市东阳区东土城路，法定代表人常某（总经理）。委托代理人邹某，男，滨海市太行山律师事务所律师。

审判长：被告滨海市交通执法总队，住所地滨海市西城区北礼路86号，法定代表人丁保国（总队长）。委托代理人贾某，男，滨海市交通执法总队干部。

审判长：现在开庭。（敲法槌）依照《中华人民共和国行政诉讼法》第45条之规定，滨海市西城区人民法院行政审判庭今天在这里依法公开开庭审理原告滨海蓝天汽车租赁有限公司不服被告滨海市交通执法总队行政处罚决定一案。本案由本院行政庭代理审判员盛亚娟担任审判长，与人民陪审员任玉良，人民陪审员郑沛华共同组成合议庭，书记员管学雅担任法庭记录。

审判长：依照法律规定，当事人在行政诉讼中享有诉讼权利，同时应当履行诉讼义务。有关当事人的诉讼权利及诉讼义务的主要内容，本合议庭在庭前以诉讼须知的形式向双方当事人书面告知，对此是否了解、是否要求回避。

原告：了解，不要求回避。

被告：了解，不要求回避。

审判长：被告对原告的诉讼主体资格及自己是否应当作为被告有无异议。

被告：没有异议。

审判长：根据《中华人民共和国行政诉讼法》的规定，经本合议庭庭前审查，原告滨海蓝天汽车租赁有限公司，被告滨海市交通执法总队具有行政诉讼当事人的资格，本庭准予原告滨海蓝天汽车租赁有限公司，被告滨海市交通执法总队出庭参加诉讼。原告滨海蓝天汽车租赁有限公司的委托代理人邹某、杨某，被告滨海市交通执法总队的诉讼代理人贾某、陈某的代理手续符合法律规定，本庭准予上述原告、被告的诉讼代理人出庭参加诉讼。

审判长：现在进行法庭调查。根据《中华人民共和国行政诉讼法》第5条的规定，人民法院审理行政案件，对具体行政行为是否合法进行审查。审查包括对被告法定职责审查、具体行政行为认定事实的审查、执法程序审查、适用法律审查。采用当事人陈述，当庭举证、质证，对质证意见进行辩论的方式进行。法庭调查的要求本合议庭已在庭前以书面形式告知双方当事人，请当事人按照注意事项规定的内容进行当庭陈述、举证、质证。

审判长：现在进行当事人陈述。首先由原告宣读起诉状。

原告：诉讼请求：①依法撤销《滨海市交通执法总队交通行政处罚（企业）决定书》［滨

交法9字NO.23第0026515号]；②本案诉讼等费用由被告承担。

事实和理由：原告经工商注册登记，并经交通运输管理部门备案，依法从事汽车租赁经营。2008年11月25日，上海某贸易有限公司四名工作人员租用原告滨FE3624号车辆一辆，承租人向原告交纳租车费800元。2008年12月31日，被告对原告的以上行为作出《滨海市交通执法总队交通行政处罚（企业）决定书》[滨交法9字NO.23第0026515号]；责令原告停止违法经营，并罚款陆万元整。原告认为其行为并不构成擅自从事客运经营的违法行为，被告的行政处罚认定事实不清，适用法律错误，程序违法。依法应予撤销，本案已经滨海市人民政府2009年3月5日作出维持原具体行政行为的行政复议决定，故依法提起行政诉讼，请求贵院维护原告的合法权益。

审判长：被告宣读被诉的行政处罚决定书及答辩状。

被告：（宣读）《滨海市交通执法总队交通行政处罚（企业）决定书》[滨交法9字NO.23第0026515号]（2008年12月31日）：

被处罚单位：滨海蓝天汽车租赁有限公司；法定代表人常某；

地址：东阳区东土城路；

违法事实及证据：2008年11月25日10时50分，当事人刘某驾驶汽车行驶至昌平区烽火台长城停车场被检查人员示证检查，经查，该车游客为某贸易有限公司来滨海游玩的客人，到烽火台长城、原始森林游玩一天。该车为该公司租用，车费一天800元，未取得道路客运经营许可，擅自从事道路客运经营。此行为违反《中华人民共和国道路运输条例》第10条的规定。又违反《道路游客运输及客运站管理规定》第84条第一项的规定。以上违法事实有检查笔录、询问笔录、证明材料等予以佐证。

经查事实清楚，根据《中华人民共和国道路运输条例》第64条、《道路旅客运输及客运站管理规定》第84条之规定，决定给予如下处罚：责令停止违法经营并罚款6万元整。

当事人在接到本处罚决定书之日起15日内到指定银行交纳罚款。到期不交纳罚款的，每日按罚款数额的3‰加收处罚款。

对本处罚决定不服的，可以自接到本处罚决定书之日起60日内向滨海市人民政府申请复议或者自接到处罚决定书之日起3个月内向人民法院提起诉讼，复议或诉讼期间行政处罚不停止执行。逾期不申请复议、不提起诉讼，也不履行本处罚决定的，由本机关申请人民法院强制执行。

被告：（宣读答辩状）现对滨海蓝天汽车租赁有限公司（以下简称"蓝天公司"）不服滨海市交通执法总队《滨海市交通执法总队交通行政处罚（企业）决定书》[滨交法9字NO.23第0026515号]提起行政诉讼一案答辩如下：

一、本案蓝天公司违法行为事实清楚、证据确凿。

2008年11月25日10时50分，滨海市交通执法总队的执法人员在烽火台长城停车场执法检查，此时蓝天公司所属车辆（别克公务舱）载客在此停车。经执法人员检查核实，该车由一贸易公司包租并由蓝天公司委派驾驶员驾驶车辆，拉载包车单位的员工到滨海长城、原始森林等地游玩，租车费用800元。

该车系租赁车辆，蓝天公司却违反规定，随车配备驾驶员从事道路包车客运经营活动，已构成未依法取得经营许可，擅自从事道路运输经营活动的行为，违反了《中华人民共和国道路运输条例》的有关规定。

执法人员制作的《检查笔录》、对乘客、驾驶员和蓝天公司法人代表的《询问笔录》、《听证会笔录》以及蓝天公司的网站广告，均可证明蓝天公司存在未经许可擅自从事道路运输经营活动的违法事实。

二、本案调查取证和处罚程序合法。

滨海市交通执法总队的执法人员对此案的检查、调查、听证、取证和作出处罚决定，程序均符合《中华人民共和国行政处罚法》的规定。2008年11月25日11时许，交通执法总队的执法人员在烽火台长城停车场执法检查，发现蓝天公司所属的别克公务舱车辆载客4人在此停车。执法人员检查核实，该车游客为上海某贸易公司的员工，到滨海长城、原始森林游玩一天。蓝天公司提供车辆及配备驾驶员，并收取费用800元。交通执法总队的执法人员当场制作了《检查笔录》，并对驾驶员和乘客进行了询问并制作了《询问笔录》。随后，执法人员开具了《交通违法违章通知书》，暂扣涉及违法车辆，并告知7日内接受调查和处理以及享有陈述、申辩的权利。2008年12月1日蓝天公司法人代表到执法机关接受调查处理，执法人员再次制作了《询问笔录》，并开具《告知听证通知书》。此后，应蓝天公司的听证要求，执法总队于2008年12月12日对该案召开了听证会，听取了申请人的陈述意见。2008年12月31日交通执法总队以蓝天公司未取得道路运输经营许可擅自经营运输为由作出《滨海市交通执法总队交通行政处罚（企业）决定书》［滨交法9字NO.23第0026515号］，依法对蓝天公司作出了罚款6万元的行政处罚决定。

三、执法机关所作的处罚适用法律、法规准确。

当事人"蓝天公司"的违法行为属于交通运输部《道路旅客运输及客运站管理规定》规定的包车客运范畴，由于蓝天公司未取得道路运输经营许可证，依据《中华人民共和国道路运输条例》和《道路旅客运输及客运站管理规定》的规定，应当给予3万元以上10万元以下罚款的行政处罚。为此，执法总队依据《中华人民共和国道路运输条例》第64条和《道路旅客运输及客运站管理规定》第84条的规定，依法作出罚款6万元的行政处罚决定，适用法律、法规准确。

四、蓝天公司提出诉讼的事实理由没有依据。

根据《滨海市汽车租赁管理办法》对汽车租赁定义为在约定时间内将租赁汽车交付承租人，收取租赁费用，不提供驾驶劳务的经营方式。《中华人民共和国道路运输条例》的配套规章《道路旅客运输及客运站管理规定》，规定包车客运是指以运送团体旅客为目的，将客车包租给用户安排使用，提供驾驶劳务，按照约定的起始地、目的地和路线行驶，按行驶里程或者包用时间计费并统一支付费用的一种客运方式。汽车租赁和包车客运在服务方式上的主要区别在于是否提供驾驶劳务。本案中，蓝天公司从事的既提供车辆又提供驾驶劳务并收取费用的经营活动明显不属于汽车租赁的经营方式，而是符合《中华人民共和国道路运输条例》以及《道路旅客运输及客运站管理规定》规定的道路包车客运的经营方式，已经构成未取得许可而从事道路客运经营活动。执法机关按照《中华人民共和国道路运输条例》以及《道路旅客运输及客运站管理规定》的规定对其进行处罚是完全适当的。

2009年1月6日蓝天公司向滨海市人民政府提起行政复议，经过审理，市政府于3月5日作出行政复议决定，依法维持滨海市交通执法总队的处罚决定。

综上所述，滨海市交通执法总队对此案的处理事实清楚、证据确凿、程序合法、适用法律准确，蓝天公司提出的诉讼理由不能成立，请审判机关依法维持处罚决定。

审判长：现在审查被告的法定职责。请被告说明实施具体行政行为的法律依据和职权范围。

被告：滨海市人事局2000年第178号《关于成立滨海市交通执法总队的批复的相关规定》。

审判长：原告对被告的法定职责有无异议。

原告：我们没有看到被告所说的相关文件。

审判长：被告方将相关文件提交法庭。原告看一下，发表意见。

原告：我们不认可，被告应该在答辩期内提交，现在提交是违法的。

审判长：现在审查被告作出具体行政行为认定的事实。

被告：2008年11月25日10时50分，滨海市交通执法总队的执法人员在烽火台长城停车场执法检查，此时蓝天公司所属车辆（别克公务舱）载客在此停车。经执法人员检查核实，该车由一贸易公司包租并由蓝天公司委派驾驶员驾驶车辆，拉载包车单位的员工到滨海长城、原始森林等地游玩，租车费用800元。该车系租赁车辆，蓝天公司却违反规定，随车配备驾驶员从事道路包车客运经营活动，已构成未依法取得经营许可，擅自从事道路运输经营活动的行为，违反了《中华人民共和国道路运输条例》的有关规定。

审判长：被告就违法事实向法庭举证。

被告：证据1.《检查笔录》（现场）。证明现场检查情况记录。

原告：对这份证据有异议，被检查人没有签字，依照法律规定，没有签字应当注明理由，而且还必须要求没有利害关系的人作见证。因此这份证据不符合法定形式。

审判长：被告解释一下。

被告：已经写了拒绝签字，原告公司经理已经事后补签。

原告：上面只是注明了拒签的事实，没有注明拒签的理由。

被告：在听证会上，原告的法定代表人常先生，根据这个情况进行过解释，说由于当时驾驶员害怕没有签，也没有得到经理的许可，因此不敢擅自作主签字。常先生说如果他当时知道，应该会让司机签字的。

被告：证据2. 对驾驶员的《询问笔录》。证明执法机关为了查明案情，对驾驶人进行询问。

原告：有异议，这份笔录不能证明被告已经向被询问人出示过证件，也没有向被询问人告知执法人员的姓名和职务以及申请回避的权利。不符合法定形式的证据。

审判长：对被告的证明目的有异议吗？

原告：这份证据不符合法定形式，不予认可。

被告：证据3. 对乘客的《询问笔录》。证明执法机关为了查明案情，对乘客进行询问。

原告：有异议，这份笔录不能证明被告已经向被询问人出示过证件，也没有向被询问人告知执法人员的姓名和职务以及申请回避的权利。不符合法定形式的证据。

被告：证据4.《交通违法违章行为通知书》附《暂扣单》，证明认定当事人有违法行为，要求在指定时间到指定地点接受调查和处理的通知文书，并依法对涉嫌违法的车辆进行扣押的凭证。

原告：对车辆的暂扣不符合法律规定，其他的认可。

被告：证据 5.《告知听证通知书》附送达回证，证明被告已履行了对原告的告知义务。

原告：没有异议。

被告：证据 6. 行驶证复印件，证明车辆身份是滨海蓝天汽车租赁有限公司，性质是非营运。

原告：真实性认可，这份证据证明了原告的车辆是依法取得的，具有合法的使用权。

被告：证据 7. 蓝天公司营业执照及行业备案证明，证明公司的经营范围非常明确。

原告：真实性认可，但营业范围没有规定禁止提供驾驶服务。

被告：证据 8. 对蓝天公司法定代表人的《询问笔录》。证明执法机关为了进一步核实案情，对公司负责人进行询问。该公司法定代表人承认车辆和驾驶员都是该公司安排的，并给驾驶员开了工资。

原告：这份证据向被询问人出示了执法证件，形式是合法的，但内容有一部分是不真实的，是被告单方做的记录，被询问人并不在现场，不知道是不是示证检查。却恰恰能够证明原告是一个汽车租赁的行为，不是包车行为，收取的是汽车租赁的费用，驾驶员不另外收钱，配备驾驶员是附带义务。

审判长：签字是常先生所签吗？

原告：是的。

被告：证据 9. 蓝天公司网上广告内容。证明通过广告证明公司长期从事租车配备驾驶员的经营方式。

原告：对真实性认可，原告公司确实在经营过程中应客户的需要，提供过司机。但是，司机的劳务、食宿等费用是不向客户收取的。

被告：证据 10. 滨海市运输管理局对蓝天公司从事违规活动的处理意见。证明蓝天公司长期从事超越租赁范围的经营活动，并被责令整改。

原告：与本案无关。

被告：证据 11. 市法制办转交的举报信，证明蓝天公司违法经营活动已经损害正当行业的利益。

原告：与本案无关。

被告：证据 12.《听证会报告》及相关材料，证明执法机关通过听证会，经过层级审批提出处理意见。

原告：对真实性认可，但不能认可被告的证明目的。

被告：证据 13.《行政处罚缴款书》，证明当事人交纳罚款的凭证。

原告：没有异议。

被告：证据 14.《暂扣物品处理决定书》，证明对暂扣车辆的处理决定。

原告：对真实性认可，车辆已经发还。

被告：事实部分举证完毕。

审判长：现在由原告举证。

原告：证据 1. 组织机构代码证、企业法人营业执照、备案证。证明原告是经过工商局、运输管理局登记备案依法取得合法经营的汽车租赁企业。

被告：对证据的真实性没有异议，从以上证据能充分说明公司的经营范围，应该是租赁汽车。

原告：证据2．通报、网站广告。证明2007年滨海市汽车租赁行业共有14家企业、4家门店被评为优秀企业或示范门店；这些企业在经营中均配备了司机，这是为了营业需要的举措，是该行业的常态。

被告：与本案无关。

原告：证据3．百度搜索。证明从百度可以搜索出滨海汽车租赁行业的企业信息，都是配备司机的，是行业的常态。

被告：原告代理人的说法没有任何法律依据，只是广告性质，并不能说明租赁车同时配备驾驶员就是合法的。

原告：举证完毕。

审判长：现在审查被告作出具体行政行为适用的法律、法规及规章是否正确。

审判长：被告出示并宣读适用法律、法规、规章的名称及具体的条文，并说明适用的理由。

被告：依据《中华人民共和国道路运输条例》第10条"申请从事客运经营的，应当按照下列规定提出申请并提交符合本条例第8条规定条件的相关材料：①从事县级行政区域内客运经营的，向县级道路运输管理机构提出申请；②从事省、自治区、直辖市行政区域内跨2个县级以上行政区域客运经营的，向其共同的上一级道路运输管理机构提出申请；③从事跨省、自治区、直辖市行政区域客运经营的，向所在地的省、自治区、直辖市道路运输管理机构提出申请……"。依据上述规定，原告没有获得相关许可，连申请都没有，更谈不上合法经营。

原告：这一条的法律规定不适用本案，只是对运营条件的规定，不是本案当中应当作为处罚的法律依据。

被告：原告说的没有依据。本身原告从事了法律、法规明确规定的经营方式。不能说与本案无关，原告正是因为没有取得许可才被处罚的。

原告：被告凭什么说我们没有申请过，又怎么知道我们不具备条件呢？

被告：《滨海市汽车租赁管理办法》第2条。《中华人民共和国道路运输条例》第64条规定违反本条例的规定，未取得道路运输经营许可，擅自从事道路运输经营的，由县级以上道路运输管理机构责令停止经营；有违法所得的，没收违法所得，处违法所得2倍以上10倍以下的罚款；没有违法所得或者违法所得不足2万元的，处3万元以上10万元以下的罚款；构成犯罪的，依法追究刑事责任。《道路旅客运输及客运站管理规定》第84条违反本规定，有下列行为之一的，由县级以上道路运输管理机构责令停止经营；有违法所得的，没收违法所得，处违法所得2倍以上10倍以下的罚款；没有违法所得或者违法所得不足2万元的，处3万元以上10万元以下的罚款；构成犯罪的，依法追究刑事责任；未取得道路客运经营许可，擅自从事道路客运经营的。原告的行为属于未取得道路客运经营许可，擅自从事道路客运经营的行为，因此对原告的处罚是依法做出的。

原告：首先我们认为被告适用《中华人民共和国道路运输条例》第10条是没有依据的，

关于《滨海市汽车租赁管理办法》，我们认为一共是 21 条，都没有禁止汽车租赁企业顺带怕配备司机的规定。它是根据本市的实际情况制定的，没有法律依据，不符合立法的规定。依据《中华人民共和国道路运输条例》第 64 条，我们认为原告方的行为是不需要取得运输经营许可的经营行为，不应当适用这一条。

审判长：现在审查具体行政行为作出的程序。

审判长：请被告说明作出被诉具体行政行为关于程序的法律依据和具体履行情况，并就此提供证据。

被告：两人执法、示证检查，制作出询问笔录，当场告知被检查人享有的权利，开具相关法律文书，要求被检查人按照指定时间和地点接受处理，进一步调查和核实，告知听证权利，召开听证会，根据听证会的结论，作出处罚并送达。

审判长：原告对被告的执法程序有无异议。

原告：《检查笔录》没有被检查人的签字，是否示证检查不清楚；也没有告知检查人员的身份和职务，没有告知回避的权利；被告没有向法庭提交立案审批、作出处罚的讨论记录，没有履行行政处罚一般程序的规定。因此，我们认为被告的处罚程序是完全违法的。扣押程序违法，根据《中华人民共和国道路运输条例》以及《道路旅客运输及客运站管理规定》，扣押车辆必须符合在现场检查不能提供道路运输许可证又无法提供其他合法有效证明的，才可以扣押。在本案中，原告确实没有取得道路运输许可证，但是已经在现场向被告出示了车辆的合法证件，在扣押过程中，被告没有依据《中华人民共和国道路运输条例》和《道路旅客运输及客运站管理规定》出具法定格式的扣押凭证。

审判长：现在合议庭对双方当事人进行询问。

审判长：首先询问原告，原告公司的经营范围是什么？

原告：经营范围是汽车租赁、会议服务，没有取得道路运输许可证。

审判长：在本次处罚之前，原告方是否认识被告执法人员，是否有矛盾和纠纷？

原告：不认识，有没有矛盾和纠纷不好说。

审判长：被告有这个情况吗？

被告：应该不认识，也没有纠纷。

审判长：双方当事人还有无新的证据需要向法庭提交，有无需要法庭调取的证据。

原告：没有。

被告：没有。

审判长：通过当事人陈述、举证、质证及对证据和质证意见进行的辩论，法庭对被诉的具体行政行为合法性需要审查的问题已经审查完毕，法庭调查结束。

审判长：现在进行法庭辩论。在法庭辩论中，双方当事人的代理人应当围绕本案中被告的主体资格，职权范围，有关事实及证据，以及适用法律和有关执法程序等问题进行辩论。与本案无关的意见不要在法庭辩论中陈述。在辩论中不允许辩论双方出现互相攻击、谩骂、侮辱等情况。如出现违反辩论规则的情况，审判长有权予以制止。

原告：第一，为什么我们要带司机。我们很诚实，在调查时就承认是我公司带的司机。我们非常清楚，有不提供驾驶劳务的规定，但是带司机是行业的常态。一个是因为新的社会需求，社会进步了，有的不单单以交通工具为目的的需求，哪些企业与这个需求最靠近，目前只有汽车租赁公司。我们觉得在客户租这个车的时候，目的只是租别克商务车，不管谁开。另外，交通部门的善意和宽容也造成了这个现象。如果发现一起查处一起，我们也早就关张了。包括工商局也没有说过我们超范围经营。滨海市运输管理局的租赁处也是给我们提出整改意见，这也是善意的。当时制定法律的人也没有使用"禁止"的字眼，只是说"不提供"。而且提供了怎么样也没有说。我们申请了听证，也去过滨海市人大信访办。《滨海市汽车租赁管理办法》的第1条，保护承租人与出租人双方的合法权益。怎么体现？假如婚礼车队，能不带司机吗？有好多理由决定了，不能不配备司机。第二，我们为什么要提起复议和诉讼，因为我们觉得不公平。如校车天天都在运行，奥组委的车队等。大家也可以看看那些先进企业带不带司机。所以我觉得不公平。另外，我们觉得处罚过重。如果是一万元以下，我们当时就交钱，也不至于车被扣40天。执法部门特别好，连每天40元的停车费都没有收我们的。第三，通过诉讼我们想消除一种担心，交通主管部门不用担心我们会冲击出租汽车市场。出租汽车提供的是招手就停的业务，而找我们的客户都不是这样的客户。这两家的业务根本就不冲突，不必担心汽车租赁公司的车带司机服务多了，会冲击出租汽车市场。打的人不可能租我们的车。这是两个市场，不同的需求。第四，关于运营证的问题，被告说我们是超出汽车租赁范围，是包车运营。《道路旅客运输及客运站管理规定》明确了三种方式，这三种方式都需要有运营证。为什么这么多家企业都不申请包车运营证，有单位领取过包车运营证吗？我们不知道。包车运营证根本没有落实到具体的运行层面，我们想办都不可能。

原告：第一，原告在汽车租赁中为客户提供司机属于正当的经营行为，不具有违法性。理由是：①庭审中原告已经向法庭提交了经营许可的资质和执照，证明原告是具备合法资格的。②原告在汽车租赁中为客户配备司机，这一行为并不改变原告从事汽车租赁这一性质。原告是依法取得汽车租赁资格的企业，其与客户签订的合同性质为汽车租赁合同。从被告查明的事实来看，原告收取的也是汽车租赁的费用。仅仅以是否提供司机这一个表面的次要的方面来判断事物和行为的性质不正确。③《滨海市汽车租赁管理办法》中有相关规定，这个办法制定是不符合立法法规定的。退一步说，《滨海市汽车租赁管理办法》的规定是合法有效的，原告配备司机的行为也没有违反这21条的任何规定。也就是说，原告从事的是汽车租赁行为，当然应当接受《滨海市汽车租赁管理办法》的调整。没有违反规定，就还是一个汽车租赁行为。④被告认定原告的行为属于包车，而被告没有证据证明这一点，是被告的主观臆断。

第二，原告配备司机符合市场经济发展形势和行业常态，不符合违法行为的构成要件。汽车租赁行业的服务对象是特定的，如三资企业、国家机关、企事业单位等，与出租汽车、旅游包车公司等的客户是完全不一样的，我们认为汽车租赁行业的客户是完全从出租车、旅游车等分离出来的，这些客户追求车辆使用的自主权，这完全是市场经济充分发展后市场细分的结果。这也不会构成不正当竞争，也不会扰乱市场竞争秩序，反而繁荣了租赁行业的发展。出租车公司对原告的举报实际上属于对象错误，出租汽车行业受到威胁与租赁行业没有必然联系，这与政府对出租车行业放开等其他原因有关系。原告的汽车租赁企业具备资金实力，完全符合汽车租赁的资格，也依法向国家纳税，原告的税率比出租汽车的税率高出两个百分点，这对国家和社会都是有利的。

第三，由于客户需求的多样性，外地游客对路况不熟，驾驶资格与车型不符，谁来解决这个问题。又由于汽车租赁企业车相对高档，企业也是担心丢失、交通违法无法查明而由自己承担，也不便向客户提供自驾。即使是首汽租赁等优秀企业，都提供了代驾和配备司机的租赁方式。利国利民的事情为什么要禁止。行政处罚必须以事实为依据，与违法行为的事实、性质、社会危害程度相当。本案当中，原告的行为没有社会危害性，没有侵害出租汽车行业的利益，不应当受到处罚。被告对违法事实的认定与发放包车运行证是不符的。就全国而言，有包车运行证的企业微乎其微。原告这样的汽车租赁企业完全可以依据法律规定依法申请，但申请都被拒绝受理了，没有任何理由。这是出于什么考虑呢？现在，一方面是符合条件去申请而不给发放；另一方面配备司机又受到处罚，这显然是一个怪圈。我们觉得这是不合理不公平的。让合法经营的人来买单，这是不符合立法意志的。如果我们败诉，我们就要提出申请，要求被告履行发证职责。如果我们就此向法院提起诉讼，法院会怎么判？

第四，被告执法程序的问题，以法庭质证为准，在此不予补充。假设我们仅仅作为一个消费者，作为一个外地人来到滨海，我们从内心都是呼吁汽车公司提供车辆，免费提供作为向导性质的司机。

被告：社会的进步，市场划分越来越细，租赁车和经过许可的客运车是两种市场需求。租赁车是提供车辆，不配备驾驶员。租赁车是备案制，其他车辆是许可制，租赁车的门槛低。其他车辆是许可制，配备驾驶员不是谁都能开的，对驾驶员是有很高要求的。蓝天公司从事的租赁车带驾驶员不是弥补了行业空白。出租公司等都有包车业务，能满足顾客的需要。公司的广告说有40多辆车，但是通过调查，法定代表人说是10辆。所以说租赁车和运营车是完全两个市场需求，是两种不同概念。结合本案而言，本案的关键是蓝天公司车辆是否超越了租赁车的范畴，是否构成了未经许可擅自从事道路旅客运输经营。根据《道路旅客运输及客运站管理规定》规定，什么叫包车？有明确规定。2008年11月25日原告的违法行为完全符合包车的规定，所以对于案件的性质认定完全是正确的。综上所述，我队对原告作出的处罚决定，事实清楚、证据确凿。

审判长：双方还有无新的辩论意见。

原告：《滨海市汽车租赁管理办法》的规定中有一条说欢迎出租汽车公司经营汽车租赁行业，无论从法律层面和执行层面都体现了行业管理者对出租汽车行业的爱护。首汽汽车租赁公司有没有包车运营证，校车有没有包车运营证。凭什么说我们的司机水平不高。我们的车年年都检验，对驾驶员的要求也很高。这是非常简单的条件，普通企业都应该可以获得许可。

被告：关于原告所说《滨海市汽车租赁管理办法》违背《立法法》是没有依据的。

审判长：当事人若没有新的辩论意见，法庭辩论结束。

审判长：现在由双方当事人按照原告、被告的顺序进行最后陈述，表明各自对处理本案的明确意见。

原告：坚持诉讼请求，依法撤销《滨海市交通执法总队交通行政处罚（企业）决定书》[滨交法9字NO.23第0026515号]。

被告：坚持答辩意见，请求法院依法维持我队作出的《滨海市交通执法总队交通行政处罚

（企业）决定书》[滨交法 9 字 NO.23 第 0026515 号]。

审判长：本案庭审之后将由合议庭评议并择期宣判。具体时间、地点将另行通知。原告滨海蓝天汽车租赁有限公司不服被告滨海市交通执法总队行政处罚决定一案庭审结束，现在休庭。（敲法槌）

书记员：请全体起立，请审判长、人民陪审员退庭。

【余后工作】

休庭后，审判人员和书记员应该在庭审笔录上签名。当事人和其他诉讼参与人在庭审后 5 日内可以到法院阅读庭审笔录，认为对自己的陈述记录有遗漏或者差错的，有权申请补正。法庭笔录由当事人和其他诉讼参与人签名或盖章。拒绝签名或盖章的，记明情况附卷。

【本实验案例后续实验方案】

第一，假如本案合议庭经过评议，认为该案在适用法律上存在重大分歧，故将其提交审判委员会讨论。请同学们自行模拟审判委员会讨论案件的场景。

第二，本案判决要进行定期宣判，请同学们自行模拟定期宣判的程序。

第三，本案模拟法庭所需起诉状、答辩状、判决书由同学们自行撰写。

【实验案例点评要点】

本案当中原告与被告争议的焦点是：原告方既提供出租车辆又配备驾驶员劳务经营的方式是否属于擅自从事客运经营的违法行为。被告方的处罚决定事实是否清楚，适用法律是否错误，程序是否违法。

本案当中原告认为自己的行为没有社会危害性，没有侵害出租汽车行业的利益，不应当受到处罚。被告认为，租赁车是提供车辆，不应当配备驾驶员。如果既提供租车服务又提供驾驶员服务，就是客运包车行为，因此认定蓝天公司从事的租赁车带驾驶员违反了《滨海市汽车租赁管理办法》，应当予以处罚。行政诉讼中法院是坚持"被告负举证责任"原则。从本案的庭审来看，原告侧重于说理，通过对比其他企业来为自己辩解。被告则始终坚持自己是依法行政。而行政诉讼中法院主要对行政主体具体行为的合法性进行审查，要求被告提供作出行政处罚的依据。原告的辩论不足。总体来讲，第一，主张缺少层次性；第二，没有牢牢抓住被告执法的违法性。这有可能使原告一旦败诉则自己的主张将得不到任何实现。因此，原告的辩论应当以被告违法行政为重点，同时也应对被告处罚数额合理性审查提出主张。

第五节 与本实验相关的法律文书写作

一、行政起诉状

行政起诉状，是指公民、法人或者其他组织不服行政机关作出的具体行政行为，或者因行政机关未能依法履行某种职责，而依据《行政诉讼法》的有关规定，向人民法院提出的要求对行政机关作出的具体行政行为予以撤销、变更，或者要求行政机关履行某项职责的书面请求。《行政诉讼法》第2条规定："公民、法人或者其他组织认为行政机关和行政机关工作人员的具体行政行为侵犯其合法权益，有权依照本法向人民法院提起诉讼。"第11条规定，人民法院受理公民、法人或者其他组织对下列具体行政行为不服提起的诉讼：①对拘留、罚款、吊销许可证和执照、责令停产停业、没收财物等行政处罚不服的。②对限制人身自由或者对财产的查封、扣押、冻结等行政强制措施不服的。③认为行政机关侵犯法律规定的经营自主权的。④认为符合法定条件申请行政机关颁发许可证和执照，行政机关拒绝颁发或者不予答复的。⑤申请行政机关履行保护人身权、财产权的法定职责，行政机关拒绝履行或者不予答复的。⑥认为行政机关违法要求履行义务的。⑦认为行政机关侵犯其他人身权、财产权的。上述法律规定不仅赋予了当事人提起行政诉讼的权力，而且还明确了当事人可以提起行政诉讼的范围。

行政起诉状由首部、正文和尾部组成。
1. 首部
（1）标题。居中写明"行政起诉状"。
（2）当事人的基本情况。首先，写明原告的基本情况，原告为自然人的，应写明其姓名、性别、出生年月日、民族、职业、工作单位和职务、住址。如有法定代理人的，应按上述要求写明法定代理人的基本情况，并表明与原告的关系。原告为法人或者其他组织的，应写明其单位名称、住址和法定代表人或主要负责人的姓名、职务等。其次，写明被告即被诉的行政机关名称和所在地址、法定代表人（或主要负责人）的姓名和职务。最后，如果有第三人的，应按上述关于自然人或法人和其他组织的要求写明其基本情况。
2. 正文
（1）诉讼请求。即针对自己不服某行政机关具体行政行为的情况，分别提出不同的请求，主要有撤销违法决定、请求作为、变更和损害赔偿等。
（2）事实与理由。这是行政起诉状的核心部分。在事实部分，要做到全面客观地反映案件的真实情况，除应着重写明案情事实的六要素，即时间、地点、人物、事件、原因、结果等外，更应根据行政诉讼的特点，抓住行政机关作出处理、处罚决定的主要证据是否充分，行政机关作出的具体行政行为适用法律、法规是否正确，行政机关的具体行政行为是否超越职权，行政机关的具体行政行为是否符合法定程序等关键性问题进行叙述。具体地说，可以从以下几个层次书写：第一，写明原告一方引起行政机关作出具体行政行为的事项。第二，写明经哪一个行政机关作出具体行政行为、经过情况，以及具体行政行为的根据和详细内容。第三，写明原告对具体行政行为是否申请复议，复议机关是否改变原具体行政行为，以及改变的具体内容。第四，写明行政机关处理、处罚决定的错误所在。在理由部分，应根据上述事实，阐明提起诉讼的理由，包括举证、论证理由和适用法律、法规和规章的有关条款。

3. 尾部

(1) 致送人民法院的名称；
(2) 原告签名；
(3) 起诉时间；
(4) 附项：写明本诉状副本的份数。

在制作行政起诉状时要注意依法正确列举被告，并把握好起诉范围。

行政起诉状
（公民提起行政诉讼用）

原告：×××
被告：×××

诉讼请求

事实与理由

　　此致
×××人民法院

起诉人：×××
××××年×月×日

附：本诉状副本×份

行政起诉状
（法人或其他组织提起行政诉讼用）

原告：×××
所在地址：×××
法定代表人（或主要负责人）：××××职务：××××电话：×××××××
企业性质：××××工商登记核准号：××××
经营范围和方式：×××
开户银行：××××银行，账号：××××××××
被告：×××
所在地址：×××
法定代表人（或主要负责人）：×××职务：××××电话：×××××××

诉讼请求

事实与理由

此致
×××人民法院

起诉人：×××
××××年×月×日

附：本诉状副本×份

行政起诉状

原告：张×，男，汉族，单位：×××
住址：×××
代理人：郝××

被告：上海市××区城市交通行政执法大队
住所：上海市××区××路×××号
法定代表人：刘××，大队长

诉讼请求

1. 依法判决撤销被告作出的第2200902973号行政处罚决定；
2. 本案诉讼费用由被告承担。

事实和理由

2009年9月8日，原告开车去单位，在元江路口等候红灯时，遇一白衣男子，该男子以自己肚子疼却打不到出租车为由恳求原告开车带他一段路，原告本着对病人的同情心及助人为乐的精神让其搭载车辆并拒绝了其两次主动提出的付费请求。当车开至北松公路转弯处，白衣男子说过了，叫原告倒车回头，原告往回倒了一些，刚一停车，此白衣男子伸手抢拔原告的车钥匙，紧接着突然冒出一群穿制服的男子大约七八个一拥而上将原告从车上拖下来并强行抢走车钥匙，这群人不容原告辩解，像抓犯人一样将原告双手反扣卡住原告脖子推搡至一辆面包车里，同时强行搜身，搜去了原告的行驶证（后来原告取车时，被告工作人员把行驶证返还原告），并拿出一份准备好了的调查书（临时填上了原告车牌号）叫原告签字，原告拒绝签字，原告认为自己没干任何违法的事情，问对方是什么人？其中一人出示了证件却遮住证件上的名字，告诉原告他们是城市交通执法大队。在非法拘禁原告半小时后，他们扔给原告一纸《××区城市交通行政执法大队调查处理通知书》并将原告推下汽车，扬长而去。

被告的工作人员在原告并未非法运营的情况下，以原告擅自从事出租汽车经营为由，扣押了原告的车辆，并在扣车过程中粗暴野蛮地对原告进行人身攻击，限制原告人身自由并非法搜身。事后，原告多次向被告及其主管部门投诉，在答复原告的投诉时，被告及其主管部门存在许多与其法定职责和诚实信用原则不相符合的言行。被告未经法定程序和认真调查，在非法剥夺了原告的陈述、申辩等权利的情况下，于2009年9月14日对原告作出了第×××号行政处罚决定。

原告事后得知，该事件是被告故意设计陷阱，被告雇佣社会不良人员冒充犯病乘客，利用原告同情心搭载原告汽车，以便诬陷原告非法运营，被告以此为由对原告处以高额罚款，其雇佣的社会不良人员也会因此而获得奖金。

原告认为，被告作出的第×××号行政处罚决定，没有事实和法律依据，且程序违法，被告的行为给原告造成了巨大的财产损失和精神损害。

为此，原告依据我国相关法律规定，向贵院提起诉讼，请求贵院依法裁判，维护原告的合法权益。

此致
上海市××区人民法院

原告：×××
2009年×月×日

附：1. 上海市××区城市交通行政执法大队第×××号行政处罚决定
2. 本诉状副本×份

二、一审代理词

行政代理词是律师接受行政诉讼当事人委托，担任代理人参与行政诉讼活动，为维护当事人的合法权益，在法庭上所作的综合性发言。和其他诉讼代理词一样，行政代理词必须以被代理人的名义制作和发表，其内容不得超出委托权限范围。

行政代理词没有固定的格式和内容，但为了与其他文书相统一，仍将其分首部、正文和尾部三部分来介绍。

1. 首部
(1) 标题。写明"代理词"字样。
(2) 呼告语。结合法庭组成情况写明称谓。
(3) 引言。写明代理人出庭的依据、出庭前的准备工作以及对本案的基本看法。

2. 正文
正文是行政代理词的核心内容。在这一部分内容中，可以根据不同的情况阐述代理意见。具体而言，根据被代理人在诉讼中的地位不同，代理意见的侧重点不同；根据审级的不同，代理意见的侧重点亦不相同。另外，根据案情的不同，也可以作不同的代理意见。

在写法上必须有针对性，不能千篇一律，既可采用立论也可采用驳论。

3. 尾部

（1）结束语。总结正文观点，提出处理意见。

（2）落款。

在制作行政代理词时应注意几个问题：①始终站在被代理人的立场上，维护被代理人的合法权益；②掌握行政诉讼的特殊性，正确理解行政法规。

代理词

审判长、审判员（或人民陪审员）：

我受本案原告（或被告、上诉人、被上诉人等）×××的委托，担任其第一审（或二审、再审）行政诉讼代理人。现根据法庭调查的事实，根据有关的法律，提出如下代理意见，请法庭予以考虑并能采纳。

代理人：×××律师事务所
×××律师
××××年×月×日

案件简述：被告××市房产管理局为第三人袁何民办理××市铁货中街9号南楼2单元402室权属登记，颁发房屋所有权证的具体行政行为的主要证据不足、适用法律法规错误、违反法定程序，应依法予以撤销。被告在主要证据不足的情形下，违反法律法规、规章的规定作出了具体行政行为。《行政诉讼法》第32条规定："被告对作出的具体行政行为负有举证责任，应当提供作出该具体行政行为的证据和所依据的规范性文件。"最高人民法院《关于执行行政诉讼法若干问题的解释》（以下简称《行政诉讼法若干问题的解释》）第26条规定："……被告不提供或者无正当理由逾期提供的，应当认定该……"。

行政代理词

尊敬的审判长、审判员：

××省×××律师事务所接受原告××的委托指派我作为原告××与××市房产管理局行政纠纷一案原告××的代理人。通过庭审调查，原被告双方举证、质证，我代表原告发表以下代理意见：

一、被告××市房产管理局为第三人袁何民办理××市铁货中街9号南楼2单元402室权属登记，颁发房屋所有权证的具体行政行为的主要证据不足、适用法律法规错误、违反法定程序，应依法予以撤销。

被告在主要证据不足的情形下，违反法律法规、规章的规定作出了具体行政行为。《行政诉讼法》第32条规定："被告对作出的具体行政行为负有举证责任，应当提供作出该具体行政行为的证据和所依据的规范性文件。"最高人民法院《关于执行行政诉讼法若干问题的解释》第 26 条规定:"……被告不提供或者无正当理由逾期提供的,应当认定该具体行政行为没有证据、依据。"本案中被告没有证实其所作出的具体行政行为的合法性。《行政诉讼法》第 52 条、第 53 条规定,人民法院审理行政案件,以法律和行政法规、地方性法规为依据,参照规章。房屋权属登记 1993 年最基本的法律依据是《城镇房屋所有权登记暂行办法》、《×政发【1993】109 号文件》。《城镇房屋所有权登记暂行办法》第 8 条明确规定,登记机关依照申请人的申请进行产权审查,凡房屋所有权清楚,没有争议,符合购房条件,证件齐全,手续完备的,应发给房屋所有权证件。《×政发【1993】109 号文件》第 4 条明确规定"凡居住本市具有市区常住城镇户口,以自住为目的,且符合分房条件的职工,均可申请购买新建或腾空的公有住房,已租住的公有住房,由符合购房条件的承租人购买。每户只限一次,购买一套公有住房"。本案中被告提供的第三人袁何民购房当中却没有任何证据证实第三人袁何民是符合购房条件的承租人。更为严重的是被告提供的证据中明确记载第三人系××市展览馆职工,售房单位为××市人民政府,显然该事实明显违反《×政发【1993】109 号文件》的规定和文件精神,被告却在初审意见中明确认定第三人购房符合《×政发【1993】109 号文件》的规定,登记手续齐全,可以发证。此种行为属于明显行政行为违法。

二、被告答辩故意漏掉当时执法依据《×政发【1993】109 号文件》,仅承认其执法依据是《城镇房屋所有权登记暂行办法》,显然属于回避客观事实,避重就轻,逃避法律责任。

三、被告未尽到审查义务,第三人所持的买卖契约无效。第三人所提交的买卖契约应当经被告审查后方可生效。被告提供的房地产买卖申请审批书中,应当有被告审核的内容,被告不是划掉,就是空白,特别是现场调查情况记录栏竟然是空白,可见被告未尽审查义务,在被告未尽审查义务的前提下,第三人所持契约显然无效。

四、退一步讲,即使被告所做该行政行为合法有效,符合《×政发【1993】109 号文件》的规定,那么依据《×政发【1993】109 号文件》的规定,第三人××就无权购买第二套公房,事实却是第三人××于 1998 年 6 月份又购买了××市展览馆的公房一套,显然被告所作的具体行政行为违法。

综上所述,原告××诉被告××市房产管理局行政撤销房屋所有权证一案,具有事实和法律依据,恳请法庭明断是非,依法撤销×房权字 0014227 号房屋所有权证,依法保护原告的合法权益。

此致
××区人民法院

委托代理人:××律师事务所
×× 律师
20××年×月×日

三、一审行政判决书

一审行政判决书，是第一审人民法院依照《行政诉讼法》规定的程序，对审理终结的第一审行政诉讼案件的实体问题作出处理决定时制作的具有法律效力的司法文书。其含义有三个方面：一是文书制作者是第一审人民法院，并非单指基层人民法院；二是按第一审程序审理终结的案件；三是该种判决书解决了当事人争议的实体问题。

一审行政判决书由首部、正文和尾部构成。

1. 首部

首部要依次写明标题、案号、当事人及其诉讼代理人的基本情况，并写明案件的由来、审判组织和开庭审理过程等。具体写法可参照民事判决书的写法。

2. 正文

正文包括事实、理由和判决结果。

（1）事实。事实部分是行政判决书的重要内容。事实部分应写明当事人行政诉讼争议的内容以及法院审理确认的事实和证据。

由于行政诉讼是以原告不服行政机关具体行政行为为前提的，所以一般应先写明被告所作的具体行政行为的内容，举出的证据和所依据的法律、法规及规章。然后简述原告的诉讼请求、理由，以及被告的答辩；如有第三人参加诉讼的，再简述第三人的意见。在行文上要力求简明扼要，如实反映出当事人之间发生行政诉讼争议的实质问题，避免不必要的前后重复和照抄起诉状和答辩状。

法院认定的事实和证据，是判决书的关键部分。事实要客观真实，表达要准确具体，要把时间、地点、内容、情节和因果关系等交代清楚。法院认定的事实要注意证据，强调被告的举证责任，证据经法庭审理属实，才能作为定案依据。叙事和举证要密切结合起来，用证据来证明认定的事实。

叙述事实的方法，一般可按案情发展的时间顺序，重点突出争议焦点。对于不同类型的案件，在内容上要有不同的侧重点。

（2）理由。理由部分应写明判决所根据的事理、法理和所依据的法律、法规的条文。这部分内容是判决书的灵魂，说理要充分，运用法律要准确。

判决的理由。针对行政诉讼的特点，理由部分要根据查明的事实和有关法律、法规和法学理论，就行政机关所作的具体行政行为是否合法，原告的诉讼请求是否有理，进行分析论证并阐明人民法院的观点。

判决所依据的法律、法规。依据《行政诉讼法》第12条、第53条规定，审理行政案件以法律、行政法规、地方性法规为依据，参照国务院各部委及省、自治区、直辖市人民政府和较大的市人民政府制定、发布的行政规章。

（3）判决结果。判决结果是人民法院对当事人之间的行政诉讼争议作出的实体处理结论。其内容可分为维持的判决、撤销或者部分撤销的判决、强制履行的判决、变更的判决和单独行政赔偿的判决。

3. 尾部

尾部应写明诉讼费用的负担，交代上诉的权利、方式、期限和上诉法院、合议庭成员署名、判决日期、书记员署名等。

制作一审行政判决书应注意的几个问题：

(1) 正确确定诉讼主体。我国《行政诉讼法》对行政案件的原告、被告、共同诉讼人和第三人等诉讼主体作了规定。在审理案件制作判决书时应正确理解和执行，如原告死亡由其近亲属参加诉讼的，应将其近亲属列为原告。作为被告的行政机关被撤销的，继续行使其职权的行政机关是被告。第三人必须与被诉的具体行政行为有法律上的权利义务关系。

(2) 认定的事实要注重证据，强调被告的举证责任。《行政诉讼法》第 32 条规定："被告对作出的具体行政行为负有举证责任，应当提供作出该具体行政行为的证据和所依据的规范性文件。"对于行政机关未提供证据，或主要证据不足的，被告将要承担败诉的后果。如果被告所举证据经法庭审查属实，则应作为定案依据，并在判决书中加以表述。

×××××人民法院
行政判决书

（××××）×行初字第××号

原告……（写明起诉人的姓名或名称等基本情况）。

法定代表人（或代表人）……（写明姓名和职务）。

法定代理人（或指定代理人）……（写明姓名等基本情况）。

委托代理人……（写明姓名等基本情况）。

被告……（写明被诉的行政机关名称和所在地址）。

法定代表人（或代表人）……（写明姓名和职务）。

委托代理人……（写明姓名等基本情况）。

第三人……（写明姓名或名称等基本情况）。

法定代表人（或代表人）……（写明姓名和职务）。

法定代理人（或指定代理人）……（写明姓名等基本情况）。

委托代理人……（写明姓名等基本情况）。

原告×××不服×××××××（行政机关名称）××××年××月××日（××××）×××字第×××号处罚决定（或复议决定、其他具体行政行为），向本院提起诉讼。本院受理后，依法组成合议庭，公开（或不公开）开庭审理了本案。……（写明到庭的当事人、代理人等）到庭参加诉讼。本案现已审理终结。

……（概括写明被告所作的具体行政行为的主要内容及其事实与根据，以及原告不服的主要意见、理由和请求等）。

经审理查明……（写明法院认定的事实和证据）。

本院认为……（根据查明的事实和有关法律规定，就行政机关所作的具体行政行为是否合法，原告的诉讼请求是否有理，进行分析论述）。依照……（写明判决所依据的法律条款）的规定判决如下：

……［（写明判决结果）分六种情况：

第一，维持行政机关具体行政行为的，写："维持××××××（行政机关名称）××××年××月××日（××××）×××字第×××号处罚决定（或复议决定、其他具体行政行为）。"

第二，撤销行政机关具体行政行为的，写："一、撤销××××××（行政机关名称）××××年××月××日（××××）×××字第×××号处罚决定（或复议决定、其他具体行政行为）。二、……（写明判决被告重新作出具体行政行为的内容。如果是不需要重新作出具体行政行为的，此项不写。如果是确认被告的具体行政行为侵犯原告合法权益而须承担行政赔偿责任的，应当写明赔偿的数额和交付的时间等）。"

第三，部分撤销行政机关具体行政行为的，写："一、维持××××××（行政机关名称）××××年××月××日（××××）×××字第×××号处罚决定（或复议决定、其他具体行政行为）的第×项，即……（写明维持的具体内容）。二、撤销××××××（行政机关名称）××××年××月××日（××××）×××字第×××号处罚决定（或复议决定、其他具体行政行为）的第×项，即……（写明撤销的具体内容）。三、……（相对撤销部分写明判决被告重新作出具体行政行为的内容，如果无须重新作出具体行政行为的，此项不写。如果是确认被告侵犯原告合法权益而须承担行政赔偿责任的，应当写明赔偿的数额和交付的时间等）"。

第四，判决行政机关在一定期限内履行法定职责的，写："责成被告××××××（写明被告应当履行的法定职责的内容和期限）"。

第五，判决变更行政处罚的，写："变更××××××（行政机关名称）××××年××月××日（××××）×××字第×××号处罚决定（或复议决定），改为……（写明变更后的处罚内容）"

第六，单独判决行政赔偿的，写："被告××××××（行政机关名称）赔偿原告×××（写明赔偿的金额、交付时间，或者返还原物、恢复原状等）。"］

……（写明诉讼费用的负担）。

如不服本判决，可在判决书送达之日起15日内，向本院递交上诉状，并按对方当事人的人数提交副本，上诉于××××××人民法院。

审判长　×××
审判员　×××
审判员　×××
××××年××月××日
（院印）

本件与原本核对无异

书记员　×××

行政判决书

(2004)×行初字第××号

原告：林文英，男，1957年1月2日出生，汉族，农民，住所地××市秀屿区东峤镇东峤村。

被告：×××市公安局交警支队秀屿大队。

法定代表人：×××，大队长。

委托代理人：×××，该队干部。一般代理。

委托代理人：×××，该队干部。一般代理。

第三人：黄清金，男，1976年6月5日出生，汉族，农民，住所地××市仙游县榜头镇后堡村。

委托代理人：黄清榜，男，1972年1月15日出生，汉族，农民，住所地××市仙游县榜头镇后堡村，系第三人黄清金的哥哥。

原告林文英不服×××市公安局交通警察支队秀屿大队（以下简称秀屿交警大队）道路交通事故责任认定一案，于2004年4月15日向本院提起行政诉讼。本院受理后，依法组成合议庭，因黄清金与本案被诉具体行政行为有法律上的利害关系，作为第三人参加诉讼，于2004年5月18日公开开庭审理了本案。原告林文英，被告秀屿交警大队的委托代理人×××、×××，第三人黄清金的委托代理人黄清榜均到庭参加诉讼。本案现已审理终结。

被告于2004年2月14日对原告作出的第200420005号《道路交通事故责任认定书》，××市交警支队于2004年3月31日作出的第200460011号《道路交通事故责任重新认定决定书》。被告于2004年5月8日向本院提供了作出被诉具体行政行为的证据、依据：1.交通事故现场图一份。2.交通事故现场勘查笔录一份。3.交通事故现场照片七张。4.对黄清金等人的调查笔录六份。5.肇事路段技术鉴定一份。6.交通事故车辆技术鉴定书一份。7.×BT1280行驶证一份。8.黄清金驾驶证一份。9.×BT1280车肇事速度推定报告一份。10.许××尸检报告一份。以上证据1~10证明交通事故事实。11.交通事故报案立案登记表一份。12.事故责任认定延期申请表一份。13.交通事故处理审批表一份。14.《道路交通事故责任认定书》一份。15.事故责任公开认定会记录一份。16.《道路交通事故责任重新认定决定书》一份。17.送达回证二份。以上证据11~17证明被告处理交通事故程序合法。18.《道路交通管理条例》、19.《交通事故处理办法》、20.《交通事故处理程序规定》各一份。证明被告处理事故所依据的法律法规正确。

原告诉称：2004年1月15日5时50分许，原告之父许××在秀屿214县道10KM+368M处路段上正常行走，从南向北走过公路后，已在公路右侧路面与车同向行走，因第三人黄清金超速驾驶，为了争先收客，两车追逐，将原告之父撞倒在右侧绿化带石头上（有证人东峤村许剑锋目睹此事，可以证实），经抢救无效死亡。××市交警支队秀屿区大队和××市交警支队认定死者许××横穿公路未注意避让过往车辆，系本起事故的原因之一，应负本事故的同等责任，与事实不符，认定错误。原告认为，原告之父已走过公路，而且在右侧行走的路面系东峤镇政府设立的标志牌，为交叉口路段，并非214县道，原告之父无违章行为，在本事故中无责任，第三人无视交通安全，超速在非机动车道行驶，将原告之父撞死是本事故的唯一原因，应负全部责任，因此请求法院依法撤销被告××市交警支队秀屿区大队第200420005号《道路交通事故责任认定书》和××市交警支队第200460011号《道路交通事故责任重新认定决定书》中的责任认定，变更第三人黄清金负本次交通事故全部责任，死者许××无责任。原告在举证期限内提供的证据：1. 道路交通事故责任重新认定决定书一份。2. 道路交通事故责任重新认定复议申请书一份。3. 第200420005号道路交通事故责任认定书一份。4. 目击者提供现场图一份。

被告辩称：被告作出该责任认定事实清楚，证据充分，程序合法。2004年1月15日，被告接到事故报案后，派员依照法定程序进行现场勘查，调查取证，分析研究后作出责任认定。经查，原告之父许××从左到右横过公路时无注意避让直行车辆通行，其行为违反《中华人民共和国道路交通管理条例》第七条第一款之规定，是本案发生的原因之一；驾驶员黄清金超速行驶，遇情措施不力，其行为违反《中华人民共和国道路交通管理条例》第三十五条第一项、第七条第二款之规定，是本案发生的原因之一。上述二者的违章行为在本案中的作用基本相当，依照《道路交通管理条例》第十九条第二项规定，认定许××、黄清金应负本案的同等责任。被告经××市交警支队批准延期认定，于2004年2月14日作出第200420005《道路交通事故责任认定书》，并依法送达当事人各方。原告不服，向市交警支队申请重新认定，经××市交警支队对本案全面审查复核，作出第200460011号《道路交通事故责任重新认定决定书》，维持被告的责任认定。综上所述，请求法院维持被告作出的第200420005号《道路交通事故责任认定书》。

第三人没有提供答辩及证据。

经庭审质证，本院对双方争议的焦点和审理重点问题作如下确认：①关于被诉的具体行政行为所认定的事实问题，被告提供了1~10证据，证明在事故发生时死者有横过公路的动态，属借道通行。原告提供的证据4，证明事故发生时死者已经横过公路，正在绿化带旁行走，第三人超速行驶，且肇事车没有在主车道上行驶，而是进入人行道，是造成本事故发生的根本原因。本院认为，被告的取证程序合法，根据所提取的证据确定的法律事实是真实有效的，应予采信。原告提供的证据4，证人许剑锋没有到庭作证，其所作现场图的真实性无法确认，不予采信。②关于被诉具体行政行为的程序问题，被告提供了11~17证据，证实被告所作出的具体行政行为程序合法。本院认为，被告作出的具体行政行为符合法定程序，其程序合法。③关于被告作出的具体行政行为所适用的法律、法规的问题，被告提供了18~20证据，证明被诉的具体行政行为适用法律、法规正确。原告、第三人对此无异议，本院予以确认。

本院认为，2004年1月15日5时50分许，原告之父许××在秀屿214县道10KM+368M处路段上从南向北横过公路，借道通行时，与第三人黄清金超速驾驶的×BT1280小车发生碰撞，造成抢救无效死亡。××市公安局交警支队秀屿区大队和××市公安局交警支队认定死者许××横过公路时未注意避让过往车辆，其行为违反《中华人民共和国道路交通管理条例》第七条第一款之规定，系本起事故的原因之一；第三人黄清金超速行驶，遇情措施不力，其行为违反《中华人民共和国道路交通管理条例》第三十五条第一项、第七条第二款之规定，是本案发生的原因之一。上述二者的违章行为在本案中的作用基本相当，依照《道路交通管理条例》第十九条第二项规定，认定许××、黄清金应负本案的同等责任。其认定事实清楚，程序合法，所适用的法律、法规正确，应予支持。为了维护行政机关的依法行政，根据《中华人民共和国行政诉讼法》第五十四条第（一）款之规定，判决如下：

维持被告××市公安局交警支队秀屿大队作出的第 200420005 号《道路交通事故责任认定书》。

本案受理费人民币 100 元由原告林文英负担。

如不服本判决，可在判决书送达之日起十五日内向本院提起上诉，并按对方当事人的人数提供副本，上诉于××市中级人民法院。

审判长　×××
审判员　×××
审判员　×××
二〇〇四年×月×日
（院印）

本件与原本核对无异

书记员　×××

本章讨论案例

原告：福建省茂丰县大发陶瓷厂（以下简称大发陶瓷厂）。
被告：高游市卫生局。
被告：高游市卫生局卫生监督所（以下简称高游市卫监所）。

2006 年 3 月 31 日下午，高游市卫生局执法人员在进行职业卫生日常监督检查中发现大发陶瓷厂安排未经上岗前职业健康检查的工人从事接触职业病危害作业。同日下午，高游市卫生局卫生监督员对大发陶瓷厂法定代表人张永梅制作询问笔录，并在张永梅陪同下对该厂进行了检查，拍摄照片 5 张，制作了现场检查笔录，笔录中载明该厂制坯车间有 5 名工人无法提供岗前、岗中健康监护档案。同日下午还对该厂压力机车间压片工李扬、压力车间接片机尾工李容制作了询问笔录，还对张永梅制作了询问笔录，张永梅在笔录中确认：李扬、黄燕、郭会、钱丹、王建、李容系压力机车间的生产工人，上岗前未进行职业健康检查。高游市卫生局卫生监督员于 5 月 31 日对茂丰县大发镇大度村松洋 21 号村民池陆制作了询问笔录，池陆在笔录中陈述，大发陶瓷厂是 1993 年开始投入生产，2006 年 5 月 8 日开始停止生产，5 月 15 日左右全面停止生产。以上现场检查笔录和询问笔录均未记载记录人。高游市卫生局执法人员还从相关部门调取了福建省职业病防治医院出具的李扬放射线检查报告单、大发陶瓷厂申报的《职业病危害项目申报表》。2006 年 6 月 12 日，高游市卫生局向大发陶瓷厂发出了行政处罚听证告知书,告知处罚的事实、理由、依据以及拟作出的内容,并告知有要求举行听证的权利。大发陶瓷厂于6月14日向高游市卫生局递交了听证申请,高游市卫生局同日向原告发出听证通知书,并于6月20日举行了听证会,听证员王林、胡冰午,大发陶瓷厂法定代表人张永梅,案件承办人李索、王成、陈燕等在听证笔录上签字。2006年6月27日,高游市卫生局和高游市卫监所共同对大发陶瓷厂作出高卫职罚(2006)003号《行政处罚决定书》,其主要内容为:大发陶瓷厂在生产陶瓷产品过程中没有按照《中华人民共和国职业病防治法》(以下简称《职业病防治法》)有关规定,安排未经上岗前职业健康检查的劳动者从事接触职业病危害作业,违反了《职业病防治法》第32条第2款规定,依据《职业病防治法》第68条第7项的规定,决定予以罚款人民币5万元的行政处罚,同时责令限期30天内改正违法行为。罚款于收到本决定之日起15日内缴至高游市卫监所账号1402025311910135969开户行中国工商银行高游南山支行(西门)。逾期不缴纳罚款的,依据《行政处罚法》第51条第一项规定,每日按罚款数额的3%加处罚款。并于7月7日以特快专递方式将该决定书送达大发陶瓷厂,大发陶瓷厂于7月8日收到。大发陶瓷厂不服该处罚决定,向区人民法院提起行政诉讼。

原告诉称,原告系集体所有制企业,持有福建省茂丰县工商行政管理局核发的企业法人营业执照。根据高游市人民政府的意见,茂丰县人民政府于2005年下半年调查后认为原告等11家小建陶企业工艺设备落后,决定予以关闭,并于2006年2月28日以经政【2006】2号文发出《茂丰县人民政府关于关闭经达通达瓷业有限公司等11家小建陶企业的通知》,要求被关闭的包括原告在内的11家小建陶企业自通告公布之日起,停止一切生产经营活动,拒不执行的将申请法院强制执行。原告当天接到通知后,立即停止生产,关闭企业。之后,被告于2006年3月份到原告工厂检查,并于2006年7月10日向原告送达一份加盖有二被告印章,于2006年6月27日作出的高卫职罚(2006)003号《行政处罚决定书》载明对原告予以罚款人民币5万元整的行政处罚等内容的决定。原告认为:①被告高游市卫监所系高游市卫生局内设事业机构,非一级国家行政机关,既无固有职权,又无授予职权,其以自己的名义对外实施卫生监督行政处罚,违反了《行政处罚法》第15条"行政处罚由具有行政处罚权的行政机关在法定职权范围内实施"和《职业病防治法》有关行政执法主体条文的规定,不具有实施行政处罚的主体资格,属超越职权。②被诉具体行政行为违反法定程序。其一,被告高游市卫生局与没有对外实施处罚主体资格的其内设机构卫监所共同署名对原告作出行政处罚;其二,要求原告将罚款缴至被告卫生监督所账户上,其行为违反了国务院关于《罚款决定与罚款收缴分离实施办法》的规定,亦属程序错误;其三,被告在立案调查后的3个月后作出处罚决定,其行为违反了《福建省行政执法程序规定》第28条、第35条关于30日办案时限和5日送达时限的规定;其四,从询问笔录制作的字迹来看,除李扬以外的询问笔录,其字迹与调查人员的字迹明显不同,由此可见,这些笔录不是调查人员参与制作,也不是当场制作的,其程序违法;其五,被告对原告作出行政处罚没有经过集体研究。③被告作出认定原告违法的事实不清、主要证据不足。其一,原告不存在安排未经上岗前职业健康检查的劳动者从事接触职业病危害作业的违法行为;其二,被告所作询问笔录的记录人无法确定,且未提供被询问人李扬的身份证明，不符合证据的形式要求，不能作为定案依据；其三，李容和李扬的询问笔录在制作时间上有重叠，三位调查人员同时对两个被询问人进行调查，违反了证人个别进行调查的规定，因此，这两份证据不能作为认定本案事实的依据。另外原告的行为已超过两年的追溯（诉）时效，且在此之前茂丰县人民政府已对原告作出关闭的决定。总之，被告对原告所作的上述行政处罚决定，事实不清、主要证据不足，适用法律错误，违反法定程序。请求法院依法撤销被告所作的行政处罚决定。

被告高游市卫生局在庭审中辩称，2006年3月31日，被告高游市卫生局执法人员在日常监督检查中发现原告具有安排未经上岗前职业健康检查的工人从事接触职业病危害作业之违法事实。根据相关规定，对原告的违法行为办理了案件受理记录、立案报告，进行调查取证，履行了听证程序后，对原告作出了行政处罚决定，以特快专递方式将该决定送达原告。另外，关于追溯时效，因被告的处罚对象是法人，不存在两年时效问题。总之被告作出的处罚决定事实清楚、证据充分，适用法律、法规正确，程序合法，请求法院予以维持。

被告高游市卫监所在庭审中辩称，首先，其设立罚没款账户经高游市卫生局、中国人民银行和财政部门批准；其次，其并未对原告作出行政处罚决定，在行政处罚决定书上盖章并不是联合署名，而是根据协议加盖的缴款印章，盖章行为仅仅是对缴款账号的确认，目的是将上缴的罚款和滞纳金缴至国库，也是为了保障行政相对人的合法权益和银行的高效办理。

根据上述案情，请讨论以下问题：

1. 本案中，被告在执法过程中是否有违反法定程序的行为？
2. 请分析被告高游市卫监所是否具有行政主体资格？
3. 原告的诉讼请求能否得到人民法院的支持？

训练目的

通过训练，使同学们熟知第一审行政诉讼普通程序的运作流程，自行确定管辖法院、撰写起诉状、代理词和行政判决书，然后模拟到法院立案，进行审理前的各项准备工作，编写庭审脚本，实施开庭活动。

第十二章 行政诉讼二审程序和审判监督程序

第一节 第二审程序

一、两审终审制

两审终审制，是指一个案件经过两级人民法院的审判即告终结的一种审级制度。具体地说，地方各级人民法院按照审判管辖的规定对第一审行政案件作出判决或裁定后，依法享有上诉权的人如果不服，可以在法定期限内向上一级人民法院提出上诉，同级人民检察院认为判决或裁定确有错误时，也可以在法定期限内向上一级人民法院提出抗诉。上一级人民法院按照第二审程序对案件进行审理后所作的判决、裁定，是终审的判决、裁定，任何人都无权再提出上诉，同级人民检察院也无权再提出抗诉。

我国《行政诉讼法》第6条规定："人民法院审理行政案件，依法实行合议、回避、公开审理和两审终审制度。"这说明我国原则上实行两审终审制，但有例外，最高人民法院是全国最高审判机关，由它审判的第一审行政案件所作的裁判是终审裁判，即它的一审判决、裁定，同时也是终审判决、裁定，不存在对它的裁判提出上诉或抗诉而引起二审程序的问题，这是由最高人民法院的特殊地位决定的。

（1）实行两审终审制，有利于提高办案质量。由于某些案件的复杂性，往往在一审审理过程中产生失误，对案件事实作出了错误的认定，或因承办人员办案能力的限制，以及其他客观原因产生错判和误判。通过二审程序对案件的事实和适用法律进行全面审查，对一审裁判所作的错判、漏判或者误判进行改判，对提高人民法院办案质量具有重大的意义。

（2）实行两审终审制，对监督行政机关依法行政，维护公民、法人的合法权益具有重要意义。

（3）实行两审终审制，有利于上级人民法院对下级人民法院的审判工作实行监督。通过两审终审制，可以使上级法院了解下级法院的审判情况，发现问题，及时通过二审程序予以纠正，发挥其业务监督作用。同时，没有过多的审级，又能使上级法院集中精力做好审判业务指导工作，特别是能够使最高人民法院摆脱审判具体案件的负担，以便集中力量加强对地方各级人民法院的业务指导和工作监督，做好司法解释工作和重大案件的审判。

二、第二审程序的概念和作用

第二审程序，是指上级人民法院对下级人民法院，就第一审案件所作的判决、裁定，在发生法律效力以前，基于当事人的上诉，依据事实和法律，对案件进行审理的程序。

我国《行政诉讼法》第6条规定，人民法院审理行政案件实行两审终审制度。除了最高人民法院所作的第一审判决、裁定是终审判决、裁定外，当事人不服地方各级人民法院所作的第一审判决、裁定，都有权依法向上一级人民法院提起上诉，从而引起第二审程序的开始。第二审程序是一种独立的审判程序，但并非是每一个行政诉讼案件都必须经过的程序。只有当事人不服第一审判决、裁定，并在法定期限内，以合法的形式提出上诉的案件，才经过第二审程序。因而，第二审程序又称为上诉审程序。第二审程序具有以下特点：

（1）第二审程序由当事人上诉而引起。两审终审制的审判制度，赋予了当事人不服第一审判决、裁定，可以依法上诉的权利。如果当事人实施了符合法定条件的上诉行为，就会引起第二审程序的发生。上诉必须是针对尚未发生法律效力的第一审判决、裁定。如果第一审判决、裁定已经生效，则当事人无权上诉，即使上诉也不会引起第二审程序的发生。

（2）第二审程序由第一审人民法院的上一级人民法院适用。由于第二审程序是由当事人不服第一审人民法院的判决、裁定而发生的，因而原审人民法院不能对上诉案件适用第二审程序进行审判；又由于当事人只能向第一审人民法院的上一级人民法院提起上诉，而不能越级上诉，因而除第一审人民法院的上一级人民法院以外的其他人民法院，都不能对上诉案件适用第二审程序进行审判。因此，对上诉案件适用第二审程序进行审判的，只能是第一审人民法院的上一级人民法院。

（3）适用第二审程序所作的判决、裁定，是终审判决、裁定，不得再提起上诉。两审终审制是我国审判制度的基本原则，行政案件的审判当然也不例外。尽管当事人对终审判决、裁定可以提出申诉，但不影响判决、裁定的执行。

第二审程序是由当事人不服第一审程序中所作的判决、裁定提出上诉而引起的，因而第二审程序与第一审程序有着紧密的联系。这种联系表现在：

（1）第一审程序是第二审程序的前提和基础。如果没有第一审程序，自然也就谈不上第二审程序；第一审程序中所获得的证据，认定的事实，为第二审程序打下了基础。同时，根据《行政诉讼法若干问题的解释》的规定，第二审人民法院审理上诉案件，应当对原审人民法院的裁判和被诉的具体行政行为是否合法进行全面审查。因此，第一审程序中所作的判决、裁定是否合法是第二审程序要解决的问题之一。因而，第二审程序离不开第一审程序。

（2）适用第二审程序和适用第一审程序审判的是同一行政案件。两审终审制度的宗旨之一，就是为了保证人民法院审理行政案件的正确性。当事人不服一审判决、裁定而提起上诉，由其上一级人民法院运用独立的程序进行审判，就是为了保证案件审理的公正性、正确性。尽管第二审程序中要对原审判决、裁定进行审查，但最终所要解决的仍然是被诉的具体行政行为是否合法的问题。因此，无论第一审程序还是第二审程序，都是人民法院依法裁判具体行政行为是否合法而适用的程序，其目的是一致的。

（3）第二审程序和第一审程序中的诉讼参与人基本相同，只是法律地位发生变化。不服第一审判决提起上诉的第一审当事人称为上诉人，既可以是一审中的原告，也可以是被告，还可以是一审中的第三人；第一审中的对方当事人在二审中称为被上诉人，既可以是原告也可以是被告；第一审程序中参加诉讼的第三人，如果没有对第一审判决、裁定提出上诉，二审中仍是第三人，如果上诉，则成为上诉人，此时一审程序中的原告和被告均为二审程序中的被上诉人。

第二审程序作为继第一审程序之后的独立诉讼程序，同第一审程序又有重要的区别。这种区别表现在：

（1）发生的原因不同。第一审程序是基于公民、法人或者其他组织认为其合法权益受到行政主体侵害而发生，因而只有作为被管理者的公民、法人或者其他组织的起诉行为才可能引起第一审程序，且只有在法律赋予的对行政行为的诉权范围内才能引起，而作为管理者的行政机关不能引起第一审程序的发生。第二审程序是基于第一审程序中当事人的上诉而发生，其基础是行政诉讼法律关系中当事人的上诉权。因而，无论是作为原告的公民、法人或者其他组织，还是作为被告的行政机关均可引起第二审程序。而且，第一审程序中作为与被诉具体行政行为有直接利害关系的第三人，也可以上诉从而引起第二审程序。

（2）适用的审判机关不同。适用第二审程序的审判机关是适用第一审程序的人民法院的上一级人民法院。上级人民法院适用第二审程序审判上诉案件，是上级人民法院对下级人民法院行使监督权的具体表现。适用第一审程序的审判机关是对第一审行政案件具有管辖权的人民法院，人民法院适用第一审程序审判行政案件，是各级人民法院对行政案件行使管辖权的具体体现。

（3）审判对象不同。第一审程序的审判对象是被诉的具体行政行为，其所要解决的问题是被诉的具体行政行为是否合法；第二审程序的审判对象是一审人民法院的判决、裁定以及一审中被诉的具体行政行为。尽管第一审程序和第二审程序最终所要解决的是具体行政行为是否合法的问题，但毕竟第二审程序是通过对第一审判决、裁定的审判，间接地解决具体行政行为是否合法的问题，因而在审判中围绕的核心问题是不同的。

（4）法律后果不同。第一审人民法院适用第一审程序所作的判决、裁定，在法定期内是不发生执行力的，其法律后果在于超过法定期限后即对当事人产生拘束力，而在法定期限内当事人提出上诉，则不发生任何法律效力。第二审人民法院适用二审程序所作的判决、裁定，是终审判决、裁定，一经作出，即发生法律效力，当事人即应执行，否则将可能导致人民法院的强制执行。对二审人民法院的判决与裁定尽管可以提起申诉，但不能停止执行。

（1）第二审程序同样是人民法院及时、准确审理行政案件的程序依据，对于监督和维护行政机关依法行政，维护公民、法人和其他组织的合法权益均具有重要意义。具体而言，第二审程序就是通过二审人民法院维持一审人民法院的判决和裁定来达到维护和监管行政机关依法行政，保护公民、法人或者其他组织的合法权益。另外由于人民法院在第二审程序中可以纠正一审裁判中的错误，从而使其在实现行政诉讼的整体作用时更具有效性，也使行政诉讼对于行政机关依法行政的维护和监督以及对公民、法人或者其他组织的合法权益的维护更具深刻性。

（2）第二审程序是上级人民法院对下级人民法院进行监督的重要途径。人民法院作为国家审判机关应当严格依法审判。为了保证人民法院审理行政案件的合法性和公正性，应当加强对法院审判工作的监督。上级人民法院对下级人民法院担负着工作监督任务。第二审程序正是上级人民法院对下级人民法院进行监督的重要途径。

三、上诉和上诉的受理

1. 上诉的概念

上诉是当事人不服人民法院的第一审判决、裁定，依法要求上一级人民法院审理的诉讼行为。我国《行政诉讼法》第58条规定："当事人不服人民法院第一审判决的，有权在判决书送达之日起15日内向上一级人民法院提起上诉。当事人不服人民法院第一审裁定的，有权在裁定书送达之日起10日内向上一级人民法院提起上诉。"

从以上规定可以看出，上诉是《行政诉讼法》赋予当事人的一项基本诉讼权利。上诉的对象既可以是第一审判决也可以是第一审裁定。当事人的上诉必须在一定的期限内提出，逾期则失去上诉权。

2. 上诉的条件

上诉是当事人的正当权利，但上诉必须符合法定条件。只有符合条件的上诉，才能引起第二审程序。根据《行政诉讼法》及《行政诉讼法若干问题的解释》的规定，上诉应当符合下列条件：

（1）上诉人符合法律规定。上诉人是指不服人民法院第一审判决、裁定，向上一级人民法院提起上诉的人。只有根据法律规定享有上诉权的当事人才能提起上诉。首先，原告可以依法上诉。其次，被告可以依法上诉。被告是指被原告指控实施了违法或不当的具体行政行为，侵害了原告的合法权益，由法院通知参加诉讼的行政机关或法律、法规授权的组织。由于其在行政法律关系中处于主导地位，因而无须运用起诉的方法来维护其合法权益。但当其一旦成为被告，便具备了诉讼当事人的资格，自然也就享有当事人应享有的一切诉讼权利。因此，当被告不服第一审人民法院的判决、裁定，就有权上诉。最后，第三人可以依法上诉。第三人与被告的具体行政行为有利害关系，人民法院的第一审判决、裁定不可避免地会影响到第三人的权利。如果第三人认为第一审判决、裁定侵犯了自己的合法权益，当然也有权请求上一级人民法院进行审理。

值得注意的是，第一审程序中共同诉讼人的上诉问题。在普通共同诉讼中的共同诉讼人，无论是共同原告还是共同被告，由于他们没有不可分的诉讼请求，因而他们中的任何一人的上诉对其他当事人没有法律效力，不能因他的上诉而将其他当事人也列为上诉人。如果其他当事人未上诉，则不应将其列为上诉人。例如，甲不服某税务局因其漏缴税款而作出的罚款决定，依法向某人民法院提起诉讼，乙也不服该税务局因其漏缴税款而作出的罚款决定，依法向同一人民法院起诉，该人民法院对此作为普通的共同诉讼将两案合并审理并作出维持判决，甲不服依法上诉，则甲为上诉人，而乙没有上诉，人民法院不能因甲的上诉而将乙也列为上诉人。在必要共同诉讼中的共同诉讼人，如果共同诉讼人的诉讼请求或请求目的相同,即所谓不可分请求,则其中一人上诉,则视为其他人也上诉。如甲、乙合伙殴打丙,被公安局处以200元的处罚,两人均不服提起诉讼,要求法院撤销公安局的处罚决定。这是一个必要的共同诉讼,甲、乙两人的诉讼要求是不可分的,法院判决维持公安局的罚款决定。此时,如果甲上诉,那么甲就是上诉人,尽管乙没有上诉,但人民法院同样应将其列为上诉人。但如果在必要的共同诉讼中,共同诉讼人的诉讼请求并不相同,则一个当事人的上诉对其他人没有影响。如在上面的例子中,甲、乙都上诉,但甲要求法院撤销处罚决定,而乙则要求变更处罚数额。法院作出维持判决后,乙提出上诉,而甲未上诉,此时上诉人只是乙而不包括甲。总之,在共同诉讼中,共同诉讼人中的一部分人的上诉行为是否影响其他人,应以共同诉讼是否具有不可分的诉讼请求为标准而确定。

(2) 上诉对象符合法律规定。上诉对象是指当事人依法行使上诉权,请求上一级人民法院予以纠正的判决和裁定,也叫做上诉的客体。根据《行政诉讼法》的规定,能够成为上诉对象的,只能是第一审人民法院所作出的尚未发生效力的判决、裁定。具体有地方各级人民法院第一审判决、裁定以及第二审人民法院发回原审人民法院重审后作出的判决、裁定。最高人民法院作出的一审判决和裁定、地方人民法院作出的第二审判决和裁定为终审判决、裁定,不能上诉。在裁定中,除起诉不予受理和驳回起诉的裁定外,均不能上诉。

(3) 上诉的时间和方式符合法律规定。上诉应当在一定的期限内进行。依据《行政诉讼法》的有关规定,对判决不服的上诉期限为15日,对裁定不服的上诉期限为10日。从判决书、裁定书送达当事人之日起计算。过了上诉法定期限的一审判决、裁定即发生法律效力。在上诉期限内,当事人因不可抗力或其他正当的理由耽误期限的,在障碍消除之日后的10日内,可以申请顺延期限。是否允许,由人民法院审查决定。

上诉原则上应以书面方式进行,当事人必须向人民法院递交上诉状。上诉状应当载明以下内容:上诉人的姓名或者名称,案件编号和案由,上诉的请求与理由。上诉的请求与理由是上诉状主要内容,上诉人应当写明要求撤销还是变更第一审判决、裁定以及请求所依据的事实根据和法律根据。另外,上诉还必须根据人民法院的要求,预交诉讼费用。当事人提起上诉,必须同时具备以上条件,缺少其中任何一个,人民法院将不予受理,也不可能发生第二审程序。

3. 上诉的途径

上诉既可以向原审人民法院提出,也可以直接向上一级人民法院提出,上诉人必须按照对方当事人的人数提交上诉状副本。

1. 上诉受理的含义

第二审人民法院收到上诉状后,依法决定是否作为上诉案件立案开始第二审程序的诉讼活动称为上诉受理。在上诉受理的阶段,人民法院应当及时进行下列工作:

(1) 审查上诉状。上诉人向原审法院递交上诉状的,原审人民法院对当事人提出的上诉状应当进行全面的审查,以确定上诉是否符合法定的条件。如经审查发现上诉状的内容不完备的,应当及时告知当事人限期修改、补充;如发现上诉不符合条件,如超过上诉期限,对已经生效的判决、裁定提出的上诉,对法律不允许上诉的裁定提出的上诉,等等,应当要求当事人收回上诉状。如果当事人坚持上诉,则可以裁定驳回上诉。

如果当事人直接向第二审人民法院提出上诉状的,第二审人民法院应当在5日内将上诉状发送原审人民法院。

(2) 发送上诉状副本及答辩状。原审人民法院在收到当事人提出的上诉状后,应当在5日内将上诉状副本送达对方当事人。对方当事人收到上诉状副本,应当在10日内提出答辩状,当事人不提出答辩状的,不影响人民法院审理。

(3) 报送案件。原审人民法院在收到上诉状、答辩状之后,应当连同第一审的全部案卷和证据,尽快报送第二审人民法院。第二审人民法院收到全部案卷、证据和上诉状、答辩状后,即开始对上诉案件进行审理。

2. 上诉受理后的法律后果

符合法定条件的上诉一经人民法院受理,即产生法定后果。这种后果表现在以下三个方面:

(1) 上诉受理后,即标志着案件进入第二审程序,当事人即可以根据法律的规定,充分享有二审程序中的权利,同时也应当完全履行法律所赋予的义务;另外,第二审人民法院也应当完全按照法律规定,及时、准确、公正地开展审理工作,在法定期限内审结案件。

(2) 上诉受理后,直至宣布判决之前,当事人可以申请撤回上诉。撤回上诉是当事人对自己享有的上诉权的一种处分,撤回上诉应当符合法律规定,尽管我国《行政诉讼法》对第二审程序中当事人撤回上诉未作具体规定。但是,由于二审程序中的撤回上诉,同样涉及诸如当事人规避法律、逃避法律责任、可能损害他人或国家利益等问题,因而也应参照一审程序中撤诉应经人民法院批准的规定,对当事人在二审程序中撤回上诉的申请同样进行审查,根据实际情况作出相应的裁定。当事人撤回上诉的申请经人民法院准许后,就不能再提起上诉。另外,上诉在法定期限内不预交诉讼费,又不提出缓交申请的,按自动撤回上诉处理。

(3) 上诉受理后,在第二审程序中,行政机关不得改变其原具体行政行为。具体行政行为是行政机关代表国家所实施的能产生法定效果的行为,一经作出,本身就具有确定力,不得随意改变。况且,在第一审程序中,行政机关的具体行政行为已经过人民法院审理,无论合法、违法均已经过国家审判权确认(尽管这种确认尚未最终结论),行政机关对此完全失去处分权。因此,在二审程序中,行政机关无论是作为上诉人还是作为被上诉人,均不得改变原具体行政行为。

四、上诉案件的审理

第二审人民法院审理上诉案件,除《行政诉讼法》对第二审有特别规定外,均适用第一审程序。这里仅就第二审程序中审理的特别之处作一些说明。

第二审人民法院审理行政案件必须由审判员组成合议庭,合议庭的成员必须是3人以上的单数,这与第一审程序中合议庭可以由审判员组成,也可以由审判员和陪审员组成不同,这是因为第二审程序是对第一审程序所实施的监督,其所作的判决、裁定是终审的判决、裁定。合议庭由审判员组成，有利于提高办案质量和加强上级人民法院对下级人民法院的监督。

第二审人民法院审理行政案件可以实行书面审理。《行政诉讼法》第59条规定："人民法院对上诉案件，认为事实清楚的，可以实行书面审理。"所谓书面审理，是指人民法院只就当事人的上诉状及其他书面材料进行审理，即作出判决或裁定，不需要诉讼参与人出席法庭，也不向社会公开审理的一种审理方式。但书面审理要注意以下问题：①必须由合议庭审理而不允许审判人员独任审判，并且应当向当事人宣布合议庭组成的名单，认真执行回避制度。②能够适用书面审理的上诉案件，必须是事实清楚的案件，合议庭应首先就上诉案件事实是否清楚作出评议决定，如果认为事实不够清楚的，仍应开庭审理；在实施书面审理的过程中，发现案件事实不清的，应改为开庭审理。③在书面审理中，合议庭必须审阅全部案卷材料，切忌片面审查，导致作出不准确的判决、裁定。

根据《行政诉讼法若干问题的解释》的规定，当事人对原审人民法院认定的事实有争议的，或者第二审人民法院认为原审人民法院认定事实不清楚的，第二审人民法院应当开庭审理，而不能实行书面审理。

第二审人民法院对上诉案件的审理，必须全面审查第一审法院认定的事实是否清楚，适用的法律、法规是否正确，有无违反法定程序，不受上诉范围的限制，同时第二审人民法院也应当对被诉的具体行政行为的合法性进行全面审查。也就是说，在二审中，审判对象包括原审判决、裁定和行政机关作出的具体行政行为。

第二审人民法院审理上诉案件，应当自收到上诉状之日起2个月内作出终审判决，有特殊情况需要延长的，由高级人民法院批准。高级人民法院审理上诉案件需要延长的，由最高人民法院批准。

第二节 审判监督程序

一、审判监督程序的概念和作用

审判监督程序又称再审程序，是指人民法院对已经发生法律效力的判决、裁定，发现在认定事实或适用法律上确有错误，依法提起并对案件进行重新审判的一项特别程序。

行政诉讼实行两审终审制，审判监督程序并不是每个行政诉讼案件的必经程序，而只是对发生法律效力的违反法律、法规的判决、裁定，确实需要再审时所适用的一种特殊程序。"以事实为根据，以法律为准绳"，是我国行政诉讼的基本原则，为了维护法律的严肃性和裁判所确定的当事人之间关系的稳定性，对已经发生法律效力的判决、裁定，一般不轻易改变。但是，法律的严肃性和裁判的确定性必须是建立在裁判的正确性的基础上，因此，本着实事求是的精神，对已经发生法律效力又被发现违反法律、法规规定的，均应依照法定程序予以纠正。再审程序就是具体规定人民法院对已经发生法律效力又被发现违反法律、法规规定的判决、裁定，依法予以纠正的法定程序。审判监督程序具有以下特点：

（1）审判监督程序是人民法院进行审判监督的一种方式，目的是为了保证人民法院的审判工作公正、正确，体现了审判机关实事求是、有错必纠的精神，因而审判监督程序不属于两审终审程序中的必经程序，与第一审程序或第二审程序没有直接的前后相继的联系。

（2）审判监督程序提起的理由具有法定性。审判监督程序是否开始，均应经法定部门审查决定，根据《行政诉讼法》的规定，当事人对已经发生法律效力的判决、裁定，认为确有错误的，可以提出申诉，但是否引起审判监督程序应由人民法院决定。人民法院院长如发现本院已经审结的案件需要再审的，也应当提交审判委员会决定。因此，引起审判监督程序的法定原因是人民法院已经生效的判决、裁定确有错误，并且应经法定部门审查决定。

（3）审判监督程序所适用的具体程序，既可以是第一审程序，也可以是第二审程序。根据《行政诉讼法若干问题的解释》，只经过第一审人民法院审结的案件，无论是自行再审或指令再审，都适用第一审程序，作出的判决、裁定，当事人可以上诉。凡经过第二审人民法院依上诉程序审结的案件，无论是自行再审或指令再审，只能适用第二审程序，所作判决、裁定为终审判决、裁定，不得上诉，而只能申诉。上级人民法院按照审判监督程序提起的案件，按照第二审程序审理，所作的判决、裁定是发生法律效力的判决、裁定。

审判监督程序与第二审程序有密切的联系。两者审理的直接对象，都是人民法院已经作出的判决、裁定；两者的审理目的，都是为了审查、纠正人民法院已经作出的判决、裁定可能存在的错误。但是，两者有显著区别：

（1）提起的主体不同。第二审程序提起的主体是第一审程序中的当事人，而再审程序提起的主体是原审人民法院的院长、上级人民法院、最高人民法院和人民检察院。

（2）审理的对象不同。第二审程序的审理对象是第一审人民法院作出的尚未发生法律效力的判决、裁定和具体行政行为；而再审程序的审理对象是人民法院已经发生法律效力的判决、裁定，既可以是一审人民法院的判决、裁定，也可以是二审人民法院的判决、裁定。

（3）提起的理由不同。第二审程序的提起，只要上诉人主观上认为第一审的判决、裁定有错误，就可以提起上诉；而再审程序的提起，是人民法院、人民检察院、上级人民法院发现已经生效的判决、裁定，违反法律的规定，确有错误，方可决定是否开始再审程序。

（4）提起的时间不同。第二审是第一审的继续，上诉的期限有一定的限制。当事人对第一审的判决不服的，向上一级人民法院提起上诉的期限为15日；当事人对第一审的裁定不服的，向上一级人民法院提起上诉期限为10日。而再审程序的提起时间，根据《行政诉讼法若干问题的解释》第73条第1款的规定，当事人应当在判决、裁定发生法律效力的两年内提出再审申请。

（5）审理的法院不同。第二审人民法院必须是第一审人民法院的上一级人民法院；再审案件,既可以由原审人民法院审理,也可以由原审人民法院的上一级人民法院审理,还可以由更高的人民法院提审。

行政诉讼中设立审判监督程序,对于纠正人民法院已经发生法律效力的判决、裁定违反法律、法规规定的错误,切实保障公民、法人或者其他组织的合法权益,有效地监督行政机关行使职权,维护国家法律尊严,监督人民法院的审判工作,具有重要的意义。

二、审判监督程序的提起

根据《行政诉讼法》第63条、第64条的规定,提起审判监督程序应当具备以下条件:

(1) 提起审判监督程序的主体,必须是有审判监督权的组织或专职人员。首先,最高人民法院对地方各级人民法院有审判监督权;上级人民法院对下级人民法院有审判监督权,他们均可提起再审程序。其次,各级人民法院有审判监督权的专职人员,对本院已经发生法律效力的判决、裁定,发现违反法律、法规的规定认为需要再审的,有权提请审判委员会决定是否再审。最后,人民检察院作为国家的法律监督机关,有权对确有错误的人民法院已经发生法律效力的判决、裁定按照法定程序提起抗诉,人民法院必须提审或指令下级人民法院再审。

(2) 提起审判监督程序必须具备法定理由。引起审判监督程序的根本原因是发现了已发生法律效力的判决、裁定违反法律、法规的规定,确有错误。否则,不能提起再审程序。人民法院发现判决、裁定错误的主要途径有:①当事人的申诉,这是指当事人认为人民法院已经发生法律效力的裁判确有错误,依法要求人民法院重新进行审理。人民法院接到申诉后,应当调阅案件,审查是否有违反法律、法规的规定。在司法实践中,有不少地方的法院在审查当事人的申诉、决定是否启动再审程序时,往往运用听证会的形式,即在包括申诉人在内的当事人和其他人员的参与下,由审判人员充分听取各方意见和观点,从而决定是否开始再审程序,这种做法对于提高再审决定程序的公开性和公正性是具有积极意义的。②人民检察院的抗诉,根据《行政诉讼法若干问题的解释》的规定,人民检察院提出抗诉的案件,人民法院应当再审。③人民法院对本院已经发生法律效力的判决、裁定进行普遍性审查,发现错误,交由院长按法定程序处理;上级人民法院发现下级人民法院已经发生法律效力的判决、裁定确有错误;最高人民法院发现各级人民法院已经生效的判决、裁定确有错误,可进行提审或指令下级人民法院再审。

提起再审程序,应当严格依照法律规定的程序,由于提起再审程序的主体比较复杂,因而其程序亦有所不同。

(1) 原审人民法院院长提起审判监督程序,必须报请审判委员会决定。这是因为人民法院发生法律效力的判决、裁定,对本院也有约束力,不得任意变更或撤销,任何人包括法院院长在内,都无权以个人名义决定提起再审程序。这种做法,有利于在人民法院审判工作中消除个人影响，维护人民法院裁定的严肃性。

（2）上级人民法院提起审判监督程序，既可以自己审理，也可以指令下级人民法院再审。这样做，既有利于人民法院内部实行有效的审判监督，又有利于保证案件质量，体现了原则性与灵活性相结合的精神。

（3）人民检察院进行抗诉，应当符合《人民检察院组织法》等法律的规定，其抗诉的具体程序是：最高人民检察院对各级人民法院已经发生法律效力的裁判向最高人民法院抗诉；上级人民检察院对下级人民法院已经生效的裁判，向同级人民法院抗诉；地方各级人民检察院对同级人民法院已经发生法律效力裁判，报请上级人民检察院，由上级人民检察院向同级人民法院提起抗诉。对于人民检察院的抗诉，人民法院应当再审，接受抗诉的人民法院可以自行审理，也可以指令下级人民法院再审，审结后应将结果告知抗诉的人民检察院。

（4）对当事人的申诉，人民法院应当充分重视，应当对申诉事实和理由进行审查，以便发现原审裁判是否确有错误，决定是否提起再审。当事人的申诉，不能直接引起审判监督程序的开始，但申诉毕竟是法律赋予当事人的一项重要的诉讼权利，应当充分保障。况且，申诉又往往是人民法院发现错误的重要途径，因而接受当事人申诉的人民法院应当认真负责做好申诉事项的调查，实事求是地作出是否提起再审的决定。

当事人的申诉，一般应以书面形式提出，申诉既可以向原审人民法院提出，也可以向上级人民法院提出。但原判决、裁定不停止执行。人民法院对申诉人的答复，也应当使用书面形式进行，但只能以通知的方式，而不能使用裁定。

《行政诉讼法》对再审的审理程序未作具体规定，再审程序是一种在特殊情况下出现的一种特殊程序，不同于第一审程序和第二审程序，因而有必要对再审的程序的特殊性作系统的研究，根据再审程序的性质，《行政诉讼法若干问题的解释》中，对再审程序作了若干规定，现分述如下：

（1）裁定中止原裁判的执行。《行政诉讼法若干问题的解释》第77条规定，按照审判监督程序决定再审的案件，应当裁定中止原判决、裁定的执行，并宣告已进入再审程序。这是因为，再审程序是在人民法院认为原审判决、裁定违反法律、法规规定，确有错误的情况下开始的，既然已经决定再审，自然就应当停止执行确有错误的判决、裁定，以免造成更大的损害。

（2）另行组成合议庭。人民法院决定再审后，还应当另行组成合议庭进行合议，合议庭组成人员也应当由审判员组成，原审合议庭组成人员不得参加再审合议庭。

《行政诉讼法若干问题的解释》第78条规定，人民法院审理再审案件，认为原生效判决、裁定确有错误，在撤销原生效判决、裁定的同时，可以对生效判决、裁定的内容作出相应裁判，也可以裁定撤销生效判决或者裁定，发回作出生效判决、裁定的人民法院重新审判。

《行政诉讼法若干问题的解释》第80条规定，人民法院审理再审案件，发现生效裁判有下列情形之一的，应当裁定发回作出生效判决、裁定的人民法院重新审理：①审理本案的审判人员、书记员应当回避而未回避的；②依法应当开庭审理而未经开庭即作出判决的；③未经合法传唤当事人而缺席判决的；④遗漏必须参加诉讼的当事人的；⑤对与本案有关的诉讼请求未予裁判的;⑥其他违反法定程序可能影响案件正确裁判的。

（3）分别适用第一审、第二审程序。只经过第一审程序审结的案件，无论是自行再审还是指令再审，仍适用第一审程序，作出的裁判，是第一审裁判，当事人不服，可以上诉；凡经过第二审程序审结的案件，适用第二审程序，所作出的裁判为终审判决；凡是最高人民法院或者上级人民法院按审判监督程序提审的案件，均按第二审程序进行审理，所作出的裁判为终审裁判，当事人不服的，亦不得上诉。

《行政诉讼法若干问题的解释》第81条规定，再审案件按照第一审程序审理的，适用《行政诉讼法》第57条规定的审理期限，即在立案之日起3个月内作出判决。再审案件按照第二审程序审理的，适用《行政诉讼法》第60条规定的审理期限，即在立案之日起2个月内作出判决。

第三节　实验案例及点评

一、基本案情[①]

1980年5月17日，某县柴村大队同某市郊区陈村大队联合在该市秦岭路十九段建立汽车修配厂，柴村负责修建厂房，购买设备，陈村负责提供建设用地。因经营不善和其他原因，1982年双方将厂房出售给本市郊区的王庄村，陈村在扣除自己应得款项后，余款返还柴村。陈村与王庄村商定，土地的使用权归王庄村，所有权归陈村。1982年9月陈村与王庄村签订了为期5年的土地租赁协议，协议具体规定了王庄村每年向陈村交纳土地租赁费的数额、期限。1985年10月王庄村在未与陈村商量的情况下，将房屋出售给本案原告金某，但未将土地租赁情况告知金某。金某在知晓此情况后，先后在1986年10月、1987年10月向陈村交纳了1986年、1987年的土地租赁款。1987年10月底金某看到市房地产管理局（以下简称市房管局）在本市晚报上发布的通告，并按通告规定到区房管所办理有关手续。区房管所依据市政府有关文件，于1987年11月下旬为金某办理了厂房产权所有权证和《国有土地使用证》。金某从此不再向陈村交纳土地租赁费。陈村得不到土地租赁费，遂与金某发生纠纷。区土地管理办公室通过调查，依据1987年《中华人民共和国土地管理法》（以下简称《土地管理法》）第2条第二款、第5条第二款及第48条的规定，于1989年作出了《关于陈村与金某对秦岭路十九段土地所有权争议的处理决定》，认定金某所持《国有土地使用证》，未按法律规定程序办理，区土地管理办公室（以下简称区土地办）不予承认，土地的所有权属于陈村，金某属于违法占地，应在处理决定下达15天内将所购房屋作出妥善处理，或协商将房屋卖给陈村，或自行拆除。金某不服区土地办的处理决定，以我买的是房，不是废砖烂瓦，办理《国有土地使用证》是应政府通告要求，由政府机关给办的自己不是违法占地为由，在法定期限内向区人民法院提起行政诉讼。区人民法院立案受理后，认为区土地办的处理决定与市房管局颁发《国有土地使用

[①] 宋学贵：《行政诉讼法庭辩论精选》，新华出版社，1992年，第46页。

证》的行为相矛盾，遂通知市房管局作为第三人参加诉讼。陈村认为区土地管理办公室的处理决定直接维护了自己的合法权益，自己同提起诉讼的具体行政行为有利害关系，于是向区人民法院申请以第三人身份参加诉讼，区人民法院依法予以准许。就这样，以金某为原告，第三人市房管局支持原告的诉讼请求，以区土地办为被告，第三人陈村支持被告的具体行政行为的行政诉讼开始了。区人民法院于1989年11月对此案进行了公开审理。

二、辩论要点

在本案中，市房管局为金某办理了厂房产权所有权证和《国有土地使用证》，而区土地办作出的处理决定，则认定金某使用的土地属于陈村集体所有。两个行政机关就一事作出的具体行政行为互相矛盾，必然有一方的具体行政行为违法成为双方辩论的第一个焦点。如果市房管局能证明自己的具体行政行为合法，原告就可能胜诉。反之，如果区土地办证明自己的具体行政行为合法，被告就可能胜诉。

被告认为，依照《土地管理法》的规定，区土地办是本区土地管理的唯一合法机关，市房管局为金某办理《国有土地使用证》是超越职权，其行为无效。因此，市房管局的行为是否属于超越职权，这是双方辩论的第二个焦点。因为这个问题也同样关系到双方的胜败。

第三人市房管局认为，其具体行政行为是根据市政府的规章作出的，没有超越职权，被告认为市政府的规章同法律相抵触，不具有法律效力。因此市政府的规章是否同法律相抵触也就成了双方辩论的核心。如果规章同法律相抵触，法院审判就只能以法律为依据，而不参照规章。如果规章同法律不抵触，法院审判就要参照规章。因为《行政诉讼法》规定，人民法院审理行政案件，以法律和行政法规、地方性法规为依据，并可参照规章。

第三人陈村提出，金某房屋所占有的土地属于陈村集体所有，不经征收、征用，不给任何补偿便凭市政府的文件收归国家所有，侵犯了自己的合法权益，要求法律予以保护。市房管局的行为是否侵犯了陈村的合法权益，该土地究竟应该属于国家所有还是应该属于集体所有，是双方辩论的又一个焦点。整个法庭辩论围绕着上述要点逐步展开。

三、法庭辩论

原告代理人：我受原告金某委托和所属律师事务所指派，担任本案原告的诉讼代理人，本律师通过翻阅有关卷宗材料和必要的调查，现提出如下意见，供法庭在合议时参考。

本案实际上是个人同农村集体经济组织关于土地的使用权争议，被告区土地办所作的处理决定名称为《关于陈村与金某对秦岭路十九段土地所有权争议的处理决定》显然不妥。根据我国《宪法》和《土地管理法》的规定，我国的土地实行社会主义公有制，即全民所有制和劳动群众集体所有制，个人是不能对土地拥有所有权的。因此，区土地办的处理决定从名称上，即可断定不能成立，人民法院应予撤销。说到所有权争议，实际上是国家所有权同集体所有权的争议。国家的所有权在本案中体现为原告金某使用的土地应当归国家所有，维持了市房管局确定的金某合法的对国有土地的使用权，即维护了国家的土地所有权。在关于决定的名称问题上，本代理人不与纠缠，因为人民法院若以此为由撤销了区土地办的处理决定，区土地办仍可改动两个字下达同样内容的处理决定。这不能从根本上解决问题，即不能从根本上维护原告的合法权益。这是我要说的第一点。第二点，被告处理决定名称上虽然不妥，但它所包含的原告与陈村关于土地权属即使用权属争议则是正确的。这一点被告可能也是承认的。我想说的是，既然金某与陈村之间的纠纷属于权属争议，那么依据《土地管理法》第13条第十一款的规定，"土地所有权和使用权争议，由当事人协商解决；协商不成的，由人民政府处理"。该争议应由争议所在乡或者所在区人民政府处理。区土地办既非乡级人民政府，也非区人民政府，只是区人民政府的土地管理职能机关，土地办处理这类案件属于超越职权，依据《行政诉讼法》第54条的规定，人民法院应撤销区土地管理办公室的处理决定。

被告代理人：原告代理人所说金某同陈村的土地争议属于权属争议，我们同意。我们还同意原告代理人所说的争议属于使用权争议，我们承认我们的处理决定在遣词造句上有不当之处。但我们认为金某同陈村的土地权属争议不同于《土地管理法》第13条上所称的权属争议。该条所称的权属争议指的是争议各方都享有合法的土地所有权或使用权，因双方边界不清的土地所有权或使用权归属不明而发生的争议。本案中陈村对争议土地拥有所有权，在区房管所发给金某盖有市房管局公章的《国有土地使用证》，这一行为无偿地剥夺了原告陈村集体所有的土地，大家说这合理吗？区土地管理办公室是本区土地管理的唯一执行机关。《土地管理法》第10条规定："依法改变土地的所有权或者使用权的，必须办理土地权属变更登记手续，更换证书。"金某到市房管局办理《国有土地使用证》实在是找错了庙门，房管局没有这项权力。《土地管理法》第48条规定，无权批准土地使用的单位非法批准占用土地的，批准文件无效，非法批准占用的土地按照非法占用土地处理。根据这一规定，金某所持的由房管局颁发的《国有土地使用证》无效。金某拥有房屋所使用的土地属非法占用土地，金某与陈村之间的土地所有权争议实质上是金某非法侵犯陈村集体所有的土地。这就是我们对本案件质的认定。《土地管理法》第52条规定："本法规定的行政处罚由县级以上地方人民政府土地管理部门决定。"第46条规定："城镇非农业户口居民未经批准，或者采取欺骗手段骗取批准，非法占用土地建住宅的，责令退还非法占用的土地，限期拆除或没收在非法占用的土地上新建的房屋。"对于金某的违法行为，区土地办完全有权进行处理。我们的处理决定，既严格依据了所提到的法律，同时又充分照顾了金某的实际利益，是慎重作出的。

（插评：以上为第一轮辩论，共辩论了两个问题。在双方争议性质是所有权争议还是使用权争议的问题，双方取得了一致意见，被告承认处理决定用语失当。在第二个问题上，双方各持己见，需要继续深入辩论。）

原告：请问土地办，什么是正当渠道？什么时候、什么法律、什么规章规定到土地办办理买卖房屋的土地使用过户手续？

原告代理人：被告是否超越职权，通过被告代理人的发言，集中在《国有土地使用证》是否有效，市房管局颁发《国有土地使用证》是否越权，通过房管局办理买卖房屋的土地使用过户手续是否是正当渠道。这几个问题，代理人认为最好是由第三人市房管局来做回答。

第三人市房管局：区房管所为金某颁发的《国有土地使用证》，上面盖着我们单位的公章，是我们为了方便群众，将本应由我局颁发的《国有土地使用证》委托授权区房管所代为办理。对于市房管局是否有权颁发《国有土地使用证》问题，我们的回答是：有。我们的依据是市人民政府于1986年制定的第19号文件，从法律名称上应称为地方政府规章。该文件第15条规定："城镇中的农业户出卖房产须持乡政府的证明文件，土地作为国家征用，买方需到当地房产管理部门办理土地使用手续，交纳土地使用费。"本案中金某从王庄村取得房产所有权，对于这一买卖行为王庄村、陈村都没有提出异议。金某买得房屋到房管部门办理土地使用过户手续，并交纳当年的土地使用费，符合政府规章规定。政府规定的程序就是正当渠道，我们依据市政府规章的规定履行职权，不是超越职权。

第三人陈村代理人：土地的所有权和使用权受法律保护，任何单位和个人不得侵犯。这是《土地管理法》规定的。市政府制定的文件，属于行政规章，因为它直接侵犯了土地所有者的土地所有权，使我们的土地所有权被剥夺，合法权益受到损害。特别需要说明的是，该文件是在《土地管理法》实施之前制定的，因为同《土地管理法》的精神相违背，《土地管理法》生效之后，该文件自然失效。因此市房产管理机构在1987年11月为金某办理《国有土地使用证》的具体行政行为也自然无效。

王庄村在1985年将我们出售给他们的房屋转卖给金某时，我们并不知道。我们知道后，金某仍按王庄村与我们签订的土地租赁协议交纳土地租赁款，我们对此才没有反对。如果我们知道市政府的规定，绝不会允许王庄村出卖房屋。王庄村与金某之间是一个附条件的民事法律行为，所附条件一旦不履行，民事法律关系应恢复到原来状态，金某应把房子交还王庄村，王庄村把房价款退还给金某。王庄村真要出卖房屋，也是我们以同样价款优先购买。我们希望人民法院考虑这种意见。市政府制定的规章使我们受法律保护的土地使用权成为空话，使我们未取得任何补偿而失去土地使用权。《土地管理法》生效后，此规章已显然失去法律效力，人民法院不应参照，应直接依据法律维护我们的合法权益，维持区土地办的处理决定。

原告代理人：原告代理人对被告及第三人陈村代理人的发言不敢苟同。首先，对被告认为市房管局颁发《国有土地使用证》的行为是超越职权表示不能同意。不错，《土地管理法》第10条规定了依法改变土地的所有权或者使用权的，必须办理土地权属变更登记手续、更换证书。但问题在于谁有权办理土地权属变更登记手续。《土地管理法》第9条规定："集体所有的土地由县级人民政府登记造册，核发证书，确认所有权。全民所有制单位、集体所有制单位和个人依法使用的国有土地，由县级以上人民政府登记造册，核发证书，确认使用权。"结合处理权属争议的第13条规定，可以看出，土地权属的确认，争议的处理，权限集中于人民政府。土地权属变更实质上是一个旧的法律关系消灭，一个新的法律关系产生，是废止过去的土地权属确认，由人民政府作出一个新的权属确认。法律的这一规定首先排除了区土地办具有颁发《国有土地使用证》的权力。被告提出应到土地办办理土地使用过户手续是没有法律依据的。当然，如果没有县级以上人民政府授权，其他任何部门，包括房产主管部门，也没有颁发《国有土地使用证》的权力。事实正是市人民政府通过制定规章，将本属于自己的《国有土地使用证》的颁发权力授予了市房产主管部门。由此我们可以得出，市房管局颁发《国有土地使用证》不是超越职权这个结论。

下面我再说一下房管局为金某颁发《国有土地使用证》是否合法。这直接涉及房管局为金某颁发《国有土地使用证》所依据的市政府1986年制定的规章是否合法。本代理人认为，市政府的规章同法律并不发生冲突。通观整个《土地管理法》，可以看出，法的主要目的是保护耕地，保证现代化建设需要，使土地管理逐步走向法制化轨道。整个法律涉及土地所有权变化的只有国家建设用地，集体所有的土地因国家征用而变为国家所有，其他内容则是规定的土地使用权的变化。事实上，新中国成立以来土地所有权改变途径除国家建设征用外，还有很多，如没收、征购、征收、依法律有偿或无偿地收归国家所有等。我国城市市区的土地所有权变化，就是属于根据法律无偿收归国有的。大家知道，在我国，城市没有进行过类似农村的土地改革、合作化运动，土地变为国家所有完全是由于1982年《宪法》的通过。《宪法》第10条规定，城市的土地属于国家所有。一句话把城市中原本属于个人、集体所有的土地收归国有。没有人认为这侵犯了土地所有者的合法权益。随着社会经济的发展，城市建设范围的逐步扩大，一部分农村逐渐成为市区的一部分，依据《宪法》和法律，农村集体所有的土地也无偿转为国家所有。对于转化的程序和条件，现在的《土地管理法》并没有对此作出规定。本案中，金某购买房屋不是国家建设，也不是改变土地用途。《土地管理法》对此类行为是否引起土地权属变化也未作出规定。作为城市居民购买农民集体经济组织或农村居民的住房，如果土地所有权不发生变化，在土地所有权与房屋所有权发生矛盾时，如何保护当事人合法权益就很难做到两全其美。类似于金某这种情况，在现实生活中大量存在，尤其是随着城市范围的扩大，在扩大初期即市区与郊区结合部分，急需法律去调整。市人民政府从实际出发，依据《宪法》和《地方各级人民代表大会和地方各级人民政府组织法》的规定制定了该规章。该规章很好地解决了此类问题，弥补了这方面的不足。规章的规定从我国法律的规定及实际作法方面上说，无前例可引。它的内容又是《土地管理法》没有规定的。因此与《土地管理法》并不抵触。在《土地管理法》实施后，该规章就成为《土地管理法》的补充规定，在本市范围内继续有效。

第三人陈村：《宪法》可以那样规定，法律也可以那样规定，土地无偿地收归国有。但市政府的规章不能那样规定，因为这直接涉及土地所有者的重大权益，侵犯了土地所有者的合法权益。

被告代理人：第三人陈村的说法我们赞同。土地的所有权和使用权受法律保护，任何单位和个人不得侵犯，这"单位"包括各个国家机关，也包括市政府。市政府以制定文件的形式侵犯集体的土地所有权，当然不行。所有权受法律保护。所有权只能依法律变更。市政府的规章不能任意变更土地集体所有为全民所有。土地管理部门有义务保护集体土地所有者的合法权益。

原告：区土地办要保护陈村的什么合法权益？难道我的合法权益就不受保护吗？

原告代理人：问得好。区土地办要保护的是第三人的合法权益吗？还是看本案的事实吧！1982年王庄买得房屋，9月陈村与王庄村签订了为期5年的土地租赁协议。1982年5月14日公布施行的《国家建设征用土地条例》第2条规定："禁止任何单位直接向农村社队购地、租地或变相购地、租地。"1982年《宪法》第10条规定："任何组织和个人不得侵占、买卖、出租或者以其他形式非法转让土地。"陈村的行为在当时直接违反了《宪法》和国务院的行政法规，因而租地协议就不应受法律保护，附加在房屋买卖中的条件因违法而无效。我们国家历来都有"房随地动，地随房走"的习惯，房屋作为不动产同土地不可分割。没有"房归你、地归我"的做法。如果那样，房屋的所有权就不能充分实现，土地的所有权人或使用权人可以随心所欲地赶走房屋所有者，使房屋所有者的房屋所有权成为有其名而无其实。本案中，被告本应依法对第三人陈村的违法行为不承认其法律效力，甚至应给予法律制裁，却反而肯定第三人的违法行为合法。并造成金某购买房屋取得的所有权不能实现，变成购买一堆废砖烂瓦。这是被告在支持、纵容违法行为，侵犯原告的合法权益。

第三人房管局：我局作为市政府的职能工作部门，服从市政府领导是天经地义的事。市政府制定的文件，我们只有按照规定去做。问题是区土地办作为市政府的下级机关。能不能不执行市政府制定的文件？

被告代理人：我们土地管理办公室执行《土地管理法》是法律赋予我们的职责，它首要的任务是贯彻执行好《土地管理法》。作为市政府的下级机构，我们是要服从市政府的领导，但是市政府的领导指挥要以合法为前提，对于非法干预，我们就不能服从。

第三人房管局：你认定市政府的文件违法就对吗？如果每一个行政机关都这样做，每一个行政机关都可以认定上级机关的领导违法而拒绝执行，各机关自行其是，市政府、省政府、甚至国务院还如何工作？我国国家机关活动的基本原则是民主集中制原则，这是《宪法》规定的。政府活动尤其强调下级服从上级，下级可以对上级的活动提出不同意见，但上级的决定，下级必须执行。我局已经按照市政府的规章作出了具体行政行为，你要否定我们的具体行政行为，从机关与机关的关系来讲，至少应同我们打个招呼、协商一下，以避免对一件事情两种态度，让群众无所适从，不知如何是好。

原告代理人：市政府的规章是否违法，作为下属机关只能执行，无权否决。对市政府制定的规章是否违法的认定及撤销权，在同级人民代表大会及上级人民政府，即市人大和省政府，这是《地方人民代表大会和地方人民政府组织法》规定的。被告区土地办的观点及做法是严重违法的。

被告代理人：法律高于市政府的文件。

原告代理人：到目前为止，被告区土地办仍然认为市政府的文件违反《土地管理法》。我们认为不违反，理由已如前述。这里想说的是我们暂且撇开市政府的规章是否违法不谈，至少在《土地管理法》生效之前。市政府的规章不同法律相冲突吧！金某买房的行为发生在1985年10月，市政府的规章施行于1986年，《土地管理法》于1987年生效。房管局针对金某的买房行为适用市政府的规章，从一般法理上讲也是正确的。法律没有溯及既往的效力，对金某的行为及利益的保护不适用《土地管理法》，区土地办不应对此有不同意见吧。

我们退一步讲，假如适用《土地管理法》，被告在处理决定中适用的条款只是用来证明原告占地违法，没有证明对事情处理有法律依据，就是说处理决定中没有被告要求金某拆除的相应法律条款，处理决定中的这一项就应被撤销。我们再退一步讲，按被告代理人发言中所说的，在认定为违法占地基础上适用《土地管理法》第46条，这样适用法律也是错误的。第46条是这样规定的："城镇非农业户口居民未经批准或者采取欺骗手段骗取批准，非法占用土地建住宅的，责令退还非法占用的土地，限期拆除或者没收在非法占用的土地上新建的房屋。"我们知道,金某是从王庄村买得房屋,没有建住宅的行为,也不拥有新建房屋,即使按被告认定的金某属于违法占地,又如何去适用第46条要求金某拆除在非法占用土地上"新建"的房屋。金某购买的房屋建于1980年,区土地办在处理决定中责令拆除旧房屋,法律依据何在?从这一点上讲,被告的处理决定就应被撤销。

我们再进一步看一下被告处理决定的内容。处理决定在内容上相互矛盾,足以构成撤销处理决定的理由。在处理决定中,被告提出金某应将土地上的附属物卖给陈村。那么,我们要问:还是这几间房屋,房屋归金某所有,房屋占用的土地就属于违法占地,房屋归陈村所有,房屋占用的土地就成了合法的吗?有这样的逻辑吗?法律面前人人平等是《宪法》确立的原则,陈村拥有什么特权,使金某拥有房屋占用的土地违法情况,变为自己拥有同一房屋占用的土地就属合法。陈村当然没有这样的特权,它只能证明被告的处理决定错误。

被告代理人:我们的处理决定是经过周密调查、慎重作出的。我们承认我们在用词上存在不妥之处,但对问题的性质认定还是正确的。我们那样写是考虑到土地属于陈村所有,为防止不应有的损失,或者说尽可能减少损失,才提出变通的办法。我们请求人民法院维持我们的处理决定。再者,从全市情况看,市房管局颁发《国有土地使用证》,数量较少,并没有在全市全面展开,维持我们的处理决定有助于使土地管理工作走向法制化。

原告:请求法院撤销区土地办的处理决定,支持市房管局的工作,维护我的合法权益。

第三人陈村:请求法院维持区土地办的处理决定,保护我们的土地所有权不受侵犯。

第三人房管局:颁发《国有土地使用证》,我们只是按市政府的规定在授权范围内进行,数量当然不会太多。再者许多群众不知道有此规定,而被告区土地办的处理决定,又使我们的工作在这方面停顿下来。本案虽然是金某同陈村的土地权属争议引起的行政诉讼,但也在实际上包含了我们同土地管理机构之间的权限争议,我们认为法院应撤销区土地办的处理决定,交市政府协调处理。

【本实验案例后续实验方案】

请同学们围绕本案自行撰写审判所需起诉状、答辩状、判决书。

【实验案例点评要点】

本案围绕着处理决定是否合法展开辩论。原告方首先以土地管理机关超越职权对被告发动进攻。被告方实施反攻,认为自己的行政行为合法,是房产管理部门超越职权。接着双方围绕着房产管理部门行使权力的依据——市政府的规章是否违法展开辩论。原告方捍卫政府规章的有效性,被告方则坚持认为政府规章违法,没有法律效力。在被告方穷追不舍下,原告方改变进攻战术,对处理决定实施全面进攻。整个辩论过程如同一场战争,一方进攻,另一方防守,在防守的同时发动进攻。

本案最大的不足是,当事人没有充分利用行政机关提供过去积累的档案材料。假如有一方能提供出这份材料,也就不需要长时间辩论了。由于原告方和市房管局未掌握这一事实,且首先从观念上认同了被告的说法,该土地历来属于陈村集体所有,从而为原告方开展辩论增加了难度。案件既然围绕着土地权属进行辩论,且在辩论中双方都提到《土地管理法》第9条"集体所有的土地,由县级人民政府登记造册"。原告方就应当想到自己应该要求被告及第三人陈村提供该土地属于陈村所有的证据。要知道,法律是重证据,不轻信"口供"的。这不能不说是原告方的失策。总而言之,行政诉讼既要围绕具体行政行为所依据的规范性文件展开辩论,也要围绕作出具体行政行为的事实证据。要注意收集有利于自己的证据,不可稍加疏忽。

从整个辩论过程看,原告代理人精通法律知识,善于分析推理,一开始就使被告处于被动地位,能抓住问题的关键,攻击对方的要害,讲究辩论的艺术。从处理决定的名称到陈村出租土地的违法,指出处理决定的许多破绽。在《国有土地使用证》问题上,首先请出第三人市房管局作回答,这充分显示了原告代理人的知识和才能。

第四节 与本实验相关的法律文书写作

一、行政上诉状

行政上诉状,是指行政诉讼当事人不服地方各级人民法院作出的第一审行政判决、裁定,依法要求上一级法院撤销、变更第一审判决、裁定时所制作的诉讼文书。

提起上诉,是法律赋予行政当事人的诉讼权利。《行政诉讼法》第58条规定:"当事人不服人民法院第一审判决的,有权在判决书送达之日起15日内向上一级人民法院提起上诉。当事人不服人民法院第一审裁定的,有权在裁定书送达之日起10日内向上一级人民法院提起上诉。逾期不提起上诉的,人民法院的第一审判决或者裁定发生法律效力。"上述法律规定也就是当事人制作行政上诉状的法律依据。

行政上诉状由首部、正文和尾部组成。

1. 首部

标题。居中写明"行政上诉状"。

上诉人、被上诉人基本情况。写明上诉人、被上诉人的姓名、性别、出生年月日、民族、职业、工作单位和职务、住址等。上诉人、被上诉人为法人或者其他组织的,应写明其单位名称、住址和法定代表人或主要负责人的姓名、职务。

2. 正文

上诉请求。明确写明上诉人请求第二审人民法院依法撤销或变更第一审裁判,以及如何解决行政诉讼的具体请求。

事实理由。针对第一审裁判中在认定事实、适用法律和诉讼程序等方面的错误或不当之处,运用事实证据和法律依据进行论证,以说明上诉人的上诉请求是合理合法、有根有据的。在写作的方法上可采用边叙边议的方法,即一边叙述事实,一边分析论证,将叙事和说明有机地结合起来。

3. 尾部

(1) 致送人民法院的名称；
(2) 上诉人签名；
(3) 上诉时间；
(4) 附项：本上诉状副本的份数。

在制作行政上诉状时，应注意上诉请求的提出是针对人民法院而不是对方当事人。这点与其他上诉状相同。

行政上诉状

上诉人：×××（写明姓名、性别、年龄、民族、籍贯、职业或者工作单位和职务、住址，如果是法人或其他组织应写明名称、法定代表人、住所、联系地址和邮政编码等，如果是行政机关作为被上诉人的，则应写明行政机关的名称、法定代表人、住所）
被上诉人：
上诉人因_____一案，不服×××人民法院××××年××月××日（××××）×行初字第××号行政判决（或裁定），现提出上诉。

上诉请求

事实理由

此致
×××人民法院

上诉人：×××
××××年×月×日

附：本上诉状副本×份

行政上诉状

上诉人：段××，男，1977年12月5日出生，汉族，住××市××区××号。
被上诉人：××区纺织路街道办事处，住所地××市××区××号。
上诉人因不服××区人民法院（2009）×行初字第05号行政判决，特依法提起上诉。

上诉请求

1. 请求人民法院依法撤销××区人民法院（2009）×行初字第05号行政判决书发回

重审或依法改判被上诉人行政不作为，限期履行审批上诉人二胎申请事项；

2. 请求人民法院依法判令由被上诉人赔偿因诉讼所花费的误工费、交通费、生活费等直接经济损失费用 200 元。

3. 请求人民法院依法判令一、二审诉讼费由被上诉人承担。

事实理由

一、一审法院认定事实完全错误。

1. 一审法院认定原告不符合生育条件是错误的。

根据《××省人口与计划生育条例》（以下简称《条例》）第二十条规定："再婚夫妻一方未生育也未收养子女，要求生育子女的可安排生育。"

上诉人虽属再婚但是女方此前并未生育，也没有收养子女，完全符合上述"可安排生育"的规定。但是，一审法院对于这样一个基本事实，却视而不见，认定上诉人"不符合申请生育的条件"，是完全错误的。

2. 一审法院对被上诉人的行政不作为不予认定，反而认定上诉人的申请行为不符合法律规定是错误的。

2007 年 11 月 15 日上诉人向被告××区纺织路街道办事处××社区居民委员会提出生育指标申请，并办理相关手续。同日社区接受申报工作人员经审核接受了原告的申请，但是到 2008 年 4 月 10 日当原告拿着做完的第二、三次"孕检"单去被告处领取生育指标时，得到的答复不符合申请条件。原告自始并没有瞒报的情况和行为，但是被上诉人却在法定的时间里不履行其法定职责，本应属于行政不作为，但是一审法院并没有予以认定。

二、一审法院在适用法律上"张冠李戴"，乱用法律。

《××省人口与计划生育条例》是地方性法规，一审法院在判决书中引用了此条例第二十二条"育龄夫妻符合再生育子女的，应当在女方工作单位或者户籍所在地的人口和计划生育管理机构申请生育登记。人口和计划生育管理机构对符合条件的应当及时予以登记，并在 15 个工作日内审核上报"。

一审法院本应引用条例第二十条来认定被上诉人在法定期间不履行法定义务的行政不作为，以及应当引用第二十二条来认定上诉人符合申请条件的依据。但一审法院却在判决书中用该条认定上诉人申请行为不合法，简直是"张冠李戴"，令人啼笑皆非。

三、一审法院错误地理解了"依法行政"。

根据依法行政原则，行政机关在实施具体行政行为时必须严格依照法律的规定实施行政管理活动，没有法律规定的不能实施具体行政行为。

在一审过程中，被上诉人始终没有拿出上诉人不符合审批的有力证据，原本明了的行政不作为的事实，但是一审法院却不予认定，反而运用错误的法条来认定上诉人的诉讼请求"于法无据"。致使上诉人合法权益不能够得到维护。

根据上述理由，诉请二审法院查明事实，正确适用法律，依法公正合理地判决。

此致
××市中级人民法院

上诉人：段××

×××年××月××日

附：本上诉状副本1份

二、二审行政判决书

二审行政判决书是指第二审人民法院按照《行政诉讼法》规定，在收到当事人不服一审判决提起上诉的行政案件后，按照第二审程序审理终结，就案件实体问题依法作出维持原判或者改判的决定时，所制作的具有法律效力的司法文书。

《行政诉讼法》第58条规定："当事人不服人民法院一审判决的有权在判决书送达之日起15日内向上一级人民法院提起上诉。"可见，第二审行政判决书体现上级人民法院对下级人民法院的监督关系，对维护当事人合法权益有重要意义。

二审行政判决书分为首部、正文和尾部三部分内容。

1. 首部

（1）文书的标题和案号。参照一审判决书的标题和案号的写法，但编号的代字应为"×行终字"，如（1999）×行终字第×号。

（2）当事人的称谓。写"上诉人"、"被上诉人"，并有括号注明其在原审中的诉讼地位。原告、被告和第三人都上诉的，并列为"上诉人"。当事人中一人或部分提起上诉的，上诉之后是可分之诉的，未上诉的当事人在判决书中可以不列，上诉后仍是不可分之诉的，未上诉的当事人可以列为被上诉人。

（3）案件的由来和审判经过。写明案由、案件来源、审判组织和审判方式等情况。具体写法为开庭审理和不开庭审理两种，表述可见后面样式。

2. 正文

正文包括事实、理由和判决结果三部分内容。

（1）事实。事实部分包括上诉争议的内容及二审查明认定的事实和证据。书写上诉争议的内容时要概括简练，抓住争议的焦点，防止照抄原审判决书、上诉状和答辩状，但又要不失原意。一般应先概括写明原审认定的事实和判决结果；再简述上诉人的上诉请求及其主要理由、被上述人的答辩以及第三人的意见。

二审查明认定的事实和证据，要根据不同类型的案件书写。如原审判决认定的事实清楚，上诉人无异议的，概括地肯定事实即可；如果上诉人对事实有异议的，则对异议问题重点阐述。如果原审判决认定事实不清，二审查清事实后改判的，应具体叙述查明的事实和有关证据，予以澄清。

（2）理由。要针对上诉人的上诉请求和理由，注重事理分析和法理分析，回答上诉争议的主要问题，引出公正的结论。要逐一分析原判认定的事实是否清楚，适用法律、法规是否正确，程序是否合法，上诉理由是否成立，上诉请求是否有支持，被上诉人答辩是否有理，以及阐明维持原判或撤销原判或改判的理由。

二审判决所依据的法律条文，应分别引用《行政诉讼法》第61条的规定。对改判的，还应当引用改判所依据的实体法的有关条款。

（3）判决结果。对上诉案件的处理，依据《行政诉讼法》第61条的规定有三种处理结果：一是原判决认定事实清楚，适用法律、法规正确，判决驳回上诉，维持原判；二是原判决认定事实清楚，但适用法律、法规错误，依法改判；三是原判决认定事实不清，证据不足，或者由于违反法定程序可能影响案件正确判决的，裁定撤销原判，发回原审人民法院重审，也可以查清事实后改判。

3. 尾部

尾部的内容应依次写明诉讼费的负担、判决的效力、合议庭成员署名、判决日期、书记员署名等。

第一，制作二审行政判决书针对性要强，一定要针对原审判决的正确与否来叙事、说理。

第二，诉讼费用的负担，要区别情况作出决定。对驳回上诉，维持原判的，二审诉讼费用由上诉人负担；双方当事人都提出上诉的，由双方分担。对撤销原判，依法改判的案件，应同时对一、二审的各项诉讼费用由谁负担，或者共同负担的问题作出决定，相应的变更一审法院对诉讼费用的负担的决定。

×××××人民法院
行政判决书

（××××）×行终字第××号

上诉人：（原审××）……（写明姓名或名称等基本情况）。
被上诉人：（原审××）……（写明姓名或名称等基本情况）。
（当事人及其他诉讼参加人的列项和基本情况的写法，除当事人的称谓外，与一审判决样式相同）。

上诉人××因……（写明案由）一案，不服××××人民法院（××××）×行初字第××号行政判决，向本院提起上诉。本院依法组成合议庭，公开（或不公开）开庭审理了此案，……（写明到庭当事人、诉讼代理人等）到庭参加诉讼。本案现已审理终结。

……（概括写明原审认定的事实和判决结果，简述上诉人的上诉请求及其主要理由和被上诉人的主要答辩的内容）。

经审理查明……（写明二审认定的事实和证据）。

本院认为……（针对上诉的请求和理由，就原审判决认定的事实是否清楚，适用法律、法规是否正确，有无违反法定程序，上诉理由是否成立，上诉请求是否应予支持，以及被上诉人的答辩是否有理等，进行分析论证，阐明维持原判或撤销原判予以改判的理由。）依照……（写明判决所依据的法律条款项）的规定，判决如下：

……［（写明判决结果）分四种情况：

第一，维持原审判决的，写："驳回上诉，维持原判。"

第二，对原审判决部分维持、部分撤销的，写：

"一、维持××××人民法院（××××）×号行政判决第×号行政判决第×项，即……（写明维持的具体内容）；

二、撤销××××人民法院（××××）×号判决第×项，即……（写明撤销的具体内容）；

三、……（写明对撤销部分作出的改判内容。如无须作出改判的，此项不写）"

第三，撤销原审判决，维持行政机关的具体行政行为的，写：

"一、撤销××××人民法院（××××）×行初字第××号行政判决；

二、维持××××（行政机关名称）××××年××月××日（××××）××字第××号处罚决定（复议决定或其他具体行政行为）。"

第四，撤销原审判决，同时撤销或变更行政机关的具体行政行为的，写：

"一、撤销××××人民法院（××××）×行初字第××号行政判决；

二、撤销（或变更）××××（行政机关名称）××××年××月×日（××××）××字第××号处罚决定（复议决定和其他具体行政行为）；

三、……（写明二审法院改判结果的内容。如无须改判的，此项不写）"］

……（写明诉讼费用的负担）

本判决为终审判决。

审判长×××
审判员×××
审判员×××
××××年×月×日
（院印）

本件与原本核对无异

书记员×××

××省××市中级人民法院
行政判决书

（2006）×中行终字第 05 号

上诉人（原审原告）：××市水利水电工程局。

法定代表人：钟××，男，系该局局长。

委托代理人：王××，××振泽律师事务所律师。

委托代理人：张××，男，该局四队项目经理。

被上诉人（原审被告）：××县劳动和社会保障局。

法定代表人：陈××，系该局局长。
委托代理人：马××，男，系该局副局长。
委托代理人：朱××，男，该局干部。
第三人：郭××，男，汉族，生于 1977 年 3 月，××市乌江镇天乐村农民。
委托代理人：薛××，女，××区火车站法律服务所法律工作者。
第三人：张××，男，汉族，生于 1982 年 12 月，××市乌江镇永丰村农民。

上诉人因工伤行政确认纠纷一案不服××县人民法院（2005）民行重字第 01 号行政判决，向本院提起上诉，本院依法组成合议庭公开开庭审理了本案，各方当事人及其委托代理人均到庭参与诉讼，现已审理终结。

原判认定：2002 年 6 月，××县瓦房城水库除险加固第二标段部分工程经公开招标，由中国人民解放军总参谋部工程兵科研×所中标承建。2003 年 7 月，原告××水电工程局与解放军总参谋部工程兵科研×所经协商达成水库加固合同，约定该所将××县瓦房城水库除险加固第二标段的部分工程转包给原告。原告××市水利水电工程局承包工程后，于 2003 年 8 月 3 日，通过魏××、李××招用本案第三人郭××、张××等若干民工同魏、李二人到原告承包的××县瓦房城水库施工工地干活。同年 9 月 7 日，李××、郭××、张××等人所从事的部分工程基本结束，李××便雇佣××区乌江镇安镇村郭××的×NJ—0719759 号四轮农用运输车撤回工程设备和民工，郭××、张××等人便乘坐该车返回××市，车行至××县李寨村附近时，因车前左轮胎爆裂，翻下路基，发生机动车交通事故，造成郭××、张××当场受伤，由于伤势严重，当晚被送往××市医院住院救治。治疗结束后，郭××、张××于 2004 年 7 月 26 日向××县劳动和社会保障局申请工伤认定，该劳动和社会保障局以（2004）×劳工伤认字第 04 号《工伤认定决定书》认定郭××、张××为工伤。原告××市水利水电工程局不服，向××市劳动和社会保障局申请复议，该局于 2005 年 1 月 25 日作出×劳社复决字（2004）第 10 号《行政复议决定书》，维持××县劳动和社会保障局作出的×劳工伤认字（2004）04 号对郭××、张××的工伤认定决定。原告××水电工程局仍不服，提起诉讼，××县人民法院经审理判决：维持××县劳动和社会保障局 2004 年 9 月 25 日作出的（2004）×劳工伤认字 04 号工伤认定决定。一审诉讼费 300 元由原告××市水利水电工程局承担。宣判后，原告不服，向本院提起上诉，其上诉理由如下：①重审判决认定事实前后矛盾，认定事实不清，第三人与上诉人不存在劳动关系；②被上诉人作出的工伤认定适用法律不当，瓦房城水库施工期间，全体施工人员施工、居住、生活均在大坝附近，事故发生地段并非下班途中；③第三人于 2003 年 9 月 7 日单方解除合同的行为应当予以认定。请求二审法院依法撤销一审判决，并撤销被上诉人作出的"×劳工伤认字（2004）04 号"工伤认定决定书，由被上诉人承担一、二审诉讼费用。

案经本院开庭审理查明：重审认定的事实清楚、证据确实充分，本院予以确认。

本院认为：被上诉人作为劳动和社会保障的行政机关，根据第三人郭××、张××的申请，依法定职权作出了工伤确认行为。上诉人××水利水电工程局是××县瓦房城水库除险加固第二标段部分工程的承包单位，李××系上诉人聘用的工程施工期间工地负责人，第三人郭××、张××虽系李××介绍到上诉人所承包的工地务工，但因李××本身并不具有用工的主体资格，因此，应当认定李××的行为是代上诉人××市水利水电工程局履行职责。故上诉人与第三人之间已形成了事实上的劳动关系。而且事故发生在撤离工地运输途中。被上诉人作出"（2004）×劳工伤认字04号"工伤认定决定认定事实清楚、证据确实充分、适用法律正确。一审判决事实清楚、判处结果适当。本案经合议庭评议，依据《中华人民共和国行政诉讼法》第六十一条第一款第（一）项之规定判决如下：

驳回上诉，维持原判。

一审诉讼费300元、二审诉讼费300元，共计600元均由上诉人承担。

本判决为终审判决。

审　判　长　李××
代理审判员　孟××
代理审判员　杨××
二〇〇六年二月十四日
（院印）

本件与原本核对无异

书　记　员　花××

三、行政申诉状

行政申诉状，亦称行政申诉书、行政再审申诉书，是指当事人对已经发生法律效力的行政判决、裁定认为确有错误，而依法定程序向人民法院提出申诉的书面请求。

当事人制作行政申诉状的法律依据是《行政诉讼法》第62条的规定，该条规定："当事人对已经发生法律效力的判决、裁定，认为确有错误的，可以向原审人民法院或者向上一级人民法院提出申诉，但判决、裁定不停止执行。"行政申诉权是法律赋予当事人的权利，当事人通过行政申诉状，不但可以维护自己的合法权益，而且在客观上能及时地发现人民法院的判决、裁定中可能出现的失误，并通过审判监督程序予以纠正，以维护法律的公正性和严肃性。

行政申诉状由首部、正文和尾部组成。

1. 首部

（1）标题。居中写明"行政申诉状"。

（2）申诉人的基本情况。在"申诉人"之后，应用括号注明申诉人在原审中的诉讼地位。例如，"原审原告"、"原审被告"或"上诉人"、"被上诉人"。然后，写明申诉人的姓名、性别、出生年月日、民族、职业、工作单位和职务等，申诉人为法人或者其他组织的，应写明其单位名称、所在地址、法定代表人或主要负责人的姓名、职务等。

（3）申诉原因。写明申诉人因何案，不服何法院的什么判决（或裁定）而提出申诉。

2. 正文

（1）申诉请求。即请求事项，写明请求人民法院撤销、变更已经发生法律效力的裁判的具体事项。

（2）事实与理由。同上诉状一样，主要从分析原审裁判在认定事实是否清楚，适用法律是否正确，证据是否确实、充分，审判是否符合法定程序等问题出发，阐述和论证申诉人申请请求所依据的事实依据和法律依据。

3. 尾部

（1）致送人民法院的名称；

（2）申诉人签名；

（3）申诉时间；

（4）附项：提交原审判决书或裁定书复印件的份数。

行政申诉状应注意的问题与民事再审申请书相同。

行政申诉状

申诉人：

申诉人因_____一案，不服××××人民法院××××年×月×日（××××）字第××号行政判决（或裁定），现提出申诉。

请求事项

事实与理由

此致
×××人民法院

申诉人：×××
××××年×月×日

附：原审判决书（或裁定书）复印件×份

行政申诉状

申诉人（原审上诉人）：张××，女，1969年2月19日生，汉族，××市人，个体户，住××市琅琊区××花园×幢××室。

委托代理人：×××，安徽××律师事务所律师。

被诉人（原审被上诉人）：胡××，女，1964年×月×日生，汉族，××市人，个体户，住××市××路××号。

原一审被告：××市国土资源和房产管理局；

住所地：××市清流西路；

法定代表人：王××，局长。

原一审第三人：××市开发区刨花板厂；

住所地：××市经济技术开发区；

法定代表人：王×，经理。

原一审第三人：孙××，男，1949年12月1日生，汉族，××市第二建筑公司职工，住××市琅琊区××大街××号。

申诉请求：撤销你院（2007）×行终字第07号行政判决，依法再审。

申诉理由：该判决认定事实不清、适用法律不当。具体是：

一、胡××不具有本案行政诉讼原告主体资格。

我国《行政诉讼法》第二条规定："公民、法人或者其他组织认为行政机关和行政机关工作人员的具体行政行为侵犯其合法权益，有权依照本法向人民法院提起诉讼。"这条规定可以说是对我国行政诉讼原告资格界定标准的高度概括，同时也表明我国在确定行政诉讼原告资格方面，立法上采取的是"合法权益"的标准。而这里的"合法权益"应当如何理解呢？从理论上来说，合法权益既包括权利，也包括利益，前者称为法定的利益，而后者称为事实上的利益，而根据我国《行政诉讼法》第十一条关于受案范围的规定可以看出，我国在确定行政诉讼的原告资格上采取的实际上是"法律权利"标准，即只有当相对人的实体法上的权利遭受行政主体的具体行政行为侵害时，才可以提起行政诉讼。

原一、二审法院认定被诉人胡××具备本案行政诉讼原告资格的唯一证据是2002年2月6日被诉人胡××与原一审两第三人签订的抵押合同，但是该抵押合同是否具备法律效力呢？《中华人民共和国城市房地产管理法》第六十一条规定："房地产抵押时，应当向县级以上地方人民政府规定的部门办理抵押登记。"《中华人民共和国担保法》第四十一条规定："当事人以本法第四十二条规定的财产抵押的，应当办理抵押物登记，抵押合同自登记之日起生效。"被诉人胡××与原一审两第三人签订的抵押合同至今并未办理抵押登记，也就是说该抵押合同至今并未生效！既然抵押合同未生效，被诉人胡××对市丰乐南路113号第9、10两套房屋就不享有任何合法权利！没有"法律权利"，其就不具备本案行政诉讼原告资格！

二、原一审被告××市国土资源和房产管理局向申诉人颁发"房地权×字"第2005005353号和第2005005459号房地产权证书的主要证据充足、程序合法。

原两审法院认定原一审被告向申诉人颁发房地产权证书的主要证据不足、程序违法的理由是：①房屋初始登记缺少工程验收证明；②房屋转让无单位售房发票；③××市开发区刨花板厂无房产开发主体资格及售房资格。

1. 关于原一审第三人××市开发区刨花板厂的"房产开发主体资格"及"售房资格"问题。××市开发区刨花板厂不是房地产开发企业，但不能说其无房产开发主体资格。《中华人民共和国城市房地产管理法》第二条规定："本法所称房地产开发，是指在依据本法取得国有土地使用权的土地上进行基础设施、房屋建设的行为。"不是房地产开发企业就不能在自己享有的国有土地使用权的土地上进行房屋建设吗？自建房屋不等同于商品房开发经营，××市开发区刨花板厂是持有建筑工程规划许可证、施工许可证和规划验收许可证的。说××市开发区刨花板厂没有"售房资格"更是笑话，自己的房子自己无权转让？原审如此认定，法律依据何在？

2. 关于"竣工验收证明"问题。必须强调，本案是以××市国土资源和房产管理局向申诉人颁发"房地权×字"地 2005005353 号和第 2005005459 号房地产权证书行为作为审理对象。《城市房屋权属登记管理办法》第十七条规定："申请转移登记，权利人应当提交房屋权属证书以及相关的合同、协议、证明等文件。"这里并未要求当事人提供竣工验收证明，本案不是以初始登记为审理对象，××市国土资源和房产管理局也没有必要提供竣工验收证明。更何况，××市开发区刨花板厂持有的《规划验收许可证》以及房屋被实际使用多年的事实足以证明该房屋通过了竣工验收。

3. 关于"售房发票"问题。售房发票是房屋转让的证明，但没有售房发票而持有售房人收据同样可以证明房屋转让的事实。城市房屋进行权属登记管理，其目的是保障房屋权利人的合法权益，本案既然是以××市国土资源和房产管理局向申诉人颁发房地产权证书行为作为审理对象，那么××市国土资源和房产管理局确认房屋产权归属关系的行为是否符合《城市房屋权属登记管理办法》第二十七条规定，就成为本案审查的重点。《城市房屋权属登记管理办法》第二十七条规定："登记机关应当对权利人（申请人）的申请进行审查。凡权属清楚、产权来源资料齐全的，初始登记、转移登记、变更登记、他项权利登记应当在受理登记后的 30 日内核准登记，并颁发房屋权属证书。"那么，什么是证明××市国土资源和房产管理局确认房屋产权归属关系的行为是否合法的主要证据呢？根据《城市房屋权属登记管理办法》第二十七条规定，证明"权属清楚、产权来源资料齐全"才是主要证据！因此，土地使用权证、建设工程规划许可证和施工许可证、房屋买卖合同才是主要证据！而这些证据××市国土资源和房产管理局已经提供，原两审法院认为主要证据不足是没有法律依据的！

综上所述，被诉人胡××对××市丰乐南路 113 号第 9、10 两套房屋就不享有任何合法权利，其不具备本案行政诉讼原告资格。××市国土资源和房产管理局向申诉人颁发"房地权×字"地 2005005353 号和第 2005005459 号房地产权证书的主要证据充足、程序合法，依法应予维持。请你院撤销原一、二审判决，依法再审。

此致
××市中级人民法院

具状人：×××
××××年三月十二日

附：原审判决书复印件×份

本章讨论案例

1988年12月31日，×县十里铺供销合作社与本社职工张××协商，由张某某承包该社下属的一个门市部。双方约定，承包期为5年，在承包期间，张某某每年向供销合作社交纳承包费5 000元。除此之外，有关该门市部的一切经营收入和支出，均由承包人独立核算、自负盈亏。1990年8月10日，县税务局在对该门市部进行税务检查中发现，张某某对所承包的门市部的业务经营收入和支出设立了公开和不公开两套账目。到被发现时止，张某某已通过不公开的账目隐瞒收入共计40 327元。县税务局认为，根据《中华人民共和国税收征收管理暂行条例》第37条规定，张某某的行为已经构成偷税行为。县税务局于1990年9月12日作出处理决定，责令张某某补缴营业税1 698元，集体企业所得税3 784元，并处以相当于所偷缴税额两倍的罚款。张某某接到县税务局的违章处理通知后，对责令其补缴营业税没有异议。但对责令其补缴集体企业所得税并处以罚款却表示不服。张某某认为，自己所承包的门市部并不是集体企业，而只是作为集体企业的供销合作社的一个下属分支机构。门市部虽有盈利，但自己已经向作为发包方的供销合作社交纳了承包费。如果应缴集体所得税，也应该由发包方统一缴纳，而不是由自己直接缴纳，更不应按偷缴集体所得税对自己进行罚款。张某某于1990年9月18日向某市税务局申请复议。市税务局经过复议认为，县税务局对张某某的处理并无不当，于1990年10月10日作出维持县税务局处理决定的裁决。张某某仍不服，于1990年10月18日向县人民法院提起行政诉讼。

根据上述案情，请讨论以下问题：

1. 张某某是否具有集体企业所得税纳税人的主体资格？张某某承包门市部所涉及的集体企业所得税是应由张某某直接缴纳呢，还是应由作为发包方的供销合作社统一缴纳？把张某某直接作为集体企业所得税的纳税人是否合法？

2. 张某某未缴集体企业所得税的行为性质是漏税还是偷税，按偷税处罚是否妥当？

训练目的

通过训练，使同学们熟知第二审程序的运作流程，自行确定管辖法院。撰写要求：根据上述案例请试写二审起诉状、二审代理词、二审行政判决书和申诉状，然后模拟到法院立案，进行审理前的各项准备工作，编写庭审脚本，实施开庭活动。